宁夏统计年鉴

NINGXIA STATISTICAL YEARBOOK

2003

(总第 17 期)

宁 夏 回 族 自 治 区 统 计 局 编

中国统计出版社
China Statistics Press

（京）新登字 041 号

图书在版编目（CIP）数据

宁夏统计年鉴．2003/宁夏回族自治区统计局编．1 斑版．—北京：中国统计出版社，2003．5
ISBN 7-5037-4072-8
Ⅰ．宁…　Ⅱ．宁…　Ⅲ．社会经济统计-统计资料-宁夏-2003-年鉴
Ⅳ．C832．43-54
中国版本图书馆 CIP 数据核字（2003）第 037971 号

宁夏统计年鉴-2003

作　　者 / 宁夏回族自治区统计局
责任编辑 / 蔡启新
E-mail / yearbook@stats．gov．cn
责任校对 / 李玉珍
封面设计 / 李文海
出版发行 / 中国统计出版社
通信地址 / 北京市西城区三里河月坛南街 75 号　中国统计出版社
邮　　编 / 100826
电　　话 /（010）63262295
印　　刷 / 宁夏回族自治区统计局印刷厂
经　　销 / 新华书店
开　　本 / 889×1194 毫米　1/16
字　　数 / 75 万字
印　　张 / 27
印　　数 / 1-1000 册
版　　别 / 2003 年 8 月第 1 版
版　　次 / 2003 年 8 月第 1 次印刷
书　　号 / ISBN 7-5037-4072-8/F．1588
定　　价 / 220 元

编辑说明

一、《宁夏统计年鉴—2003》是一部全面、系统、客观反映宁夏国民经济和社会发展情况的资料性年刊，它已成为认识和研究宁夏区情、交流社会信息、制定政策、指导工作不可缺少的重要工具，也是国内外各界了解宁夏的主要窗口。为了适应建立社会主义市场经济体制和实施西部大开发的需要，《宁夏统计年鉴—2003》，在结构上进行了调整，进一步充实了各主要年度、地市县及企业调查的基本情况，力求能够满足宏观、中观、微观各方面的信息需要。

二、本书内容分特载和统计资料两大部分，统计资料共分为十七部分：1. 综合；2. 人口；3. 劳动力和工资；4. 固定资产投资；5. 能源；6. 财政、金融、保险；7. 物价；8. 人民生活；9. 农业；10. 工业；11. 建筑业；12. 运输、邮电；13. 批发零售贸易和餐饮业；14. 对外经济贸易和旅游业；15. 教育、科学、文化；16. 体育、卫生、民政、司法及其它；17. 企业调查基本情况。为便于读者使用，每部分都附有主要统计指标解释。

三、使用本《年鉴》时，请注意以下几点：

（一）本年鉴对过去的统计年鉴资料重新进行了核实，对有的统计数据按新的口径作了调整，凡与本年鉴有出入的，均以本年鉴为准。

（二）资料中的符号使用说明：“…”表示数据不足本表最小单位数；“空格”表示该项统计数据不详；“—”表示无该项数据；“#”号表示其中的主要项。

四、本年鉴出版发行工作，受到各级领导、有关部门和社会各界的大力支持，谨致谢意。由于我们编辑水平有限，不足之处在所难免，诚恳期望各界读者提出宝贵意见，以便改进我们的工作。

目　录

特　载

统计资料

一、综　合

二、人　口

三、劳动力和工资

四、固定资产投资

五、能　源

六、财政、金融、保险

七、物　价

八、人民生活

九、农　业

十、工　业

十一、建筑业

十二、运输、邮电

十三、批发零售贸易和餐饮业

十四、对外经济贸易和旅游业

十五、教育、科学、文化

十六、体育、卫生、民政、司法及其它

十七、企业调查基本情况

特　　载

政府工作报告

——在自治区第九届人民代表大会第一次会议上

自治区主席　马启智

（2002年1月12日）

各位代表：

现在，我代表自治区人民政府，向大会作政府工作报告，请予审议，并请自治区政协委员和其他列席人员提出意见。

一、过去五年工作的回顾

自治区八届人大一次会议以来，全区各族人民在党中央、国务院和自治区党委的领导下，高举邓小平理论伟大旗帜，全面贯彻“三个代表”重要思想，认真落实党和国家一系列重大决策，紧紧抓住西部大开发和加入世贸组织的历史性机遇，努力克服亚洲金融危机和世界经济波动带来的不利影响，与时俱进，加快发展，改革开放和现代化建设取得了新成就。我区的综合实力、竞争水平、对外影响力显著提高，经济繁荣，社会进步，人民安居乐业，民族团结进一步增强。这五年是我区历史上发展最快的时期，是城乡面貌变化最大的时期，也是人民群众得到实惠最多的时期。主要标志是：

国民经济持续快速增长。2002年全区实现国内生产总值330亿元，比1997年增长57%，年均增长9．5%。人均国内生产总值5800元，折合698美元，为基本小康标准的77．6%，在全国的位次由27位提高到22位。财政总收入44．4亿元，年均增长13．7%，其中，地方财政一般预算收入26．4亿元，年均增长17．1%。农业和农村经济迈上新台阶，粮食产量突破300万吨，经济作物和畜牧业占整个农业的比重分别由16．4%和28．4%，提高到20．7%和33．9%。农业产业化继续推进，农村二三产业快速发展。工业经济规模扩大，效益提高，发展加快，增加值达到114．8亿元，年均增长10%，对国民经济增长的贡献率逐步提高。建筑业继续保持强势增长。第三产业蓬勃发展，增加值达到126亿元，年均增长9．8%。房地产业和旅游业对经济的拉动作用明显增强。一批现代服务业、新兴服务业迅速崛起，成为新的经济增长点。

城乡面貌发生显著变化。5年累计完成全社会固定资产投资826亿元，相当于前5年的2．4倍，年均增长21%，争取国债资金87．7亿元，带动其他投资140亿元，建设规模超过了以往任何时期。一批着眼于增强经济发展后劲的交通、通信、水利、电力、环保、城市公用事业等基础设施项目，相继开工建设或投入使用。高速公路实现了零的突破，通车里程360公里。电力装机容量269万千瓦。电话普及率达到28%。全区掀起了大规模的城市改造建设热潮，兴建了一批展现城市特色的重点项目和绿化、美化、亮化工程，配套建设了一批环保和市政公用设施。在农村实施了电网改造、道路硬化、村镇建设、人畜饮水等重大工程，基本实现了行政村村村通电、通公路、通电话、通广播电视。一批着眼于提升工业竞争实力的重大技改扩建项目陆续建成投产，青铜峡铝厂三期、银川橡胶厂30万套全钢子午胎、石嘴山电厂扩建、美利纸业三期等重点项目开始发挥效益。一批着眼于改善发展环境的生态环保工程全面启动实施，5年累计完成人工造林590万亩，其中，退耕还林126万亩，荒山荒地造林168万亩；飞播造林95万亩，封山（沙）育林244万亩。在西部大开发推动下，全区城乡面貌发生了显著变化，各条战线展现出勃勃生机。

改革开放不断向纵深推进。围绕解放和发展生产力，大胆破除制约经济社会发展的体制性障碍，不断完善社会主义市场经济体制。国有企业改革与脱困目标基本实现，国有经济结构进一步优化。非公有制经济发展加快，对国民经济的影响力不断增强。科技、教育体制和医疗制度改革稳步推进。农村税费改革试点全面展开，农民负担明显减轻。计划、财税、金融、外贸、投融资、流通体制和住房制度改革继续深化。以转变政府职能、减少审批事项、推行政务公开为重点的行政管理体制和政府机构改革取得阶段性成果。出台了一系列扩大开放、招商引资、引进人才的政策措施，对外开放水平进一步提高。5年累计实际利用外资2．7亿美元，完成进出口总额19．6亿美元，其中出口14．7亿美元。东西合作、闽宁协作领域不断拓宽。宁夏在国内外的知名度和影响力显著提高。

人民群众生活明显改善。到2002年底，全区城镇居民人均可支配收入达到6100元，5年增长59．6%。增加了机关事业单位和离退休人员工资，调整提高了企业最低工资标准，国有企业下岗职工基本生活费和离退休人员养老金按时足额发放。全区城镇有13．2万人得到最低生活保障，做到了应保尽保。多渠道分流安置下岗职工，城镇登记失业率控制在4．4%以内。农民人均纯收入达到1917元，5年增长24．1%。城乡居民购买力和消费水平不断提高，全社会消费品零售总额年均增长8．9%。家庭财产普遍增加，居民储蓄存款余额达到306亿元。城乡人居环境明显改善，5年新增经济适用住房面积301万平方米，城镇和农村居民人均居住面积分别达到13．8平方米和18．8平方米。一批功能配套的城镇居民小区、农村文明新村陆续建成。

各项社会事业繁荣进步。深入实施科教兴宁战略，5年间共取得科技成果666项，申请专利1664件，有331项科技成果获得自治区级以上科技进步奖。重奖了一批有突出贡献的科技人员。科技进步对经济增长的贡献率明显提高。强化教育基础地位，全区有16个县（市、区）普及了九年义务教育，山区有6个县普及了初级义务教育，学龄儿童入学率达到97．36%。高等教育、职业教育、成人教育、民族教育取得新成绩，教育对经济社会发展的智力支撑作用增强。人口自然增长率由13．47‰下降到11．56‰。文化艺术、新闻出版、广播影视、卫生体育事业不断繁荣进步，群众文化生活日益丰富，人民健康水平逐步提高。

社会主义精神文明和民主法制建设成效显著。加强社会主义政治文明和精神文明建设，继续推进思想道德和民主法制教育，广大干部群众的精神面貌和社会风气发生了新的变化。认真落实党的民族政策和宗教政策，大力推进民族团结进步事业，平等、团结、互助的社会主义新型民族关系进一步巩固和发展。坚持依法治区，大力推行政务公开，依法行政水平不断提高。加强政府系统廉政建设，强化审计监督和行政监察，加大了从源头上预防和治理腐败的力度。深入开展“严打”整治斗争，社会治安综合治理取得积极成效。人民解放军驻宁部队和武警官兵，在支援地方经济建设、扶贫帮困、抢险救灾、维护社会稳定等方面做出了新的贡献。

各位代表！回顾总结五年来的工作，我们之所以能够不断克服前进中的矛盾和困难，在改革开放和现代化建设上取得重大进展，胜利完成本届政府既定的各项目标任务，主要是较好地把握了以下几点：一是始终坚持以邓小平理论和“三个代表”重要思想为指导，坚定不移地贯彻执行党中央、国务院的重大决策和自治区党委的各项工作部署，把加快发展作为执政兴区的第一要务，抢抓机遇，团结务实，开拓奋进，聚精会神搞建设，一心一意谋发展，使我区的经济建设和各项事业呈现出前所未有的良好局面。二是坚持解放思想，实事求是，与时俱进，把中央的决策同民族地区的实际紧密结合起来，大胆探索具有宁夏特色的发展路子，创造性地开展工作，创新经济发展环境，有力地推动了我区的改革开放和现代化建设事业。三是坚持以西部大开发总揽全局，以加快发展为主题，以结构调整为主线，以改革开放和科技进步为动力，以提高人民生活水平为根本出发点，使我区的经济总量、竞争实力、城乡面貌、人民生活都迈上了一个新的台阶。四是正确处理了改革、发展、稳定的关系，倍加顾全发展大局，倍加珍视民族团结，倍加维护社会稳定，形成了加快发展干实事的浓厚氛围，从而凝聚了全区各族人民的智慧和力量，掀起了我区社会主义现代化建设的新热潮。五是高度重视区域经济的协调发展，正确处理灌区发展和山区扶贫攻坚的关系，始终咬定扶贫工作不放松，以川济山，山川共济，共同发展，使川区人民的生活逐步富裕，使占我区半壁河山、近二分之一人口的山区提前整体基本解决了温饱，巩固了民族团结，促进了各民族的共同繁荣进步。总之，我们各项成就的取得，靠的是中央的方针、政策的正确指引和大力支持，靠的是全区各族人民的高度团结一致、万众一心和顽强奋斗。在此，我代表自治区人民政府，向全区辛勤工作的广大工人、农民、知识分子和干部，向关心和支持政府工作的人大代表、政协委员、各民主党派、工商联、人民团体、离退休老同志和社会各界人士，向在两个文明建设中做出贡献的驻宁人民解放军、武警官兵和公安干警，致以崇高的敬意和衷心的感谢！在肯定成绩的同时，我们也清醒地看到，前进中还存在着不少困难和问题。主要是：生产力发展水平较低，结构性矛盾突出，经济运行的质量和效益还不高。基础设施建设投入不足，加快发展、适应经济全球化的一些基础性条件尚不完全具备。对外开放程度较低，投融资体制改革进展不快。科技创新能力较弱，企业核心竞争力不强，高新技术产业尚未形成有效的支撑带动作用。就业形势严峻。农民收入增长缓慢，部分群众生活还很困难，山区生态环境依然比较脆弱。一些地方社会治安状况不好，影响社会稳定的因素较多。机关的工作作风有待进一步改进，反腐倡廉的任务还很艰巨。在思想观念转变和体制、机制、制度创新上，与先进地区存在较大差距，总体发展环境仍然不够理想。对存在的这些问题，我们将采取更加有力的措施，认真加以解决。

二、今后五年的奋斗目标和总体要求

党的十六大提出了全面建设小康社会，开创中国特色社会主义新局面的宏伟目标，确定了21世纪头20年我国经济建设和社会发展的主要任务，这对于我们加快推进社会主义现代化具有决定性的意义。我们要全面贯彻落实党的十六大精神，紧紧抓住西部大开发的历史机遇，从我区的实际出发，继往开来，与时俱进，加快建设惠及我区570多万回汉各族人民的小康社会，使经济更加发展，民主更加健全，科教更加进步，文化更加繁荣，社会更加和谐，人民生活更加殷实。我们必须清醒地看到国际国内形势发展的新变化，清醒地看到当今世界科学技术日新月异、综合国力竞争日趋激烈的大趋势，清醒地看到全国各省区加快发展的强劲势头。形势逼人，不进则退。我区经济发展水平还比较低，与先进省区差距较大，实现全面建设小康社会的目标任务相当艰巨。我们一定要树立强烈的忧患意识、危机意识，增强紧迫感和责任感，坚定大开发、大开放、大发展的信心和决心，抢抓机遇，乘势而上，以赶超先进的雄心壮志，全力推进我区的改革开放和现代化建设。根据党的十六大和自治区第九次党代会精神，今后五年，政府工作总的指导思想是：以邓小平理论和“三个代表”重要思想为指导，以全面建设小康社会总揽全局，以加快发展为第一要务，全面贯彻落实党的十六大精神，抓住机遇，深化改革，正确处理改革发展稳定的关系，大力推进科技、体制和环境创新，大力推进经济结构调整、基础设施建设、生态环境整治和科技教育发展，大力推进工业化、城市化、信息化、市场化和对外开放，大力推进传统农业向现代农业转变，完善社会保障体系和就业机制，切实加强民主法制建设，促进物质文明、精神文明和政治文明协调发展，全面提升经济和社会发展水平，为建设经济繁荣、环境优美、民族团结、人民富裕的社会主义新宁夏而努力奋斗。主要预期目标是：国内生产总值到2007年达到520亿元，年均增长9%以上。财政总收入达到70亿元，年均增长10%，其中，地方财政一般预算收入达到40亿元，年均增长10%。累计完成全社会固定资产投资1780亿元，年均增长15%。累计完成外贸进出口总额33亿美元，年均增长10%，其中，完成出口23亿美元，年均增长10%。完成人工造林1300万亩，其中退耕还林还草600万亩。城镇居民人均可支配收入和农民人均纯收入分别达到9000元和2600元，年均增长8%和6%。人口自然增长率控制在12‰以内。城镇登记失业率控制在5%以内。

根据我区目前的发展水平和现实基础，全面实现小康社会的目标还任重道远，需要付出艰巨的努力。2000年我区国内生产总值为265．6亿元，人均只有4839元，折合583美元，低于全国平均水平270美元，其中，川区人均885美元，山区仅为186美元。要达到2020年人均国内生产总值3000美元的全国平均水平，全国国内生产总值只需在2000年的基础上翻两番就可以实现，而我区则需要翻近三番。这就要求我们必须加快发展步伐，首先确保到2008年国内生产总值翻一番，年均增长速度达到9%以上，其中，到2007年必须完成总量翻番目标的80%以上；同时，确保到2010年人均国内生产总值翻一番，增速在前8年9%的基础上，后两年不能低于10%，到2007年完成人均翻番目标的70%以上。下一步，要实现2020年人均国内生产总值达到全国平均水平，我区国内生产总值必须继续保持较快的增长速度，总人口控制在750万人以内。我们要切实做好今后5年发展目标与2020年中长远目标的衔接和科学测算，把近期工作与长远发展有机结合起来，脚踏实地的向全面建设小康社会的目标前进。

必须指出，实现今后5年的发展目标，对于我们加快推进小康社会建设至关重要。我们一定要按照党的十六大提出的发展要有新思路、改革要有新突破、开放要有新局面、各项工作要有新举措的总体要求，继续致力于思想观念的转变，冲破一切阻碍发展的体制性障碍，创新工作机制，创新工作方法，奋发有为，与时俱进，团结带领全区各族人民投身于现代化建设的伟大事业。继续致力于经济结构的战略性调整，大力推进新型工业化、农业产业化、城市化、市场化和信息化，促进经济结构不断优化、运行质量全面提高、经济效益显著改善，全面提升经济总量，壮大财政实力。继续致力于改善投资环境，加快基础设施建设，加快生态环境治理，加大扶贫攻坚力度，使我区山川面貌、城乡环境、人民生活年年都有新变化，年年都有新提高。继续致力于深化改革，在国有经济战略性改组、国有资产管理体制改革、加强和完善宏观调控上取得新突破，为我区经济发展创造更有利的体制环境。大力推进所有制改革，毫不动摇地巩固和发展公有制经济，毫不动摇地鼓励、支持、引导非公有制经济发展。继续致力于扩大对外开放，在更大范围、更广领域和更高层次上参与国际经济技术合作与竞争，充分运用国际国内两个市场，拓宽发展领域，以大开放促大开发、大发展。继续致力于科技教育文化事业的振兴，尽快造就一支适应现代市场经济、熟悉世贸规则、具有较高行政管理水平的公务员队伍；尽快造就一支专业齐全、结构优化、层次合理的各级各类专业技术人才队伍；尽快造就一支具有一定科技文化知识、掌握先进适用技术和劳动技能的职业劳动大军和新型农民队伍，提高国民整体素质。总之，我们要通过在各个领域的全面创新和发展，让我区蕴藏的巨大潜力和所有活力竞相迸发，让一切创造社会财富的源泉充分涌流，使我区的改革开放和现代化建设伟大事业更加波澜壮阔。

三、突出产业升级和项目带动
大力推进新型工业化

工业是国民经济的重要依托和主导力量，加快推进工业化，是促进我区经济快速发展的重大战略选择，也是我区现代化进程中艰巨的历史性任务。如果不推进工业化，宁夏就无法缩小与先进地区的差距，就无法实现经济增长方式的战略性转变，就无法在西部大开发中赢得先机；如果不推进工业化，就无法摆脱长期困扰我们的财政拮据问题，就无法从根本上缓解日益增长的就业压力，也就无法顺利推进城市化进程。归结起来讲，宁夏如果不走新型工业化的道路，就难以创造更快的发展速度，形成更强的竞争优势，聚集更雄厚的财力物力，全面建设小康社会就会成为一句空话。因此，今后5年乃至更长一段时期，我们一定要举全区之力，全神贯注、锲而不舍地推进工业化建设，这要成为全区人民的共识，绝不能有丝毫的犹豫和动摇。

推进新型工业化，要以高新技术产业为先导，以基础产业和制造业为支撑，以服务业的全面发展来推进产业优化升级。要正确处理好发展高新技术产业和传统产业、资金技术密集型产业和劳动密集型产业、虚拟经济和实体经济的关系，真正走出一条科技含量高、经济效益好、资源消耗低、环境污染少、人力资源优势充分发挥的新型工业化路子。我区工业化水平还比较低，尚处于工业化进程的初级阶段，必须从宁夏的实际出发，依托现有资源、产业基础和市场条件，选准突破口，在继续培育发展高新技术产业、加强企业环保改造和控制污染的同时，突出抓好传统产业优化升级、重大资源性项目开发和非公有制经济的发展。**一要运用现代科学技术改造提升传统产业。**重点抓好煤炭、石化、电力、冶金、机械、轻纺、医药、建筑建材等八大产业的技术改造和结构调整。通过实施大企业、大集团战略，推进国有企业改组改制，力争形成几个销售收入几十亿甚至上百亿的特大型企业集团，形成一批在国内外市场具有较强竞争力的“拳头”产品，使之成为带动我区工业经济的重要支撑力量。以宁夏有色金属冶炼厂为龙头，发展钽铌铍稀有金属材料及深加工产品，建成年产10亿支片式钽电容器生产基地，全面提升我区新材料产业的总量和规模；以银川橡胶厂为依托，大力发展橡胶制品工业，形成年产1000万套轮胎，其中全钢子午胎300万套、半钢子午胎500万套的能力，大幅度提高经济效益；以青铜峡铝厂为核心，改造扩大电解铝及铝制品生产能力，形成年产60万吨电解铝、数十万吨碳素制品的规模，使之成为我国最大的铝业基地之一；以华源冶金、惠冶镁业等为骨干，加快发展金属镁、镁合金及高耗能产业，扩大规模，提高效益，形成年产10万吨金属镁、45万吨铁合金的能力，带动相关产业和我区外向型经济发展；以美利纸业等为基础，加快实施林纸一体化工程，形成年产135万吨高档文化用纸、白卡纸等系列产品的能力，实现资源的深加工和综合利用；以夏进乳业、北塔乳业为重点，全力培植我区奶产业及其深加工，形成年产液

体奶30万吨、奶制品10万吨的能力，带动全区畜牧业和农业产业化的发展；以香山、玉泉营、西夏酒业等为重点，发挥品牌优势，把我区酒产业特别是葡萄酿酒、枸杞果酒业做大做强；以北方淀粉集团为依托，在注重环保的前提下，带动南部山区土豆产业的大发展，形成年产12万吨精淀粉、3大系列深加工产品的生产规模。通过以上重点企业和产品的规模扩张，再加上吴忠仪表、机床小巨人、圣雪绒、赛马集团、启元药业等业已形成一定优势的上市公司及大中型企业的带动，使我区传统工业在结构与效益、层次与水平上大幅提升，再造发展新优势。二要紧紧抓住西部大开发这一战略机遇期，大力开发资源主导型产业，特别是要大力开发建设火力发电、煤炭重化工和天然气化工基地，使我区优质富集的煤炭资源，以及靠近陕北、内蒙古大气田的优势得以充分发挥。当前，大规模开发宁东煤田，建设煤炭重化工和西电东输煤电基地的条件已经成熟，自治区党委、政府决定，通过引进国外先进技术、资金和人才，加快建设千万千瓦级火电基地、300万吨煤炭间接液化、83万吨煤基二甲醚、70万吨大颗粒尿素等一批重大项目，这是充分发挥我区资源比较优势、走新型工业化道路、大幅度增加财政收入、实现跨越式发展的具有深远意义和全局意义的重大举措。我们一定要以战略的眼光，全力以赴推动这些重大项目的启动实施。三是要把非公有制经济作为推动我区工业化的重要力量和壮大县域经济的重要载体，毫不动摇的鼓励、支持和引导非公有制经济加快发展。市县不抓工业，就没有稳定的财政收入来源，经济发展、城乡建设、基层政权运行都只能依靠国家和自治区“输血”，永远摆脱不了靠补贴过日子的窘况。市县发展工业应当主要依托中小企业特别是民营企业的力量，让它们在县域经济中大显身手，发挥主力军的作用。要制定优惠政策，加快工业园区建设，鼓励支持乡镇企业离乡进园，个体私营企业连片进园，逐步形成以羊绒、建材、冶金、碳素、氯碱、制药以及农副产品加工为特色的工业园区和优势产业群。今年要作为新型工业化的启动年，制定规划，选准项目，围绕资源、特色、品牌做文章。力争经过五年的努力，使市县工业在区域经济中的比重达到40%以上。

推进我区工业化进程，必须着力解决几个方面的“瓶颈”制约。一是要理顺工业管理体制，建立有效的运营和监督制约机制。通过深化改革，国有资产战略性改组，强化国有资产监督管理，加快组建大企业、大集团，提高行业集中度，优化资源配置。二是要全面贯彻尊重劳动、尊重知识、尊重人才、尊重创造的方针，加快建立人才引进、培养和使用的激励机制。通过采取技术、管理、资本等生产要素参与分配，对有突出贡献的人才实行重奖，以及实行期权、期股和年薪制等多种形式，充分调动人才的积极性和创造性。对宁夏来讲，企业家是最稀缺、最宝贵的人才资源，必须倍加珍视，倍加爱护，努力营造有利于企业家脱颖而出的良好环境。三是要围绕我区经济发展重点，有针对性的组织开展重大科技攻关。加强对新材料、生物工程、特色医药、煤化工、天然气化工等方面的基础性、技术性、工艺性研究，为我区重大项目实施提供技术支持。加快高新技术产业化步伐，办好银川高新技术产业开发区、银川国家级经济技术开发区和宁夏新材料工业园区。完善科技创新体系，支持大中型企业建立工程技术中心，加大对民营科技企业扶持力度。建立完善科技创新激励机制和风险投资机制。重视专利工作，提高运用知识产权的能力和水平。四是要积极推进国民经济信息化。加快实施消除“数字鸿沟”行动，建立电信普遍服务机制，把信息技术广泛应用于经济社会的各个领域，发展对我区经济增长具有突破性重大带动作用的信息产业和信息技术，以信息化带动工业化，以工业化促进信息化。

四、围绕实现“四个转变”加快推进农业产业化

农业是国民经济的基础。建设现代农业，发展农村经济，增加农民收入，是全面建设小康社会的重大任务。必须充分发挥我区农业的区位优势，以推进农业产业化为突破口，以构建特色农业产业体系为目标，以培育优质名牌无公害农产品为重点，加快农业和农村经济结构的战略性调整，努力实现“四个转变”：即农业生产结构由种植业为主向种植业与养殖业并重转变，农副产品加工方式由传统初级加工向科技含量较高的深加工转变，农村劳动力由主要从事农业生产向非农领域转变，最终实现传统农业向现代农业的转变。

大力推进农业结构调整。当前和今后一个时期，要在强化农业基础地位、稳定粮食生产、确保粮食安全的前提下，进一步优化农业生产结构，围绕优势产业做大文章。种植业要向精品化、集约化、商品化发展。畜牧养殖业要向规模化、设施化、优质化发展，集中力量做大做强奶产业、羊产业和淡水渔业，大力发展舍饲养殖，

打好清真品牌。农副产品加工业要向深加工、系列化、高附加值发展，通过继续实施“三个十工程”和培育扶持龙头企业，做大做强优质大米、枸杞系列、清真食品、葡萄酿酒、土豆淀粉等特色产业。加快发展绿色农业，大力实施无公害食品行动计划，全面建设农产品质量安全体系、市场信息体系和社会化服务体系，培育一批优质名牌高附加值农产品，提高我区优质农产品的竞争力和市场占有率。加大农业科技推广力度，抓好“8613”农业科技工程，办好吴忠国家级现代农业示范园区，开展科技特派员创业行动，积极培育以科技为先导的各类技术经济组织。逐步建立设施农业、避灾农业生产体系。大力实施种子工程，保护优良品种，优化种群结构，培育新的竞争优势。搞好国家生态建设重大科研项目攻关，尽快研究开发一批对我区生态环境改善、生态型农业发展有重要作用的先进实用技术，建设一批生态农业科技示范区。

进一步优化农村经济结构。逐步摆脱过份倚重传统农业的观念，走多元化、产业化、集约化的发展路子。一是要推进乡镇企业“二次创业”，促进乡镇企业增加技术含量，提高产品档次，强化经营管理，大幅度提高经济效益。二是要结合小城镇建设，加快发展农村贸易流通、交通运输、餐饮服务、建筑建材、市场信息等二三产业，培育农村合作经济组织和经纪人队伍，推进非农产业发展。三是要大力发展“劳务经济”，引导农民到区内外城市务工，到国外承接劳务，多渠道增加收入。通过农村集镇的规模扩张、工业园区的开发建设和乡镇企业的发展，把农村富余劳动力吸引到城镇和非农产业中来，逐步实现转移农民、减少农民、富裕农民的目标。

促进区域经济协调发展。正确处理好灌区、中部干旱带和山区的关系，因地制宜，分类指导。灌区要继续抓好农业基础设施的改造和配套，形成稳定的优质粮、肉、菜、奶、蛋、水产品现代化生产基地，同时要实施好高标准平原绿化、黄河防护林及城市大环境绿化等生态建设工程。中部干旱带主要是发展生态农业和畜牧业，通过封山禁牧、育草兴牧、舍饲圈养和实施日元贷款重大生态项目，以草产业带动畜牧业发展，形成适合干旱带特点的主导产业，使生态建设与农业生产协调发展。南部山区要结合退耕还林还草和生态环境治理，尽快构筑生态农业和特色农业新体系。山区要着眼于解决制约经济发展的深层次问题，全面更新各级干部的知识结构，提高组织领导现代经济的能力和水平。总之，通过区域经济格局的调整，形成若干各具特色的主导产业区和经济带，实现优势互补，共同发展。通过实施大生态战略，以北部和灌区的绿色屏障、大面积的湖泊湿地和水系，南部山区大规模的生态建设和退耕还林，形成南北夹击之势，缩小中部干旱带荒漠化面积，逐步实现我区农业的良性循环和可持续发展。

发展壮大县域经济。城乡统筹兼顾，壮大县域经济，是党的十六大提出的新精神。要实现我区经济跨越式前进，单靠自治区一个积极性不行，必须调动所有市县的积极性，只有两个方面的积极性都充分发挥出来，加快建设小康社会才大有希望。自治区重点是抓大项目、抓行业排头兵，各市县主要是抓中小企业和民营企业，发展县域经济。各地要从实际出发，发挥比较优势，围绕市场、资源，以工业园区为载体，以特色农产品加工业和乡镇企业为重点，加快推进步伐。发展县域经济要“八仙过海，各显其能”，只要是有市场、有销路的项目，就大胆上；只要是有前景、有潜力的企业，就大力扶持。力争经过三、五年的努力，使我区县域经济有一个大的发展，争取有更多的县跨入西部乃至全国百强县行列。

五、实施中心城市带动战略
全面推进城市化

城市化是现代化的重要标志。当前，在新一轮结构大调整、经济大发展的背景下，加快推进城市化，能够有效地促进生产要素合理配置，增强城市的集聚辐射效应，从而形成相对强大的竞争优势，带动工业化和整体经济发展。要加紧扩张我区中心城市和中等城市规模，有重点地发展一批县城和中心城镇，逐步形成大中小城市和小城镇协调发展的新格局。到2005年全区城镇化率由目前的34%提高到42%，到2010年达到48%以上。

加快建设具有宁夏特色的城市体系。以发展区域性中心城市为核心，重点抓好大银川建设，加快发展石嘴山、吴忠、固原、中卫等具有一定区域优势、独具特色的中等城市，加快人口和产业集聚，充分发挥其在城市化进程中的重要作用。积极发展青铜峡、灵武和各县县城，发展一批条件较好的中心城镇，增强其吸纳农村劳动力、扩大就业空间和为农服务的功能。要有重点地抓好交通、通信、能源、环保、消防以及城市公用设施建设，搞好城市绿化、美化、亮化，加强城市及城乡结合部环境整治和垃圾处理，净化城市环境。城市化建设要从规划起步，今年要作为城市化的起步年、规划年，突

出抓好规划的制定和完善，特别是要搞好重点区域的详规，做到科学布局，适度超前，分步实施。

加快推进“大银川”建设。银川市是自治区首府和陕甘宁蒙周边地区最大的区域中心城市，也是自治区对外开放的窗口和形象。今后3到5年，要集中力量，完成四大建设目标：即新区的规划建设、环城高速公路通达、城市及道路绿化美化、湖泊湿地开发及大小西湖水系贯通等，使城市规模明显扩张，城市面貌明显改善，城市功能明显提升。同时，以银川市两个开发区为依托，聚集一批高层次产业，建设一批新型工业、高新技术企业，壮大城市经济实力，支撑城市的建设和发展。要抓住区划调整的机遇，加快灵武市的基础设施建设。要树立经营城市的现代理念，在管理城市上大做文章，在生态环境上狠下功夫，在民族风情上展现特色，在文化品位上挖掘内涵，在城市形象上打造靓点，努力把银川建设成为西北地区最适宜群众居住和创业的城市之一，取经过5年左右的努力，申报联合国人居奖。

城市化发展必须坚持实事求是，量力而行，把加快发展的热情与严谨求实的科学态度结合起来，决不能一哄而上，乱铺摊子，盲目扩张，造成资源的浪费和财力的损失。推进城市化建设，需要大量的资金投入，政府资金只能是引导性的，主要通过垄断土地一级市场、以级差地租等形式，间接地投入少量资金，大部分建设资金和运转费用要靠市场化方式运作，按照谁投资、谁经营、谁受益的原则，采取合资、合作、独资等多种形式，鼓励和吸引私人资本、社会资本、境外资本参与城市建设。也可以通过经营权转让、拍卖冠名权、特许经营等多种方式实现城市资产的增值变现，使之成为城市发展的重要资金来源。繁荣城市经济，还必须大力发展第三产业特别是现代服务业，搞活商贸流通，聚集人气、物流、资金流和信息流；加快城市教育、文化、卫生、体育等基础设施建设，完善金融、保险、咨询、法律等现代服务业和中介机构，提高城市综合服务功能。通过以上努力，使城市发展更加充满朝气，使城市内涵更加丰富多彩，使城市人民生活更加幸福美好。

六、抢抓西部大开发机遇
扩大基础设施建设规模

深入实施西部大开发战略，进一步加快基础设施建设，对于发挥我区资源比较优势，促进生态环境改善，实现经济社会可持续发展具有重大意义。我们必须紧紧抓住国家实施西部大开发的历史机遇，多方面争取国家支持，加快实施一批重大基础设施建设项目，完成一批生态治理工程，开发一批资源性主导产业，增强我区经济整体实力和竞争力。

继续保持固定资产投资的较快增长。投资是我区经济增长最直接、最有效的推动力。今后一个时期，国家将继续保持适度的国债发行规模，将继续通过投资项目、税收政策和财政转移支付等加大对西部地区的支持力度。我们一定要千方百计争取国家的项目和资金支持，进一步扩大固定资产投资规模，加大基础设施建设力度。同时，从长远发展考虑，要逐步建立起多元化的投资开发机制，从倚重国债支持转向主要依靠招商引资、项目融资、直接融资和启动民间投资等，开辟新的投融资渠道。做到每年都有一批新的投资项目完成论证，每年都有一批新的项目申报立项，每年都有一批新的项目开工建设，每年都有一批新的基础设施投入使用。使我区的投资环境不断改善，经济增长的后劲显著增强，为全面建设小康社会奠定坚实的基础。

突出抓好事关全局的重大项目建设。到2007年，全面建成扶贫扬黄灌溉、沙坡头水利枢纽、引黄灌区节水改造、固原东山坡引水等一批重点水利工程，开工建设兴仁扬水工程，继续力争大柳树水利枢纽工程开工建设。完成中宁至海原郝家集、同心至泾源沿川子、银川至古窑子等高速公路建设，使高速公路通车里程达到700公里以上。开工建设中太铁路，建成固原支线机场。抓今宁夏航空口岸的申报审批工作。加快城乡电网二期改造，完成石嘴山电厂、中宁电厂、大坝电厂三期扩建，电力装机容量达到500万千瓦以上。加快建设覆盖全区的高速宽带信息传输网络，建成城市骨干光纤网，完成二级干线800公里，接入光缆10000公里。基本完成中小学信息技术教育网络“校校通”工程。完成银川、石嘴山、吴忠、固原市集污处理及集中供热供气工程，加快实施南部山区县城供排水工程。同时，围绕我区煤炭重化工、天然气化工等重大项目的实施和资源性主导产业的开发建设，加快开展前期工作，特别是要搞好道路、通信、水电气等的统筹规划和综合配套，为这些重大项目的顺利实施创造条件。要切实加强项目库建设，搞好项目储备，更好地争取国家支持。进一步完善项目法人资本金、招投标、合同管理和工程监理等制度，强化国债项目和重点项目建设资金的监督管理。

七、创新经济发展环境
加快对外开放步伐

市场经济从一定意义上讲是一种环境优势经济。我区对外开放水平低，招商引资规模小，主要还是发展环境不够好，对投资者缺乏吸引力。因此，必须把创新环境作为事关全局的头等大事，牢固树立抓环境创新，就是抓生产力、抓竞争力，就是抓机遇、抓发展的强烈意识，力争用两年左右的时间，使我区经济发展环境有一个明显改善，成为西部地区经济发展环境好、对投资者具有较强吸引力的省区之一。

创新经济发展环境，当务之急是抓好软环境建设。要围绕政府职能转变，加快行政审批制度改革，减少审批事项，规范审批行为，坚决废止一切有碍经济发展、不符合实际情况的政策性文件，排除各种体制性、政策性障碍，真正做到简政放权，建设服务型政府。要按照政事分开、政企分开的要求，深化行政管理体制改革，减少管理层次，提高办事效率，创新工作方式，努力形成行为规范、运转协调、公正透明、廉洁高效的行政管理体制。要积极推进综合行政执法，有条件的市县要建立政务大厅，推行一站式、一条龙服务。大力推进依法行政和政务公开，使政府的权力在社会和群众的监督下阳光操作，使政府工作更加透明，更加贴近实际，更加有效地解决社会热点难点问题，为人民群众和广大投资者创造优质高效的服务环境。

进一步加强对经济运行的宏观调控，完善政府经济调节、市场监管、社会管理和公共服务职能，营造有利于经济社会发展的宏观环境。继续深化财税改革，建立稳定的财政收入增长机制，大力培植财源，加强税收征管，优化支出结构，切实转变财政对经济发展的扶持方式，通过合理运用财政政策，增强财政的调控功能。深化金融体制改革，鼓励金融部门以更加灵活多样的方式，增强对农业、中小企业和县域经济的信贷支持。培育壮大证券、信托、商业银行以及信用社等地方金融机构。大力整顿规范市场经济秩序，严厉打击各种制售假冒伪劣商品的违法行为，净化市场环境。实施全社会信用工程。政府部门要带头搞好信用建设，加强对企业、经营者和广大公民的诚信意识和职业道德教育，形成良好的社会信用环境。

继续创新我区对外开放环境，在抓好硬环境建设的同时，进一步完善优惠政策，强化服务意识，提高办事效率，着力改善投资软环境。要坚持“引进来”与“走出去”相结合，加大招商引资工作力度，对外商投资企业实行国民待遇，提高法规和政策的透明度，充分展示宁夏的特色优势、人文环境和发展前景，增强国内外投资者的信心和决心。采取更加有力的措施，吸引国际大集团和跨国公司来我区进行项目投资和联合开发经营，把利用外资与经济结构调整、国有企业改组改造结合起来，提高利用外资的质量和效益。继续实施市场多元化战略，加快出口商品基地建设，培育发展出口创汇骨干企业。鼓励支持我区企业到境外投资，带动商品出口和劳务输出。按照优势互补、互惠互利、共同发展的原则，加强与兄弟省区的经济技术合作与交流，特别是要争取更多的东部资金投入我区的开发建设。旅游业是促进对外开放的重要途径，要通过优化经济发展环境，最大限度地开发我区旅游资源，以塞上湖城、回乡风情、大漠景观、西夏古都等方面的独特魅力，培育独具特色的旅游品牌，提高旅游服务水平，努力把宁夏建设成为21世纪中国西部最具特色的旅游地区之一。

八、千方百计增加城乡居民收入
提高人民生活水平和质量

全面建设小康社会是党的十六大提出的奋斗目标，是贯彻落实“三个代表”重要思想的根本体现。我们要坚持把维护人民群众的根本利益作为一切工作出发点和归宿，通过改革完善分配体制、建立健全社会保障体系、实施积极的就业政策、推进扶贫开发事业等措施，不断提高城乡居民收入水平，不断改善人民群众的生活环境，使人民群众共享经济繁荣的成果。千方百计增加农民收入。对于我区来讲，全面建设小康社会，重点在农村，难点在山区。没有农村富裕程度的普遍提高，没有农民收入的大幅度增加，就不可能缩小城乡差别、农村的群体差别；没有山区的根本脱贫，没有山区扶贫支柱产业的发展，就不可能缩小山川差距、地区差距，就不可能实现各民族的共同繁荣进步。因此，要紧紧抓住增加农民收入这个核心，全面发展农村经济。川区要大力实施富民工程，抓好农副产品加工、转化、升值，延伸产业链，发展增值型、效益型农业。结合工业化、城市化和市场化，推进非农产业发展，促进农村劳动力向城镇转移，拓宽农民致富空间。山区要继续大力推进扶贫开发，巩固扶贫成果。认真实施自治区农村扶贫开发规划和千村扶贫开发工程，加大科技扶贫力度，使扶贫措施到村到户。对生存条件恶劣的偏远山区，继续实施生态移民，整体搬迁。结合退耕还林还草，种草养畜，致富增收。加强山区基础设施建设，改善群众生产生活条件。要把劳务输出作为山区脱贫致富的重要举措，进一步扩大输出规模。深入推进农村各项改革，全面落实农村税费改革的政策措施，促进农民减负增收。积极稳妥地搞好农户承包地使用权流转，发展适度规模经营，提高农业综合效益。人口增长过快是导致山区贫困的主要原因之一，也是制约当地脱贫致富、实现可持续发展的关键性因素。必须在稳定现行生育政策的前提下，进一步扩大“少生快富”试点规模，在强化社会制约机制的同时，逐步建立起计划生育新的利益导向机制。

继续提高城镇居民收入水平。我区城镇居民人均可支配收入长期低于全国平均水平，极不利于调动广大劳动者的主动性、积极性，也不利于我区的人才稳定和人才引进，在一定程度上影响和制约了对外开放和经济社会发展。这种状况应当逐步改变。要在发展经济的基础上，进一步理顺分配关系，建立新的利益分配机制。加强政府对收入分配的调节职能，规范分配秩序，初次分配注重效率，再次分配注重公平，努力形成合理的分配格局。要把按劳分配与按生产要素分配结合起来，确立劳动、资本、技术和管理等生产要素按贡献参与分配的原则，妥善处理社会各阶层各方面的利益分配关系，保护合法劳动收入和非劳动收入，以共同富裕为目标，扩大中等收入者比重，提高低收入者的收入水平。

建立健全同经济发展水平相适应的社会保障体系。完善城镇职工基本养老保险、失业保险和基本医疗保险制度，做好“三条保障线”的衔接。健全城市居民最低生活保障制度，发展社会福利、社会救济、社会互助和优抚安置等各项保障事业，使困难群众的基本生活得到有效保障。探索建立农村养老、医疗保险和最低生活保障制度。多渠道筹措和积累社会保障资金。就业是民生之本。要把创造就业环境、提供就业机会作为各级政府的重要职责，努力营造与经济发展相适应的就业机制。大力发展就业容量大的劳动密集型企业、服务型企业和中小企业，增加就业岗位。加强就业技能培训，引导广大劳动者转变择业观念，形成劳动者自主择业、市场调节就业和政府促进就业的新机制。通过采取各种措施，使我区城镇就业更加充分，失业率逐步降低，职工收入稳步增长，人民生活更加富足。

不断改善城乡人居环境，提高人民群众生活质量。以满足中低收入家庭的住房为重点，加快建设质优价廉的经济适用住房，每年建设规模不少于80万平方米。坚决纠正经济适用住房分配中的不正之风，让那些最急需解决住房的人首先得到经济适用住房。规范房地产市场秩序，促进房地产业健康发展。大力发展卫生体育事业，提高城乡人民的健康水平。重视公共卫生和社区卫生工作，完善卫生服务网络。加强农村医疗卫生工作，确保农民人人享有初级卫生保健。加强疾病预防和控制，提高计划免疫工作效率，提高妇女、儿童的保健水平。重视老龄工作，兴办老龄产业。扶持发展残疾人事业。广泛开展全民健身活动，努力提高竞技体育运动水平。加强城市社区建设和农村文明新村建设，改善城乡居民的居住环境，让人民群众过上文明富裕的幸福生活。

九、大力发展先进文化
全面提高社会文明程度

大力发展社会主义先进文化，建设社会主义政治文明和精神文明，振兴文化教育事业，是全面建设小康社会的必备内容。当今社会，文化与经济和政治相互交融，文化的力量，深深融铸于民族的生命力、创造力和凝聚力之中。我区经济社会发展缓慢，与政治文明、精神文明尚需推进，文化教育事业欠发达，国民素质有待提高相关联。必须坚持先进文化的前进方向，加速我区文化教育事业的发展，不断提升全社会的文明程度，为改革开放和现代化建设提供强大的精神动力和智力支持。

进一步加强精神文明和民主法制建设。发展社会主义民主政治，建设社会主义政治文明，是全面建设小康社会的重要目标。我们要深入进行党的基本理论、基本路线、基本纲领和“三个代表”重要思想的宣传教育，引导人民群众树立中国特色社会主义共同理想。认真贯彻公民道德建设实施纲要，弘扬爱国主义精神，以为人民服务为核心，以集体主义为原则，以诚实守信为重点，加强和改进思想政治工作，加强社会公德、职业道德和家庭美德教育，广泛开展群众性精神文明创建活动，建立与社会主义市场经济相适应、与社会主义法律规范相协调、与中华民族传统美德相承接的社会主义道德体系。

各级政府要自觉接受同级人民代表大会及其常委会的监督，加强与人民政协的联系，主动听取民主党派、工商联、无党派人士和人民团体的意见，发挥他们的民主参与和监督作用。深入贯彻依法治国方略，加强政府法制工作，努力提高依法行政水平。认真开展“四五”

普法教育，提高公民法律素质。全面贯彻党的民族政策，坚持和完善民族区域自治制度，促进各民族共同繁荣进步。认真落实党的宗教信仰自由政策，依法管理宗教事务，积极引导宗教与社会主义社会相适应。做好人民调解和信访工作，正确处理新形势下的人民内部矛盾，及时化解各种矛盾和不稳定因素。加强全民国防教育，完善国防动员体制。深入开展拥军优属、拥政爱民活动，促进军政军民团结。强化社会治安综合治理，加强公共安全管理。深入开展“严打”整治斗争，依法严厉打击各种刑事犯罪，坚决扫除“黄、毒、赌”等危害社会的丑恶现象，切实维护社会稳定。

大力发展先进文化。坚持“二为”方向和“双百”方针，繁荣文化艺术、广播影视、新闻出版事业，重视哲学社会科学研究，加强科普工作，努力创作一批弘扬时代精神、富有地方特色、催人奋进、群众喜闻乐见的优秀作品，不断满足人民群众的精神文化需求。进一步挖掘民族、民间文化资源，加强文物保护和利用，逐步形成我区独特的人文资源优势。重视对外文化交流，改进宣传方式，扩大我区影响力。加强文化基础设施建设，建设一批特色鲜明、功能完备的重要文化设施，提高文化设施的共享性。办好爱国主义教育基地。加强文化市场管理。积极发展文化产业，培育多样化的文化市场。

全面发展教育事业。认真贯彻党的教育方针，坚持教育创新，深化教育改革，优化教育结构，合理配置教育资源，提高教育质量和管理水平。加快建立“以县为主”的基础教育管理体制，进一步巩固提高川区“两基”成果，加大南部山区“两基”攻坚力度，促进农村义务教育加快发展。加强高中阶段教育，集中力量办好一批重点高中和示范性高中。积极发展高等教育和高等职业技术教育，优化高等教育专业结构，创新办学模式，抓好重点学科、重点专业和重点实验室以及学位点的建设，提高办学质量和效益。加快教育信息化步伐，积极发展现代远程教育、网络教育和多媒体教学，提高教育信息化水平。推进成人教育、职业教育和社区教育，努力构建终身教育体系，形成全民学习、终身学习的学习型社会。加快发展民族教育，办好民族教育骨干学校和民族预科班，提高民族教育水平，逐步使回族在校生的比例接近全区回族人口的比例。全面推进素质教育，改革教学内容，创新教育方法，着力培养学生的创新精神和实践能力，促进德、智、体、美全面发展。鼓励支持社会力量办学，完善资助贫困学生的政策和制度。加大教育投入力度，改善办学条件，确保教师工资按时足额发放。

十、2003年的主要预期目标和工作重点

2003年是新一届政府的开局之年，开好头、起好步，对于深入实施西部大开发战略、全面完成“十五”计划、顺利实现新一届政府任期目标，至关重要。中央对当前国际形势的判断，依然是复杂多变、不确定的因素较多。我们必须做好各方面的应对准备，特别要高度关注财政问题、投资问题、出口问题和就业问题。今年的经济工作任务，全区经济工作会议已作了全面部署，主要预期目标是：完成国内生产总值360亿元，增长9%，其中，第一产业增长2．5%，第二产业增长11%，第三产业增长9．5%。地方财政一般预算收入27．7亿元，可比增长10%。全社会固定资产投资271亿元，增长18%。外贸进出口总额5．4亿美元，增长25．6%，其中，出口3．8亿美元，增长15．2%。实际利用外资7200万美元，增长128%。城镇居民人均可支配收入达到6460元，增长6%。农民人均纯收入达到1960元，增长3．2%。人口自然增长率控制在13‰以内。城镇登记失业率控制在4．4%以内。完成上述目标任务，要突出抓好以下几个重点：一是要把推进工业化放在更加突出的位置。狠抓重点技改，把优势骨干企业做大做强；加快工业园区建设，积极扩大招商引资；鼓励发展市县中小企业，加大对民营企业的扶持力度，发展壮大县域经济；深化企业改革，完善法人治理结构，加强对上市公司的监管，加强企业领导班子建设。二是要继续抓好“三农”问题。做好畜牧业和农产品深加工这两篇大文章，推动农村经济再上新台阶。要确保完成今年的退耕还林还草任务，确保在“五一”前全面实行封育禁牧。三是要积极推进城市化进程。抓好城市规划，搞好城镇基础设施建设；整顿规范房地产市场，加快经济适用住房建设；突出抓好城乡结合部的综合整治。四是要保持固定资产投资快速增长。加大基础设施和重点项目建设力度，抓紧续建项目和新开工项目的建设，做好后续项目的申报工作。五是要加快环境创新。大力整顿规范市场经济秩序，加强对经济运行的宏观调控。六是要进一步扩大对外开放，继续加大招商引资力度，千方百计增加出口。加强东西合作，扩大与山东、福建、上海、浙江等省市的合作与交流，落实好签定的各项协议。七是要深入实施科教兴宁和可持续发展战略。加快发展各项社会事业，不断提高全社会文明程度。承办好第七届全国少数民族传统体

育运动会。八是要完善社会保障体系，认真落实“两个确保”和城市低保。加强就业和再就业工作，努力创造更多的就业岗位，维护社会稳定。

各位代表！完成今后五年的各项任务，向全面建设小康社会的目标迈进，各级政府肩负着重大的历史责任。我们一定要按照胡锦涛总书记倡导的始终坚持“两个务必”的要求，大力发扬艰苦奋斗、自强不息的精神，以顽强进取、百折不挠的意志，克服一切艰难险阻，全力推进我们的伟大事业。要切实加强政风建设，坚持执政为民、心系群众，夙兴夜寐、勤奋工作，始终保持谦虚谨慎、不骄不躁的作风，牢固树立爱岗敬业、无私奉献、廉洁奉公、遵纪守法的良好风范，做人民满意的公务员。要坚持全心全意为人民服务的宗旨，保持与人民群众的血肉联系，切实关心困难群众生产生活问题，努力为人民群众排忧解难。要进一步改进工作作风，坚决反对浮躁浮夸、急功近利，坚决反对铺张浪费、大手大脚，力戒官僚主义、形式主义，脚踏实地，务实苦干，不断为党和人民建立新的业绩。要切实加强廉政建设，认真落实廉政目标责任制，坚决纠正部门和行业不正之风，使各级政府都能保持清廉的政风，做人民群众的楷模，树立政府的新形象。

各位代表！全面建设小康社会，加快推进社会主义现代化，实现宁夏的繁荣与进步，是历史和时代赋予我们的神圣使命。让我们高举邓小平理论伟大旗帜，坚定不移地实践“三个代表”重要思想，全面贯彻落实党的十六大和自治区第九次党代会精神，在以胡锦涛同志为总书记的党中央领导下，进一步解放思想、实事求是、与时俱进、开拓创新，凝聚全区各族人民的智慧和力量，沿着十六大指引的方向，万众一心，奋发图强，把宁夏的改革开放和现代化建设事业不断推向前进！

宁夏回族自治区统计局
关于2002年国民经济和社会发展的
统 计 公 报

2003年3月25日

2002年是"十五"计划的第二年,也是实施西部大开发战略十分重要的一年。在党中央、国务院和自治区党委、政府的领导下,全区各族人民以"三个代表"重要思想为指导,认真贯彻落实党的十六大精神,以西部大开发总揽全局,以全面建设小康社会和加快发展为主题,以结构调整为主线,以改革开放为动力,进一步加强宏观调控,加快基础设施和生态环境建设,着力培育优势特色产业,努力克服经济发展中不利因素的影响,开拓创新,务实苦干,国民经济继续保持了快速发展的良好势头,经济增长质量进一步提升,各项社会事业繁荣兴旺,人民生活继续改善。

一、综 合

全年实现国内生产总值330亿元,比上年增长10.2%,增幅提高0.1个百分点,比全国增幅高2.2个百分点。分产业看:第一产业增加值52.8亿元,增长6.0%;第二产业增加值151亿元,增长12.5%;第三产业增加值126亿元,增长9.4%。产业结构不断优化,三次产业增加值占国内生产总值的比例由上年的16.6:45.0:38.4调整为16.1:45.7:38.2。第一产业比重下降0.5个百分点,第二产业比重上升0.7个百分点,第三产业比重下降0.2个百分点。

市场价格总水平小幅下降。2002年居民消费价格总水平比上年下降0.6%。其中,城市下降0.6%,农村下降0.5%。服务项目价格上升3.8%。商品零售价格总水平比上年下降1.4%。其中,城市下降1.4%,农村下降1.3%。农业生产资料价格上涨3.5%。全部工业品出厂价格与上年同期相比下降0.32%,原材料、燃料、动力购进价格同比下降2.19%。

全区经济总体上保持了持续、快速、健康发展的良好态势。但还存在工业增长速度不快、亏损企业亏损状况未得到明显改善等矛盾和问题。

二、农 业

全年农业快速增长,农林牧渔业总产值92.5亿元,完成增加值52.8亿元,同比分别比上年增长7.8%和6.0%。

2002年,全区农村经济结构不断调整,农、林、牧、渔业都得到了较快发展。据统计,全年粮食产量301.9万吨,比上年增长9.9%。全年油料产量10.9万吨,增长48.1%;水果产量59.5万吨,增长11.6%。

继续实施退耕还林还草工程,林业生产成效明显。全年完成退耕地造林草5.0万公顷;造林合格面积18.2万公顷,分别比上年增长2.4倍和84.8%。

畜牧业保持良好的发展势头。其中,全年猪牛羊肉产量19.1万吨,增长7.4%;禽肉产量3.3万吨,增长12.4%;禽蛋产量9.0万吨,增长3.9%;水产品产量4.9万吨,增长17.7%。农业生产条件进一步改善,大力发展节水灌溉,努力扩大灌溉面积。新增农田有效灌溉面积4633公顷,累计有效灌溉面积41.0万公顷,比上年增长1.1%;年末农业机械总动力447.5万千瓦,增长9.8%;农村用电量8.2亿千瓦小时,增长4.7%。

三、工业和建筑业

全年完成工业增加值114.8亿元,比上年增长13%。在国有及年销售收入500万元以上非国有工业企业中,轻工业增加值15.6亿元,增长16.99%;重工业增加值77.4亿元,增长13.4%。

在主要工业产品产量中,原煤1818.19万吨,比上年增长11.2%;发电量171.02亿千瓦时,增长13.8%、铝锭26.09万吨,增长64.9%;化肥76.13万吨,增长3.5%;轮胎外胎224.31万条,增长23.3%;轴承522.83万套,下降17.3%;水泥377.24万吨,增长18.4%;钢丝绳3.18万吨,增长1.2%;金属切削机床1816台,增长39.9%。

经济效益稳定提高。全年国有及年销售收入500万元以上的非国有工业企业实现销售收入310.76亿元,比上年增长15.29%;实现利税23.19亿元,增长9.69%,其中,实现税金17.92亿元,增长6.4%。盈利企业盈利额12.58亿元,增长14.2%;亏损企业亏损额7.32亿元,上升9.1%;盈亏相抵后实现净利润5.26亿元,增长22.3%,其中,国有及国有控股企业实现净利润3.06亿元,下降23.9%。全年工业经济效益综合指数89.9,比上年上升6.2点;总资产贡献率5.6%,比上年上升0.2个百分点,资产负债率58.0%,比上年降低2.0个百分点;流动资产周转率1.36次,比上年加快0.13次;成本费用利润率1.8%,比上年上升0.1个百分点;工业产品销售率98.4%,比上年降低1.4个百分点。

建筑企业生产快速增长,劳动生产率和建筑产品质量提高。2002年全区完成建筑业总产值84.0亿元,比上年同期增长19.4%,其中:单位工程施工个数5962个,增加917个,房屋建筑施工面积834.67万平方米,增长18.9%,房屋建筑竣工面积430.92万平方米,下降3.7%,全员劳动生产率56967元/人,增长8.9%。

四、固定资产投资

固定资产投资继续保持快速增长势头。2002年,在国家积极财政政策支持下,在基本建设、更新改造和房地产开发投资的拉动下,全年全社会固定资产投资总额230.83亿元,比上年增长17.9%。其中,基本建设投资124.36亿元,增长18.1%;更新改造投资26.36亿元,增长1.1%;房地产开发投资30.86亿元,增长33.1%。从投资主体来看,国有单位投资133.59亿元,增长7.6%;非国有单位投资97.24亿元,增长35.6%。

投资结构进一步优化。在全社会固定资产投资中用于农、林、牧、渔、水利业投资26.48亿元,增长13.6%,用于交通、邮电通信业投资42.12亿元,增长1.0%,以城市基础设施建设为主体的社会服务业投资18.61亿元,增长1.2倍;教育、文化设施投资6.83亿元,增长30.0%;原材料工业投资15.56亿元,下降27.2%;能源工业投资37.00亿元,增长44.9%。

重点建设项目进展顺利。全区在加大固定资产投资力度的同时,进一步突出重点建设项目建设,以重点项目带动重点行业。全年施工的16个重点建设项目完成投资59.65亿元,占全社会固定资产投资的比重为25.8%。

在基本建设和更新改造投资项目中,施工项目1316个,比上年增加150个。其中,新开工项目1021个,增加146个。建成投产项目840个,项目建成投产率63.8%。全社会新增固定资产157.95亿元,固定资产交付使用率达到68.4%。其中:新增的主要能力有:造林面积399.5万亩,新建公路212.53公里,其中:高速公路112.53公里;改建公路366.28公里,光纤通讯电缆308芯公里,城市道路扩建长度50.18公里等。

五、国内贸易

积极开拓城乡市场,消费需求稳定趋活。全年社会消费品零售总额109亿元,增长10%。其中,农村消费品市场保持稳定,实现消费品零售额37亿元,增长7.3%;城市市场趋于活跃,城市市场实现消费品零售额72亿元,增长11.5%。

国有经济、集体经济在社会消费品零售总额中仅占23.3%,比上年下降4.8个百分点;非公有制经济则以其灵活的经营迅速占领市场,全年实现零售额72亿元,增长16.3%,所占比重由上年的62.2%提高到65.8%,尤其是股份制经济增势强劲,其零售额增长59.9%。分行业看,批发零售贸易业零售额66亿元,增长10.2%,其中,限额以上贸易企业零售额24亿元,增长12.4%;餐饮业继续走旺,实现零售额17亿元,增长23.8%。城乡集市贸易成交额65亿元,增长4.8%。

全区限额以上贸易企业服装类、化妆品类、体育娱乐用品类零售分别增长22%,17.4%和16.9%。通讯电脑类、住房汽车类市场发展迅速,通讯器材类零售额增长1倍多。信贷消费的推行,刺激了房产市场的发展。

六、对外经济

全年海关进出口总额4.43亿美元,下降16.9%。其中,出口总额3.28亿美元,下降6.75%;进口总额1.15亿美元,下降36.71%。在外贸出口总额中,国有企业出口2.39亿美元,占出口比重的72.89%,下降17.15%。

利用外资进展顺利。全区实际利用外资3166万美元,新签利用外资协议项目39个,新签利用外资投资额14717万美元。2002年末全区拥有注册的三资企业454个,比上年增加19个。

七、交通、邮电和旅游

交通运输生产平稳增长。全年交通运输和邮电通信业完成增加值25.1亿元,增长9.3%。年末全区公路通车里程已达11245公里,比上年末净增346公里。其中,高速公路360公里,一、二级公路2044公里。货物周转量和旅客周转量稳定增长。全年完成货物周转量:公路61.5亿吨公里,增长5.1%,铁路193.2亿吨公里,增长8.0%;航空189.4万吨公里,增长1.5倍。完成旅客周转量:公路35.5亿人公里,增长6.5%;铁路19.7亿人公里,下降2.8%;航空1.6亿人公里,增长3.8%。

邮电通信业持续快速发展。全年新增长途光缆2524皮长公里,长途光缆长度达到5637皮长公里;新增长途业务电路0.7万路,达到2.2万路;新增本地局用交换机容量16.2万门,达到92.2万门。互联网络注册户数17.4万户,增长1.05倍。

全年邮电业务总量21.88亿元,增长34.4%。年末本地电话用户达到84.5万户。其中,城市电话用户66.1万户,乡村电话用户18.4万户。移动电话用户73.7万户。全区电话普及率达到28.1部/百人。其中,城市固定电话普及率达到37.2部/人。

旅游业快速发展,入境旅游、国内旅游同步增长。全区共接待入境旅游者6018人次,下降30.57%,外汇收入161万美元,下降41.03%;接待国内旅游者305万人次,增长8.92%,国内旅游收入12亿元,增长11.11%。

八、金融、证券和保险

金融运行平稳,稳健的货币政策促进了社会经济的健康发展。2002年末,金融机构各项存款余额578.16亿元,比年初增长23.50%。其中,企业存款余额193.27亿元,比年初增长27.67%。金融机构各项贷款余额524.56亿元,比年初增长18.40%。其中,短期贷款余额231.34亿元,比年初增长14.90%;中长期贷款余额284.43亿元,比年初增长25.6%。

2002年末,金融机构现金收入1298.52亿元,现金支出1316.80亿元,收支相抵净投放现金18.28亿元。

2002年末,全区上市公司10家。全年证券交易额225.20亿元,比上年增长7.2%。

保险事业快速发展。保险险种增加,保险收入大幅度提高。全年保费收入8.67亿元,同比增长39.08%。其中,财产险收入2.33亿元,增长17.23%;人身险收入6.34亿元,同比增长49.33%。全年共支付共赔款及给付2.29亿元,增长41.10%。其中,财产险赔付金额1.17亿元,增长27.52%;人身险赔款及给付金额1.12亿元(含退保金额),增长58.8%。

九、教育和科学技术

全面实施素质教育,狠抓高校布局结构调整。地方普通高校连续四年大幅度扩大招生规模,发展速度加快。普通高校8所,招生数9434人,在校本(专)科学生29301人,增长26.5%,毕业生3379人。研究生培养单位2个,年内招收研究生181人,增长48.4%,在校研究生395人,毕业研究生55人。

2002年,各级各类学校3420所,在校学生109万人,教职工68905人。其中,专任教师60150人。

全区小学校2912所,招生130005人,小学在校生663542人,增加12460人;小学学龄儿童入学率97%,普通中学校449所,招生91742人,在校学生265488人。

高中阶段教育结构型矛盾得到缓解,规模进一步扩大。在校学生128527人,增长18.0%。全区中等职业教育(职高、普通中专)51所(不含技工学校),招生13032人,在校学生38056人,其中,普通中等专业学校25所,在校学生25643人。

成人高等教育在校学生36794人,增长28.6%;成人中等教育在校学生6179人,减少27.5%。

普及九年义务教育的县(市、区)已达16个,"普九"人口覆盖率68.3%。全区实现了基本扫除青壮年文盲的目标,青壮年文盲率下降到8%。

全区高新技术企业49家。其中,自治区认定49家。全年高新技术实现产值24.63亿元。技术市场持续发展,全年认定技术交易合同386项,合同金额8496.47万元。申请专利503件,专利授权215件。全区拥有各类科学研究开发机构51个,其中自然科学研究机构39个,人文社会科学研究机构6个,科技情报与文献机构4个,具有独立法人的自治区级重点实验室2个。全区地方国有单位各类专业技术人员14万人。

十、文化、卫生和体育

2002年,剧(片)节目的创作、生产和演出取得可喜成绩。全年摄制电视剧1部,电影故事片2部。

群众文化事业蓬勃发展,文化市场秩序进一步得到清理和规范。全区艺术表演团体14个,公共图书馆21个,文化馆22个,博物馆5个。

加强广播电视基础设施建设,不断扩大广播电视覆盖率。继续巩固发展"村村通"工作,积极推进有线电视入户。2002年末,有广播电台5座,节目22套,中短波广播发射台和转播台7座,广播综合人口覆盖率85.57%,电视台5座,节目27套,电视发射台和转播台7座,电视综合人口覆盖率87.7%,比上年提高0.3个百分点。

全区地方报纸出版19种,出版量7254.44万份;杂志出版39种,出版量174.22万册;图书出版670种,出版量1637.1万册。

卫生工作以城镇医疗卫生体制改革为重点,整顿和规范医疗卫生市场秩序,狠抓重点疾病的预防控制,为保护人民健康作出了积极贡献。全区卫生机构1391个,床位14782万张;卫生技术人员21671人,其中,执业医师、执业助理医师10129人,注册护士7005人。卫生防疫、防治机构36个,卫生技术人员1285人;妇幼保健机构25个,卫生技术人员1134人;农村卫生院279个,卫生技术人员3357人。农村医疗点2483个,乡村医生2720人。创建卫生城市、卫生县城工作卓有成效。

努力实施《全民健身计划》,开展"全民健身活动周",参与活动人数达35万,特别是自治区为迎接第七届少数民族运动会在我区召开所做的各项筹备工作,大大促进了城乡群众体育活动的深入开展。在亚洲青年锦标赛上我区运动员获得自行车比赛铜牌1枚;全国比赛获金牌4枚,银牌5枚,铜牌5枚。在全区第十一届运动会上获金牌246枚,银牌195枚,铜牌181枚。

十一、环境保护

2002年,全区进一步加大生态环境保护和建设力度,继续巩固工业污染源达标排放成果,围绕"大银川"和城镇化建设,城市环境综合整治取得新的成效。全区环境保护系统人员645人,各级环境监测站10个,环境监测人员202人。环境污染限期治理项目78个,完成投资21225.7万元,竣工绿色工程规划项目1项,完成投资9215万元。全区烟尘控制区30个,面积83.3平方公里,噪声达标区25个,面积83.3平方公里。全区自然保护区10个,面积83.3万公顷。国家级自然保护区5个,生态示范区单位1个。

十二、人　口

据2002年人口变动抽样调查,全区全年出生人口9.32万人,人口出生率为16.42‰,比上年下降0.13个千分点;死亡人口2.76万人,人口死亡率为4.86‰;人口自然增长率11.56‰,全年净增人口6.56万人,年末总人口571.54万人。

十三、人民生活和社会保障

城镇居民收入稳步增加,生活水平进一步提高。2002年,全区在岗职工工资总额72.35亿元,增长10%;在岗职工平均工资11723元,增长11.42%。城镇居民人均可支配收入6067.4元,直比增长9.41%,可比增长15.5%;人均消费性支出5104.9元,增长11.1%,其中,城镇居民用于交通与通讯、医疗保健、教育、文化娱乐等方面的费用增加较多,居民消费结构进一步优化。全年食品消费占总消费支出比重即恩格尔系数34.8%,表明城镇居民正向富裕生活迈进。衣着消费占11.3%,较上年下降1.1个百分点;交通和通讯消费占10.9%,比上年提高0.3个百分点;教育消费占13.9%,比上年提高1.1个百分点;居住消费占9.5%,比上年提高了1.2个百分点。

全区农民人均纯收入1917.4元,增收94.2元,增长5.2%。农民人均生活消费支出1415.8元,增长2.5%。

2002年末,城乡居民储蓄存款余额306.75亿元,比年初增长18.91%。其中,活期储蓄存款余额106.39亿元,比年初增长26.61%;定期储蓄存款余额200.36亿元,增长15.19%。

2002年末,全区城乡从业人员282.45万人,比上年末增加3.45万人,上升1.24%。城镇单位在岗职工60.60万人,比上年末减少0.77万人,下降1.26%。其中,国有单位减少4.84万人,集体单位减少0.64万人。城镇私营企业和个体从业人员17.39万人，比上年末增加1.29万人。乡村从业人员203.24万人，比上年末增加2.84万人。2002年全区通过各种渠道实现就业和再就业的失业人员3.65万人，登记失业率4.4%。

社会保险覆盖面进一步扩大，征缴率不断提高。全区参加基本养老保险人数45.29万人，参加失业保险人数35.76万人。全年基本养老保险基金收入10.03亿元，其中当年征缴9.12亿元，征缴率94.7%，追缴历年欠费0.91亿元；全年失业保险基金收入0.59亿元，其中当年征缴0.52亿元。全年为1.38万失业人员提供了失业保障，国有企业下岗职工基本生活保障向失业保险并轨的试点工作已经起步。基本医疗保险制度改革继续推进，实施城镇职工基本医疗保险的县(市)18个，占90%，参保人数41万人，参加工伤保险职工15.97万人，参加生育保险职工15.01万人。

注:1.本公报中统计数据为初步统计数，正式数据以《宁夏统计年鉴－2003》为准。

2.国内生产总值及各产业增加值和行业总产值指标绝对数按现价计算，增长速度按可比价格计算。

统计资料

一、综　合

1－1　全区行政区划、土地面积及人口密度

（2002年）

地　区		所辖市县（区）名称	乡数（个）	镇数（个）	街道办事处（个）	居委会（个）	村委会（个）	土地面积（平方公里）	人口密度（人/平方公里）
合　计		**8区2市14县**	**234**	**78**	**31**	**457**	**2 633**	**51 800**	**110**
银川市		**3区2县1市**	**31**	**17**	**16**	**176**	**339**	**7 180**	**305**
	市辖区	小　计	10	4	16	145	77	1 276	529
		兴庆区	6	–	9	82	32	10	
		金凤区	1	2	5	16	29	24	
		西夏区	3	2	2	47	16	1 242	
	县	永宁县	7	3	–	11	91	1 011	202
		贺兰县	5	4	–	7	76	1 208	155
	市	灵武市	9	6	–	13	95	3 685	71
石嘴山市		**3区3县**	**25**	**12**	**15**	**165**	**214**	**4 454**	**157**
	市辖区	小　计	1	–	15	141	3	529	628
		大武口区	1	–	11	77	3	56	
		石嘴山区	–	–	4	64	–	137	
		石炭井区	–	–	–	–	–	336	
	县	平罗县	12	8	–	18	131	2 053	129
		陶乐县	6	1	–	2	38	909	34
		惠农县	6	3	–	4	42	963	74
吴忠市	区	**1区1市4县**	**73**	**31**	**–**	**78**	**836**	**23 383**	**76**
		利通区	13	4	–	16	95	984	321
	市	青铜峡市	7	7	–	16	104	1 886	132
	县	中卫县	11	6	–	21	149	4 671	73
		中宁县	19	5	–	7	176	2 169	182
		盐池县	13	3	–	12	99	6 655	23
		同心县	10	6	–	6	213	7 018	48
固原市	区	**1区5县**	**105**	**18**	**–**	**38**	**1 244**	**16 783**	**113**
		原州区	20	5	–	19	267	3 922	132
	县	海原县	21	3	–	6	167	5 489	68
		西吉县	24	2	–	4	306	3 144	144
		隆德县	18	3	–	3	272	985	270
		泾源县	6	2	–	2	76	751	110
		彭阳县	16	3	–	4	156	2 492	99

1－2　历届区人民代表大会的代表人数

单位：人

项　　目	第一届	第二届	第三届	第四届	第五届	第六届	第七届	第八届	第九届
代表总数	**208**	**107**	**81**	**698**	**461**	**425**	**432**	**421**	**411**
在代表总数中									
女代表	14	－	－	156	93	88	70	71	69
占代表总数%	19.7	－	－	22.3	20.2	20.7	16.2	16.9	16.8
在代表总数中									
少数民族代表	91	－	－	247	185	171	144	150	148
占代表总数%	43.8	－	－	35.4	40.1	40.2	33.3	35.6	36.0
回族代表	89	－	－	223	171	165	136	147	145
占代表总数%	42.8	－	－	31.9	37.1	38.8	31.5	34.9	35.3
开会时间	**1958年 4月**	**1964年 9月**	**1968年 4月**	**1977年 12月**	**1983年 5月**	**1988年 5月**	**1993年 5月**	**1998年 5月**	**2003年 1月**

1－3　历届区政治协商会议的委员人数

单位：人

项　　目	第一届	第二届	第三届	第四届	第五届	第六届	第七届	第八届
委员总数	**110**	**155**	**223**	**278**	**400**	**336**	**350**	**360**
在委员总数中								
中国共产党委员	28	26	107	95	120	131	140	151
占委员总数%	25.5	16.8	47.9	34.2	30.0	39.0	40.0	39.7
在委员总数中								
少数民族代表	48	46	59	86	90	123	123	127
占委员总数%	43.6	29.7	26.5	30.9	22.5	36.6	35.1	33.4
回族代表	44	44	54	73	80	104	109	109
占委员总数%	40.0	28.4	24.2	26.6	20.0	31.0	31.1	28.7
开会时间	**1958年 10月**	**1964年 9月**	**1977年 12月**	**1983年 4月**	**1988年 5月**	**1993年 5月**	**1998年 5月**	**2003年 1月**

1-4　自然资源状况

项　　目	单　位	2002年
一、自然状况		
1.国土面积	平方公里	51 800.00　(约7 770万亩)
#山　地	平方公里	8 179.00
平　原	平方公里	13 897.00
丘　陵	平方公里	19 679.00
2.气　　候		
全年平均气温	摄氏度	9.35
年降水量	毫　米	321.82
二、自然资源		
(一)土地资源		
1.耕　　地		
小　计	万公顷	123.83　(约1 857.50万亩)
灌溉水田	万公顷	4.72　(约70.77万亩)
水浇地	万公顷	34.65　(约519.79万亩)
旱　地	万公顷	84.12　(约1 261.87万亩)
菜　地	万公顷	0.34　(约5.07万亩)
2.园　　地		
小　计	万公顷	3.35　(约50.26万亩)
果　园	万公顷	3.04　(约45.54万亩)
桑　园	万公顷	0.10　(约1.48万亩)
其它园地	万公顷	0.22　(约3.24万亩)
3.林　　地		
小　计	万公顷	35.82　(约537.31万亩)
有林地	万公顷	12.16　(约182.47万亩)
灌木林	万公顷	5.16　(约94.05万亩)
疏木林	万公顷	1.12　(约17.11万亩)
未造成林林地	万公顷	10.18　(约238.05万亩)
迹　地	万公顷	0.11　(约1.64万亩)
苗　圃	万公顷	0.27　(约4.00万亩)
4.牧草地		
小　计	万公顷	240.76　(约3 611.44万亩)
天然草地	万公顷	234.40　(约3 516.08万亩)
改良草地	万公顷	0.21　(约3.13万亩)
人工草地	万公顷	6.15　(约92.23万亩)

1-4 续表

项　　目	单　位	2002年
5.居民及工矿用地		
小　计	万公顷	16.80 （约252.03万亩）
城　市	万公顷	0.99 （约14.81万亩）
建制镇	万公顷	0.81 （约12.21万亩）
村　庄	万公顷	10.85 （约162.73万亩）
独立工矿	万公顷	1.80 （约26.97万亩）
盐　田	万公顷	0.09 （约1.37万亩）
特殊用地	万公顷	2.33 （约34.94万亩）
6.交通用地		
小　计	万公顷	3.70 （约55.54万亩）
铁　路	万公顷	0.32 （约4.85万亩）
公　路	万公顷	10.03 （约15.48万亩）
农村道路	万公顷	2.30 （约34.48万亩）
民用机场	万公顷	0.05 （约0.73万亩）
7.水　域		
小　计	万公顷	14.98 （约224.64万亩）
河流水面	万公顷	3.86 （约57.91万亩）
湖泊水面	万公顷	0.85 （约12.76万亩）
水库水面	万公顷	0.42 （约6.28万亩）
坑塘水面	万公顷	1.25 （约18.72万亩）
苇　　地	万公顷	0.58 （约8.65万亩）
滩　　涂	万公顷	2.82 （约42.32万亩）
沟　　渠	万公顷	5.08 （约76.26万亩）
水工建筑物	万公顷	0.12 （约1.75万亩）
8.未利用土地		
小　计	万公顷	80.30 （约1 204.45万亩）
荒草地	万公顷	7.13 （约106.94万亩）
盐碱地	万公顷	6.70 （约100.52万亩）
沼泽地	万公顷	0.42 （约6.33万亩）
沙　地	万公顷	15.28 （约229.27万亩）
裸土地	万公顷	0.11 （约1.63万亩）
裸岩石砾地	万公顷	10.32 （约154.86万亩）
田　坎	万公顷	7.63 （约114.52万亩）
其　他	万公顷	32.69 （约490.37万亩）
(二)矿产资源		
煤保有储量	万　吨	3 081 042.80
铁(矿石)	万　吨	100.90
水泥用灰岩	万　吨	50 690.00
石　膏	万　吨	253 106.50
玻璃用砂岩	万　吨	1 434.00

1-5 主要年份气象资料

年份	降水量(毫米)		无霜期(天)		初霜日(日/月)	
	引黄灌区	干旱山区	引黄灌区	干旱山区	引黄灌区	干旱山区
1952	214.4		164		26/9	
1957	122.3	160.3	166	152	25/9	25/9
1965	115.9	178.7	123	189	6/9	14/10
1970	208.0	260.0	158	199	29/9	29/9
1975	172.4	188.6	166	177	4/10	29/10
1978	283.6	384.6	164	188	18/9	27/10
1980	77.9	164.4	166	181	4/10	1/11
1981	163.6	264.6	166	181	8/10	23/10
1982	92.9	128.4	171	186	26/9	27/9
1983	177.6	311.7	171	186	11/10	25/10
1984	196.9	274.9	155	164	4/10	5/10
1985	252.5	477.8	180	208	1/10	20/10
1986	156.8	224.1	199	208	20/9	29/10
1987	172.8	160.7	179	169	19/10	19/10
1988	162.4	315.0	165	191	5/10	5/10
1989	224.8	257.3	149	187	11/10	19/10
1990	252.8	386.7	161	173	13/10	24/10
1991	165.2	296.0	154	184	4/10	20/10
1992	295.4	241.6	179	179	6/10	6/10
1993	152.4	252.1	148	192	28/9	15/10
1994	122.4	241.4	130	168	28/9	15/10
1995	203.7	317.8	142	212	24/9	25/9
1996	211.0	357.2	148	170	7/10	7/10
1997	110.0	209.7	148	173	20/9	25/9
1998	195.1	356.0	173	187	15/10	20/9
1999	143.3	231.4	241	225	15/10	20/9
2000	110.0	214.0	181	181	15/10	1/11
2001	202.1	298.0	165	180	4/10	9/10
2002	259.3	280.0	169	223	5/10	23/10

注:引黄灌区以永宁为代表,干旱山区以同心为代表。

1-6 各市县主要气象资料

(2002年)

地区	气温(℃)			降水量	日照时数	风速(米/秒)	
	平均	最高	最低	(毫米)	(小时)	平均	最大
银川市	10.1	35.7	-22.6	303.6	2 734.6	2.6	16.5
永宁县	10.1	36.0	-22.7	259.3	2 803.2	3.0	13.3
贺兰县	10.3	36.0	-22.4	251.5	3 020.4	2.1	14.2
石嘴山市	10.5	37.3	-25.6	222.2	2 897.0	2.4	21.8
平罗县	10.5	35.7	-23.0	250.4	2 905.3	2.0	14.8
陶乐县	9.8	36.4	-26.1	245.7	3 002.0	2.7	13.5
惠农县	9.9	36.6	-24.9	209.4	2 974.0	3.3	22.0
利通区	10.9	36.3	-22.4	247.9	3 175.7	2.9	13.8
青铜峡市	10.9	35.6	-21.3	292.0	3 072.4	2.7	13.8
中卫县	9.7	35.5	-24.4	235.5	3 022.2	3.0	14.8
中宁县	10.5	38.0	-23.7	252.8	2 970.2	3.1	13.1
灵武市	9.8	35.6	-25.0	257.6	3 016.0	3.2	16.4
盐池县	9.7	36.5	-26.6	399.1	2 911.3	2.6	14.6
同心县	10.2	37.0	-23.9	280.0	2 924.1	2.8	12.3
固原县	7.9	32.6	-27.7	401.9	2 762.4	2.6	11.6
海原县	8.3	33.9	-23.3	456.2	2 928.0	3.1	16.9
西吉县	6.5	31.9	-27.5	335.2	2 541.4	2.3	10.7
隆德县	6.3	30.6	-24.6	420.4	2 578.1	2.6	14.4
泾源县	6.9	29.2	-26.1	641.5	2 560.4	3.6	15.0
彭阳县	8.2	33.2	-25.3	474.2	2 520.9	1.6	13.0

1－7　主要年份国民经济与社会发展总量指标

指　　标	单位	1949年	1952年	1957年	1958年	1977年	1978年
一、人　口							
年末总人口	万人	119.75	142.42	179.38	193.52	346.71	355.58
#回族人口	万人	37.26	46.57	59.31	62.98	105.73	109.47
二、从业人数							
年底从业人数	万人	44.00	57.20	77.00	82.30	131.50	135.63
#职工人数	万人	0.50	1.90	11.90	15.20	39.30	43.28
三、经济总量指标							
国内生产总值	亿元		1.73	2.58	3.29	12.13	13.00
第一产业	亿元		1.43	1.80	1.84	2.93	3.06
第二产业	亿元		0.08	0.22	0.65	6.25	6.60
第三产业	亿元		0.22	0.56	0.80	2.95	3.34
人均国内生产总值	元/人		126	147	176	354	370
四、固定资产投资							
全社会固定资产投资总额	万元		502	1 536	9 287	31 704	42 719
国有固定资产投资	万元		502	1 536	9 287	31 704	42 246
#基本建设投资	万元		502	1 536	9 287	31 704	42 246
更新改造投资	万元		-	-	-	-	-
集体经济单位固定资产投资	万元						473
#城　镇	万元						473
农　村	万元						-
五、财政、金融							
地方财政收入	亿元		0.28	0.37	0.58	1.76	3.16
地方财政支出	亿元		0.19	0.37	1.24	4.03	5.78
全区金融机构存款余额	亿元						5.49
全区金融机构贷款余额	亿元						7.18
六、物价总指数(以上年为100)							
全社会商品零售价格总指数	%				101.0	107.5	100.0
居民消费价格总指数	%				102.4	108.2	100.6

1-7 续表1

指　　标	单位	1980年	1985年	1990年	1995年	2000年	2001年	2002年
一、人　口								
年末总人口	万人	373.72	414.62	465.68	512.38	554.32	563.22	571.54
#回族人口	万人	116.73	133.76	153.89	172.41	191.01	195.04	198.71
二、从业人数								
年底从业人数	万人	146.52	177.38	211.17	240.60	275.50	279.00	282.40
#职工人数	万人	47.57	55.81	67.41	73.43	63.76	61.30	60.60
三、经济总量指标								
国内生产总值	亿元	15.96	30.27	64.84	169.75	265.57	298.38	329.28
第一产业	亿元	4.26	8.90	16.84	35.39	45.95	49.57	52.84
第二产业	亿元	7.27	12.20	25.34	74.14	120.04	134.37	151.16
第三产业	亿元	4.43	9.25	22.66	60.22	99.58	114.44	125.28
人均国内生产总值	元人	433	737	1 393	3 328	4 839	5 340	5 804
四、固定资产投资								
全社会固定资产投资总额	万元	39 758	136 346	219 603	701 237	1 608 204	1 958 118	2 308 269
国有固定资产投资	万元	39 312	112 944	175 126	514 041	1 011 732	1 241 174	1 335 911
#基本建设投资	万元	30 409	79 413	113 336	331 107	805 530	1 014 178	1 160 543
更新改造投资	万元	8 903	26 493	52 045	149 584	155 822	167 519	141 495
集体经济单位固定资产投资	万元	446	9 975	12 614	41 719	57 002	81 471	101 601
#城　镇	万元	446	6 037	5 088	15 481	6 686	8 628	6 454
农　村	万元	-	3 938	7 526	21 925	32 968	40 333	70 492
五、财政、金融								
地方财政收入	亿元	2.04	2.91	6.23	8.98	20.82	27.57	26.47
地方财政支出	亿元	5.77	9.85	14.47	23.00	60.84	93.58	114.57
全区金融机构存款余额	亿元	7.00	19.12	55.78	180.19	396.49	480.62	578.16
全区金融机构贷款余额	亿元	8.52	22.59	76.66	199.01	383.23	449.06	524.56
六、物价总指数(以上年为100)								
全社会商品零售价格总指数	%	105.8	107.8	104.2	115.3	97.6	100.0	98.6
居民消费价格总指数	%	108.1	108.6	107.1	117.1	99.6	101.6	99.4

1-7 续表2

指　　　标	单　位	1949年	1952年	1957年	1958年	1977年	1978年
七、农　　业							
1.年末耕地面积	万公顷	64.8	76.4	89.6	89.8	88.7	89.1
2.农林牧渔业总产值	亿元	1.08	1.61	2.09	2.16	4.35	4.81
3.农林牧渔业增加值	亿元		1.43	1.80	1.84	2.93	3.06
4.主要农产品产量							
粮　食	万吨	31.92	47.44	56.04	69.62	99.01	116.98
油　料	万吨	2.11	2.61	3.48	2.41	3.36	2.57
甜　菜	万吨	-	0.02	0.03	0.57	1.94	2.36
猪牛羊肉	万吨						1.23
水产品	万吨						0.02
苹　果	万吨			0.01	0.01		1.02
八、工　　业							
1.全部工业总产值	亿元	0.13	0.20	0.46	0.92	11.92	13.85
轻工业	亿元	0.13	0.18	0.38	0.56	3.10	3.45
重工业	亿元	-	0.02	0.08	0.36	8.82	10.40
2.全部工业企业增加值	亿元		0.07	0.20	0.44	5.35	5.59
3.主要工业产品产量							
原　煤	万吨	1.80	7.20	34.00	121.00	891.00	999.00
发电量	亿千瓦小时	…	0.01	0.05	0.11	15.52	16.51
原　油	万吨	-	-	-	-	10.53	39.54
钢　材	万吨					2.17	2.78
铝	万吨	-	-	-	-	1.36	1.83
轮胎外胎	万条					19.13	30.09
农用化肥(折100%)	万吨					4.49	5.30
水　泥	万吨					25.69	27.66
九、运输、邮电							
1.货运周转量	百万吨公里	1.72	38.06	60.52	78.27	4 598.08	5 622.21
#铁路货运周转量	百万吨公里	-	-	-	-	4 360.35	5 349.01

1－7　续表3

指　　标	单　位	1980年	1985年	1990年	1995年	2000年	2001年	2002年
七、农　　业								
1.年末耕地面积	万公顷	89.60	79.50	79.60	80.70	129.30	129.90	87.10
2.农林牧渔业总产值	亿元	6.41	12.02	24.69	56.55	77.75	85.30	92.49
3.农林牧渔业增加值	亿元	4.26	8.90	16.84	35.39	45.95	49.57	52.84
4.主要农产品产量								
粮　食	万吨	120.36	139.53	191.70	203.25	252.74	274.80	301.91
油　料	万吨	3.60	5.34	6.24	5.59	6.99	7.34	10.88
猪牛羊肉	万吨	1.90	3.36	6.28	10.28	15.94	17.76	19.08
水产品	万吨	0.03	0.21	1.02	1.87	3.70	4.13	4.86
苹　果	万吨	1.30	2.66	3.48	9.24	15.95	12.70	12.47
八、工　　业								
1.全部工业总产值	亿元	13.91	24.30	64.74	173.49	293.94	327.31	372.02
轻工业	亿元	3.75	7.27	17.96	36.14	68.37	76.60	90.57
重工业	亿元	10.17	17.03	46.79	137.34	225.57	250.71	281.45
2.全部工业企业增加值	亿元	6.17	9.32	21.29	62.45	93.00	102.23	114.80
3.主要工业产品产量								
原　煤	万吨	971.00	1 213.69	1 443.10	1 480.30	1 581.00	1 635.70	1 818.19
发电量	亿千瓦小时	19.43	24.14	55.96	107.77	136.61	150.30	171.02
原　油	万吨	56.46	39.80	25.77	39.04	139.01	166.79	197.68
钢　材	万吨	4.12	3.88	4.75	7.58	5.59	1.08	1.24
铝	万吨	2.26	2.92	6.01	10.13	11.69	15.82	26.09
轮胎外胎	万条	29.30	34.34	63.50	164.67	193.32	181.94	224.31
农用化肥(折100%)	万吨	5.57	6.71	27.74	41.49	59.52	73.58	76.16
水　泥	万吨	29.27	61.62	95.74	140.11	280.25	318.69	377.24
九、运输、邮电								
1.货运周转量	百万吨公里	4 589	6 197	7 479	11 500	22 186	24 427	26 234
#铁路货运周转量	百万吨公里	4 303	5 192	5 980	9 383	15 945	17 893	19 323

1－7　续表4

指　　标	单　位	1949年	1952年	1957年	1958年	1977年	1978年
公路货运周转量	百万吨公里	1	9	37	68	237	273
2.旅客周转量	万人公里	4	1 482	6 774	5 991	43 148	44 223
铁路客运周转量	万人公里	－	－	－	－	25 796	23 208
公路客运周转量	万人公里	4	1 402	6 774	5 991	17 352	21 015
3.邮电业务总量（1990年不变价）	万元	－	75	197	288	1 066	1 165
十、批发零售贸易餐饮业							
社会消费品零售总额	亿元		0.5	1.1	1.4	4.5	5.0
十一、对外贸易							
进出口总额	万美元				704	2 216	2 962
出口额	万美元				447	2 019	2 271
进口额	万美元				257	197	691
十二、文化、教育、卫生							
高等学校在校学生数	人	－	－	－	329	2 285	2 890
中等专业学校在校学生数	人	702	2 287	2 707	4 069	4 290	5 198
普通中学在校学生数	万人	0.1	0.1	1.0	1.5	21.3	23.3
小学在校学生数	万人	4.5	7.0	14.1	25.0	62.6	61.3
图书出版数量	万册					1 215	1 136
报纸出版数	万份						
医疗卫生机构数	个	106	153	327	314	834	828
医院病床数	张	40	260	602	1 136	6 731	6 962
专业卫生技术人员	人	344	664	2 332	2 911	10 631	10 913
#医　生	人	199	332	1 025	1 357	4 946	5 131
十三、人民生活							
农民人均纯收入	元		98.8	101.7			115.9
农民家庭人均生活消费支出	元						90.7
城镇居民人均可支配收入	元	117.4					346.1
城镇居民人均消费支出	元	109.7					300.0
职工年工资总额	万元			3 909		26 591	30 826
职工年平均工资	元			702		709	726
居民储蓄存款余额	亿元		0.02	0.08	0.11	0.77	0.90
全区每人平均储蓄额	元		1.1	4.6	5.7	22.0	25.6

1－7 续表5

指　　标	单　位	1980年	1985年	1990年	1995年	2000年	2001年	2002年
公路货运周转量	百万吨公里	207	796	1 259	2 015	5 686	5 849	6 146
2.旅客周转量	万人公里	61 200	121 000	192 033	279 190	575 597	551 500	568 049
铁路客运周转量	万人公里	27 737	45 392	46 810	55 559	244 662	202 100	196 539
公路客运周转量	万人公里	33 463	75 608	145 223	215 721	313 768	333 700	355 306
3.邮电业务总量（1990年不变价）	万元	1 279	1 908	4 358	22 860	143 401	163 400	218 810
十、批发零售贸易餐饮业								
社会消费品零售总额	亿元	6.7	13.2	25.3	56.3	90.2	98.9	108.8
十一、对外贸易								
进出口总额	万美元	4 674	5 426	8 491	27 810	44 292	53 258	44 285
出口额	万美元	4 352	3 416	7 679	24 012	32 736	35 181	32 808
进口额	万美元	322	2 010	812	3 798	11 556	18 077	11 477
十二、文化、教育、卫生								
高等学校在校学生数	人	4 156	6 425	7 992	10 686	17 163	23 154	29 301
中等专业学校在校学生数	人	8 174	8 947	11 634	12 463	19 880	22 913	25 721
普通中学在校学生数	万人	22.37	23.79	28.44	27.23	31.83	33.48	35.85
小学在校学生数	万人	58.37	65.42	66.74	61.75	65.74	65.11	66.35
图书出版数量	万册	1 433	2 206	1 890	2 310	1 649	2 520	234
报纸出版数	万份	2 279	3 855	4 561	4 699	6 136	6 807	7 672
医疗卫生机构数	个	916	1 057	1 163	1 026	480	485	521
医院病床数	张	7 184	8 640	10 045	12 144	13 229	12 142	13 768
专业卫生技术人员	人	12 709	15 528	19 175	21 223	19 171	19 790	19 792
十三、人民生活								
农民人均纯收入	元	175.1	325.9	594.3	1 037.0	1 724.3	1 823.1	1 917.4
农民家庭人均生活消费支出	元	135.5	264.5	486.3	1 057.8	1 417.1	1 380.8	1 418.1
城镇居民人均可支配收入	元	464.2	734.9	1 421.2	3 382.8	4 912.4	5 544.2	6 067.4
城镇居民人均消费支出	元	403.3	645.1	1 211.8	2 865.7	4 200.5	4 595.4	5 104.9
职工年工资总额	万元	40 350	65 560	146 646	371 795	563 327	657 761	723 503
职工年平均工资	元	863	1 206	2 206	5 079	8 681	10 521	11 723
居民储蓄存款余额	亿元	1.71	8.04	32.80	115.19	229.35	257.97	306.75
全区每人平均储蓄额	元	46.4	195.6	704.5	2 267.0	4 179.1	4 617.0	5 406.4

1－8 主要年份国民经济与社会发展总量指标发展速度

指标	2002年为以下各年%								平均每年增长%	
	1957年	1978年	1980年	1985年	1990年	1995年	2000年	2001年	1958－2002年	1979－2002年
一、人口										
年末总人口	318.6	160.7	152.9	137.8	122.7	111.5	103.1	101.5	2.6	2.0
#回族人口	335.0	181.5	170.2	148.6	129.1	115.3	104.0	101.9	2.7	2.5
二、从业人数										
年底从业人数	366.8	208.2	192.7	159.2	133.7	117.4	102.5	101.2	2.9	3.1
#职工人数	509.2	140.0	127.4	108.6	89.9	82.5	95.0	98.9	3.7	1.4
三、国内生产总值		**796.9**	**693.6**	**404.1**	**276.0**	**186.8**	**121.3**	**110.2**		**9.0**
四、固定资产投资										
全社会固定资产投资总额	150 277.9	5 403.4	5 805.8	1 692.9	1 051.1	329.2	143.5	117.9	17.7	18.1
国有固定资产投资	86 973.4	3 162.2	3 398.2	1 182.8	762.8	259.9	132.0	107.6	16.2	15.5
集体经济单位固定资产投资		21 480	22 780	1 018.6	805.5	243.5	178.2	124.7	–	25.1
五、财政										
地方财政收入	7 154.1	837.7	1 297.5	909.6	424.9	294.8	127.1	96.0	10.0	9.3
地方财政支出	30 964.9	1 982.2	1 985.6	1 163.1	791.8	498.1	188.3	122.4	13.6	13.3
六、农业										
1.年底耕地面积	97.2	97.8	97.2	109.6	109.4	107.9	67.4	67.1	－0.1	－0.1
2.农林牧渔业总产值	703.2	414.6	381.1	251.2	200.8	171.5	116.4	107.8	4.4	6.1
3.主要农产品产量										
粮食	538.7	258.1	250.8	216.4	157.5	148.5	119.5	109.9	3.8	4.0
油料	312.6	423.3	302.2	203.7	174.4	194.6	155.7	148.2	2.6	6.2
猪牛羊肉		1 551.2	1 004.2	567.9	303.8	185.6	119.7	107.4		12.1
水产品		24 300	16 200	2 314.3	476.5	259.9	131.4	117.7		13.0
苹果		1 222.5	959.2	468.8	358.3	135.0	78.2	98.2	…	11.0
七、工业										
1.全部工业总产值	36 278.4	1 009.2	1 019.4	668.3	360.8	210.5	129.3	117.3	14.0	10.1
2.主要工业产品产量										
原煤	5 347.6	182.0	187.2	149.8	126.0	122.8	115.0	111.2	9.2	2.5
发电量	342 040.0	1 035.9	880.2	708.5	305.6	158.7	125.2	113.8	19.8	10.2
原油		499.9	350.1	496.7	767.1	506.4	142.2	118.5		6.9

1-8 续表

指 标	2002年为以下各年%								平均每年增长%	
	1957年	1978年	1980年	1985年	1990年	1995年	2000年	2001年	1958-2002年	1979-2002年
钢 材		44.6	30.1	32.0	26.1	16.4	22.2	114.8		-3.3
铝		1 425.7	1 154.4	893.5	434.1	257.6	223.2	164.9		11.7
水 泥		1 363.8	1 288.8	612.2	394.0	269.2	134.6	118.4		11.5
八、运输、邮电										
1.货运周转量	43 347.7	466.6	571.7	423.3	350.8	228.1	118.2	107.4	14.4	6.6
2.旅客周转量	8 386.2	1 284.5	928.2	469.5	295.8	203.5	98.7	103.0	10.3	11.2
九、批发零售贸易餐饮业										
社会消费品零售总额	9 889.1	2 158.3	1 613.9	827.2	430.0	190.2	120.6	110.0	10.7	13.7
十、对外贸易										
进出口总额		1 495.1	947.5	816.2	521.6	159.2	100.0	83.2		11.9
出口额		1 444.6	753.9	960.4	427.2	136.6	100.2	93.3		11.8
进口额		1 660.9	3 564.3	571.0	1 413.4	302.2	99.3	63.5		12.4
十一、文化、教育、卫生										
高等院校在校学生数		1 013.9	705.0	456.0	366.6	274.2	170.7	126.5		10.1
中等学校在校学生数	950.2	494.8	314.7	287.5	221.1	206.4	129.4	112.3	5.1	6.9
普通中学在校学生数	3 480.6	153.9	160.3	150.7	126.1	131.7	112.6	107.1	8.2	1.8
小学在校学生数	471.9	108.2	113.7	101.4	99.4	107.4	100.9	101.9	3.5	0.3
报纸出版数			336.6	199.0	168.2	163.3	125.0	112.7		
医疗卫生机构数	159.3	62.9	56.9	49.3	44.8	50.7	108.5	107.4	1.0	-1.9
医院病床数	2 287.0	197.8	191.6	159.4	137.1	113.4	104.1	133.4	7.2	2.9
专业卫生技术人员	848.7	181.4	155.7	127.5	103.2	93.3	103.2	100.0	4.9	2.5
十二、人民生活										
农民人均纯收入	1 885.3	1 654.4	1 095.0	588.3	322.6	184.9	111.2	105.2	6.7	12.4
农民家庭人均生活消费支出		1 563.5	1 046.6	536.1	291.6	134.1	100.1	102.7		12.1
城镇居民人均可支配收入		1 753.2	1 307.1	825.6	426.9	179.4	123.5	109.4		12.7
城镇居民人均消费支出		1 701.6	1 265.8	791.3	421.3	178.1	121.5	111.1		12.5
职工年工资总额	18 508.6	2 347.1	1 793.1	1 103.6	493.4	194.6	128.4	110.0	12.3	14.1
职工年平均工资	1 669.9	1 614.7	1 358.4	972.1	531.4	230.8	135.0	111.4	6.5	12.3
居民储蓄存款余额	380 108.3	34 124.8	17 902.8	3 817.5	935.2	266.3	133.7	118.9	20.1	27.5

1－9 主要年份国民经济主要比例关系

单位：%

指　　标	1957年	1978年	1980年	1985年	1990年	1995年	2000年	2001年	2002年
一、国内生产总值中三次产业比例	**100**	**100**	**100**	**100**	**100**	**100**	**100**	**100**	**100**
第一产业	69.8	23.5	26.7	29.4	26.0	20.8	17.3	16.6	16.0
第二产业	8.5	50.8	45.6	40.0	39.1	43.7	45.2	45.0	45.9
第三产业	21.7	25.7	27.7	30.6	34.9	35.5	37.5	38.4	38.1
二、从业人员中三次产业比例	**100**	**100**	**100**	**100**	**100**	**100**	**100**	**100**	**100**
第一产业	84.4	69.5	70.0	65.3	62.2	59.7	57.6	56.3	55.2
第二产业	9.4	18.6	17.7	17.9	18.2	19.4	18.1	18.5	19.5
第三产业	6.2	11.9	12.3	16.8	19.6	20.9	24.3	25.2	25.3
三、农业总产值中农、林、牧、渔业比例	**100**	**100**	**100**	**100**	**100**	**100**	**100**	**100**	**100**
种植业	84.5	78.7	82.5	73.7	70.9	67.4	60.5	57.9	57.2
林　业		3.1	3.8	6.7	5.3	1.7	4.0	4.1	5.6
牧　业		18.1	13.6	19.1	21.9	28.8	33.1	35.5	34.6
渔　业		0.1	0.1	0.5	1.9	2.1	2.4	2.5	2.6
四、工业总产值中轻、重工业比例	**100**	**100**	**100**	**100**	**100**	**100**	**100**	**100**	**100**
轻工业	81.6	24.9	27.0	29.9	27.7	20.8	23.3	23.4	24.3
重工业	18.4	75.1	73.0	70.1	72.3	79.2	76.7	76.6	75.7
工业总产值中大中小型企业比例	**100**	**100**	**100**	**100**	**100**	**100**	**100**	**100**	**100**
大型企业		21.9	23.2	30.2	31.6	39.5	43.4	44.6	51.7
中型企业		27.6	29.6	20.5	19.5	19.4	16.4	16.5	7.9
小型企业		50.5	47.2	49.3	48.9	41.1	40.2	38.9	40.4
五、财政收入占国内生产总值的比例		**24.3**	**12.8**	**9.6**	**9.6**	**5.3**	**7.8**	**9.2**	**8.0**
六、基建拨款支出占财政支出的比例		**38.1**	**29.0**	**22.4**	**10.1**	**13.7**	**15.4**	**26.0**	**22.3**
七、科教文卫支出占财政支出的比例		**13.5**	**13.1**	**17.5**	**22.5**	**28.4**	**20.9**	**18.8**	**17.5**

1－10　按人口平均的主要经济指标

指　　标	单　位	1957年	1978年	1980年	1985年	1990年	2000年	2001年	2002年
一、国内生产总值	**元**	**147**	**370**	**433**	**737**	**1 393**	**4 839**	**5 340**	**5 804**
二、工农业总产值	**元**	**145**	**531**	**551**	**884**	**1 921**	**6 773**	**7 384**	**8 187**
工业总产值	元	26	414	377	592	1 391	5 356	5 858	6 557
农业总产值	元	119	160	174	293	530	1 417	1 527	1 630
三、农业生产									
耕地面积	亩	5.1	2.5	2.4	1.9	1.7	3.5	3.5	2.3
粮食产量	千克	319.0	333.2	326.3	339.7	415.3	460.5	491.8	344.7
油料产量	千克	19.8	7.3	9.8	13.0	13.4	12.7	13.1	19.2
猪牛羊肉产量	千克		3.5	5.2	8.2	13.5	29.0	31.8	33.6
水产品产量	千克		0.1	0.1	0.5	2.2	6.7	7.4	8.6
四、主要工业产品产量									
原　煤	千克	193.5	2 845.3	2 631.9	2 954.9	3 099.8	3 372.8	2 927.3	3 204.5
发电量	千瓦小时	2.8	471.7	525.1	588.7	1 216.5	2 489.2	2 689.8	3 014.2
原　油	千克		112.6	153.0	96.8	55.4	253.3	298.5	348.4
钢　材	千克		7.9	11.2	9.4	10.2	10.2	1.9	2.2
铝	千克		5.2	6.1	7.1	12.9	21.3	28.3	16.0
农用化肥	千克		15.1	15.1	16.3	59.6	108.5	131.7	134.2
水　泥	千克		78.8	79.3	150.0	205.7	510.7	570.3	664.9
五、财　政									
地方财政收入	元		105.3	68.0	72.7	155.7	379.4	493.5	466.6
地方财政支出	元		192.6	191.7	246.2	361.7	1 108.6	1 674.7	2 019.3
六、国有固定资产投资	**元**		**427.0**	**132.7**	**340.7**	**549.0**	**2 930.3**	**2 397.2**	**2 354.5**
七、社会消费品零售额	**元**		**168.0**	**224.6**	**328.7**	**632.5**	**1 644.0**	**1 769.3**	**1 917.2**
八、人民生活	**元**								
职工平均工资	元	702	726	863	1 206	2 202	8 681	10 521	11 723
农民家庭纯收入	元	101.7	115.9	175.1	325.9	594.3	1 724.3	1 823.1	1 917.4
农民家庭生活消费支出	元		90.7	135.5			1 417.1	1 380.8	1 418.1
城镇居民可支配收入	元		346.1	464.2	734.9	1 421.2	4 912.5	5 544.2	6 067.4
城镇居民消费支出	元		300.0	403.3			4 200.5	4 595.4	5 104.9

注：本表价值指标均按当年价格计算。

1－11　历年工农业总产值

单位:万元

年　份	工农业总产值	农业总产值	工业总产值		
				轻　工　业	重　工　业
1952	18 138	16 123	2 015	1 835	181
1955	23 843	20 140	3 703	3 374	329
1957	25 504	20 905	4 599	3 753	846
1958	30 838	21 627	9 211	5 611	3 600
1960	41 670	17 897	23 772	13 519	10 254
1965	50 835	30 489	20 346	10 531	9 815
1970	78 022	27 970	50 052	16 562	33 490
1975	157 710	46 002	111 708	32 344	79 364
1978	186 618	48 133	138 485	34 453	104 032
1980	203 318	64 139	139 179	37 525	101 654
1981	203 390	75 448	127 942	40 482	87 460
1982	225 240	77 784	147 456	44 898	102 558
1983	256 791	91 442	165 352	48 892	116 460
1984	300 991	109 862	191 129	57 540	134 089
1985	363 171	120 164	243 007	72 723	170 284
1986	424 007	141 648	282 359	91 294	191 065
1987	481 399	147 593	333 806	107 901	225 906
1988	636 664	196 617	440 048	139 016	301 031
1989	799 665	214 342	585 323	177 548	407 774
1990	894 350	246 887	647 463	179 605	467 858
1991	1 000 486	269 458	731 028	195 390	535 638
1992	1 176 266	283 711	892 555	222 533	670 022
1993	1 533 767	318 863	1 214 904	262 588	952 316
1994	1 955 116	458 022	1 497 094	311 660	1 185 434
1995	2 300 345	565 493	1 734 852	361 446	1 373 406
1996	2 707 898	691 690	2 016 208	437 619	1 578 590
1997	2 938 954	728 176	2 210 778	491 649	1 716 129
1998	3 111 522	787 404	2 324 118	544 360	1 779 758
1999	3 303 404	779 492	2 523 912	605 999	1 917 913
2000	3 716 908	777 525	2 939 383	683 696	2 255 687
2001	4 126 063	852 989	3 273 074	765 954	2 507 120
2002	4 645 113	924 917	3 720 196	905 675	2 814 521

1－12 主要年份国内生产总值

单位:亿元

年份	国内生产总值	第一产业	第二产业	工业	建筑业	第三产业	#运输邮电业	#商业	人均国内生产总值(元/人)
1978	13.00	3.06	6.60	5.59	1.01	3.34	0.66	0.96	370
1979	14.35	3.41	7.36	6.37	0.99	3.58	0.65	0.97	399
1980	15.96	4.26	7.27	6.17	1.10	4.43	0.82	1.12	433
1981	17.42	5.47	6.97	5.64	1.33	4.98	0.85	1.13	460
1982	18.22	5.66	7.02	5.69	1.33	5.54	1.05	1.19	469
1983	20.79	6.62	7.87	6.35	1.52	6.30	1.20	1.33	525
1984	24.78	7.82	9.46	7.46	2.00	7.50	1.38	1.61	615
1985	30.27	8.90	12.12	9.32	2.80	9.25	1.75	1.87	737
1986	34.54	10.36	12.97	9.99	2.98	11.21	1.96	2.22	823
1987	39.63	10.44	15.77	12.44	3.33	13.42	2.46	2.83	922
1988	50.29	13.39	19.74	16.14	3.60	17.16	2.65	4.41	1 143
1989	59.21	14.80	24.39	20.91	3.48	20.02	3.33	4.90	1 317
1990	64.84	16.84	25.34	21.29	4.05	22.66	3.49	5.32	1 393
1991	71.78	17.90	27.77	23.12	4.65	26.11	4.20	6.45	1 511
1992	83.14	18.31	34.05	27.74	6.31	30.78	4.76	7.60	1 718
1993	103.82	20.84	45.52	37.15	8.37	37.46	5.19	9.45	2 123
1994	133.97	29.93	55.78	45.89	9.89	48.26	6.14	11.72	2 685
1995	169.75	35.39	74.14	62.45	11.69	60.22	8.39	14.28	3 328
1996	193.62	43.24	79.74	67.64	12.10	70.64	11.69	17.03	3 731
1997	210.92	44.82	87.65	73.18	14.47	78.45	14.33	18.48	4 025
1998	227.46	48.69	94.01	76.07	17.94	84.76	16.11	19.64	4 270
1999	241.49	48.01	102.68	80.70	21.98	90.80	18.03	20.52	4 473
2000	265.57	45.95	120.04	93.00	27.04	99.58	19.31	21.60	4 839
2001	298.38	49.57	134.37	102.23	32.14	114.44	22.95	23.45	5 340
2002	329.28	52.84	151.16	114.80	36.36	125.28	25.58	25.29	5 804

注:本表按当年价格计算。

1－13 主要年份国内生产总值指数

(以1952年为100)　　　　单位:%

年份	国内生产总值	第一产业	第二产业			第三产业		
				工业	建筑业		#运输邮电业	#商业
1978	934.5	209.6	8 704.7	8 601.0	9 323.9	1 407.8	1 194.4	1 071.5
1980	1 073.6	225.3	10 054.0	9 965.5	10 587.0	1 696.4	1 462.8	1 157.8
1981	1 094.8	276.7	8 938.0	8 447.2	11 866.6	1 803.3	1 512.8	1 179.1
1982	1 192.7	278.1	9 608.4	9 092.8	12 684.8	2 172.9	1 899.5	1 216.3
1983	1 376.8	333.2	10 703.7	10 080.8	14 420.5	2 542.3	2 163.3	1 334.0
1984	1 564.7	383.8	12 138.1	11 170.6	17 910.7	2 860.2	2 481.6	1 527.1
1985	1 842.8	414.5	14 881.3	13 358.4	23 967.9	3 455.1	3 145.5	1 701.4
1986	1 995.6	440.3	15 833.7	14 232.6	25 386.2	3 891.7	3 533.2	1 943.7
1987	2 153.9	406.8	17 235.0	15 883.1	25 300.7	4 646.7	4 423.4	2 364.1
1988	2 415.2	443.8	19 510.0	18 627.3	24 777.2	5 241.5	4 768.4	3 149.0
1989	2 602.3	470.7	21 794.0	21 823.1	21 621.7	5 459.9	4 711.1	3 498.5
1990	2 697.9	486.8	22 334.7	21 909.6	24 871.4	5 750.5	4 595.8	3 800.1
1991	2 826.7	499.8	23 047.7	22 408.0	26 865.0	6 234.7	5 203.1	4 608.3
1992	3 069.0	478.5	25 938.5	24 674.8	33 478.5	7 092.6	5 695.8	5 431.5
1993	3 380.5	509.6	29 336.3	27 955.3	37 577.1	7 737.8	6 362.3	6 116.0
1994	3 657.7	520.3	31 829.9	30 611.1	38 554.1	8 650.9	6 960.0	6 372.9
1995	3 986.9	526.0	35 967.8	34 835.4	41 599.9	9 420.8	8 036.0	6 742.5
1996	4 405.5	621.2	39 168.9	38 527.9	40 601.5	10 221.5	9 852.1	7 538.1
1997	4 740.3	641.7	42 341.6	41 340.4	46 326.3	11 182.3	11 664.9	8 088.4
1998	5 143.2	704.6	45 601.9	43 820.8	55 406.2	12 177.5	13 461.3	8 816.4
1999	5 590.7	734.9	50 025.3	47 238.8	67 152.3	13 407.4	15 978.6	9 442.4
2000	6 137.8	720.2	57 278.9	53 757.7	79 441.2	14 788.3	13 882.3	10 207.2
2001	6 757.7	765.6	63 694.1	58 972.2	92 549.0	16 341.1	15 437.1	11 085.0
2002	7 445.9	812.3	71 655.8	66 638.6	102 544.3	17 877.2	17 474.8	12 127.0

注:本表按可比价格计算。

1－14　主要年份国内生产总值指数

（比上年增长）

单位：%

年　份	国内生产总　值	第一产业	第二产业	工　业	建筑业	第三产业	#运　输邮电业	#商　业
1978	8.9	6.0	10.1	8.8	18.2	9.0	9.3	3.1
1980	7.9	17.7	2.4	0.5	14.5	12.6	17.1	5.8
1981	2.0	22.8	－11.1	－15.2	12.1	6.3	3.4	1.8
1982	8.9	0.5	7.5	7.6	6.9	20.5	25.6	3.2
1983	15.4	19.8	11.4	10.9	13.7	17.0	13.9	9.7
1984	13.6	15.2	13.4	10.8	24.2	12.5	14.7	14.5
1985	17.8	8.0	22.6	19.6	33.8	20.8	26.8	11.4
1986	8.3	6.2	6.4	6.5	5.9	12.6	12.3	14.2
1987	7.9	－7.6	8.9	11.6	－0.3	19.4	25.2	21.6
1988	12.1	9.1	13.2	17.3	－2.1	12.8	7.8	33.2
1989	7.7	6.1	11.7	17.2	－12.7	4.2	－1.2	11.1
1990	3.7	3.4	2.5	0.4	15.0	5.3	－2.4	8.6
1991	4.8	2.7	3.2	2.3	8.0	8.4	13.2	21.3
1992	8.6	－4.3	12.5	10.1	24.6	13.8	9.5	17.9
1993	10.1	6.5	13.1	13.3	12.2	9.1	11.7	12.6
1994	8.2	2.1	8.5	9.5	2.6	11.8	9.4	4.2
1995	9.0	1.1	13.0	13.8	7.9	8.9	15.5	5.8
1996	10.5	18.1	8.9	10.6	－2.4	8.5	22.6	11.8
1997	7.6	3.3	8.1	7.3	14.1	9.4	18.4	7.3
1998	8.5	9.8	7.7	6.0	19.6	8.9	15.4	9.0
1999	8.7	4.3	9.7	7.8	21.2	10.1	18.7	7.1
2000	9.8	－2.0	14.5	13.8	18.3	10.3	15.1	8.1
2001	10.1	6.3	11.2	9.7	16.5	10.5	11.2	8.6
2002	10.2	6.1	12.5	13.0	10.8	9.4	13.2	9.4

注：本表按可比价格计算。

1－15 主要年份支出法国内生产总值

年份	支出法国内生产总值（亿元）	最终消费	资本形成总额	货物和服务净出口	最终消费（消费率）（%）	资本形成率（形成率）（%）
1978	13.00	9.87	9.04	－5.91	75.9	69.5
1979	14.35	10.90	9.37	－5.92	76.0	65.3
1980	15.96	12.81	8.07	－4.92	80.3	50.6
1981	17.42	14.38	6.81	－3.77	82.5	39.1
1982	18.22	16.75	8.28	－6.81	91.9	45.4
1983	20.79	18.78	9.74	－7.73	90.3	46.8
1984	24.78	22.10	12.84	－10.16	89.2	51.8
1985	30.27	25.73	19.12	－14.58	85.0	63.2
1986	34.54	29.85	22.34	－17.65	86.4	64.7
1987	39.63	33.34	25.27	－18.98	84.1	63.8
1988	50.29	38.82	31.20	－19.73	77.2	62.0
1989	59.21	44.44	33.59	－18.82	75.1	56.7
1990	64.84	47.87	37.22	－20.25	73.8	57.4
1991	71.78	53.85	40.55	－22.62	75.0	56.5
1992	83.14	59.54	46.71	－23.11	71.6	56.2
1993	103.82	72.16	61.64	－29.98	69.5	59.4
1994	133.97	95.17	69.12	－30.32	71.0	51.6
1995	169.75	113.31	82.45	－26.01	66.8	48.6
1996	193.62	124.59	96.86	－27.83	64.3	50.0
1997	210.92	130.72	103.91	－23.71	62.0	49.3
1998	227.46	141.45	127.51	－41.50	62.2	56.1
1999	241.49	153.97	142.39	－54.87	63.8	59.0
2000	265.57	186.63	167.59	－88.65	70.3	63.1
2001	298.38	223.52	207.69	－132.83	74.9	69.6
2002	329.28	249.26	245.22	－165.20	75.7	74.5

注：本表按当年价格计算。

1-16 主要年份最终消费及构成

年 份	绝 对 数(亿元)					构 成(%)			
	最终消费	居民消费			政府消费	最终消费=100		居民消费=100	
			农村居民	城镇居民		居民消费	政府消费	农村居民	城镇居民
1978	9.87	7.61	4.86	2.75	2.26	77.1	22.9	63.9	36.1
1979	10.90	8.11	4.63	3.48	2.79	74.4	25.6	57.1	42.9
1980	12.81	9.78	5.44	4.34	3.03	76.3	23.7	55.6	44.4
1981	14.38	10.72	6.19	4.53	3.66	74.5	25.5	57.7	42.3
1982	16.75	11.98	7.10	4.88	4.77	71.5	28.5	59.3	40.7
1983	18.78	13.25	8.11	5.14	5.53	70.6	29.4	61.2	38.8
1984	22.10	15.07	9.25	5.82	7.03	68.2	31.8	61.4	38.6
1985	25.73	17.67	10.60	7.07	8.06	68.7	31.3	60.0	40.0
1986	29.85	20.42	12.25	8.17	9.43	68.4	31.6	60.0	40.0
1987	33.34	23.74	13.46	10.28	9.60	71.2	28.8	56.7	43.3
1988	38.82	27.78	15.76	12.02	11.04	71.6	28.4	56.7	43.3
1989	44.44	31.73	17.38	14.35	12.71	71.4	28.6	54.8	45.2
1990	47.87	33.88	17.91	15.97	13.99	70.8	52.9	52.9	47.1
1991	53.85	38.07	19.72	18.35	15.78	70.7	29.3	51.8	48.2
1992	59.54	42.45	21.54	20.91	17.09	71.3	28.7	50.7	49.3
1993	72.16	50.51	24.42	26.09	21.65	70.0	30.0	48.3	51.7
1994	95.17	67.63	32.02	35.61	27.54	71.1	28.9	47.3	52.7
1995	113.31	83.81	41.01	42.80	29.50	74.0	26.0	48.9	51.1
1996	124.59	92.65	46.41	46.24	31.94	74.4	25.6	50.1	49.9
1997	130.72	97.02	47.27	49.75	33.70	74.2	25.8	48.7	51.3
1998	141.45	103.72	49.43	54.29	37.73	73.3	26.7	47.7	52.3
1999	153.97	108.72	50.07	58.65	45.25	70.6	29.4	46.1	53.9
2000	186.63	125.69	54.54	71.15	60.94	67.3	32.7	43.4	56.6
2001	223.52	133.20	53.88	79.32	90.32	59.6	40.4	40.5	59.5
2002	249.26	146.57	56.30	90.27	102.69	58.8	41.2	38.4	61.6

注:本表按当年价格计算。

1-17 主要年份资本形成总额及构成

年 份	绝对数(亿元)			构成(%)	
	资本形成总额	固定资本形成总额	存货增加	固定资本形成总额	存货增加
1978	9.04	7.95	1.09	87.9	12.1
1979	9.37	8.78	0.59	93.7	6.3
1980	8.07	7.48	0.59	92.7	7.3
1981	6.81	5.50	1.31	80.8	19.2
1982	8.28	7.77	0.51	93.8	6.2
1983	9.74	8.98	0.76	92.2	7.8
1984	12.84	10.65	2.19	82.9	17.1
1985	19.12	17.05	2.07	89.2	10.8
1986	22.34	19.35	2.99	86.6	13.4
1987	25.27	21.98	3.29	87.0	13.0
1988	31.20	22.88	8.32	73.3	26.7
1989	33.59	22.96	10.63	68.4	31.6
1990	37.22	25.47	11.75	68.4	31.6
1991	40.55	31.74	8.81	78.3	21.7
1992	46.71	38.38	8.32	82.2	17.8
1993	61.64	52.67	8.97	85.5	14.5
1994	69.12	61.98	7.14	89.7	10.3
1995	82.45	70.12	12.33	85.0	15.0
1996	96.86	77.32	19.54	79.8	20.2
1997	103.91	88.10	15.81	84.8	15.2
1998	127.51	108.65	18.86	85.2	14.8
1999	142.39	130.61	11.78	91.7	8.3
2000	167.59	160.82	6.77	96.0	4.0
2001	207.69	195.81	11.88	94.3	5.7
2002	245.22	230.83	14.39	94.1	5.9

注:本表按当年价格计算。

1－18 总 产 出

单位:亿元

指 标	按当年价格计算		构 成(%)		2002年为2001年(%)
	2001年	2002年	2001年	2002年	
总 产 出	**785.45**	**898.37**	**100.00**	**100.00**	**114.8**
第一产业	**85.31**	**92.50**	**10.86**	**10.30**	**107.9**
农 业	85.31	92.50	10.86	10.30	107.9
第二产业	**499.98**	**575.77**	**63.66**	**64.09**	**117.4**
工 业	367.04	416.10	46.73	46.32	117.3
建筑业	132.94	159.67	16.93	17.77	117.6
第三产业	**200.16**	**230.10**	**25.48**	**25.61**	**111.0**
#交通运输、仓储及邮电业	53.83	68.52	6.85	7.63	113.4
批发和零售贸易、餐饮业	43.92	45.63	5.59	5.08	105.4

注:发展速度按可比价格计算(下同)。

1－19 按支出法计算的国内生产总值

单位:亿元

指 标	按当年价格计算		2002年为2001年(%)
	2001年	2002年	
国内生产总值	**298.38**	**329.28**	**110.2**
一、最终消费	**223.52**	**249.26**	**111.3**
(一)居民消费	133.20	146.57	110.7
1.农村居民	53.88	56.30	105.0
2.城镇居民	79.32	90.27	114.5
(二)政府消费	90.32	102.69	112.2
二、资本形成总额	**207.69**	**245.22**	**117.2**
(一)固定资产形成总额	195.81	230.83	117.1
(二)存货增加	11.88	14.39	119.7
三、货物和服务净出口	**－132.83**	**－165.20**	

1－20 最 终 消 费

单位:亿元

指 标	2001年		2002年	
	绝 对 额	构 成(%)	绝 对 额	构 成(%)
最 终 消 费	**223.52**	**100.0**	**249.26**	**100.0**
一、居民消费	**133.20**	**59.6**	**146.57**	**58.8**
1.农村居民	53.88	24.1	56.30	22.6
自给性消费	13.68	6.1	13.58	5.4
商品性消费	24.57	11.0	25.70	10.3
文化生活服务性消费	7.86	3.5	9.42	3.8
住房及水电消费	7.77	3.5	7.60	3.1
#住房消费	4.96	2.2	4.34	1.7
2.城镇居民	79.32	35.5	90.27	36.2
商品性消费	54.97	24.6	64.64	25.9
文化生活服务性消费	21.20	9.5	22.03	8.8
住房及水电消费	3.15	1.4	3.60	1.5
#住房消费	1.13	0.5	0.62	0.03
二、政府消费	**90.32**	**40.4**	**102.69**	**41.2**

注:本表按当年价格计算。

1－21 按行业划分的资本形成总额

单位:亿元

指 标	2000年	2001年	2002年
固定资本形成总额	**160.82**	**195.81**	**230.83**
第一产业	**8.45**	**14.03**	**16.37**
1.农林牧渔业	8.45	14.03	16.37
第二产业	**52.63**	**67.48**	**71.28**
2.采掘业	5.14	6.01	7.19
3.制造业	29.84	38.72	28.75
4.电力、煤气及水的生产和供应业	17.13	22.14	34.19
5.建筑业	0.52	0.61	1.15
第三产业	**99.74**	**114.30**	**143.18**
6.交通运输、仓储及邮电通信业	37.06	42.47	42.51
7.批发和零售贸易、餐饮业	4.18	3.73	4.88
8.金融保险业	0.36	0.15	0.77
9.房地产业	15.75	23.33	31.83
10.其他行业	42.39	44.62	63.19
存货增加	**6.77**	**11.88**	**14.39**
第一产业	**-3.21**	**3.37**	**3.46**
1.农林牧渔业	-3.21	3.37	3.46
第二产业	**5.71**	**8.16**	**10.51**
2.工业	4.73	6.59	5.84
3.建筑业	0.98	1.57	4.67
第三产业	**4.27**	**0.35**	**0.42**
4.交通运输、仓储及邮电通信业	-0.15	0.45	0.03
5.批发和零售贸易、餐饮业	2.34	-2.55	-1.99
6.其他行业	2.08	2.45	2.38

注:本表按当年价格计算。

1-22 国内生产总值构成项目

（2002年） 单位：亿元

指　　标	增加值	劳动者报酬	生产税净额	#补贴	固定资产折旧	营业盈余
国内生产总值	**329.28**	**190.64**	**46.63**	**3.90**	**67.22**	**24.79**
第一产业	**52.84**	**47.08**	**1.45**		**2.26**	**2.05**
农　业	34.16	30.41	0.97		1.47	1.31
林　业	1.92	1.73	0.05		0.08	0.06
畜牧业	15.63	13.93	0.40		0.66	0.64
渔　业	1.13	1.01	0.03		0.05	0.04
第二产业	**151.16**	**72.48**	**31.73**	**2.18**	**37.05**	**9.90**
工　业	114.80	47.11	26.96	2.18	33.65	7.08
采掘业	26.64	13.99	3.15	0.67	9.12	0.38
制造业	77.89	30.10	20.83	1.47	20.71	6.25
电力、煤气及水的生产供应业	10.27	3.02	2.98	0.04	3.82	0.45
建筑业	36.36	25.37	4.77		3.40	2.82
第三产业	**125.28**	**71.08**	**13.45**	**1.72**	**27.91**	**12.84**
农、林、牧、渔服务业	1.90	1.70			0.20	
地质勘查业、水利管理业	3.56	2.78			0.78	
交通运输、仓储及邮电通信业	25.58	10.33	1.89		10.35	3.01
交通运输业、仓储业	17.87	7.72	1.35		4.85	3.95
邮电通信业	7.71	2.61	0.54		5.50	-0.94
批发、零售贸易、餐饮业	25.29	11.94	5.30	1.72	3.71	4.34
批发、零售贸易业	20.34	9.68	4.66	1.72	3.27	2.73
餐饮业	4.95	2.26	0.64		0.44	1.61
金融保险业	14.18	6.33	1.99		1.61	4.25
金融业	8.08	5.91	1.81		1.50	-1.14
保险业	0.13	0.42	0.18		0.11	-0.58
其　他	5.97					5.97
房地产业	7.35	0.87	1.51		4.33	0.64
房地产管理业	1.03	0.17	0.40		0.46	
房地产开发与经营业	2.74	0.70	1.11		0.29	0.64
城镇居民自有住房	0.24				0.24	
农村居民自有住房	3.34				3.34	
社会服务业	7.59	3.33	2.01		1.65	0.60
卫生、体育和社会福利业	5.80	5.00	0.19		0.61	
教育、文化艺术及广播电影电视业	14.74	12.54	0.51		1.69	
科学研究和综合技术服务业	1.68	1.36	0.05		0.27	
国家机关、政党机关和社会团体	12.73	11.26			1.47	
其他行业	4.88	3.64			1.24	

注：本表按当年价格计算。

1－23　各市县国内生产总值

(2002年)　　单位:万元

地　区	国内生产总　值	第一产业	第二产业			第三产业
				工　业	建筑业	
全区总计	**3 292 800**	**528 400**	**1 511 600**	**1 148 000**	**363 600**	**1 252 800**
银川市	935 728	45 146	408 759	260 267	148 492	481 823
永宁县	131 383	36 861	54 808	42 043	12 765	39 714
贺兰县	110 153	38 062	35 293	24 929	10 364	36 798
灵武市	162 654	37 317	91 442	81 761	9 681	33 895
石嘴山市	377 000	2 888	230 552	175 931	54 621	143 560
平罗县	133 466	40 204	50 948	42 803	8 145	42 304
陶乐县	14 732	6 211	3 488	1 401	2 087	5 035
惠农县	53 400	19 782	22 612	19 218	3 394	11 006
利通区	244 403	47 738	102 124	83 078	19 046	94 541
青铜峡市	277 037	43 229	173 822	161 841	11 981	59 986
中卫县	178 944	41 836	70 176	51 793	18 383	66 932
中宁县	123 029	41 088	49 813	35 749	14 064	32 128
盐池县	132 527	17 112	97 068	93 429	3 639	18 347
同心县	64 324	21 464	13 985	9 894	4 091	28 875
原州区	106 565	26 065	23 832	11 653	12 179	56 668
海原县	55 147	23 413	12 943	3 678	9 265	18 791
西吉县	54 284	19 812	13 403	3 933	9 470	21 069
隆德县	45 310	11 583	19 410	16 210	3 200	14 317
泾源县	11 905	3 699	2 025	591	1 434	6 181
彭阳县	39 848	18 094	10 054	3 526	6 528	11 700

注:1.本表按当年价格计算,指数按可比价格计算。

2.国内生产总值各市县之和不等于全区总计。

1－23 续表 (2002年) 单位:万元

地区	构成(%)			指数(上年=100)				人均国内生产总值(元/人)
	第一产业	第二产业	第三产业	国内生产总值	第一产业	第二产业	第三产业	
全区总计	**16.1**	**45.9**	**38.0**	**110.2**	**106.1**	**112.5**	**109.4**	**5 804**
银川市	4.8	43.7	51.5	111.5	103.0	112.7	111.3	13 883
永宁县	28.1	41.7	30.2	111.3	104.8	115.3	112.6	6 504
贺兰县	34.6	32.0	33.4	110.7	102.0	119.9	112.4	6 009
灵武市	23.0	56.2	20.8	110.7	100.7	115.5	110.3	6 222
石嘴山市	0.8	61.1	38.1	104.6	118.8	99.5	114.2	11 375
平罗县	30.1	38.2	31.7	109.3	100.7	113.7	113.8	5 041
陶乐县	42.1	23.7	34.2	110.8	101.9	128.1	113.7	4 752
惠农县	37.1	42.3	20.6	110.3	105.5	114.5	111.6	7 026
利通区	19.5	41.8	38.7	109.4	114.1	108.9	107.8	7 791
青铜峡市	15.6	62.7	21.7	112.2	101.5	117.1	107.0	11 130
中卫县	23.4	39.2	37.4	111.2	104.4	116.5	110.6	5 290
中宁县	33.4	40.5	26.1	113.4	105.1	121.7	110.0	4 730
盐池县	12.9	73.2	13.9	107.6	115.2	110.5	100.7	8 610
同心县	33.4	21.7	44.9	121.4	121.2	147.2	114.7	1 810
原州区	24.4	22.4	53.2	120.2	135.5	113.1	117.2	2 068
海原县	42.4	23.5	34.1	117.2	189.4	93.2	106.9	1 477
西吉县	36.5	24.7	38.8	118.6	113.2	150.5	109.2	1 206
隆德县	25.6	42.8	31.6	109.1	115.7	103.7	112.1	2 095
泾源县	31.1	17.0	51.9	110.7	108.3	114.6	111.1	1 443
彭阳县	45.4	25.2	29.4	116.5	123.5	112.9	110.9	1 614

注:1.本表绝对数按当年价格计算,指数按可比价格计算。

1－24　各市县国民经济主要指标及位次

地　区	年平均人口(万人)		人口出生率(‰)				人口自然增长率(‰)			
	2001年	2002年	2001年	位次	2002年	位次	2001年	位次	2002年	位次
全区总计	**558.77**	**567.38**	**16.55**	**－**	**16.42**	**－**	**11.71**	**－**	**11.56**	**－**
银川市	64.83	66.51	11.63	19	11.8	19	7.47	19	8.52	17
永宁县	19.27	20.21	15.14	13	15.08	14	10.76	14	10.05	13
贺兰县	18.33	18.54	14.68	15	14.91	15	9.10	18	9.24	15
灵武市	25.72	26.14	16.22	10	15.54	12	12.39	8	11.43	8
石嘴山市	32.97	33.14	8.56	20	8.15	20	4.17	20	2.52	20
平罗县	26.27	26.47	16.75	8	16.14	9	12.78	7	10.90	10
陶乐县	3.07	3.10	14.39	18	15.89	10	11.69	11	11.48	7
惠农县	7.12	7.14	16.10	11	13.91	18	10.73	15	6.23	19
利通区	30.87	31.37	15.74	12	15.37	13	12.13	10	11.34	9
青铜峡市	24.66	24.89	14.47	17	14.13	16	9.13	17	7.95	18
中卫县	33.63	33.83	14.50	16	14.04	17	9.63	16	8.74	16
中宁县	33.04	36.93	15.08	14	15.75	11	10.84	12	10.61	11
盐池县	15.27	15.39	17.02	7	16.26	7	13.32	6	10.01	14
同心县	36.70	35.53	20.87	4	20.76	4	14.10	5	16.07	4
原州区	50.98	51.52	19.93	5	19.70	5	15.47	4	14.70	5
海原县	36.75	37.20	24.43	1	24.41	1	18.46	1	18.88	1
西吉县	44.91	44.96	23.02	3	23.03	3	17.79	2	18.74	2
隆德县	21.63	21.62	16.52	9	16.14	8	10.82	13	10.34	12
泾源县	8.18	8.21	23.27	2	23.47	2	17.36	3	16.25	3
彭阳县	24.60	24.68	18.15	6	19.29	6	12.26	9	14.59	6

1－24 续表1

地 区	国内生产总值增长速度		人均国内生产总值(元)		人均农业总产值(元)			
	2002年比上年增长(%)	位次	2002年	位次	2001年	位次	2002年	位次
全区总计	**10.2**	**－**	**5 804**	**－**	**1 526.5**	**－**	**1 630.2**	**－**
银川市	11.5	8	13 883	1	1 065.2	13	1 134.6	13
永宁县	11.3	9	6 504	7	3 072.0	4	2 965.7	4
贺兰县	10.7	12	6 009	9	3 257.4	3	2 971.4	3
灵武市	10.7	12	6 222	8	2 527.9	7	2 502.4	7
石嘴山市	4.6	20	11 375	2	127.6	20	146.9	20
平罗县	9.3	17	5 041	11	2 566.6	6	2 611.8	6
陶乐县	10.8	11	4 752	12	3 276.0	2	3 355.0	2
惠农县	10.3	15	7 026	6	4 306.5	1	4 583.2	1
利通区	9.4	16	7 791	5	2 158.2	9	2 252.2	9
青铜峡市	12.2	7	11 130	3	2 898.4	5	2 924.1	5
中卫县	11.2	10	5 290	10	2 209.1	8	2 274.7	8
中宁县	13.4	6	4 730	13	2 023.1	10	1 877.1	11
盐池县	7.6	19	8 610	4	1 769.6	11	2 188.1	10
同心县	21.4	1	1 810	16	848.8	16	1 128.6	14
原州区	20.2	2	2 068	15	723.4	17	910.7	18
海原县	17.2	4	1 477	18	649.2	19	1 015.4	15
西吉县	18.6	3	1 206	20	676.1	18	758.0	19
隆德县	9.1	18	2 095	14	924.7	15	970.9	16
泾源县	10.7	12	1 443	19	981.4	14	915.7	17
彭阳县	16.5	5	1 614	17	1 091.0	12	1 343.9	12

1-24 续表2

地区	人均耕地面积(亩)				人均粮食产量(千克)			
	2001年	位次	2002年	位次	2001年	位次	2002年	位次
全区总计	**3.5**	-	**2.3**	-	**491.8**	-	**344.7**	-
银川市	0.8	19	0.8	19	175.6	19	139.5	15
永宁县	2.8	13	2.6	10	1 087.7	2	780.8	2
贺兰县	3.1	10	3.0	7	1 143.9	1	847.2	1
灵武市	2.0	14	2.0	14	723.9	7	622.9	4
石嘴山市	0.1	20	0.1	20	14.7	20		
平罗县	2.9	12	2.9	9	903.3	6	567.2	6
陶乐县	3.9	7	3.8	4	1 065.8	3	605.9	5
惠农县	3.6	8	3.4	5	1 016.2	4	493.9	7
利通区	1.3	17	1.3	16	509.0	9	387.8	8
青铜峡市	1.9	15	1.9	15	984.1	5	744.3	3
中卫县	1.7	16	1.1	17	472.0	10	323.4	10
中宁县	1.1	18	1.0	18	511.0	8	339.0	9
盐池县	9.1	1	7.1	1	328.4	14	314.3	11
同心县	8.4	2	4.5	2	305.5	15	245.0	12
原州区	4.9	5	2.5	11	255.9	17	134.9	18
海原县	7.4	3	3.2	6	178.4	18	160.6	14
西吉县	4.4	6	2.4	12	282.1	16	136.1	17
隆德县	3.0	11	2.4	13	347.4	13	101.2	19
泾源县	3.4	9	2.9	8	367.2	12	138.0	16
彭阳县	6.6	4	3.9	3	399.8	11	219.2	13

1-24 续表3

地区	人均油料产量(千克)				人均猪牛羊肉产量(千克)				人均水产品产量(千克)			
	2001年	位次	2002年	位次	2001年	位次	2002年	位次	2001年	位次	2002年	位次
全区总计	**13.1**	**-**	**19.2**	**-**	**31.8**	**-**	**33.6**	**-**	**7.4**	**-**	**8.6**	**-**
银川市	0.4	20	0.3	20	16.8	16	17.1	16	11.5	4	13.6	4
永宁县	0.6	18	3.1	15	39.7	10	39.4	11	28.6	5	33.3	2
贺兰县	3.3	15	2.3	17	43.5	9	41.2	9	63.0	1	65.5	1
灵武市	1.2	16	2.3	16	54.3	6	59.1	5	6.9	7	7.6	7
石嘴山市	0.8	17	1.2	18	1.7	20	2.3	20	4.8	8	6.9	8
平罗县	26.5	5	30.8	6	57.6	4	64.5	3	9.1	5	13.0	5
陶乐县	34.6	3	67.3	2	50.9	7	59.3	4	2.0	11	5.2	9
惠农县	110.0	1	123.5	1	58.8	3	69.7	2	4.1	9	5.0	10
利通区	0.6	19	0.4	19	37.0	11	41.2	10	1.2	12	1.8	12
青铜峡市	9.9	10	7.6	12	71.2	1	73.2	1	8.3	6	9.8	6
中卫县	7.0	12	5.9	14	57.0	5	55.4	7	14.9	3	15.2	3
中宁县	18.1	7	15.7	11	60.0	2	57.0	6	3.8	10	4.5	11
盐池县	36.4	2	58.1	3	47.6	8	49.3	8	0.1	14	0.1	14
同心县	8.2	11	20.2	9	24.4	14	25.9	15	-	-	-	-
原州区	25.4	6	44.6	4	10.9	18	12.3	18	0.1	15	-	-
海原县	6.4	13	27.5	8	11.1	17	12.6	17	0.1	16	0.1	15
西吉县	14.9	9	17.8	10	10.0	19	12.3	19	0.6	13	0.6	13
隆德县	26.9	4	28.6	7	24.5	13	26.8	13	-	-	0.1	16
泾源县	6.1	14	7.4	13	23.5	15	29.2	12	-	-	-	-
彭阳县	16.8	8	32.3	5	25.1	12	26.0	14	0.1	17	0.1	17

1－24 续表4

地区	人均财政收入(元)				人均财政支出(元)			
	2001年	位次	2002年	位次	2001年	位次	2002年	位次
全区总计	**493.5**	－	**466.6**	－	**1 674.7**	－	**2 019.3**	－
银川市	1 395.2	1	1 400.2	1	1 619.5	2	1 977.8	2
永宁县	348.7	5	274.4	6	686.2	12	795.0	11
贺兰县	246.4	10	272.2	7	645.6	14	720.2	16
灵武市	273.5	9	262.5	8	749.2	9	829.9	9
石嘴山市	738.9	2	704.3	2	1 395.4	3	1 362.9	4
平罗县	298.5	8	291.1	5	632.6	15	756.8	13
陶乐县	148.1	13	162.6	13	1 753.7	1	2 118.4	1
惠农县	414.0	4	429.7	4	1 125.6	5	1 248.2	5
利通区	327.9	7	236.1	10	678.7	13	630.9	18
青铜峡市	579.9	3	534.5	3	1 039.2	6	1 226.5	6
中卫县	340.0	6	239.4	9	707.2	11	791.0	12
中宁县	202.4	11	180.6	11	433.4	20	534.2	20
盐池县	183.0	12	176.7	12	1 152.8	4	1 461.1	3
同心县	61.4	17	62.7	16	545.6	19	746.8	14
原州区	69.3	16	82.1	15	581.3	16	722.2	15
海原县	27.8	20	34.1	19	580.1	17	680.3	17
西吉县	28.6	19	33.0	20	561.0	18	627.6	19
隆德县	121.1	14	113.3	14	721.9	10	853.4	8
泾源县	74.2	15	47.6	17	981.7	7	1 188.5	7
彭阳县	36.1	18	40.8	18	771.2	8	827.9	10

1-24 续表5

地 区	人均国有固定资产投资(元)				人均社会消费品零售额(元)				职工平均工资(元)			
	2001年	位次	2002年	位次	2001年	位次	2002年	位次	2001年	位次	2002年	位次
全区总计	**2 397.2**	**-**	**2 354.5**	**-**	**1 769.3**	**-**	**1 917.2**	**-**	**10 521**	**-**	**11 723**	**-**
银川市	5 426.8	1	4 027.8	2	6 358.0	1	6 952.9	1	10 949	5	12 601	4
永宁县	482.1	14	815.1	12	1 241.9	8	1 240.3	8	8 488	16	9 425	16
贺兰县	354.4	16	1 218.9	9	1 014.8	11	1 096.1	11	7 868	20	9 228	18
灵武市	528.7	13	900.7	11	1 111.3	9	1 148.3	10	9 556	11	10 155	12
石嘴山市	4 073.4	2	6 202.1	1	3 542.3	2	3 970.3	2	10 866	6	11 896	6
平罗县	683.3	11	555.3	14	1 612.9	5	1 717.8	5	9 733	10	10 149	13
陶乐县	2 060.6	6	1 067.7	10	1 069.3	10	1 164.0	9	9 240	13	9 811	14
惠农县	2 136.4	5	1 282.7	7	1 804.0	4	2 102.3	4	8 770	15	8 956	19
利通区	2 481.8	4	1 305.2	6	3 153.4	3	3 296.3	3	8 469	17	8 695	20
青铜峡市	3 503.4	3	1 774.8	4	1 529.1	7	1 578.0	7	11 882	2	12 647	3
中卫县	1 391.9	7	1 505.8	5	1 557.6	6	1 672.3	6	8 105	19	9 790	15
中宁县	318.1	17	229.8	20	874.2	12	814.1	13	8 150	18	9 247	17
盐池县	837.3	8	1 254.0	8	659.9	15	748.2	15	10 824	7	11 557	8
同心县	176.6	20	391.1	18	367.8	17	409.9	17	8 843	14	11 356	9
原州区	695.9	10	1 946.4	3	860.4	13	910.8	12	12 116	1	13 462	1
海原县	288.1	18	395.2	17	300.2	19	334.1	20	11 650	3	12 855	2
西吉县	266.2	19	265.7	19	293.5	20	338.6	19	10 096	9	11 830	7
隆德县	627.0	12	463.9	16	393.0	16	416.3	16	9 487	12	10 317	11
泾源县	707.7	9	578.7	13	665.7	14	768.5	14	10 571	8	11 166	10
彭阳县	421.5	16	539.3	15	332.7	18	362.7	18	11 002	4	12 339	5

1－24 续表6

地 区	农民家庭人均纯收入(元)				农民家庭人均生活消费支出(元)			
	2001年	位次	2002年	位次	2001年	位次	2002年	位次
全区总计	**1 823.13**	－	**1 917.36**	－	**1 380.75**	－	**1 418.12**	－
银川市	3 316.09	1	3 406.64	1	2 056.76	8	1 966.07	9
永宁县	2 712.23	10	2 831.10	8	1 708.71	10	2 284.39	3
贺兰县	2 664.49	12	2 777.66	12	2 286.95	1	1 866.74	10
灵武市	2 837.37	6	2 862.74	7	2 065.60	7	1 553.04	12
石嘴山市	2 828.01	7	2 904.94	6	2 095.62	6	2 129.98	6
平罗县	2 740.81	8	2 815.12	10	2 035.96	9	2 046.05	7
陶乐县	3 023.28	3	3 147.15	3	2 111.94	5	2 474.93	2
惠农县	2 904.75	5	2 979.92	5	2 206.78	3	2 134.12	5
利通区	3 039.80	2	3 150.05	2	2 220.63	2	2 520.98	1
青铜峡市	3 009.07	4	3 101.00	4	2 114.49	4	2 182.84	4
中卫县	2 716.45	9	2 805.67	11	1 684.87	11	1 635.73	11
中宁县	2 710.50	11	2 818.05	9	2 033.88	9	1 987.02	8
盐池县	1 305.64	13	1 428.86	13	1 174.19	12	1 273.64	13
同心县	1 226.94	14	1 315.59	14	869.89	16	1 102.03	14
原州区	1 058.98	17	1 210.86	17	1 138.20	13	969.67	18
海原县	914.96	20	1 096.61	19	699.98	19	791.86	20
西吉县	1 035.85	18	1 140.84	18	987.46	15	990.14	16
隆德县	1 129.26	15	1 230.10	16	1 109.10	14	972.41	17
泾源县	1 024.99	19	1 075.41	20	804.39	17	877.36	19
彭阳县	1 084.42	16	1 233.26	15	802.60	18	1 033.98	15

主要统计指标解释

【国内生产总值】 是按市场价格计算的国内生产总值的简称。它是一个国家（地区）所有常住单位在一定时期内生产活动的最终成果。国内生产总值有三种表现形态，即价值形态、收入形态和产品形态。从价值形态看，它是所有常住单位在一定时期内所生产的全部货物和服务价值超过同期投入的全部非固定资产货物和服务价值的差额，即所有常住单位的增加值之和；从收入形态看，它是所有常住单位在一定时期内所创造并分配给常住单位和非常住单位的初次分配收入之和；从产品形态看，它是最终使用的货物和服务减去进口货物和服务。在实际核算中，国内生产总值的三种表现形态表现为三种计算方法，即生产法、收入法和支出法。三种方法分别从不同的方面反映国内生产总值及其构成。

【当年价格】 指报告期的实际价格，如工厂的出厂价格，农产品的收购价格，商业的零售价格等。使用当年价格计算的数字，是为了使国民经济各项指标互相衔接，便于考察当年社会经济效益，便于对生产和流通、生产和分配、生产和消费进行经济核算和综合平衡。

按当年价格计算的价值指标，在不同年份之间进行对比时，因为包含有各年间价格变动的因素，不能确切地反映实物量的增减变动。必须消除价格变动因素后，才能真实反映经济发展动态。因此，在计算增长速度时都使用按可比价格计算的数字。

【可比价格】 指在不同时期的价值指标对比时，扣除了价格变动的因素，以确切反映物量的变化。按可比价格计算有两种方法：一种是直接用产品产量乘某一年的不变价格计算；另一种是用价格指数换算。

【不变价格】 指用同类产品的年平均价格作为固定价格，来计算各年产品价值。按不变价格计算的产品价值消除了价格变动因素，不同时期对比可以反映生产的发展速度。新中国成立后，随着工农业产品价格水平的变化，国家统计局先后五次制定了全国统一的工业产品不变价格和农业产品不变价格，从1949年到1957年使用1952年工（农）业产品不变价格，从1957年到1971年使用1957年不变价格，从1971年到1981年使用1970年不变价格，从1981年到1990年使用1980年不变价格，从1990年开始使用1990年不变价格。

【平均每年增长速度】 在我国计算平均增长速度有两种方法，一种是习惯上经常使用的“水平法”，又称几何平均法，是以间隔期最后一年的水平同基期水平对比来计算平均每年增长（或下降）速度。另一种是“累计法”，又称代数平均法或方程法，是以间隔期内各年水平的总和同基期水平对比来计算平均每年增长（或下降）速度。

在一般正常情况下，两种方法计算的平均每年增长速度比较接近，但在经济发展不平衡，出现大起大落时，两种方法计算的结果差别较大。

【各个计划时期】 表内所用各个“时期”代表的年份如下：恢复时期为1950年到1952年；第一个五年计划时期（简称一五时期）为1953年到1957年；第二个五年计划时期（简称二五时期）为1958年到1962年；第三个五年计划时期（简称三五时期）为1966年到1970年；第四个五年计划时期（简称四五时期）为1971年到1975年；第五个五年计划时期（简称五五时期）为1976年到1980年；第六个五年计划时期（简称六五时期）为1981年到1985年；第七个五年计划时期（简称七五时期）为1986年到1990年；第八个五年计划（简称八五时期）为1991年到1995年。

【三次产业】 根据社会生产活动历史发展的顺序对产业结构的划分，产品直接取自自然界的部门称为第一产业，对初级产品进行再加工的部门称为第二产业，为生产和消费提供各种服务的部门称为第三产业。它是世界上通用的产业结构分类，但各国的划分不尽一致。我国的三次产业划分是：

第一产业：农业（包括种植业、林业、牧业和渔业）。

第二产业：工业（包括采掘工业、制造业、自来水、电力、蒸气、热水、煤气）和建筑业。

第三产业：除第一、第二产业以外的其他各业。由于第三产业包括的行业多、范围广，根据我国的实际情况，第三产业可分为两大部门：一是流通部门，二是服务部门。

二、人　口

2-1 主要年份全区户数和人口数

年 份	总户数(户)	总人口数(人)					平均每户人数(人/户)	性别比(女=100)
		合 计	男		女			
			人 数	比重(%)	人 数	比重(%)		
1950	224 904	1 259 619	663 298	52.66	596 321	47.34	5.60	111.23
1955	305 763	1 651 118	874 400	52.96	776 718	47.04	5.40	112.58
1957	338 454	1 793 807	953 602	53.16	840 205	46.84	5.30	113.50
1958	334 349	1 935 163	1 034 493	53.46	900 670	46.54	5.90	114.86
1960	399 445	2 130 316	1 153 050	54.13	977 266	45.87	5.33	117.99
1965	441 086	2 267 851	1 191 628	52.54	1 076 223	47.46	5.14	110.72
1970	519 067	2 773 480	1 442 033	51.99	1 331 447	48.01	5.34	108.31
1975	613 969	3 279 228	1 703 021	51.93	1 576 207	48.07	5.34	108.05
1978	667 996	3 555 828	1 841 668	51.79	1 714 160	48.21	5.32	107.44
1980	699 614	3 737 169	1 930 280	51.65	1 806 889	48.35	5.33	106.83
1981	722 885	3 833 771	1 978 482	51.61	1 855 289	48.39	5.30	106.64
1982	744 505	3 930 404	2 028 026	51.60	1 902 378	48.40	5.28	106.60
1983	759 001	3 990 540	2 060 293	51.63	1 930 247	48.37	5.26	106.74
1984	787 191	4 068 670	2 099 895	51.61	1 968 775	49.39	5.17	106.66
1985	808 315	4 146 215	2 137 278	51.55	2 008 937	48.45	5.13	106.39
1986	839 798	4 243 331	2 188 013	51.56	2 055 318	48.44	5.10	106.46
1987	879 620	4 351 553	2 245 877	51.61	2 105 676	48.39	4.95	106.66
1988	922 640	4 445 316	2 292 221	51.56	2 153 095	48.44	4.82	106.46
1989	959 209	4 548 081	2 344 052	51.54	2 204 029	48.46	4.74	106.35
1990	1 009 078	4 656 774	2 396 934	51.47	2 259 840	48.53	4.61	106.07
1991	1 034 681	4 738 791	2 439 762	51.48	2 299 029	48.52	4.58	106.12
1992	1 071 292	4 822 697	2 483 462	51.50	2 339 235	48.50	4.50	106.17
1993	1 099 661	4 908 582	2 525 650	51.45	2 382 932	48.55	4.46	105.99
1994	1 169 474	5 038 682	2 591 720	51.44	2 446 962	48.56	4.31	105.92
1995	1 195 094	5 123 845	2 632 599	51.38	2 491 246	48.62	4.29	105.67
1996	1 235 188	5 212 099	2 679 993	51.42	2 532 106	48.58	4.22	105.84
1997	1 271 075	5 289 401	2 717 756	51.38	2 571 645	48.62	4.16	105.68
1998	1 320 085	5 365 666	2 754 769	51.34	2 610 897	48.66	4.06	105.51
1999	1 354 786	5 432 891	2 784 706	51.26	2 648 185	48.74	4.01	105.16
2000	1 406 024	5 543 214	2 839 607	51.23	2 703 607	48.77	3.94	105.10
2001	1 442 585	5 632 211	2 889 481	51.30	2 742 730	48.70	3.90	105.35
2002	1 474 654	5 715 376	2 928 132	51.23	2 787 244	48.77	3.88	105.05

注:根据公安部门户籍统计资料整理。

2－2　主要年份农业、非农业和市、镇、乡村人口

单位：人

年　份	农业人口	非农业人口	市、镇		乡　村	
			人口数	#非农业人口	人口数	#非农业人口
1950	1 165 106	94 513	135 145	77 530	1 124 474	16 983
1955	1 515 637	135 481	210 588	108 973	1 440 530	26 508
1957	1 617 146	176 661	248 449	144 149	1 545 358	32 512
1958	1 698 952	236 211	320 635	209 881	1 614 528	26 330
1960	1 721 839	408 477	505 202	376 733	1 625 114	31 744
1965	1 921 985	345 866	429 425	289 140	1 838 426	56 726
1970	2 323 964	449 516	542 348	360 818	2 231 132	88 698
1975	2 729 220	550 008	656 452	438 971	2 622 776	111 037
1978	2 945 095	610 733	730 332	486 403	2 825 496	124 330
1980	3 059 028	678 141	791 835	542 425	2 945 334	135 716
1981	3 123 798	709 973	845 183	581 184	2 988 588	128 789
1982	3 200 614	729 790	890 996	613 471	3 039 408	116 319
1983	3 233 112	757 428	1 101 760	660 321	2 888 780	97 107
1984	3 286 487	782 183	1 305 988	692 585	2 762 682	89 598
1985	3 313 764	832 451	1 464 532	745 749	2 681 683	86 702
1986	3 332 573	910 758	1 633 131	835 316	2 610 200	75 442
1987	3 377 850	973 703	1 703 867	897 423	2 647 686	76 280
1988	3 420 526	1 024 790	1 761 897	943 587	2 683 419	81 203
1989	3 473 892	1 074 189	1 812 662	987 055	2 735 419	87 134
1990	3 542 939	1 113 835	1 923 991	1 033 993	2 732 783	79 842
1991	3 599 853	1 138 938	1 967 861	1 061 844	2 770 930	77 094
1992	3 656 949	1 165 748	2 086 768	1 087 280	2 735 929	78 468
1993	3 713 037	1 195 545	2 283 354	1 121 051	2 625 228	74 494
1994	3 695 492	1 343 190	2 467 525	1 258 264	2 571 157	84 926
1995	3 744 295	1 379 550	2 516 033	1 294 061	2 607 812	85 489
1996	3 804 257	1 407 842	2 698 118	1 339 292	2 513 981	68 550
1997	3 822 377	1 467 024	2 777 332	1 387 264	2 512 069	79 760
1998	3 843 507	1 522 159	2 823 001	1 439 663	2 542 665	82 496
1999	3 878 930	1 553 961	2 854 988	1 465 730	2 577 903	88 231
2000	3 950 946	1 592 268	2 935 690	1 488 609	2 607 524	103 659
2001	3 992 902	1 639 309	2 960 391	1 551 121	2 671 820	88 188
2002	4 027 547	1 687 829	3 084 714	1 589 375	2 630 662	98 454

2－3　主要年份民族人口和构成

年　份	汉　族		回　族		其他少数民族	
	人口数（人）	比　重（%）	人口数（人）	比　重（%）	人口数（人）	比　重（%）
1950	876 725	69.60	381 806	30.31	1 088	0.09
1955	1 106 765	67.03	542 598	32.86	1 755	0.11
1957	1 198 649	66.82	593 135	33.07	2 023	0.11
1958	1 303 335	67.35	629 797	32.54	2 031	0.11
1960	1 515 958	71.16	612 379	28.75	1 979	0.09
1965	1 569 719	69.22	695 061	30.65	3 071	0.13
1970	1 931 177	69.63	839 353	30.26	2 950	0.11
1975	2 280 396	69.54	995 202	30.35	3 630	0.11
1978	2 457 551	69.11	1 094 660	30.78	3 617	0.11
1980	2 565 593	68.65	1 167 257	31.23	4 319	0.12
1981	2 622 484	68.40	1 205 368	31.44	5 919	0.16
1982	2 675 620	68.07	1 247 375	31.74	7 409	0.19
1983	2 706 220	67.82	1 276 388	31.98	7 932	0.20
1984	2 749 431	67.58	1 309 094	32.17	10 145	0.25
1985	2 797 427	67.47	1 337 561	32.26	11 227	0.27
1986	2 856 089	67.31	1 373 102	32.36	14 140	0.33
1987	2 918 472	67.07	1 416 085	32.54	16 996	0.39
1988	2 973 478	66.89	1 454 353	32.72	17 485	0.39
1989	3 032 565	66.68	1 496 939	32.91	18 577	0.41
1990	3 098 093	66.53	1 538 925	33.05	19 756	0.42
1991	3 145 793	66.38	1 572 370	33.18	20 628	0.44
1992	3 194 363	66.24	1 606 934	33.32	21 400	0.44
1993	3 247 349	66.16	1 639 100	33.39	22 133	0.45
1994	3 323 330	65.96	1 691 572	33.57	23 780	0.47
1995	3 374 813	65.86	1 724 148	33.65	24 884	0.49
1996	3 424 762	65.71	1 761 876	33.80	25 461	0.49
1997	3 465 287	65.51	1 797 247	33.98	26 867	0.51
1998	3 507 446	65.37	1 829 700	34.10	28 520	0.53
1999	3 537 134	65.11	1 865 903	34.34	29 854	0.55
2000	3 633 113	65.54	1 910 101	34.46	31 009	0.56
2001	3 649 994	64.81	1 950 424	34.63	31 793	0.56
2002	3 694 928	64.65	1 987 129	34.77	33 319	0.58

2-4 主要年份人口自然变动情况

年 份	年平均人口（人）	出 生		死 亡		自 然 增 长	
		人 数（人）	出生率（‰）	人 数（人）	死亡率（‰）	人 数（人）	自然增长率（‰）
1950	1 228 560	49 536	40.32	25 284	20.58	24 252	19.74
1955	1 617 587	56 450	34.90	16 565	10.24	39 885	24.66
1957	1 757 014	75 973	43.24	19 433	11.06	56 540	32.18
1958	1 864 485	73 316	39.33	27 936	14.98	45 380	24.34
1960	2 109 436	34 970	16.58	29 331	13.90	5 639	2.68
1965	2 208 416	106 191	48.08	20 509	9.29	85 682	38.79
1970	2 711 573	109 191	40.27	17 168	6.33	92 023	33.94
1975	3 225 840	117 747	36.50	25 073	7.77	92 674	28.73
1978	3 511 449	99 991	28.48	19 169	5.46	80 822	23.02
1980	3 689 265	92 069	24.96	17 430	4.72	74 639	20.24
1981	3 785 470	112 251	29.65	23 034	6.08	89 217	23.57
1982	3 882 088	112 387	28.95	22 594	5.82	89 793	23.13
1983	3 960 472	72 451	18.29	16 084	4.06	56 367	14.23
1984	4 029 605	74 855	18.58	15 196	3.77	59 659	14.81
1985	4 107 443	70 552	17.18	15 934	3.88	54 618	13.30
1986	4 194 773	106 925	25.49	19 044	4.54	87 881	20.95
1987	4 297 422	108 038	25.14	21 659	5.04	86 379	20.10
1988	4 398 435	109 037	24.79	23 048	5.24	85 989	19.55
1989	4 496 699	106 107	23.60	19 707	4.38	86 400	19.21
1990	4 655 451	113 470	24.34	25 759	5.52	87 711	18.82
1991	4 749 749	104 328	21.96	24 366	5.13	79 962	16.83
1992	4 839 980	97 332	20.11	25 942	5.36	71 390	14.75
1993	4 912 506	95 450	19.43	26 331	5.36	69 119	14.07
1994	4 995 500	98 261	19.67	30 073	6.02	68 188	13.65
1995	5 081 264	97 967	19.28	27 896	5.49	70 071	13.79
1996	5 167 972	98 347	19.03	27 132	5.25	71 215	13.78
1997	5 250 750	99 239	18.90	28 511	5.43	70 728	13.47
1998	5 327 534	96 908	18.19	27 224	5.11	69 684	13.08
1999	5 399 279	97 025	17.97	30 506	5.65	66 519	12.32
2000	5 488 053	90 501	16.49	25 090	4.57	65 411	11.92
2001	5 587 713	92 476	16.55	27 044	4.84	65 432	11.71
2002	5 673 794	93 164	16.42	27 575	4.86	65 589	11.56

2－5 建国后历次普查总人口及性别构成

普查年份	总户数(万户)			总人口(万人)			构 成(%)		性别比(女＝100)
	合 计	家庭户	集体户	合 计	男	女	男	女	
第一次人口普查(1953.7.1)	29.80	－	－	150.62	80.74	69.88	53.61	46.39	115.55
第二次人口普查(1964.7.1)	42.34	－	－	210.75	110.84	99.91	52.59	47.41	110.95
第三次人口普查(1982.7.1)	74.23	－	－	389.56	200.68	188.87	51.51	48.49	106.25
第四次人口普查(1990.7.1)	99.94	99.22	0.72	465.54	238.95	226.60	51.23	48.67	105.45
第五次人口普查(2000.11.1)	142.37	139.69	2.68	561.55	288.00	273.55	51.29	48.71	105.28

注:2000年人口数据按实际普查数整理。

2－6 建国后历次普查总人口增长情况

单位:万人、%

	增加人数	年均增长人数	增长速度	年均增长速度
1964年比1953年增长	60.13	5.47	39.92	3.10
1982年比1964年增长	178.81	9.93	84.84	3.47
1990年比1982年增长	75.99	9.50	19.51	2.25
2000年比1990年增长	96.00	9.29	20.62	1.82
2000年比1953年增长	398.02	8.47	264.25	2.78

注:2000年人口数据按实际普查数整理。

2－7 建国后历次普查人口年龄类型和抚养比

单位：万人、%

	1953.7.1	1954.7.1	1982.7.1	1990.7.1	2000.11.1
总　计	**150.61**	**210.75**	**389.56**	**465.54**	**548.64**
0－4岁	27.09	34.33	51.03	53.39	45.25
0－14岁	61.27	91.39	160.71	157.07	155.67
15－64岁	84.84	114.56	216.39	292.13	368.42
65岁及以上	4.51	4.80	12.45	16.34	24.55
少年人口系数	40.68	43.37	41.26	33.74	28.37
成年人口系数	56.32	54.35	55.54	62.75	67.15
老年人口系数	3.00	2.28	3.20	3.51	4.47
年龄中位数(岁)	19.77	18.50	18.39	21.71	26.70
总抚养系数	77.54	83.98	80.02	59.33	48.92
老年人口系数	5.32	4.19	5.75	5.58	6.66
少年人口系数	72.22	79.79	74.27	53.75	42.25

2－8 建国后历次普查民族人口的变化及构成

单位：万人、%

	普查年份	总人口	汉　族	回　族	其他少数民族
人数	1953.7.1	150.62	100.07	50.32	0.17
	1964.7.1	210.75	145.71	64.70	0.34
	1982.7.1	389.56	265.13	123.52	0.91
	1990.7.1	465.54	310.74	152.44	2.36
	2000.11.1	548.64	359.06	186.24	3.34
构成	1953.7.1	100.00	66.43	33.44	0.13
	1964.7.1	100.00	69.14	30.70	0.16
	1982.7.1	100.00	68.06	31.71	0.23
	1990.7.1	100.00	66.75	32.75	0.50
	2000.11.1	100.00	65.45	33.95	0.60
2000年比	总增加	398.02	259.05	135.92	3.17
1953年增加	年均增加	8.47	5.51	2.89	0.07
2000年比	总增长	264.25	258.81	270.11	1 864.71
1953年增长	年均增长	2.78	2.76	2.82	6.54

2－9 建国后历次普查各种文化程度人口状况

单位:万人

普查年份		大学本科	大学专科	高 中	初 中	小 学	附:文盲、半文盲
1964.7.1		0.81	–	2.63	8.60	39.48	90.78
1982.7.1		2.58	–	20.62	60.52	100.09	112.85
1990.7.1		2.86	4.64	37.25	94.38	136.80	103.27
2000.11.1		6.56	13.70	59.99	152.84	174.71	61.76
每十万人口中各种文化程度人口数（人）	1964.7.1	380	–	1 250	4 080	18 730	93 010
	1982.7.1	659	–	5 294	15 542	25 686	52 819
	1990.7.1	615	995	8 010	20 272	29 424	22 184
	2000.11.1	1 195	2 496	10 934	27 859	31 845	11 258

2－10 建国后历次普查城乡人口的分布状况

单位:万人、%

普查年份	总 人 口	城镇人口		乡村人口	
		合 计	占总人口比重	合 计	占总人口比重
1964.7.1	210.75	24.94	11.84	185.81	88.16
1982.7.1	389.56	75.58	19.40	313.98	80.60
1990.7.1	465.54	119.75	25.72	345.79	74.28
2000.11.1	548.64	180.39	32.88	368.25	67.12

2－11　主要年份计划生育状况

单位：人、%

年份	已婚育龄妇女		采取各种节育措施人数		节育率		领取独生子女证人数	
	合计	#少数民族	合计	#少数民族	合计	#少数民族	合计	#少数民族
1979	508 985	–	235 560	–	46.28	–	–	–
1980	522 377	–	274 823	–	52.61	–	3 249	–
1985	642 996	202 714	502 048	134 011	78.08	66.11	34 961	6 204
1990	854 353	273 182	695 877	200 383	81.45	73.35	79 400	6 995
1991	883 417	290 211	742 963	216 052	84.10	74.45	89 369	8 531
1992	901 002	299 179	767 046	235 212	85.13	78.62	98 439	9 651
1993	927 515	307 513	814 040	248 875	87.77	80.93	107 344	12 163
1994	951 613	315 043	843 318	263 897	88.62	83.77	115 513	10 154
1995	986 322	324 715	890 234	284 327	90.26	89.56	124 105	11 128
1996	1 019 995	338 682	933 088	303 927	91.48	89.74	129 738	11 294
1997	1 045 379	351 026	952 531	313 232	91.12	89.23	130 714	11 732
1998	1 059 757	–	960 021	–	90.59	–	134 407	–
1999	1 090 681	371 306	979 795	323 070	89.83	87.01	135 864	11 514
2000	1 101 214	369 538	993 341	327 596	90.20	88.65	135 866	11 867
2001	1 119 278	363 471	1 011 630	334 608	90.38	92.06	138 694	10 990
2002	1 137 026	344 071	1 022 832	330 093	89.96	95.94	141 848	11 814

注：本资料根据计划生育部门统计数据整理。

2－12　主要年份婚姻登记情况

单位：人

年份	全区总计		市		县	
	结婚	离婚	结婚	离婚	结婚	离婚
1979	52 686	1 366	8 362	182	44 324	1 184
1980	66 872	3 062	10 292	980	56 580	2 082
1985	68 952	4 332	25 266	2 060	43 686	2 272
1990	73 288	7 066	23 376	3 676	49 912	3 390
1991	74 146	7 650	23 866	4 112	50 280	3 538
1992	73 360	8 552	28 068	–	45 292	–
1993	70 860	5 602	23 348	–	47 512	–
1994	70 580	10 042	24 048	–	46 532	–
1995	72 654	10 318	23 360	–	49 294	–
1996	71 260	11 174	25 850	–	45 410	–
1997	70 198	11 924	27 934	–	42 264	–
1998	75 712	11 154	28 502	–	47 210	–
1999	71 368	11 882	37 418	–	33 950	–
2000	71 422	12 322	19 950	–	51 482	–
2001	67 418	12 208	–	–	–	–
2002	65 498	9 858	–	–	–	–

注：本资料根据民政部门和法院提供资料整理。

2－13 各市县主要年份人口总数

单位：人

地 区	1958年	1978年	1980年	1985年	1990年	1995年	2000年	2001年	2002年
全区总计	**1 935 163**	**3 555 828**	**3 737 169**	**4 146 215**	**4 656 774**	**5 123 845**	**5 543 214**	**5 632 211**	**5 715 376**
银川市	**401 035**	**786 743**	**822 542**	**910 561**	**1 034 520**	**1 135 274**	**1 264 588**	**1 298 407**	**1 329 575**
银川市	148 237	325 177	344 540	396 869	480 184	544 851	641 723	654 860	675 438
永宁县	81 971	146 243	149 157	160 062	168 325	177 132	185 213	200 211	204 024
贺兰县	96 125	152 140	154 492	161 987	166 423	171 808	182 500	184 005	186 707
灵武市	74 702	163 183	174 353	191 643	219 588	241 483	255 152	259 331	263 406
石嘴山市	**220 670**	**506 569**	**529 873**	**575 891**	**613 753**	**660 416**	**691 677**	**696 603**	**700 362**
石嘴山市	21 777	202 227	220 572	246 842	275 021	314 133	328 515	330 717	332 173
平罗县	135 562	219 145	224 699	239 267	245 070	253 209	261 481	263 845	265 573
陶乐县	17 490	17 788	18 583	19 182	21 928	23 046	30 509	30 803	31 141
惠农县	45 841	67 409	66 019	70 600	71 734	70 028	71 172	71 238	71 475
吴忠市	**614 418**	**1 059 687**	**1 108 954**	**1 225 479**	**1 387 834**	**1 513 676**	**1 718 421**	**1 764 881**	**1 794 055**
利通区	115 189	196 266	205 838	224 364	257 959	285 136	306 379	310 972	316 328
青铜峡市	114 878	172 748	178 773	194 556	215 247	232 398	245 021	248 199	249 633
中卫县	132 403	234 374	239 966	261 746	289 527	312 734	335 374	337 263	339 369
中宁县	111 175	164 986	172 219	186 570	205 960	219 796	315 900	344 850	393 843
盐池县	52 637	108 157	114 378	124 935	140 038	148 621	152 117	153 192	154 653
同心县	88 136	183 156	197 780	233 308	279 103	314 991	363 630	370 405	340 229
固原市	**699 040**	**1 202 829**	**1 275 800**	**1 434 284**	**1 620 667**	**1 814 479**	**1 868 528**	**1 872 320**	**1 891 384**
原州区	187 682	328 542	350 155	392 951	442 190	492 993	507 874	511 714	518 651
海原县	110 141	211 802	227 873	263 202	303 833	344 024	364 240	370 686	373 333
西吉县	157 564	274 186	291 842	331 416	377 333	426 991	452 477	445 820	453 324
隆德县	104 585	151 025	155 523	166 810	185 327	204 826	216 954	215 625	216 715
泾源县	46 564	73 414	77 114	84 680	93 538	105 831	81 888	81 659	82 497
彭阳县	92 504	163 860	173 293	195 225	218 446	239 814	245 095	246 816	246 864

注：中宁县人口中含红寺堡管委会人口。

2－14 各市县户数、人口数

（2002年） 单位：人

地　区	总户数	年末人口	#女性	城乡人口 市人口	镇人口	乡村人口	平均家庭户人数
全区总计	**1 474 645**	**5 715 376**	**2 787 244**	**1 836 978**	**1 247 736**	**2 630 662**	**3.88**
灌　区	949 347	3 329 110	1 627 871	1 836 978	605 391	886 741	3.50
山　区	524 798	2 386 266	1 159 373	–	642 345	1 743 921	4.55
银川市	**397 782**	**1 329 575**	**655 993**	**938 844**	**182 071**	**208 660**	**3.34**
银川市	206 839	675 438	336 317	675 438	–	–	3.27
永宁县	56 443	204 024	99 235	–	74 113	129 911	3.61
贺兰县	55 306	186 707	92 119	–	107 958	78 749	3.38
灵武市	79 194	263 406	128 322	263 406	–	–	3.33
石嘴山市	**207 055**	**700 362**	**339 997**	**332 173**	**140 314**	**227 875**	**3.38**
石嘴山市	101 475	332 173	160 658	332 173	–	–	3.27
平罗县	74 373	265 573	129 672	–	120 183	145 390	3.57
陶乐县	8 510	31 141	15 049	–	6 994	24 147	3.66
惠农县	22 697	71 475	34 618	–	13 137	58 338	3.15
吴忠市	**461 928**	**1 794 055**	**874 300**	**565 961**	**505 090**	**723 004**	**3.88**
利通区	89 522	316 328	154 353	316 328	–	–	3.53
青铜峡市	73 953	249 633	120 902	249 633	–	–	3.38
中卫县	86 925	339 369	163 952	–	203 733	135 636	3.90
中宁县	94 610	393 843	192 674	–	79 273	314 570	4.16
盐池县	41 976	154 653	75 205	–	48 378	106 275	3.68
同心县	74 939	340 229	167 214	–	173 706	166 523	4.54
固原市	**407 880**	**1 891 384**	**916 954**	**–**	**420 261**	**1 471 123**	**4.64**
原州区	122 289	518 651	253 064	–	183 052	335 599	4.24
海原县	73 820	373 333	182 402	–	80 090	293 243	5.06
西吉县	86 506	453 324	219 806	–	40 838	412 486	5.24
隆德县	51 746	216 715	103 446	–	44 923	171 792	4.19
泾源县	19 189	82 497	40 049	–	29 285	53 212	4.30
彭阳县	54 330	246 864	118 187	–	42 073	204 791	4.54

注：中宁县人口中含红寺堡管委会人口。

2-15 各市县主要年份非农业人口数

单位:人

地　区	1952年	1958年	1978年	1980年	1985年	1990年	1995年	2000年	2001年	2002年
全区总计	**112 767**	**236 211**	**610 733**	**678 141**	**832 451**	**1 113 835**	**1 379 550**	**1 592 268**	**1 639 309**	**1 687 829**
银川市	**48 748**	**106 548**	**248 658**	**278 298**	**336 723**	**453 383**	**547 034**	**650 745**	**677 132**	**700 565**
银川市	34 519	83 852	198 439	219 720	268 233	356 652	424 657	493 842	516 567	535 743
永宁县	2 521	4 153	10 103	12 516	16 856	20 877	25 630	35 143	37 067	38 058
贺兰县	743	8 678	11 347	12 986	15 632	17 960	26 054	35 382	36 324	36 801
灵武市	10 965	9 865	28 769	33 076	36 002	57 894	70 693	86 378	87 174	89 963
石嘴山市	**4 965**	**31 016**	**199 624**	**216 366**	**264 306**	**311 832**	**370 576**	**400 076**	**403 632**	**406 419**
石嘴山市	2 428	20 846	167 754	180 613	221 250	257 862	303 490	318 321	320 594	322 211
平罗县	2 077	9 363	28 017	31 418	36 146	41 853	50 216	59 946	60 999	61 953
陶乐县	435	592	1 642	1 999	2 660	3 986	5 350	6 114	6 168	6 280
惠农县	25	215	2 211	2 336	4 250	8 131	11 520	15 695	15 871	15 975
吴忠市	**39 621**	**69 002**	**114 442**	**126 833**	**157 325**	**237 498**	**298 825**	**366 148**	**375 248**	**394 000**
利通区	11 287	15 274	38 752	42 293	48 579	69 103	82 467	104 018	108 219	112 468
青铜峡市	4 374	29 755	24 801	26 307	31 918	48 717	63 581	80 945	81 602	82 751
中卫县	6 071	10 504	26 962	29 212	34 693	45 747	59 286	69 242	70 320	71 317
中宁县	3 122	6 750	10 100	12 100	17 101	27 875	33 216	48 146	49 898	61 591
盐池县	7 042	3 015	8 680	9 964	12 279	21 449	25 113	26 855	27 660	28 498
同心县	7 725	3 704	5 147	6 957	12 755	24 607	35 162	36 942	37 549	37 375
固原市	**19 433**	**29 645**	**48 009**	**56 644**	**74 097**	**111 122**	**163 115**	**175 299**	**183 297**	**186 845**
原州区	13 629	16 600	27 605	31 578	37 441	49 517	74 502	83 731	87 165	89 996
海原县	1 649	5 381	4 956	6 904	9 692	18 343	24 394	23 732	24 872	26 125
西吉县	1 495	3 298	6 674	7 893	10 053	16 410	23 532	25 746	27 806	25 734
隆德县	874	2 665	4 109	5 163	7 296	11 260	16 820	18 022	18 486	19 019
泾源县	1 366	823	2 511	2 906	4 610	6 500	9 101	7 092	7 405	7 754
彭阳县	420	878	2 154	2 200	5 005	9 092	14 766	16 976	17 563	18 217

注:2001年数据中宁县人口中含红寺堡管委会人口。

2-16 各市县民族人口和构成

（2002年）　　单位：人、%

地　区	汉族		回族		其他少数民族	
	人口数	比　重	人口数	比　重	人口数	比　重
全区总计	**3 694 928**	**64.65**	**1 987 129**	**34.77**	**33 319**	**0.58**
灌　区	2 493 741	74.91	806 184	24.22	29 185	0.88
山　区	1 201 187	50.34	1 180 945	49.49	4 134	0.17
银川市	**952 344**	**71.63**	**357 560**	**26.89**	**19 671**	**1.48**
银川市	511 030	75.66	146 916	21.75	17 492	2.59
永宁县	166 448	81.58	36 719	18.00	857	0.42
贺兰县	139 408	74.67	46 618	24.97	681	0.36
灵武市	135 458	51.43	127 307	48.33	641	0.24
石嘴山市	**553 010**	**78.96**	**141 715**	**20.23**	**5 637**	**0.80**
石嘴山市	292 957	88.19	34 297	10.33	4 919	1.48
平罗县	179 700	67.67	85 362	32.14	511	0.19
陶乐县	23 064	74.06	8 003	25.70	74	0.24
惠农县	57 289	80.15	14 053	19.66	133	0.19
吴忠市	**1 193 952**	**66.55**	**595 986**	**33.22**	**4 117**	**0.23**
利通区	143 681	45.42	171 546	54.23	1 101	0.35
青铜峡市	212 615	85.17	35 475	14.21	1 543	0.62
中卫县	333 589	98.30	4 936	1.45	844	0.25
中宁县	298 502	75.79	94 952	24.11	389	0.10
盐池县	150 634	97.40	3 852	2.49	167	0.11
同心县	54 931	16.15	285 225	83.83	73	0.02
固原市	**995 622**	**52.64**	**891 868**	**47.15**	**3 894**	**0.21**
原州区	300 251	57.89	217 900	42.01	500	0.10
海原县	107 763	28.87	262 296	70.26	3 274	0.88
西吉县	214 250	47.26	239 038	52.73	36	0.01
隆德县	196 809	90.81	19 880	9.17	26	0.01
泾源县	2 139	2.59	80 341	97.39	17	0.02
彭阳县	174 410	70.65	72 413	29.33	41	0.02

注：中宁县人口中含红寺堡管委会人口。

2-17 各市县主要年份回族人口数

单位:人

地　区	1952年	1958年	1978年	1980年	1985年	1990年	1995年	2000年	2001年	2002年
全区总计	**456 659**	**629 797**	**1 094 660**	**1 167 257**	**1 337 561**	**1 538 925**	**1 724 148**	**1 910 101**	**1 950 424**	**1 987 129**
银川市	**80 960**	**116 123**	**191 204**	**200 710**	**224 365**	**253 987**	**280 070**	**331 708**	**347 309**	**357 560**
银川市	20 124	32 040	60 144	63 495	73 463	85 885	98 627	137 059	142 705	146 916
永宁县	13 202	16 694	18 484	18 788	21 070	22 343	23 433	24 970	34 751	36 719
贺兰县	14 756	22 473	35 614	36 419	37 923	38 351	41 099	45 229	45 653	46 618
灵武市	32 878	44 916	76 962	82 008	91 909	107 408	116 911	124 450	124 200	127 307
石嘴山市	**34 518**	**46 253**	**94 450**	**99 837**	**109 802**	**118 499**	**128 176**	**139 678**	**140 673**	**141 715**
石嘴山市	603	2 178	16 936	18 818	21 949	24 421	31 255	33 092	33 467	34 297
平罗县	18 048	21 362	64 193	67 293	73 266	78 645	81 471	84 633	85 304	85 362
陶乐县	515	992	1 834	1 839	1 858	2 087	2 216	7 924	7 941	8 003
惠农县	15 352	21 721	11 487	11 887	12 729	13 346	13 234	14 029	13 961	14 053
吴忠市	**111 458**	**153 508**	**279 733**	**299 289**	**346 787**	**409 822**	**459 767**	**557 959**	**577 681**	**595 986**
利通区	46 501	68 593	106 376	112 225	123 871	141 700	159 760	165 635	166 997	171 546
青铜峡市	9 320	10 946	22 564	23 755	27 286	30 464	31 658	34 831	34 978	35 475
中卫县	966	1 022	1 681	1 695	2 296	3 492	3 925	4 640	4 860	4 936
中宁县	2 059	2 635	4 022	4 281	4 510	4 946	5 202	51 588	65 149	94 952
盐池县	1 342	1 348	2 971	3 170	3 219	3 743	4 010	3 825	3 296	3 852
同心县	51 270	68 964	142 119	154 163	185 605	225 477	255 212	297 440	302 401	285 225
固原市	**229 723**	**313 913**	**529 273**	**567 421**	**656 607**	**756 617**	**856 135**	**880 756**	**884 761**	**891 868**
原州区	63 416	76 490	128 357	138 005	160 774	184 838	207 190	215 932	219 855	217 900
海原县	55 270	73 169	140 705	153 415	178 794	209 593	238 443	254 982	260 252	262 296
西吉县	59 103	84 055	132 627	141 828	165 906	192 304	219 810	239 145	233 539	239 038
隆德县	802	8 314	11 525	12 057	13 706	15 741	17 877	20 015	20 025	19 880
泾源县	29 483	45 243	70 745	74 451	82 060	90 719	102 074	79 461	79 194	80 341
彭阳县	21 649	26 642	45 314	47 665	55 367	63 422	70 741	71 221	71 896	72 413

注：2001年数据中宁县人口中含红寺堡管委会人口。

2-18 各市县人口自然变动情况

(2002年)

地　区	年平均人口(人)	自然变动人数(‰)			自然变动率(‰)		
		出生人数	死亡人数	自然增长人数	出生率	死亡率	自然增长率
全区总计	**5 673 794**	**93 164**	**27 575**	**65 589**	**16.42**	**4.86**	**11.56**
灌　区	3 282 702	44 710	15 429	29 282	13.62	4.70	8.92
山　区	2 391 092	49 543	12 242	37 301	20.72	5.12	15.60
银川市	**1 052 623**	**13 916**	**4 137**	**9 779**	**13.22**	**3.93**	**9.29**
银川市	665 149	7 849	2 182	5 667	11.80	3.28	8.52
永宁县	202 118	3 048	1 017	2 031	15.08	5.03	10.05
贺兰县	185 356	2 764	1 051	1 713	14.91	5.67	9.24
灵武市	261 369	4 062	1 074	2 987	15.54	4.11	11.43
石嘴山市	**698 483**	**8 584**	**3 898**	**4 687**	**12.29**	**5.58**	**6.66**
石嘴山市	331 445	2 701	1 866	835	8.15	5.63	2.52
平罗县	264 709	4 272	1 387	2 885	16.14	5.24	10.90
陶乐县	30 972	492	137	355	15.89	4.42	11.48
惠农县	71 357	993	547	445	13.91	7.67	6.23
吴忠市	**2 040 837**	**32 755**	**10 490**	**22 266**	**16.05**	**5.14**	**10.91**
利通区	313 650	4 821	1 264	3 557	15.37	4.03	11.34
青铜峡市	248 916	3 517	1 538	1 979	14.13	6.18	7.95
中卫县	338 316	4 750	1 790	2 960	14.04	5.29	8.74
中宁县	369 347	5 817	1 898	3 919	15.75	5.14	10.61
盐池县	153 923	2 503	962	1 541	16.26	6.25	10.01
同心县	355 317	7 376	1 670	5 706	20.76	4.70	16.07
固原市	**1 881 852**	**39 688**	**9 597**	**30 091**	**21.09**	**5.10**	**15.99**
原州区	515 183	10 149	2 576	7 573	19.70	5.00	14.70
海原县	372 010	9 081	2 053	7 027	24.41	5.52	18.88
西吉县	449 572	10 354	1 933	8 420	23.03	4.30	18.74
隆德县	216 170	3 489	1 254	2 235	16.14	5.80	10.34
泾源县	82 078	1 926	593	1 334	23.47	7.22	16.25
彭阳县	246 840	4 762	1 163	3 599	19.29	4.71	14.59

注：根据2001年人口变动情况抽样调查资料整理，因受样本构成影响，各市县数据加总后不等于总计数。

其中，中宁县人口中含红寺堡管委会人口。

主要统计指标解释

【总人口】 包括有常住户口和未落常住户口的人，以及被注销户口的在押犯、劳改、劳教人员，但不包括现役军人及人民武装警察。

【总户数】 包括家庭户和集体户。

【农业人口和非农业人口】 (1) 凡在农村从事农、林、牧、渔业的劳动者，以及乡和乡以下所办企业中不直接从事农业的人口。(2) 国营的农、林、牧、渔、园艺场，拖拉机站在编的行政管理人员，文教卫生、财贸、邮电等人员，以及附属的独立核算的工业企业中常年不从事农业生产的国家职工，统计为非农业人口；这些单位的其他人员，都统计为农业人口。(3) 住在农村由职工、军人抚养的家属，退休职工等吃国家定量粮的统计为非农业人口。(4) 农业与非农业之间不好区分的，一般统计为农业人口。

【市镇人口数】 指市（包括县级市）、镇辖区内的全部人口。

【乡村人口数】 指县辖乡（不含县辖镇）的全部人口。

【性别比】 男性人数与女性人数之比（女 = 100）

$$性别比 = \frac{男性人数}{女性人数} \times 100\%$$

【年平均人口数】 指一年之中各个时点的平均生存人数。

$$年平均人口数 = \frac{年初人口数 + 年末人口数}{2}$$

【出生人数】 指在一定时期内（通常为一年内）出生有生命现象（即有心跳和呼吸）婴儿数的总和。

【出生率】 指某个地区一定时期内的出生人数与同期平均人数之比。

$$出生率 = \frac{年出生人数}{年平均人数} \times 1000‰$$

【死亡率】 指某个地区一定时期内的死亡人数与同期平均人数之比。

$$死亡率 = \frac{年死亡人数}{年平均人数} \times 1000‰$$

三、劳动力和工资

3－1 就业基本情况

项目	1995年	1996年	1997年	1998年	1999年	2000年	2001年	2002年
从业人员合计(万人)	**240.6**	**245.4**	**260.5**	**254.8**	**272.3**	**275.5**	**279.0**	**282.4**
第一产业	143.5	144.2	151.3	152.4	158.5	158.6	157.1	155.8
第二产业	46.7	48.0	49.2	45.9	47.2	50.0	51.7	55.1
第三产业	50.4	53.2	60.0	56.5	66.6	66.9	70.2	71.5
从业人员构成(合计=100)								
第一产业	59.7	58.8	58.1	59.8	58.2	57.6	56.3	55.2
第二产业	19.4	19.5	18.9	18.0	17.3	18.1	18.5	19.5
第三产业	20.9	21.7	23.0	22.2	24.5	24.3	25.2	25.3
按城乡分从业人员(万人)								
城镇从业人员	**81.1**	**81.5**	**83.9**	**78.3**	**80.3**	**77.6**	**78.6**	**79.2**
#国有单位	62.9	63.1	63.0	54.5	53.8	52.0	49.8	45.0
城镇集体单位	9.9	8.8	8.7	6.1	5.4	5.0	4.0	3.4
股份合作单位				1.3	1.1	1.1	1.1	1.2
联营单位	0.2	0.2	0.2	0.1	0.1	0.1	0.1	0.2
有限责任公司				3.0	3.6	4.0	4.5	9.0
股份有限公司	0.5	0.9	2.0	2.0	1.7	1.7	1.9	2.0
私营企业	1.9	2.7	3.5	4.3	5.3	4.8	7.8	9.3
港澳台商投资单位	0.5	0.3	0.3	0.4	0.3	0.3	0.3	0.2
外商投资单位	0.9	1.0	1.1	1.0	1.0	1.0	1.0	0.8
个　体	4.3	4.5	5.1	5.6	8.0	7.7	8.3	8.1
职工人数(万人)	**73.4**	**72.7**	**73.9**	**67.4**	**65.6**	**63.8**	**61.3**	**60.6**
国有单位	61.5	61.6	61.7	53.7	52.6	51.0	48.9	44.1
城镇集体单位	9.9	8.7	8.6	6.0	5.3	4.8	3.9	3.3
其他单位	2.0	2.4	3.6	7.7	7.7	8.0	8.5	13.2
女性从业人员数(万人)	**26.4**	**26.6**	**26.8**	**24.5**	**24.6**	**23.9**	**22.9**	**22.3**
城镇登记失业人数(万人)	**4.4**	**3.4**	**4.0**	**3.9**	**3.7**	**3.8**	**3.7**	**3.5**
城镇登记失业率(%)	**5.5**	**4.4**	**4.8**	**4.7**	**4.5**	**4.6**	**4.4**	**4.4**

3-2 主要年份劳动力资源和从业人员数

年 份	劳动力资源		从业人员		
	人 数 (万人)	占总人口 比重(%)	人 数 (万人)	占总人口 比重(%)	占劳动力资 源比重(%)
1950	57.6	45.7	47.2	37.5	82.1
1955	77.6	47.0	67.7	41.0	87.3
1957	84.6	47.2	77.0	42.9	91.0
1958	90.7	46.9	82.3	42.5	90.3
1960	99.5	46.8	96.6	45.3	94.2
1965	107.1	47.2	98.6	43.5	92.2
1970	130.2	46.9	112.5	40.6	86.4
1971	134.8	47.0	116.3	40.6	86.2
1972	139.6	47.0	117.9	39.7	84.5
1973	144.3	46.9	119.2	38.7	82.6
1974	150.6	47.5	121.6	38.3	80.8
1975	158.1	48.2	125.6	38.3	79.5
1976	165.1	48.9	127.6	37.8	77.3
1977	173.2	50.0	131.5	37.9	75.9
1978	178.5	50.2	135.6	38.1	75.9
1979	185.6	51.0	139.5	38.3	75.2
1980	194.3	51.2	146.5	39.2	75.4
1981	197.3	51.5	149.7	39.1	75.9
1982	202.9	51.6	155.6	39.6	76.7
1983	204.1	51.2	162.6	40.7	79.7
1984	212.5	52.2	169.8	41.7	79.9
1985	221.8	53.5	177.4	42.8	82.0
1986	226.0	53.3	183.0	43.2	81.0
1987	234.5	53.9	190.8	43.9	81.4
1988	242.0	54.5	197.4	44.4	81.5
1989	250.7	55.1	203.5	44.7	81.2
1990	259.6	55.7	211.1	45.4	81.4
1991	268.6	56.7	219.2	46.3	81.6
1992	277.1	57.5	225.9	46.8	81.5
1993	314.0	64.0	229.4	46.7	73.1
1994	318.2	63.2	232.7	46.2	73.1
1995	324.8	63.4	240.6	47.0	74.1
1996	337.4	64.7	245.4	47.1	72.7
1997	346.3	65.5	256.8	48.6	74.2
1998	355.5	66.3	254.8	49.5	71.7
1999	363.3	66.9	272.3	50.1	75.0
2000	380.9	68.7	275.5	49.7	72.1
2001	393.4	69.9	279.0	49.5	70.9
2002	399.9	70.0	282.4	49.4	70.6

3-3 主要年份全社会从业人员数

单位:万人

年份	从业人员合计	职工	国有单位	集体单位	其他单位	城镇私营企业及个体劳动者	乡村劳动者	其他
1950	47.2	0.8	0.8	–	–	3.7	42.7	–
1955	67.7	7.5	3.5	4.0	–	1.7	58.5	–
1957	77.0	11.9	5.2	6.7	–	0.2	64.9	–
1958	82.3	15.2	11.0	4.2	–	–	67.1	–
1960	96.5	28.0	25.7	2.3	–	–	68.5	–
1965	98.6	18.8	17.1	1.7	–	–	79.8	–
1970	112.5	26.6	24.5	2.1	–	–	85.9	–
1971	116.3	29.0	26.8	2.2	–	–	87.3	–
1972	117.9	30.4	28.1	2.3	–	–	87.5	–
1973	119.2	30.5	28.2	2.3	–	–	88.7	–
1974	121.6	31.6	28.9	2.7	–	–	90.0	–
1975	125.6	33.7	30.8	2.9	–	–	91.9	–
1976	127.6	36.1	32.8	3.3	–	–	91.5	–
1977	131.5	39.3	33.9	5.4	–	–	92.2	–
1978	135.6	43.3	38.0	5.3	–	–	92.3	–
1979	139.5	45.7	39.7	6.0	–	–	93.8	–
1980	146.5	47.6	41.3	6.3	–	0.1	98.8	–
1981	149.7	48.8	42.5	6.3	–	0.1	100.8	–
1982	155.6	50.1	43.5	6.6	–	0.3	105.2	–
1983	162.6	51.7	44.5	7.2	–	0.7	110.2	–
1984	169.8	53.3	45.0	8.3	–	0.9	115.6	–
1985	177.4	55.8	46.8	9.0	–	1.1	120.5	–
1986	183.0	58.1	49.0	9.1	–	1.1	123.8	–
1987	190.8	60.6	51.2	9.4	–	1.4	128.8	–
1988	197.4	62.7	53.0	9.7	–	2.1	132.6	–
1989	203.5	65.5	54.9	10.5	0.1	2.2	135.8	–
1990	211.1	67.4	56.4	10.9	0.1	2.8	140.9	–
1991	219.2	70.1	58.6	11.3	0.2	3.1	145.5	0.5
1992	225.9	71.9	60.1	11.3	0.5	3.3	147.2	3.5
1993	229.4	71.9	60.7	10.6	0.6	4.0	153.5	–
1994	232.7	72.3	60.4	10.3	1.6	4.7	154.2	1.5
1995	240.6	73.4	61.5	9.9	2.0	6.2	159.5	1.5
1996	245.4	72.7	61.6	8.7	2.4	7.2	163.9	1.6
1997	256.8	73.9	61.7	8.6	3.6	8.6	172.9	1.4
1998	254.8	67.4	53.7	6.0	7.7	9.9	176.6	0.9
1999	272.3	65.6	52.6	5.3	7.7	13.3	192.0	1.4
2000	275.5	63.8	51.0	4.8	8.0	12.5	197.9	1.4
2001	279.0	61.3	48.9	3.9	8.5	16.1	200.4	1.1
2002	282.4	60.6	44.1	3.3	13.2	17.4	203.2	1.2

注:1998-2002年劳动统计口径调整,职工不再包括"离开本单位仍保留劳动关系的职工"。

3－4 按经济类型分的各行业从业人员数

（2002 年末数） 单位：人

指　　标	合计	国有经济单位从业人员	城镇集体单位从业人员	其他经济单位从业人员	城镇个体经济从业人员	城镇私营经济从业人员	乡村从业人员
全　区　总　计	**2 824 496**	**450 256**	**34 450**	**133 570**	**80 646**	**93 211**	**2 032 363**
按国民经济行业分组							
农、林、牧、渔业	1 558 130	50 221	97	－	36	2 635	1 505 141
采掘业	156 755	18 473	2 692	34 123	119	633	100 715
制造业	156 670	39 969	11 388	74 695	7 586	23 032	－
电力、煤气及水的生产和供应业	29 677	26 940	2 135	602	－	－	－
建筑业	207 841	25 508	7 722	10 952	281	8 058	155 320
地质勘查业、水利管理业	16 587	16 587	－	－	－	－	
交通运输、仓储及邮电通信业	127 825	34 393	13	632	3 840	2 545	86 402
批发和零售贸易、餐饮业	219 941	18 840	5 060	6 038	56 085	42 409	91 509
金融、保险业	18 660	13 679	3 072	1 909	－	－	－
房地产业	4 868	2 830	52	1 986	－	－	－
社会服务业	42 818	16 268	1 238	2 406	12 263	10 643	－
卫生、体育和社会福利业	25 932	25 560	372	－	－	－	－
教育、文化艺术及广播电影电视业	81 610	81 350	173	87	－	－	－
科学研究和综合技术服务业	6 827	6 485	215	127	－	－	－
国家机关、政党机关和社会团体	64 621	64 621	－	－	－	－	－
其他行业	105 734	8 532	221	13	436	3 256	93 276
按三次产业分组							
第一产业	1 558 130	50 221	97	－	36	2 635	1 505 141
第二产业	550 943	110 890	23 937	120 372	7 986	31 723	256 035
第三产业	715 423	289 145	10 416	13 198	72 624	58 853	271 187

3－5 国有单位和从业人员数

（2002年末数） 单位：人

指　标	单位数（个）	单位从业人员合计	在岗职工	#长期职工	其他从业人员	离开本单位仍保留劳动关系的职工
全区总计	8 245	450 256	440 665	410 584	9 591	25 326
按隶属关系分组						
中　央	421	83 085	79 882	73 901	3 203	3 569
省、自治区、直辖市	986	146 807	145 553	133 282	1 254	14 579
地　区	743	47 908	45 894	42 901	2 014	2 298
县及县以下	6 095	172 456	169 336	160 500	3 120	4 880
按企业、事业、机关分组						
企　业	1 404	225 899	219 296	196 790	6 603	23 172
#地　方	1 088	153 497	150 013	133 064	3 484	19 927
事　业	4 601	159 495	157 808	152 144	1 687	1 448
#地　方	4 533	152 663	151 050	145 780	1 613	1 202
机　关	2 240	64 862	63 561	61 650	1 301	706
#地　方	2 203	61 011	59 720	57 839	1 291	628
按国民经济行业分组						
农、林、牧、渔业	713	50 221	50 031	44 889	190	1 542
采掘业	18	18 473	18 397	17 534	76	495
制造业	140	39 969	39 401	37 878	568	8 828
电力、煤气及水的生产和供应业	57	26 940	26 833	22 194	107	196
建筑业	93	25 508	23 894	19 678	1 614	4 710
地质勘查业、水利管理业	215	16 587	16 487	16 243	100	210
交通运输、仓储及邮电通信业	217	34 393	33 905	33 235	488	2 976
批发和零售贸易、餐饮业	439	18 840	18 276	16 851	564	3 212
金融、保险业	177	13 679	12 526	11 728	1 153	735
房地产业	74	2 830	2 654	2 262	176	123
社会服务业	290	16 268	15 955	14 812	313	590
卫生、体育和社会福利业	524	25 560	24 973	22 693	587	169
教育、文化艺术及广播电影电视业	2 718	81 350	80 912	79 708	438	328
科学研究和综合技术服务业	188	6 485	6 362	5 873	123	150
国家机关、政党机关和社会团体	2 245	64 621	63 351	61 444	1 270	702
其他行业	137	8 532	6 708	6 562	1 824	360

3－6 城镇集体单位和从业人员数

（2002年末数）　　　　　　　　　　　　　　　　　　　　单位：人

指　标	单位数（个）	单位从业人员合计	在岗职工	#长期职工	其他从业人员	离开本单位仍保留劳动关系的职工
全 区 总 计	704	34 450	32 793	27 812	1 657	4 143
按企业、事业、机关分组						
企 业	675	33 636	31 992	27 014	1 644	4 136
事 业	29	814	801	798	13	7
按国民经济行业分组						
农、林、牧、渔业	4	97	97	97	－	－
采掘业	11	2 692	2 644	2 083	48	60
制造业	155	11 388	10 863	9 227	525	1 768
电力、煤气及水的生产和供应业	1	2 135	2 135	2 135	－	－
建筑业	52	7 722	6 922	4 895	800	265
地质勘查业、水利管理业	－	－	－	－	－	－
交通运输、仓储及邮电通信业	1	13	13	13	－	30
批发和零售贸易、餐饮业	252	5 060	4 989	4 751	71	1 763
金融、保险业	155	3 072	2 880	2 432	192	80
房地产业	1	52	4	18	6	－
社会服务业	20	1 238	1 236	1 202	2	62
卫生、体育和社会福利业	15	372	360	360	12	－
教育、文化艺术及广播电影电视业	5	173	173	170	－	－
科学研究和综合技术服务业	4	215	214	208	1	－
国家机关、政党机关和社会团体	－	－	－	－	－	－
其他行业	28	221	221	221	－	115

3－7　城镇全部女性从业人员数

（2002年末数）　　单位：人

指　　标	城镇全部女性从业人员数	国有单位	城镇集体单位	其他单位
全　区　总　计	222 530	168 150	12 019	42 361
按企业、事业、机关分组				
企　　业	135 901	81 904	11 636	42 361
事　　业	68 324	67 941	383	－
机　　关	18 305	18 305	－	－
按国民经济行业分组				
农、林、牧、渔业	21 864	21 849	15	－
采掘业	14 970	5 110	622	9 238
制造业	44 692	14 556	5 454	24 682
电力、煤气及水的生产和供应业	8 792	8 358	312	122
建筑业	7 638	5 327	908	1 403
地质勘查业、水利管理业	3 988	3 988	－	－
交通运输、仓储及邮电通信业	11 285	11 096	7	182
批发和零售贸易、餐饮业	16 082	10 022	2 450	3 610
金融、保险业	8 218	5 865	1 399	954
房地产业	1 868	1 124	18	726
社会服务业	9 529	7 822	384	1 323
卫生、体育和社会福利业	15 246	15 034	212	－
教育、文化艺术及广播电影电视业	35 064	34 922	71	71
科学研究和综合技术服务业	2 495	2 347	100	48
国家机关、政党机关和社会团体	18 247	18 247	－	－
其他行业	2 552	2 483	67	2

3－8　全区个体从业人员数

（2002年末数）　　单位：户、人

指　标	合　计		城　镇		乡　村	
	户　数	从业人员	户　数	从业人员	户　数	从业人员
合　计	**89 857**	**149 516**	**50 881**	**80 646**	**38 976**	**68 870**
农、林、牧、渔业	66	168	13	36	53	132
采掘业	101	409	36	119	65	290
制造业	9 739	17 953	4 101	7 586	5 638	10 367
建筑业	123	1 087	56	281	67	806
交通运输、仓储及邮电通信业	6 482	9 216	2 620	3 840	3 862	5 376
批发和零售贸易、餐饮业	58 981	97 613	35 659	56 085	23 322	41 528
社会服务业	13 735	22 126	8 130	12 263	5 605	9 863
其他行业	630	944	266	436	364	508

注：本资料根据工商部门统计数据整理。

3－9　全区私营企业从业人员数

（2002年末数）　　单位：户、人

指　标	合　计		城　镇		乡　村	
	户　数	从业人员	户　数	从业人员	户　数	从业人员
合　计	**11 361**	**150 733**	**7 948**	**93 211**	**3 413**	**57 522**
农、林、牧、渔业	562	7 618	238	2 635	324	4 983
采掘业	101	1 480	43	633	58	847
制造业	2 285	43 414	1 219	23 032	1 066	20 382
建筑业	411	12 668	312	8 058	99	4 610
交通运输、仓储及邮电通信业	261	3 953	208	2 545	53	1 408
批发和零售贸易、餐饮业	5 974	65 072	4 450	42 409	1 524	22 663
社会服务业	1 393	12 641	1 175	10 643	218	1 998
其他行业	374	3 887	303	3 256	71	631

3－10 主要年份城镇就业及失业人数

单位:万人

年 份	本年登记失业人员总数	本年登记失业人员就业人数	年末尚有失业人员数	# 失业青年	# 女 性	登记失业率(%)
1979	5.93	3.56	2.38	1.55	-	4.94
1980	4.83	3.02	1.80	0.92	-	3.64
1981	5.25	2.14	3.11	2.64	-	6.00
1982	4.83	2.09	2.73	2.14	-	5.14
1983	4.76	2.32	2.28	1.83	1.16	4.17
1984	4.56	2.69	1.72	1.53	0.89	3.16
1985	4.89	2.86	1.82	1.11	0.86	3.10
1986	4.67	2.37	2.18	1.91	1.38	3.53
1987	5.17	2.40	2.78	2.46	1.78	4.30
1988	6.25	2.71	3.39	3.24	2.16	4.98
1989	6.25	2.41	3.83	3.72	2.48	5.35
1990	7.29	2.96	4.04	3.92	2.38	5.44
1991	7.08	2.98	3.75	3.57	2.18	4.87
1992	6.70	3.27	3.26	2.97	1.81	4.10
1993	6.02	2.66	2.98	2.79	1.65	4.00
1994	6.74	2.37	4.23	4.10	2.47	5.17
1995	6.28	2.07	4.48	4.26	2.45	5.47
1996	6.12	1.99	3.42	2.65	1.46	4.35
1997	7.10	2.74	3.95	2.70	1.89	4.79
1998	7.60	3.65	3.91	2.48	1.80	4.71
1999	7.75	4.00	3.70			4.50
2000	7.37	3.64	3.80			4.60
2001	7.78	3.19	3.66			4.40
2002	7.19	3.65	3.54			4.40

注:本数据由自治区劳动服务就业局提供。

3－11　主要年份职工工资总额及指数

年 份	绝 对 数(万元)				指 数(以上年为100)			
	全部工资总 额	国有单位工资总额	城镇集体单位工资总额	其他单位工资总额	全部工资总 额	国有单位工资总额	城镇集体单位工资总额	其他单位工资总额
1950		236.8	–	–	–	549.4	–	–
1955	–	1 997.7	–	–	–	128.2		
1957	–	3 768.8	–	–	–	120.9	–	–
1958	–	4 309.4	–	–	–	114.3	–	–
1960	–	13 031.0	–	–	–	137.8	–	–
1965	–	10 832.0	–	–	–	110.4	–	–
1970	–	16 283.5	–	–	–	109.0	–	–
1971	–	17 831.8	–	–	–	109.9	–	–
1972	–	19 900.2	–	–	–	111.6	–	–
1973	–	20 278.7	–	–	–	101.9	–	–
1974	–	20 742.8	–	–	–	102.3	–	–
1975	23 117.1	21 650.5	1 406.6	–	–	104.4	–	–
1976	24 633.6	22 904.6	1 729.0	–	106.6	105.8	117.9	–
1977	26 591.0	23 775.6	2 815.4	–	107.9	103.8	162.8	–
1978	30 825.8	27 980.2	2 845.6	–	115.9	117.7	101.1	–
1979	34 501.3	31 577.6	2 923.7	–	111.9	112.9	102.7	–
1980	40 350.0	36 258.1	4 091.9	–	117.0	114.8	140.0	–
1981	41 793.7	37 815.2	3 978.5	–	103.6	104.3	97.2	–
1982	44 141.9	39 860.9	4 281.0	–	105.6	105.4	107.6	–
1983	47 676.9	42 720.9	4 956.0	–	108.0	107.2	115.8	–
1984	55 916.0	19 031.0	6 885.0	21.7	117.2	114.8	138.9	–
1985	65 560.0	57 209.9	8 290.4	59.7	117.2	116.7	120.4	175.1
1986	80 253.8	70 609.2	9 587.5	57.1	122.4	123.4	115.7	95.6
1987	88 942.4	78 323.3	10 549.6	69.5	110.8	110.9	110.0	121.7
1988	106 478.6	93 845.9	12 558.1	74.6	119.7	119.8	119.0	107.3
1989	125 571.4	110 095.1	15 382.5	93.8	117.9	117.3	122.5	125.7
1990	146 646.4	128 897.9	17 545.7	202.8	116.8	117.1	114.1	216.2
1991	162 592.6	142 701.1	19 530.5	361.0	110.9	110.7	111.3	178.0
1992	190 450.4	166 670.4	22 990.8	789.2	117.1	116.8	117.7	218.6
1993	224 690.1	195 728.8	27 266.9	1 694.4	118.0	117.4	118.6	214.7
1994	306 731.6	267 637.0	32 029.5	7 065.1	136.5	136.7	117.5	417.0
1995	371 794.7	321 097.4	38 910.5	11 786.8	121.2	119.9	121.5	166.8
1996	410 323.2	357 400.2	39 093.0	13 830.0	110.4	111.3	100.5	117.3
1997	449 072.4	379 507.9	44 221.1	25 343.4	109.4	106.2	113.1	183.2
1998	467 398.5	378 709.2	34 207.3	54 482.0	104.1	99.8	77.4	215.0
1999	502 394.1	413 666.4	31 812.0	56 915.7	107.5	109.2	92.9	104.5
2000	563 326.8	463 588.1	34 906.7	64 832.0	112.1	112.1	109.7	113.9
2001	657 761.1	550 966.8	32 744.2	74 050.1	116.8	118.8	93.8	114.2
2002	723 503.4	555 429.6	27 774.4	140 299.4	110.0	100.8	84.8	189.5

注:1998－2002年为在岗职工工资总额、平均工资。

3－12　主要年份职工工资总额、平均工资及指数

指　　标	1978年	1980年	1985年	1990年	1995年	1999年	2000年	2001年	2002年
一、全部职工工资总额(万元)	**30 826**	**40 350**	**65 560**	**146 646**	**371 795**	**502 394**	**563 327**	**657 761**	**723 503**
国有单位工资总额	27 980	36 258	57 210	128 898	321 097	413 666	463 588	550 967	555 430
城镇集体单位工资总额	2 846	4 092	8 290	17 546	38 911	31 812	34 907	32 744	27 774
其他各种经济类型单位工资总额	－	－	60	203	11 787	56 916	64 832	74 050	140 299
二、全部职工平均工资(元)	**726**	**863**	**1 206**	**2 202**	**5 079**	**7 550**	**8 681**	**10 521**	**11 723**
国有单位平均工资	753	892	1 252	2 313	5 273	7 847	9 022	11 198	12 465
城镇集体单位平均工资	536	666	963	1 631	3 782	5 568	6 538	7 166	7 572
其他各种经济类型单位平均工资	－	－	1 152	1 814	5 832	7 018	7 943	8 464	10 400
三、全部职工平均工资指数(以1978年为100)									
货币工资	100.0	118.9	166.1	303.3	699.6	1 039.9	1 195.7	1 449.2	1 114.2
实际工资	100.0	108.3	126.3	137.6	162.0	196.5	249.0	307.9	231.6
#国有单位平均工资									
货币工资	100.0	118.5	166.3	307.2	700.2	1 042.1	1 198.1	1 487.1	1 655.4
实际工资	100.0	107.9	126.4	139.3	162.1	195.0	249.5	315.9	344.1
#城镇集体单位平均工资									
货币工资	100.0	124.3	179.7	304.3	705.6	1 038.8	1 219.8	1 336.9	1 412.7
实际工资	100.0	113.2	136.6	138.0	163.3	209.6	254.1	284.0	293.6

注:1998－2002年为在岗职工工资总额、平均工资。

3－13　主要年份职工平均工资及指数

年　份	平　均　工　资(元)				指　　数(以上年为100)			
	全部职工	国有单位职　工	城镇集体单位职工	其他单位职工	全部职工	国有单位职工	城镇集体单位职工	其他单位职工
1950	－	343	－	－	－	100.9	－	
1955	－	586	－	－	－	103.5	－	－
1957	－	709	－	－	－	104.7	－	－
1958	－	611	－	－	－	86.2	－	－
1960	－	552	－	－	－	96.2	－	－
1965	－	696	－	－	－	99.0	－	－
1970	－	684	－	－	－	101.9	－	－
1971	－	696	－	－	－	101.8	－	－
1972	－	714	－	－	－	102.6	－	－
1973	－	721	－	－	－	101.1	－	－
1974	－	727	－	－	－	100.8	－	－
1975	708	725	532	－	－	99.7	－	－
1976	699	713	514	－	98.7	98.3	96.6	－
1977	709	718	642	－	101.4	100.7	124.9	－
1978	726	753	536	－	102.4	104.9	83.5	－
1979	777	815	517	－	107.0	108.2	96.5	－
1980	863	892	666	－	111.1	109.4	128.8	－
1981	874	910	633	－	101.3	102.0	95.0	－
1982	895	934	646	－	102.4	102.6	102.1	－
1983	934	970	706	－	104.4	103.9	109.3	－
1984	1 072	1 111	855	960	114.8	114.5	121.1	－
1985	1 206	1 252	963	1 152	112.5	112.7	112.6	120.0
1986	1 420	1 470	1 135	1 569	117.7	117.4	117.9	136.2
1987	1 500	1 569	1 130	1 376	105.6	106.7	99.6	87.7
1988	1 728	1 808	1 297	1 629	115.2	115.2	114.8	118.4
1989	1 943	2 037	1 457	1 737	112.4	112.7	112.3	106.6
1990	2 202	2 313	1 631	1 814	113.3	113.5	111.9	104.4
1991	2 366	2 478	1 785	1 892	107.4	107.1	109.4	104.3
1992	2 674	2 808	2 006	1 958	113.0	113.3	112.4	103.5
1993	3 128	3 264	2 425	2 728	117.0	116.2	120.9	139.3
1994	4 270	4 476	3 062	4 464	136.5	137.1	126.3	163.6
1995	5 079	5 273	3 782	5 832	118.9	117.8	123.5	130.6
1996	5 635	5 819	4 320	5 888	101.0	101.0	114.2	101.0
1997	6 073	6 206	4 831	6 962	118.2	106.7	111.8	118.2
1998	6 822	7 020	5 373	6 643	112.3	113.1	111.2	95.4
1999	7 550	7 847	5 568	7 018	110.7	111.8	103.6	105.6
2000	8 681	9 022	6 538	7 943	115.0	115.0	117.4	113.2
2001	10 521	11 198	7 166	8 464	121.2	124.1	109.6	106.6
2002	11 723	12 465	7 572	10 400	111.4	111.3	105.7	122.9

注:1998－2002年职工平均工资为在岗职工平均工资。

3－14　国有单位职工工资总额和平均工资

指　　标	2000年		2001年		2002年	
	工资总额（万元）	平均工资（元）	工资总额（万元）	平均工资（元）	工资总额（万元）	平均工资（元）
全 区 总 计	**463 588.1**	**9 022**	**550 966.8**	**11 198**	**555 429.7**	**12 466**
按隶属关系分组						
中　　央	121 965.2	14 041	136 698.8	16 299	137 627.0	17 198
省、自治区、直辖市	171 950.6	8 496	194 221.1	10 447	173 755.8	11 763
地　　区	40 326.5	8 522	50 056.3	10 386	56 846.5	12 007
县及县以下	129 345.7	7 295	169 990.6	9 768	187 200.7	10 979
按企业、事业、机关分组						
企　　业	275 096.0	9 319	297 696.4	11 026	268 937.7	11 957
# 地　方	164 568.5	7 522	174 282.3	8 877	146 663.4	9 437
事　　业	135 828.5	8 583	183 841.3	11 438	204 824.8	13 010
# 地　方	128 300.9	8 479	175 226.3	11 387	195 630.8	12 978
机　　关	57 663.6	8 714	69 429.1	11 330	81 667.6	12 912
# 地　方	48 753.5	8 568	64 759.4	11 180	75 509.0	12 709
按国民经济行业分组						
农、林、牧、渔业	24 521.5	4 604	32 318.6	6 225	33 251.6	6 670
采掘业	56 273.4	9 911	69 760.2	12 581	23 853.7	13 089
制造业	58 223.3	8 597	50 580.5	9 856	40 698.2	9 935
电力、煤气及水的生产和供应业	28 469.3	15 541	38 116.2	17 223	44 908.9	16 705
建筑业	21 737.5	7 876	29 617.5	10 032	31 947.9	11 236
地质勘查业、水利管理业	18 897.5	11 250	11 325.3	10 380	23 002.8	13 897
交通运输、仓储及邮电通信业	40 231.0	12 281	48 073.7	14 768	56 413.7	16 709
批发和零售贸易、餐饮业	18 488.9	7 159	17 402.4	7 644	15 476.6	8 288
金融、保险业	21 961.1	13 690	21 328.1	15 563	22 805.5	18 262
房地产业	1 949.2	8 545	2 802.0	9 929	2 762.9	10 886
社会服务业	1 158.7	7 567	14 260.7	8 519	15 631.3	9 901
卫生、体育和社会福利业	22 597.7	9 368	30 104.8	12 167	35 505.0	14 309
教育、文化艺术及广播电影电视业	71 327.5	8 642	97 496.3	11 952	109 395.6	13 580
科学研究和综合技术服务业	7 100.7	10 590	10 516.8	13 136	9 952.9	15 642
国家机关、政党机关和社会团体	53 419.0	8 691	69 706.4	11 319	81 196.9	12 879
其他行业	6 804.8	10 743	7 557.3	12 065	8 626.8	12 947

注：1998－2002年为在岗职工工资总额、平均工资。

3－15　城镇集体单位职工工资总额和平均工资

指　　标	2000年		2001年		2002年	
	工资总额（万元）	平均工资（元）	工资总额（万元）	平均工资（元）	工资总额（万元）	平均工资（元）
全　区　总　计	**34 906.7**	**6 538**	**32 744.2**	**7 166**	**27 774.4**	**7 572**
按企业、事业、机关分组						
企　　业	34 153.8	6 530	32 023.5	7 132	26 957.2	7 516
事　　业	752.9	6 920	720.7	9 054	817.1	10 050
机　　关	–	–	–	–	–	–
按国民经济行业分组						
农、林、牧、渔业	58.9	5 120	41.6	8 490	98.5	9 657
采掘业	46 381.1	6 474	3 896.6	7 365	1 343.3	5 094
制造业	9 199.4	5 778	7 910.2	5 995	6 750.1	6 159
电力、煤气及水的生产和供应业	1 229.7	18 436	1 005.2	18 930	1 726.8	8 358
建筑业	10 772.1	7 463	10 769.0	7 817	8 695.4	8 234
地质勘查业、水利管理业	–	–	24.5	8 167	–	–
交通运输、仓储及邮电通信业	20.4	8 889	12.6	9 692	14.0	10 769
批发和零售贸易、餐饮业	4 984.0	5 008	4 200.6	5 506	2 857.8	5 472
金融、保险业	2 327.5	8 688	3 038.9	10 731	4 586.0	16 194
房地产业	29.8	4 971	34.0	7 556	44.6	10 136
社会服务业	545.6	6 942	754.0	7 229	754.1	5 985
卫生、体育和社会福利业	212.5	5 935	284.8	7 515	291.6	7 946
教育、文化艺术及广播电影电视业	167.1	7 774	214.3	10 061	183.1	10 645
科学研究和综合技术服务业	74.8	5 986	66.8	7 341	180.0	8 411
国家机关、政党机关和社会团体	–	–	–	–	–	–
其他行业	646.7	7 218	491.1	8 467	248.6	10 856

注：1998－2002年为在岗职工工资总额、平均工资。

3－16　分细行业职工平均工资

（2002年）　　　　单位：元

项　　目	合　计	国有单位	城镇集体单位	其他单位
全　区　总　计	**11 723**	**12 465**	**7 572**	**10 400**
按企、事业和机关分组				
企　业	11 024	11 957	7 516	10 400
事　业	12 995	13 010	10 050	
机　关	12 912	12 912		
按国民经济行业分组				
农、林、牧、渔业	**6 676**	**6 670**	**9 657**	
农　业	5 038	5 037	7 000	
林　业	8 145	8 129	9 625	
牧　业	11 223	11 223		
渔　业	9 201	9 201		
农林牧渔服务业	11 229	11 235	9 959	
采掘业	**12 257**	**13 089**	**5 094**	**12 367**
制造业	**9 553**	**9 935**	**6 159**	**9 846**
电力、煤气及水的生产和供应业	**16 159**	**16 705**	**8 358**	**18 809**
建筑业	**9 971**	**11 236**	**8 234**	**8 716**
土木工程建筑业	9 382	10 444	7 735	8 585
线路管道和设备安装业	16 857	17 673	14 159	9 300
装修装饰业	12 561	13 736	9 817	12 394
地质勘查业、水利管理业	**13 897**	**13 897**		
地质勘查业	15 398	15 398		
水利管理业	12 167	12 167		
交通运输、仓储及邮电通信业	**16 614**	**16 709**	**10 769**	**11 585**
铁路运输业	17 461	17 461		
公路运输业	8 355	8 068	10 769	10 210
管道运输业				
水上运输业	13 449	13 449		
航空运输业	15 949	15 949		
交通运输辅助业	12 424	12 424		
其他交通运输业				
仓储业	13 059	13 059		
邮电通信业	22 284	22 262		26 056
批发和零售贸易、餐饮业	**7 713**	**8 288**	**5 472**	**7 871**
食品、饮料、烟草和家庭用品批发商业	8 473	8 416	9 010	9 962
能源、材料、烟草和机械电子设备	8 529	8 989	6 826	8 230
其他批发业	8 199	11 794	5 942	5 702
零售业	7 450	7 942	4 748	8 376
商业经纪与代理业	10 250	10 250		
餐饮业	5 966	6 382	5 799	5 674
金融、保险业	**17 897**	**18 262**	**16 194**	**18 046**
金融业	18 206	18 739	16 194	18 046
保险业	13 985	13 985		

3－16 续表 (2002年) 单位:元

项　　目	合　计	国有单位	城镇集体单位	其他单位
房地产业	**10 569**	**10 886**	**10 136**	**10 146**
房地产开发与经营业	11 280	11 477	10 136	11 147
房地产管理业	9 176	10 087		6 177
房地产代理与经纪业	11 338	12 310		7 387
社会服务业	**9 460**	**9 901**	**5 985**	**8 321**
公共设施服务业	10 640	10 664	10 254	10 133
居民服务业	9 638	11 472	7 353	4 305
旅馆业	7 324	7 112	7 089	7 812
娱乐服务业	4 730	8 444		3 536
信息、咨询服务业	11 493	11 626	9 000	7 567
计算机应用服务业	13 057	11 968		13 517
其他社会服务业	7 571	9 382	4 081	
卫生体育和社会福利业	**14 216**	**14 309**	**7 946**	
卫　生	14 371	14 469	8 065	
体　育	12 721	12 721		
社会福利保障业	12 106	12 176	4 091	
教育、文化艺术和广播电影电视业	**13 569**	**13 580**	**10 645**	**6 866**
教　育	13 675	13 684	11 947	6 866
#普通高等学校	18 954	18 954		
普通中学	13 823	13 823		
小学校	12 818	12 818		
文化艺术业	12 814	12 840	10 679	
广播电影电视业	12 210	12 260	5 680	
科学研究和综合技术服务业	**15 363**	**15 642**	**8 411**	**13 183**
科学研究业	15 358	15 358		
自然科学研究业	15 934	15 934		
社会科学研究业	14 072	14 072		
其他科学研究业	13 778	13 778		
综合技术服务业	15 365	15 798	8 411	13 183
#气　象	16 489	16 489		
地　震	9 212	9 212		
测　绘	13 232	13 232		
技术监督	12 585	13 487	8 683	
海洋环境	13 668	13 740	7 200	
技术推广和科技交流服务业	12 837	13 699	6 607	8 200
工程设计业	23 638	24 880		13 871
其他综合技术服务业	10 520	10 520		
国家机关、政党机关和社会团体	**12 879**	**12 879**		
#国家机关	12 784	12 784		
政党机关	13 679	13 679		
其　他	**12 883**	**12 947**	**10 856**	**16 083**
#企业管理机构	13 981	14 149	10 856	16 083

3－17 各市县从业人员数

地　　区	城镇从业人　员	国有单位	集体单位	其他单位
全区总计	618 276	450 256	34 450	133 570
银川市	182 750	130 358	12 785	39 607
永宁县	15 635	10 516	1 050	4 069
贺兰县	13 325	12 328	847	150
灵武市	26 423	25 224	1 199	－
石嘴山市	97 211	36 128	5 625	55 458
平罗县	22 612	16 652	1 263	4 697
陶乐县	2 904	2 494	153	257
惠农县	7 133	4 615	147	2 371
利通区	45 638	40 076	3 442	2 120
青铜峡市	35 798	22 572	597	12 629
中卫县	22 775	12 599	1 405	8 771
中宁县	17 726	15 506	936	1 284
盐池县	8 080	7 246	301	533
同心县	13 056	11 549	1 120	387
原州区	27 749	25 624	1 455	670
海原县	10 967	10 741	226	－
西吉县	14 742	13 685	935	122
隆德县	9 483	8 655	472	356
泾源县	4 020	3 716	215	89
彭阳县	8 439	8 162	277	－

3-18 各市县按经济类型和三次产业分的在岗职工人数

（2002年） 单位：人

地区	合计	按经济类型分			按三次产业分		
		国有经济单位	城镇集体经济单位	其他各种经济类型单位	第一产业	第二产业	第三产业
全区总计	**605 961**	**440 665**	**32 793**	**132 503**	**50 128**	**250 803**	**305 030**
银川市	180 662	129 007	12 658	38 997	7 960	77 899	94 803
永宁县	15 538	1 482	1 002	4 054	3 048	5 305	7 185
贺兰县	13 188	12 194	844	150	2 593	4 184	6 411
灵武市	26 422	25 223	1 199	-	6 176	10 478	9 768
石嘴山市	96 304	35 438	5 558	55 308	554	78 329	17 421
平罗县	22 246	16 379	1 198	4 669	2 460	9 695	10 091
陶乐县	2 898	2 491	150	257	504	386	2 008
惠农县	7 071	4 601	99	2 371	1 057	2 469	3 545
利通区	45 157	39 656	3 381	2 120	9 869	15 819	19 469
青铜峡市	35 203	22 163	562	12 478	3 618	20 060	11 525
中卫县	22 539	12 395	1 398	8 746	933	9 681	11 925
中宁县	17 171	14 964	925	1 282	4 402	2 490	10 279
盐池县	7 984	7 179	277	528	760	972	6 252
同心县	12 189	11 362	440	387	727	964	10 498
原州区	24 695	22 992	1 090	613	1 397	4 001	19 297
海原县	10 801	10 575	226	-	1 103	88	9 610
西吉县	14 742	13 685	935	122	1 569	1 316	11 857
隆德县	9 304	8 483	465	356	301	1 534	7 469
泾源县	3 877	3 693	119	65	792	196	2 889
彭阳县	7 981	7 714	267	-	305	999	6 677

注：全区总计中包括银川铁路分局、长庆油田宁夏部分和总后宁夏分部。

3-19 各市县主要年份职工人数

单位:人

地　区	1978年	1980年	1985年	1990年	1995年	2000年	2001年	2002年
全区总计	**432 755**	**475 706**	**558 090**	**674 115**	**734 278**	**637 611**	**613 674**	**605 961**
银川市	109 514	139 033	182 362	214 303	232 416	194 850	183 493	180 662
永宁县	6 814	11 984	13 440	15 203	16 268	15 886	16 427	15 538
贺兰县	9 564	12 736	12 967	16 037	16 344	14 758	14 184	13 188
灵武市	9 702	15 809	19 253	27 727	32 055	28 721	26 128	26 422
石嘴山市	102 688	113 338	120 510	137 976	134 359	102 296	97 025	96 304
平罗县	17 540	22 844	26 648	25 147	25 136	22 960	22 632	22 246
陶乐县	1 802	2 063	2 310	2 908	2 993	3 006	2 912	2 898
惠农县	1 283	1 361	1 855	5 759	8 440	7 879	7 602	7 071
利通区	21 187	27 885	30 530	39 167	45 700	41 976	42 197	45 157
青铜峡市	16 748	20 068	22 981	33 922	40 707	37 033	35 362	35 203
中卫县	9 873	17 073	18 121	24 485	25 681	22 408	23 130	22 539
中宁县	12 784	13 526	16 455	21 551	24 247	20 986	20 223	17 171
盐池县	5 081	6 384	7 093	9 544	10 315	9 360	8 408	7 984
同心县	3 997	5 090	7 376	10 046	12 751	12 333	12 102	12 189
原州区	15 006	18 326	21 510	22 712	27 774	24 472	25 051	24 695
海原县	4 314	5 833	7 196	9 396	10 789	11 440	10 642	10 801
西吉县	4 995	5 808	7 767	10 091	13 131	15 894	14 802	14 742
隆德县	3 664	4 330	5 548	7 916	9 163	9 519	9 383	9 304
泾源县	2 587	2 977	3 652	4 105	4 491	4 032	3 851	3 877
彭阳县	1 422	2 012	4 225	6 988	7 535	8 020	8 007	7 981

注：1、1998-2002年为在岗职工人数(不包括“离开本单位仍保留劳动关系的职工”)。

2、全区总计中包括银川铁路分局、长庆油田宁夏部分和总后宁夏分部。

3－20 各市县按行业分在岗职工人数

(2002年)　　单位:人

地　区	合　计	农、林、牧、渔业	采掘业	制造业	电力、煤气及水的生产和供应业	建筑业	地质勘查业、水利管理业	交通运输仓储及邮电通信业	批发和零售贸易、餐饮业
全区总计	**605 961**	**50 128**	**55 149**	**124 440**	**29 569**	**41 645**	**16 487**	**34 544**	**29 263**
银川市	180 662	7 960	126	42 205	6 275	29 293	3 584	9 578	11 692
永宁县	15 538	3 048	－	4 453	66	786	275	203	386
贺兰县	13 188	2 593	400	3 544	100	140	493	211	586
灵武市	26 422	6 176	8 670	1 300	－	508	224	718	749
石嘴山市	96 304	554	35 528	28 186	10 758	3 857	34	2 425	2 246
平罗县	22 246	2 460	4 652	4 801	202	40	－	122	846
陶乐县	2 898	504	45	87	26	228	69	31	128
惠农县	7 071	1 057	12	2 341	40	76	64	52	69
利通区	45 157	9 869	－	9 181	4 306	2 332	851	1 885	3 036
青铜峡市	35 203	3 618	－	14 288	5 455	317	287	230	973
中卫县	22 539	933	－	8 175	137	1 369	441	385	1 779
中宁县	17 171	4 402	558	1 170	166	596	1 720	731	1 224
盐池县	7 984	760	394	105	194	279	243	151	515
同心县	12 189	727	222	572	78	92	426	321	824
原州区	24 695	1 397	250	1 594	1 306	851	658	2 006	1 189
海原县	10 801	1 103	－	－	88	－	438	343	765
西吉县	14 742	1 569	－	856	156	304	550	717	785
隆德县	9 304	301	－	1 338	75	121	261	382	850
泾源县	3 877	792	－	133	40	23	－	125	63
彭阳县	7 981	305	843	111	45	－	202	180	558

注：全区总计包括银川铁路分局、长庆油田宁夏分部和总后宁夏分部。

3-20 续表　　　　(2002年)　　　　单位:人

地　区	金融、保险业	房地产业	社会服务业	卫生、体育和社会福利业	教育、文化艺术和广播电影电视业	科学研究和综合技术服务业	国家机关政党机关社会团体	其他行业
全区总计	**17 275**	**4 474**	**19 502**	**25 333**	**81 157**	**6 703**	**63 351**	**6 941**
银川市	7 080	3 158	10 688	8 540	18 223	4 550	15 400	2 310
永宁县	374	12	265	635	3 065	174	1 796	-
贺兰县	439	82	84	480	2 377	18	1 628	13
灵武市	733	42	492	883	2 748	111	2 961	107
石嘴山市	1 661	566	1 970	1 393	2 419	464	4 183	60
平罗县	539	20	1 000	1 162	3 294	55	2 954	99
陶乐县	87	-	94	160	652	49	697	41
惠农县	169	-	17	281	548	15	2 330	-
利通区	1 491	168	1 153	1 549	3 761	285	5 290	-
青铜峡市	758	124	701	1 420	4 063	38	2 854	77
中卫县	738	115	555	1 356	4 041	118	2 331	66
中宁县	602	40	71	746	3 017	72	2 056	-
盐池县	306	22	234	467	2 624	28	1 662	-
同心县	286	15	284	589	4 648	66	3 039	-
原州区	918	56	964	1 851	7 495	293	3 769	98
海原县	211	38	269	738	4 165	256	2 379	8
西吉县	308	16	407	1 322	5 836	29	1 778	109
隆德县	241	-	168	532	3 063	28	1 944	-
泾源县	126	-	7	261	355	44	1 267	641
彭阳县	198	-	45	468	3 146	10	1 826	44

3-21 各市县职工工资总额和指数

地区	工资总额(万元)				指数(以上年为100)			
	合计	国有单位工资总额	城镇集体单位工资总额	其他单位工资总额	合计	国有单位工资总额	城镇集体单位工资总额	其他单位工资总额
全区总计	**723 503.3**	**555 429.7**	**27 774.4**	**140 299.4**	**110.0**	**100.8**	**84.8**	**189.5**
银川市	236 806.4	181 210.9	12 563.7	43 031.8	113.3	113.2	94.5	120.7
永宁县	15 148.1	10 240.0	967.4	3 940.7	110.2	120.5	114.8	89.4
贺兰县	12 816.2	12 002.9	723.2	90.1	110.0	111.2	95.2	91.6
灵武市	27 744.2	26 082.9	1 661.4	-	111.0	109.0	155.3	-
石嘴山市	114 416.3	49 555.3	3 571.8	61 289.2	107.0	58.4	56.6	390.1
平罗县	22 656.7	17 849.5	1 146.4	3 660.8	104.1	100.6	200.2	106.5
陶乐县	2 771.6	2 502.1	176.9	92.6	105.9	103.4	245.4	73.1
惠农县	6 331.7	4 579.7	137.6	1 614.4	93.3	99.7	84.9	79.6
利通区	39 803.0	35 903.0	2 096.8	1 803.2	107.3	108.9	77.6	128.1
青铜峡市	45 396.2	29 462.2	389.9	15 544.2	107.4	82.5	19.2	343.4
中卫县	22 131.4	13 782.6	1 264.0	7 084.7	119.6	109.3	103.6	151.5
中宁县	16 359.3	14 747.0	703.6	908.7	95.7	96.7	73.5	101.7
盐池县	9 494.9	8 906.6	248.2	340.1	100.9	99.9	66.9	264.9
同心县	13 581.8	13 187.6	299.6	94.6	127.1	126.5	114.6	-
原州区	33 103.3	32 074.2	627.3	401.8	110.2	112.6	67.2	64.0
海原县	13 977.3	13 805.9	171.4	-	110.7	110.9	99.4	-
西吉县	17 526.7	16 985.4	437.4	104.0	114.6	114.9	96.0	159.0
隆德县	9 643.2	9 056.8	314.1	272.3	108.7	108.2	115.7	116.0
泾源县	4 301.2	4 181.2	93.8	26.2	106.6	106.9	87.9	137.9
彭阳县	9 831.9	9 652.0	179.9	-	112.1	112.2	106.6	-

3－22 各市县主要年份职工工资总额

单位:万元

地 区	1978年	1980年	1985年	1990年	1995年	2000年	2001年	2002年
全区总计	**30 825.8**	**40 350.0**	**65 560.0**	**146 646.4**	**371 794.7**	**563 326.8**	**657 761.0**	**723 503.5**
银川市	8 054.5	11 902.2	20 380.8	43 866.7	117 695.4	186 211.9	209 060.5	236 806.4
永宁县	405.1	818.8	1 293.8	2 513.5	6 853.9	11 781.6	13 748.1	15 148.1
贺兰县	634.8	909.9	1 295.2	2 908.6	6 641.2	10 338.5	11 355.9	12 816.2
灵武市	620.0	1 188.0	2 035.8	5 204.1	15 113.4	19 249.4	25 004.9	27 744.3
石嘴山市	8 370.5	10 874.9	15 949.0	36 501.2	78 702.1	99 029.6	106 916.1	114 416.3
平罗县	1 249.1	1 741.7	3 019.8	5 195.9	11 841.8	17 594.5	21 756.2	22 656.7
陶乐县	98.0	130.7	230.5	501.8	1 182.0	2 087.6	2 617.8	2 771.6
惠农县	86.5	88.9	255.7	1 083.6	3 489.1	5 692.3	6 787.2	6 331.7
利通区	1 364.6	2 061.7	3 149.2	7 573.5	18 182.9	30 476.1	37 093.5	39 803.0
青铜峡市	1 051.4	1 547.5	2 609.1	7 237.4	22 918.4	36 605.7	42 285.4	45 396.3
中卫县	885.8	1 145.1	1 815.4	4 652.7	9 562.7	15 076.1	18 507.1	22 131.3
中宁县	512.6	1 021.5	1 546.0	3 992.9	10 493.5	13 760.5	17 101.0	16 359.3
盐池县	309.0	451.9	807.2	1 836.9	4 136.0	7 211.7	9 412.9	9 494.9
同心县	256.5	364.8	863.8	1 870.5	4 211.7	8 464.6	10 683.9	13 581.8
原州区	992.1	1 426.2	2 465.6	4 587.2	10 947.7	20 018.5	30 042.8	33 103.3
海原县	268.6	429.6	788.2	1 697.4	4 368.5	8 905.5	12 626.4	13 977.3
西吉县	313.9	444.8	953.7	2 039.4	5 394.0	11 751.1	15 298.2	17 526.8
隆德县	223.3	321.1	644.4	1 483.3	3 972.0	7 279.8	8 874.6	9 643.2
泾源县	157.4	222.6	419.5	834.2	1 874.6	3 063.2	4 036.9	4 301.2
彭阳县	109.8	162.4	442.8	1 324.2	3 109.6	6 348.9	8 773.1	9 831.9

注：1.1998－2002年为在岗职工工资总额。

2.全区总计中包括银川铁路分局、长庆油田宁夏部分和总后宁夏分部。

3-23 各市县职工平均工资和指数

地　区	平均工资(元)				指数(以上年为100)			
	合　计	国有单位	城镇集体单　位	其他单位	合　计	国有单位	城镇集体单　位	其他单位
全区总计	**11 723**	**12 465**	**7 572**	**10 400**	**111.4**	**111.3**	**105.7**	**122.9**
银川市	12 601	13 678	8 951	10 394	115.1	117.0	110.5	109.7
永宁县	9 425	9 720	9 007	8 828	111.0	121.0	115.5	91.0
贺兰县	9 228	9 352	7 991	6 047	117.3	117.2	113.4	126.0
灵武市	10 155	10 422	7 242	-	106.3	106.9	109.5	-
石嘴山市	11 896	13 938	6 462	11 124	109.5	116.3	93.2	130.8
平罗县	10 149	10 950	9 650	7 571	104.3	104.1	127.4	104.2
陶乐县	9 811	10 032	11 340	5 291	106.2	104.2	144.7	95.2
惠农县	8 956	9 834	9 361	7 124	102.1	107.2	117.8	88.7
利通区	8 695	9 092	5 049	8 450	102.7	101.1	91.0	134.8
青铜峡市	12 647	12 912	7 063	12 410	106.4	96.5	95.1	168.6
中卫县	9 790	11 091	8 393	8 170	120.8	116.8	137.2	132.1
中宁县	9 247	9 631	6 402	7 099	113.5	115.8	98.5	93.5
盐池县	11 557	12 338	5 292	6 441	106.8	108.9	93.7	86.8
同心县	11 356	11 645	6 919	4 683	128.4	130.0	118.3	-
原州区	13 462	14 026	5 803	6 249	111.1	109.9	68.5	136.4
海原县	12 855	12 993	6 939	-	110.3	110.3	106.6	-
西吉县	11 830	12 282	5 005	9 286	117.2	119.3	76.9	147.7
隆德县	10 317	10 702	5 949	7 649	108.8	106.7	147.1	110.1
泾源县	11 166	11 399	7 882	4 031	105.6	106.2	84.2	127.3
彭阳县	12 339	12 571	6 203	-	112.2	111.9	115.8	-

3－24　各市县主要年份职工平均工资

单位:元

地　　区	1978年	1980年	1985年	1990年	1995年	2000年	2001年	2002年
全区总计	**726**	**863**	**1 206**	**2 202**	**5 079**	**8 681**	**10 521**	**11 723**
银川市	741	880	1 167	2 092	5 021	9 275	10 949	12 601
永宁县	608	705	984	1 684	5 417	7 427	8 488	9 425
贺兰县	664	725	1 003	1 804	4 184	6 470	7 868	9 228
灵武市	657	767	1 089	1 964	4 629	6 839	9 556	10 155
石嘴山市	828	949	1 352	2 653	5 836	9 403	10 866	11 896
平罗县	716	787	1 176	2 056	4 741	7 706	9 733	10 149
陶乐县	583	690	961	1 685	4 120	7 137	9 240	9 811
惠农县	674	653	1 378	1 741	4 331	7 166	8 770	8 956
利通区	651	739	1 063	1 977	3 997	7 062	8 469	8 695
青铜峡市	645	783	1 167	2 161	5 757	9 868	11 882	12 647
中卫县	652	783	1 038	1 965	3 864	6 730	8 105	9 790
中宁县	641	670	933	1 814	4 401	6 460	8 150	9 247
盐池县	624	722	1 129	1 879	3 888	7 436	10 824	11 557
同心县	653	755	1 197	1 802	3 423	6 892	8 843	11 356
原州区	679	804	1 171	2 005	3 925	8 196	12 116	13 462
海原县	632	794	1 095	1 847	4 044	7 745	11 650	12 855
西吉县	633	814	1 256	2 028	4 163	7 443	10 096	11 830
隆德县	646	772	1 166	1 960	4 349	7 746	9 487	10 317
泾源县	626	795	1 120	1 854	4 154	7 704	10 571	11 166
彭阳县	772	807	1 091	1 962	4 119	7 920	11 002	12 339

注：1998－2002年为在岗职工平均工资。

3－25　各市县按行业分在岗职工工资总额

（2002年）　　　　单位：千元

地　区	合　计	农、林、牧、渔业	采掘业	制造业	电力、煤气及水的生产和供应业	建筑业	地质勘查业、水利管理业	交通运输仓储及邮电通信业	批发和零售贸易、餐饮业
全区总计	7 235 035	333 501	667 828	1 201 501	476 495	528 811	230 028	571 483	231 419
银川市	2 368 064	54 548	490	442 003	90 068	406 344	43 980	187 007	118 716
永宁县	151 481	17 333	–	38 328	704	7 620	3 853	2 453	3 481
贺兰县	128 162	20 985	4 304	22 963	1 009	4 624	6 233	2 797	4 352
灵武市	277 443	46 878	107 106	5 632	–	11 506	2 180	9 252	3 543
石嘴山市	1 144 163	5 540	421 175	280 422	181 053	33 627	376	26 329	19 172
平罗县	226 567	14 818	57 701	36 715	1 505	1 852	–	1 962	6 785
陶乐县	27 716	3 090	585	806	244	815	699	257	801
惠农县	63 317	6 174	561	15 984	372	261	642	599	464
利通区	398 030	33 656	–	79 832	52 938	20 865	9 124	24 162	18 302
青铜峡市	453 963	20 515	–	177 497	113 615	4 457	3 781	3 863	7 178
中卫县	221 313	7 690	–	70 886	1 376	9 585	4 640	4 806	9 765
中宁县	163 593	20 827	4 823	7 935	1 504	5 727	24 749	9 744	7 861
盐池县	94 949	9 050	2 281	948	1 792	2 094	3 118	1 740	2 828
同心县	135 818	6 470	1 874	1 395	779	748	4 028	3 526	3 837
原州区	331 033	16 387	1 875	9 433	24 610	9 053	7 913	33 728	7 742
海原县	139 773	12 385	–	–	398	–	4 800	4 026	3 667
西吉县	175 268	19 437	–	2 104	2 168	978	6 264	9 012	4 074
隆德县	96 432	3 382	–	7 499	1 082	1 673	2 560	3 245	4 941
泾源县	43 012	8 725	–	646	233	125	–	1 280	362
彭阳县	98 319	5 611	8 272	473	519	–	2 778	2 163	3 548

注：全区总计包括银川铁路分局、长庆油田宁夏分部和总后宁夏分部。

3－25 续表　　　　　　　　　　　　(2002 年)　　　　　　　　　　　　单位:千元

地　区	金融、保险业	房地产业	社会服务业	卫生、体育和社会福利业	教育、文化艺术和广播电影电视业	科学研究和综合技术服务业	国家机关政党机关社会团体	其他行业
全区总计	**306 001**	**46 957**	**182 826**	**357 966**	**1 096 247**	**103 056**	**811 969**	**88 947**
银川市	141 916	31 826	103 266	140 390	281 359	79 516	217 602	29 032
永宁县	7 248	134	1 971	8 490	37 805	731	21 329	–
贺兰县	6 956	854	788	5 952	26 687	278	19 228	152
灵武市	10 960	420	4 963	10 850	30 050	1 262	32 035	804
石嘴山市	27 817	6 931	18 244	22 140	35 291	6 005	59 241	799
平罗县	10 433	254	7 815	15 460	35 914	613	33 973	765
陶乐县	1 470	–	797	1 700	7 741	619	7 676	417
惠农县	1 895	–	85	3 422	7 041	182	25 638	–
利通区	25 305	1 915	10 209	18 966	42 941	3 363	56 454	–
青铜峡市	11 963	1 334	7 252	16 749	51 459	458	32 961	879
中卫县	12 651	1 189	4 339	14 266	48 833	1 361	28 862	791
中宁县	8 511	422	739	9 022	37 733	763	23 232	–
盐池县	5 746	269	2 172	6 508	35 645	411	20 348	–
同心县	4 915	179	3 022	8 219	58 707	791	37 329	–
原州区	13 494	696	8 976	24 497	112 822	4 424	53 899	1 484
海原县	2 905	349	2 467	10 211	65 321	801	32 374	69
西吉县	3 818	185	3 397	17 465	69 346	456	35 169	1 395
隆德县	3 340	–	1 213	5 486	39 703	388	21 923	–
泾源县	1 473	–	85	2 637	4 493	512	15 034	7 406
彭阳县	3 022	–	511	6 737	43 815	122	20 178	570

3-26 各市县按行业分在岗职工平均工资

（2002年）

单位:元

地区	合计	农、林、牧、渔业	采掘业	制造业	电力、煤气及水的生产和供应业	建筑业	地质勘查业、水利管理业	交通运输仓储及邮电通信业	批发和零售贸易、餐饮业
全区总计	**11 723**	**6 676**	**12 257**	**9 553**	**16 159**	**9 971**	**13 897**	**16 614**	**7 713**
银川市	12 601	6 700	3 889	10 266	14 633	11 130	12 043	19 785	10 033
永宁县	9 425	5 715	-	8 619	10 507	6 282	14 431	11 966	6 852
贺兰县	9 228	8 000	10 498	6 618	11 733	5 440	12 669	14 568	6 665
灵武市	10 155	7 596	12 520	4 293	-	7 205	9 732	12 744	4 699
石嘴山市	11 896	9 823	12 017	10 008	16 616	8 457	11 059	10 893	8 155
平罗县	10 149	5 956	12 682	7 630	7 921	7 468	-	13 531	8 020
陶乐县	9 811	6 131	13 000	8 667	9 385	5 582	10 130	8 290	6 258
惠农县	8 956	5 318	9 350	7 152	10 333	4 745	10 031	11 519	6 824
利通区	8 695	3 651	-	8 592	12 320	5 902	10 722	12 845	6 076
青铜峡市	12 647	5 929	-	11 733	21 013	14 956	13 174	17 169	7 477
中卫县	9 790	8 314	-	8 701	10 269	7 308	10 498	12 355	5 216
中宁县	9 247	4 674	8 643	6 770	9 060	6 464	14 456	13 168	5 603
盐池县	11 557	11 753	5 789	9 029	9 237	4 465	12 831	11 373	5 459
同心县	11 356	8 900	8 292	3 605	9 987	8 043	9 500	10 883	4 674
原州区	13 462	11 781	7 022	5 819	18 887	10 714	12 287	16 814	6 490
海原县	12 855	11 178	-	-	4 575	-	10 909	11 309	4 249
西吉县	11 830	11 653	-	2 469	14 263	4 162	11 864	12 430	5 305
隆德县	10 317	11 236	-	5 446	14 427	6 484	9 808	9 064	6 092
泾源县	11 166	11 258	-	4 857	5 825	5 435	-	10 407	5 746
彭阳县	12 339	11 938	10 379	4 261	11 533	-	11 974	12 017	6 107

3-26 续表　　(2002年)　　单位:元

地　区	金融、保险业	房地产业	社会服务业	卫生、体育和社会福利业	教育、文化艺术和广播电影电视业	科学研究和综合技术服务业	国家机关政党机关社会团体	其他行业
全区总计	**17 897**	**10 569**	**9 460**	**14 216**	**13 569**	**15 363**	**12 879**	**12 883**
银川市	20 396	10 521	9 780	16 585	15 730	17 515	14 159	13 178
永宁县	19 277	11 167	7 438	13 307	12 395	4 201	11 732	-
贺兰县	16 406	10 675	8 659	12 197	11 152	15 444	11 980	11 692
灵武市	14 912	10 000	10 047	12 288	11 263	11 369	10 878	7 731
石嘴山市	16 838	10 376	9 117	15 986	14 541	12 777	14 095	11 925
平罗县	19 108	12 700	7 958	13 561	11 017	11 145	11 559	7 427
陶乐县	16 897	-	8 479	10 828	11 782	12 633	10 997	10 171
惠农县	11 213	-	5 000	12 444	12 709	12 133	11 104	-
利通区	17 040	11 399	9 051	11 996	11 417	11 883	10 682	-
青铜峡市	15 741	10 846	10 495	11 812	12 388	12 053	11 485	11 566
中卫县	17 142	10 339	7 220	10 718	12 190	11 437	12 173	11 985
中宁县	14 750	10 550	10 408	12 029	12 494	10 597	11 234	-
盐池县	18 656	12 227	9 282	13 847	13 451	14 679	12 273	-
同心县	17 680	11 933	10 989	13 364	12 849	12 556	12 179	-
原州区	14 861	11 797	9 519	13 716	15 079	14 747	14 396	14 990
海原县	13 575	9 184	10 152	13 724	15 680	3 093	13 800	7 667
西吉县	12 159	11 563	8 710	13 363	11 700	14 250	19 626	12 798
隆德县	13 859	-	7 396	10 450	13 026	13 857	11 538	-
泾源县	11 690	-	12 143	10 341	12 585	11 636	11 866	11 590
彭阳县	15 577	-	11 614	14 273	13 739	12 200	12 635	12 391

主要统计指标解释

【从业人员】　指从事一定社会劳动并取得劳动报酬或经营收入的全部劳动力，包括：全部职工、城镇私营企业从业人员、城镇个体劳动者、农村社会劳动者、其它社会劳动者。

这一指标取带了现行制度中的社会劳动者，它反映了一定时期内的全部劳动力资源的实际利用情况，是研究我国基本国情国力的重要指标。

各单位的从业人员是指在各级国家机关、政党机关、社会团体及企业、事业单位中工作，并取得劳动报酬的全部人员。包括职工、再就业的离退休人员、民办教师以及在各单位中工作的外方人员和港、澳、台方人员。

各单位的从业人员反映了各单位实际参加生产或工作的全部劳动力。

【在岗职工】　指在国有经济、城镇集体经济、联营经济、股份制经济、外商和港、澳、台投资经济、其它经济单位及其附属机构工作，并由其支付工资的各类在岗人员。不包括城镇私营企业和乡镇企业从业人员。

【长期职工】　指用工期限在一年以上（含一年）的职工：包括原固定职工、合同制职工、长期临时工以及国有单位使用的城镇集体单位的人员和其它使用期限在一年以上的原计划外用工。

【其它从业人员】　指劳动统计制度规定不作职工统计，但实际参加社会劳动并取得劳动报酬的人员。

各单位的其它从业人员是指职工以外的全部参加本单位生产或工作并取得劳动报酬的人员。包括再就业离退休人员、民办教师以及在各单位中工作的外方人员和港、澳、台方人员及兼职人员（不包括在单位中工作并领取劳动报酬在校学生）。

【在岗职工工资总额】　指各单位在一定时期内直接支付给本单位全部在岗职工的劳动报酬总额。包括：计时工资、计件工资、奖金、津贴和补贴、加班加点工资和其他工资。

职工工资总额是计算国内生产总值的基础指标，也是研究分配政策，居民购买力的主要依据。

四、固定资产投资

4－1　全社会固定资产投资额

单位:万元

指　　标	1978年	1980年	1985年	1990年	1995年	2000年	2001年	2002年
一、投资总额	**42 719**	**39 758**	**136 346**	**219 603**	**701 237**	**1 608 204**	**1 958 118**	**2 308 269**
#宝中铁路	－	－	－	7 617	56 421	－	－	－
长庆油田	16 483	1 951	2 939	5 117	16 938	22 705	35 073	33 682
按隶属关系分								
中　央	26 243	9 104	42 497	78 568	240 347	281 567	346 059	448 330
地　方	16 476	30 654	93 849	141 035	460 980	1 326 637	1 612 059	1 859 939
按资金来源分								
国家预算内投资	37 977	24 497	39 457	40 947	27 830	185 722	289 185	359 667
国内贷款	168	2 080	28 133	52 510	204 064	490 678	528 888	539 403
利用外资	－	－	4 005	4 697	28 265	22 497	20 936	39 509
自筹投资					310 001	492 953	781 952	907 744
其他投资	4 574	13 181	64 751	121 422	131 077	416 354	244 939	380 418
按经济类型分								
国有经济	42 246	39 312	122 944	175 126	514 041	1 011 732	1 241 174	1 335 911
基本建设	42 246	30 409	79 413	113 336	331 107	805 530	1 014 178	1 160 543
#长庆油田	16 483	1 951	1 082	1 481	6 781	16 400	24 502	21 650
更新改造	－	8 903	26 493	52 045	149 584	155 822	167 519	141 495
#长庆油田	－	－	－	550	7 301	6 305	10 571	12 032
其　它	－	－	7 038	6 911	5 483	2 909	2 195	6 502
#长庆油田	－	－	1 857	3 086	2 856	－	－	－
房地产	－	－	－	2 834	27 867	47 471	57 282	27 371
集体经济	473	446	9 975	12 614	41 719	57 002	81 471	101 601
城　镇	473	446	6 037	5 088	15 481	6 686	8 628	6 454
乡　村	－	－	3 938	7 256	21 925	32 968	40 333	70 492
房地产	－	－	－	－	4 313	17 348	32 510	18 057
个体经济	－	－	13 427	31 863	106 927	226 346	210 421	235 099
城　镇	－	－	1 231	1 046	6 859	9 008	8 580	10 527
乡　村	－	－	12 196	30 817	100 068	217 338	201 841	224 572
其他经济	－	－	－	－	38 550	279 970	425 052	370 315
#房地产	－	－	－	－	16 880	90 872	142 007	214 047
按构成分								
建筑工程	24 971	24 591	78 360	118 868	436 889	952 440	1 124 827	1 387 234
安装工程	6 336	5 897	6 560	18 513	44 453	159 861	145 269	209 501

4－1　续表　　　　单位:万元

指　　标	1978年	1980年	1985年	1990年	1995年	2000年	2001年	2002年
设备、工器具购置	9 865	7 289	38 815	63 526	162 404	309 988	392 336	417 157
其他费用	1 547	1 981	12 611	18 696	57 491	185 915	295 686	294 377
按行业分								
农、林、牧、渔业	1 842	1 980	4 442	11 395	10 934	84 487	140 330	163 708
采掘业	19 536	9 170	14 018	38 687	71 481	51 379	60 062	71 921
制造业	6 168	7 568	45 070	44 658	128 817	298 405	387 234	287 550
电力、煤气及水的生产和供应业	4 655	2 247	12 423	43 350	64 497	171 363	221 388	341 892
建筑业	511	1 179	1 247	1 162	2 427	5 161	6 143	11 454
地质勘查业、水利管理业	3 965	3 233	4 709	467	9 776	85 717	99 901	105 264
交通运输、仓储及邮电通信业	989	1 369	7 396	22 874	169 104	370 553	424 658	425 090
批发和零售贸易、餐饮业	908	3 061	6 381	4 775	10 220	41 762	37 345	48 839
金融、保险业	3	441	1 372	1 248	11 023	3 600	1 456	7 726
房地产业	–	–	–	–	50 177	157 554	233 251	318 318
社会服务业	998	1 954	8 540	4 037	19 564	67 737	84 610	186 419
卫生、体育和社会福利业	391	658	2 627	1 580	4 924	9 855	8 986	35 295
教育、文化艺术及广播电影电视业	1 002	2 736	7 717	5 665	14 756	32 499	52 564	68 313
科学研究和综合技术服务业	64	690	1 465	409	1 021	6 956	4 784	4 252
国家机关、政党机关和社会团体	–	–	3 848	3 743	19 095	39 297	61 698	78 933
其他行业	714	1 848	1 664	3 690	6 494	172 871	133 708	143 036
二、新增固定资产	**31 620**	**33 200**	**97 540**	**193 712**	**717 528**	**1 357 643**	**1 488 369**	**1 579 542**
三、交付使用率(%)	**74.0**	**83.5**	**71.5**	**88.2**	**102.3**	**84.4**	**76.0**	**68.4**
四、建筑施工面积(万平方米)	**116.0**	**212.0**	**764.0**	**538.6**	**767.7**	**1 018.9**	**1 142.6**	**1 488.3**
#住　　宅	38.2	48.9	489.7	380.5	495.5	688.7	714.4	878.1
五、竣工面积(万平方米)	**67.0**	**132.0**	**577**	**459**	**598.5**	**1 069**	**850.6**	**1 036.4**
六、施工项目(个)	**804**	**609**	**1 725**	**934**	**1 244**	**1 069**	**1 379**	**1 460**
#新开工	502	263	969	499	920	774	1 070	1 151
投　产	423	301	930	576	824	688	866	918

4-2 主要年份全社会固定资产投资额

单位:万元

年份	全社会固定资产投资额	#基本建设投资	#地方投资	#更新改造投资	#国有经济固定资产投资额	#基本建设投资	#地方投资	#更新改造投资
1952	502	502	464	-	502	502	464	-
1955	1 314	1 314	1 211	-	1 314	1 314	1 211	-
1957	1 536	1 536	826	-	1 536	1 536	826	-
1958	9 287	9 287	5 445	-	9 287	9 287	5 445	-
1960	24 446	24 446	16 153	-	24 446	24 446	16 153	-
1965	14 002	14 002	4 081	-	14 002	14 002	4 081	-
1970	24 659	24 659	15 116	-	24 659	24 659	15 116	-
1971	24 944	24 944	10 214	-	24 944	24 944	10 214	-
1972	23 241	23 241	12 651	-	23 241	23 241	12 651	-
1973	22 770	22 770	18 211	-	22 770	22 770	18 211	-
1974	24 360	24 360	19 645	-	24 360	24 360	19 645	-
1975	24 957	24 957	19 820	-	24 957	24 957	19 820	-
1976	22 770	22 770	18 809	-	22 770	22 770	18 809	-
1977	31 704	31 704	17 732	-	31 704	31 704	17 732	-
1978	42 719	42 246	16 003	-	42 246	42 246	16 003	-
1979	41 704	38 486	21 181	2 892	41 378	38 486	21 181	2 892
1980	39 758	30 409	22 198	8 903	39 312	30 409	22 198	8 903
1981	36 618	20 143	13 448	14 341	34 484	20 143	13 448	14 341
1982	48 041	27 348	19 988	15 421	42 769	27 348	19 988	15 421
1983	56 159	32 992	20 710	16 352	50 949	32 992	20 710	16 352
1984	83 565	45 500	26 497	17 595	68 014	45 500	26 497	17 595
1985	136 346	79 413	42 590	26 493	112 944	79 413	42 590	26 493
1986	173 469	93 164	39 095	39 982	143 003	93 164	39 095	39 982
1987	193 748	108 563	36 354	39 422	155 511	108 563	36 354	39 422
1988	187 891	87 760	45 153	44 476	139 535	87 760	45 153	44 476
1989	175 757	80 681	41 869	46 943	133 687	80 681	41 869	46 943
1990	219 603	113 336	52 612	52 045	175 126	113 336	52 612	52 045
1991	288 134	158 334	63 802	54 523	237 723	158 334	63 802	54 523
1992	380 942	196 743	106 031	79 569	306 485	196 743	106 031	79 569
1993	526 673	253 662	143 163	113 741	413 669	253 662	143 163	113 741
1994	609 780	328 750	195 913	144 188	488 725	317 832	184 995	133 907
1995	701 237	336 000	169 677	158 960	514 041	331 107	164 784	149 584
1996	773 191	418 094	201 893	177 760	603 634	409 016	192 815	154 881
1997	881 027	480 045	251 407	181 646	683 450	469 280	240 642	164 396
1998	1 086 536	595 030	406 973	185 925	778 335	548 276	360 219	168 155
1999	1 306 062	702 842	532 056	192 453	810 959	614 776	443 990	141 248
2000	1 608 204	888 744	675 838	233 621	1 011 732	805 530	606 558	155 822
2001	1 958 118	1 053 095	771 446	260 815	1 241 374	1 014 378	732 729	167 519
2002	2 308 269	1 243 615	869 348	263 571	1 335 911	1 160 543	786 276	141 495

4－3 主要年份各种分组国有基本建设投资

<table>
<tr><th>指　　标</th><th>1978年</th><th>1980年</th><th>1985年</th><th>1990年</th><th>1995年</th><th>2000年</th><th>2001年</th><th>2002年</th></tr>
<tr><td>一、国有基本建设投资额(万元)</td><td>42 246</td><td>30 409</td><td>79 413</td><td>113 336</td><td>331 107</td><td>805 530</td><td>1 014 378</td><td>1 160 543</td></tr>
<tr><td>1.按资金来源分</td><td></td><td></td><td></td><td></td><td></td><td></td><td></td><td></td></tr>
<tr><td>国家预算内投资</td><td>37 906</td><td>22 982</td><td>37 762</td><td>40 010</td><td>24 336</td><td>164 772</td><td>258 370</td><td>332 000</td></tr>
<tr><td>国内贷款</td><td rowspan="4">4340</td><td>873</td><td>14 793</td><td>24 683</td><td>113 596</td><td>342 565</td><td>354 525</td><td>356 034</td></tr>
<tr><td>利用外资</td><td>89</td><td>4 005</td><td>2 841</td><td>19 685</td><td>19 230</td><td>18 787</td><td>29 517</td></tr>
<tr><td>自筹资金</td><td rowspan="2">6465</td><td>21 056</td><td>42 832</td><td>220 503</td><td>220 466</td><td>220 069</td><td>163 522</td></tr>
<tr><td>其他投资</td><td>1 797</td><td>2 970</td><td>70 129</td><td>58 497</td><td>93 863</td><td>172 287</td></tr>
<tr><td>2.按构成分</td><td></td><td></td><td></td><td></td><td></td><td></td><td></td><td></td></tr>
<tr><td>建筑安装工程</td><td>30 834</td><td>24 428</td><td>52 482</td><td>73 705</td><td>237 501</td><td>627 313</td><td>740 004</td><td>910 744</td></tr>
<tr><td>设备、工器具购置</td><td>9 865</td><td>4 370</td><td>16 410</td><td>28 677</td><td>62 437</td><td>105 544</td><td>142 750</td><td>135 380</td></tr>
<tr><td>其他费用</td><td>1 547</td><td>1 611</td><td>10 521</td><td>10 954</td><td>31 169</td><td>72 673</td><td>131 624</td><td>114 419</td></tr>
<tr><td>3.按产业分</td><td></td><td></td><td></td><td></td><td></td><td></td><td></td><td></td></tr>
<tr><td>第一产业</td><td>1 852</td><td>1 935</td><td>3 013</td><td>2 400</td><td>7 778</td><td>24 406</td><td>37 183</td><td>149 109</td></tr>
<tr><td>第二产业</td><td>31 370</td><td>13 130</td><td>42 745</td><td>70 676</td><td>111 360</td><td>244 324</td><td>311 538</td><td>352 699</td></tr>
<tr><td>第三产业</td><td>9 024</td><td>15 344</td><td>33 655</td><td>40 260</td><td>211 969</td><td>536 800</td><td>665 657</td><td>49 929</td></tr>
<tr><td>4.按建设性质分</td><td></td><td></td><td></td><td></td><td></td><td></td><td></td><td></td></tr>
<tr><td>新　　建</td><td>14 944</td><td>22 017</td><td>44 641</td><td>83 426</td><td>169 308</td><td>419 210</td><td>590 312</td><td>520 435</td></tr>
<tr><td>扩　　建</td><td rowspan="2">27 302</td><td rowspan="2">8 392</td><td>22 875</td><td>15 091</td><td>105 651</td><td>174 783</td><td>249 527</td><td>270 000</td></tr>
<tr><td>改　　建</td><td>3 264</td><td>9 586</td><td>32 344</td><td>167 179</td><td>133 471</td><td>322 877</td></tr>
<tr><td>5.按行业分</td><td></td><td></td><td></td><td></td><td></td><td></td><td></td><td></td></tr>
<tr><td>#工业投资</td><td>30 859</td><td>12 004</td><td>42 348</td><td>70 379</td><td>110 801</td><td>242 368</td><td>310 190</td><td>348 753</td></tr>
<tr><td>农业投资</td><td>1 852</td><td>1 935</td><td>3 013</td><td>2 400</td><td>7 778</td><td>24 406</td><td>37 183</td><td>6 095</td></tr>
<tr><td>二、新增固定资产(万元)</td><td>31 197</td><td>26 258</td><td>51 947</td><td>101 373</td><td>372 362</td><td>580 965</td><td>616 961</td><td>649 021</td></tr>
<tr><td>三、房屋建筑面积(万平方米)</td><td></td><td></td><td></td><td></td><td></td><td></td><td></td><td></td></tr>
<tr><td>施工面积</td><td>114.8</td><td>170.2</td><td>265.0</td><td>123.5</td><td>179.7</td><td>222.0</td><td>240.9</td><td>303.8</td></tr>
<tr><td>#住　宅</td><td>38.2</td><td>74.1</td><td>96.6</td><td>48.9</td><td>73.9</td><td>107.0</td><td>95.7</td><td>121.3</td></tr>
<tr><td>竣工面积</td><td>65.8</td><td>105.4</td><td>129.5</td><td>81.0</td><td>88.2</td><td>144.6</td><td>129.4</td><td>179.3</td></tr>
<tr><td>#住　宅</td><td>22.4</td><td>47.9</td><td>50.6</td><td>36.0</td><td>44.7</td><td>82.3</td><td>49.2</td><td>75.0</td></tr>
</table>

注：本资料产业分组按新的规定做了调整，即第一产业不含水利投资。

4－4　按国有经济行业基本建设投资

（2002年）　　　　单位：万元

行　　业	投资额	#地方项目	按建设性质分 #新　建	#扩　建	#改　建
总　　计	**1 160 543**	**786 276**	**520 435**	**270 000**	**322 877**
一、农、林、牧、渔业	**48 021**	**48 021**	**41 314**	**3 759**	**1 738**
农　业	6 095	6 095	4 144	400	1 551
林　业	30 133	30 133	28 089	1 604	–
畜牧业	690	690	690	–	–
农、林、牧、渔服务业	11 103	11 103	8 391	1 755	187
二、采掘业	**23 446**	**1 796**	**11 059**	**12 087**	**–**
煤炭采选业	1 796	1 796	1 396	100	–
石油和天然气开采业	21 650	–	9 663	11 987	–
三、制造业	**5 832**	**5 832**	**4 029**	**1 249**	**370**
食品加工业	100	100	100	–	–
食品制造业	260	260	–	–	260
饮料制造业	509	509	509	–	–
纺织业	130	130	–	–	–
化学原料及化学制品制造业	840	840	340	500	–
医药制造业	803	803	–	749	–
非金属矿物制品业	80	80	80	–	–
黑色金属冶炼及压延加工业	3 000	3 000	3 000	–	–
专用设备制造业	110	110	–	–	110
四、电力、煤气及水的生产和供应业	**319 475**	**29 050**	**40 754**	**142 324**	**136 037**
电力、蒸汽、热水的生产和供应业	297 011	6 586	24 761	138 263	133 987
煤气生产和供应业	3 127	3 127	3 127	–	–
自来水的生产和供应业	19 337	19 337	12 866	4 061	2 050
五、建筑业	**3 946**	**3 946**	**1 218**	**2 388**	**–**
土木工程建筑业	3 946	3 946	1 218	2 388	–
六、地质勘查业、水利管理业	**101 341**	**101 341**	**87 349**	**10 981**	**3 011**
地质勘查业	253	253	–	253	–
水利管理业	101 088	101 088	87 349	10 728	3 011
七、交通运输、仓储及邮电通信业	**357 788**	**314 082**	**204 422**	**4 752**	**147 680**
公路运输业	310 233	310 233	161 962	1 146	147 055
航空运输业	425	–	–	–	425
交通运输辅助业	512	512	–	–	200
仓储业	3 687	3 337	180	3 157	–
邮电通信业	42 931	–	42 280	449	–

4-4 续表 (2002年) 单位:万元

行业	投资额	#地方项目	按建设性质分		
			#新建	#扩建	#改建
八、批发和零售贸易、餐饮业	**6 706**	**5 529**	**4 308**	**1 105**	**1 103**
食品、饮料、烟草和家庭用品批发商业	1 647	470	1 367	30	250
其他批发业	606	606	606	–	–
零售业	4 088	4 088	2 335	710	853
商业经纪与代理业	365	365	–	365	–
九、金融、保险业	**4 790**	**1 180**	**690**	**3 370**	**340**
金融业	4 180	570	340	3 370	80
保险业	610	610	350	–	260
十、房地产业	**8 260**	**8 260**	**100**	**–**	**–**
房地产管理业	8 260	8 260	100	–	–
十一、社会服务业	**118 945**	**118 945**	**60 614**	**38 234**	**19 428**
公共设施服务业	103 384	103 384	54 473	34 258	14 628
居民服务业	3 705	3 705	119	3 012	–
旅馆业	3 796	3 796	2 207	964	625
旅游业	4 950	4 950	3 530	–	1 350
信息、咨询服务业	85	85	85	–	–
其他社会服务业	3 025	3 025	200	–	2 825
十二、卫生、体育和社会福利业	**24 341**	**24 341**	**12 896**	**8 169**	**600**
卫　生	11 536	11 536	6 771	2 495	600
体　育	10 940	10 940	6 125	4 815	–
社会福利保障业	1 865	1 865	–	859	–
十三、教育、文化艺术及广播电影电视业	**54 336**	**46 235**	**10 400**	**28 550**	**4 157**
教　育	51 135	43 034	7 539	28 210	4 157
文化艺术业	2 371	2 371	2 121	250	–
广播电影电视业	830	830	740	90	–
十四、科学研究和综合技术服务业	**3 454**	**2 424**	**282**	**1 526**	**1 100**
科学研究业	472	472	135	–	–
综合技术服务业	2 982	1 952	147	1 526	1 100
十五、国家机关、政党机关和社会团体	**71 204**	**68 347**	**39 588**	**7 943**	**7 053**
国家机关	69 314	66 457	38 014	7 943	7 053
政党机关	869	869	553	–	–
社会团体	1 021	1 021	1 021	–	–
十六、其他行业	**8 658**	**6 947**	**1 412**	**3 563**	**260**
其他行业	8 658	6 947	1 412	3 563	260

4-5 国有基本建设新增主要生产能力或效益

名　　称	计算单位	2002年
铁合金	万吨/年	1
火力发电	万千瓦	33
输电线路长度(11万伏及以上)	公里	531
变电设备能力(11万伏及以上)	万千伏安	84
石墨及炭素制品	吨/年	17 850
移动通信基站设备	个/年	147
新建公路	公里	213
#高速公路	公里	113
改建公路	公里	340
#二级公路	公里	174
耕地面积	万亩	5
造林面积	万亩	397
有效灌溉面积	万亩	13
粮食仓库	万公斤	6 675
高等院校:学生席位	个	5 650
建筑面积	平方米	27 015
中等学校:学生席位	个	21 687
建筑面积	平方米	105 270
小 学 校:学生席位	个	7 449
建筑面积	平方米	32 421
疗养院、所病床	张	100
城市自来水供水能力	万吨/日	2
城市自来水管道长度	公里	13
城市供热能力:蒸汽	吨/小时	20
热水	兆瓦/小时	23
城市道路扩建长度	公里	48
城市道路扩建面积	万平方米	71
城市排水管道铺设长度	公里	40
城市污水处理能力	万吨/日	52
城市永久性桥梁	座	1

4-6 主要年份国有更新改造投资主要指标

指　　标	1980年	1985年	1990年	1995年	1998年	2000年	2001年	2002年
一、投资总额(万元)	**8 903**	**26 493**	**52 045**	**149 584**	**168 155**	**155 822**	**167 519**	**144 305**
1.按资金来源分								
预算内投资	1 516	1 468	317	1 189	5 061	5 374	8 653	3 311
国内贷款	1 022	8 155	11 289	34 280	39 419	39 328	27 971	19 590
利用外资	-	-	1 743	917	2 208	-	-	-
自筹资金	6 365	16 870	36 187	99 823	110 076	105 558	105 489	116 086
其他投资			2 509	13 375	11 391	5 563	3 050	3 012
2.按构成分								
建筑安装工程	5 757	14 129	25 639	70 773	67 462	52 570	67 326	33 116
设备、工器具购置	2 919	10 486	21 676	68 383	93 387	86 519	82 207	100 555
其他费用	227	1 878	4 730	10 428	7 306	16 733	17 986	7 824
3.按建设性质分								
#新　建	690	895	4 174	1 139	893	85	27 823	10 529
扩　建	2 476	10 435	25 138	81 949	90 634	83 311	77 237	49 100
改　建	5 056	11 233	20 208	64 345	72 109	69 841	58 837	78 171
4.按用途分								
增　产	5 853	6 358	18 136	66 107	64 903	18 541	43 791	34 991
节约能源	228	1 124	866	6 117	2 459	817	521	306
其他节约	21	11	-	478	1 298	817	6 500	10
增加品种	-	3 170	4 761	12 974	10 583	45 945	40 539	4 744
提高产品质量	243	948	3 488	10 324	13 652	5 450	5 113	6 416
三废治理	29	47	488	150	558	1 199	2 065	237
其　他	2 529	14 835	24 306	53 434	74 702	83 053	68 990	94 797
二、新增固定资产(万元)	**6 683**	**17 880**	**39 147**	**141 060**	**150 887**	**96 364**	**161 855**	**118 443**
三、房屋建筑面积(万平方米)								
施工面积	-	87.56	64.54	66.25	57.41	27.37	25.28	9.80
#住　宅	-	40.45	28.97	39.48	38.33	15.34	4.66	1.30
竣工面积	-	47.28	45.34	39.47	31.72	17.69	20.46	4.10
#住　宅	-	20.83	21.68	26.58	21.71	13.51	4.62	1.00

4－7　宁夏重点项目建设情况

（2002年）

项目名称	计划总投资（万元）	累计完成投资（万元）	本年计划投资（万元）	本年完成投资（万元）
合　　计	**3 297 986**	**1 171 146**	**641 326**	**59 510**
1.宁夏沙坡头水利枢纽工程	119 700	36 000	32 110	18 000
2.宁夏扶贫扬黄灌溉一期工程	296 602	202 833	34 100	38 192
3.灌区续建配套及节水改造	483 200	24 160	12 150	9 628
4.山区水资源综合开发整治	34 745	16 834	15 350	12 653
(1)固原东山波引水工程	9 965	1 611	3 000	1 560
(2)彭阳长城塬引水工程	6 680	6 323	2 550	2 193
(3)农村饮水解困(生命工程)	18 100	8 900	9 800	8 900
5.盐环定扬黄宁夏专用工程	26 591	24 750	2 400	1 926
6.宁夏退耕还林还草工程	925 000	19 300	9 000	9 100
7.石嘴山电厂扩建工程	467 727	216 801	133 471	133 832
(1)电厂部分	454 938	204 012	123 600	124 150
(2)宁夏200KV电网工程	12 789	12 789	9 871	9 682
8.宁夏城乡电网建设改造工程	146 972	152 133	153 600	139 173
(1)宁夏至西北主网第三回330千伏联络工程	1 972	21 551	8 600	8 591
(2)农村电网建设改造	145 000	130 582	145 000	130 582
9.石嘴山至郝家集高速公路	436 672	312 000	110 000	105 000
(1)叶盛至中宁公路	228 883	191 000	60 000	55 000
(2)中宁至郝家集公路	207 789	121 000	50 000	50 000
10.桃山口至同心公路	60 791	30 000	25 000	25 000
11.银川至古窑子公路	157 046	55 000	60 000	55 000
12.工业高技术产业化示范项目	31 508	13 473	14 603	2 063
(1)吴忠仪表集团环保监测仪器设备国产化项目	7 480	5 196	3 279	995
(2)吴忠仪表集团智能阀及现场总线高技术产业化工程	15 220	7 701	8 011	492
(3)纳米级氧化铟锡纷体及靶材高技术产业化工程	8 808	576	3 313	576
13.中心城市环保设施	78 492	41 478	22 677	25 739
(1)银川市新市区北部排水工程	26 980	16 076	7 857	8 550
(2)银川市新市区南部集污及处理工程	32 000	11 735	3 796	11 735
(3)石嘴山市热电联产集中供热工程	13 064	11 100	4 700	3 007
(4)吴忠市城市生活废弃物无害化综合处理工程	6 448	2 567	6 324	2 447
(5)固原市城市集污及处理	6 700	470	2 000	470
14.民运会体育馆建设	14 887	11 520	7 065	10 940

4－8　房地产开发主要指标

指　　标	1997年	1998年	1999年	2000年	2001年	2002年
一、企业个数(个)	**80**	**95**	**119**	**139**	**151**	**176**
内　资	73	88	112	132	144	172
#国　有	40	42	39	33	33	21
集　体	12	24	23	17	15	11
私营个体	2	4	13	17	22	40
联　营	1	1	1	1	－	－
股份制经济	18	17	36	64	74	100
港澳台投资	2	4	5	4	3	2
外商投资	5	3	2	3	4	2
二、年末从业人数(人)	**4 086**	**3 692**	**5 054**	**5 190**	**5 511**	**6 829**
内　资	3 810	3 463	4 770	4 915	5 268	6 689
#国　有	1 989	1 655	1 887	1 714	1 322	733
集　体	1 149	930	798	610	710	486
私营个体	63	78	391	484	718	1 402
联　营	8	7	9	21	－	－
股份制经济	601	793	1 685	2 086	2 518	4 068
港澳台投资	48	145	174	100	107	107
外商投资	228	84	110	175	136	33
三、土地开发及购置(万平方米)						
本年土地开发面积	0.80	1.80	1.07	8.42	20.47	26.72
本年土地购置面积	26.86	31.77	27.84	71.69	150.62	146.68
四、本年完成投资额(万元)	**60 497**	**112 982**	**130 178**	**155 691**	**231 799**	**308 634**
#住　宅	39 647	74 840	74 809	91 735	132 080	207 236
#经济适用房	5 637	12 696	13 483	22 987	17 490	27 014
五、资金来源小计(万元)	**72 474**	**123 092**	**133 303**	**158 495**	**237 681**	**325 060**
#国内贷款	23 911	27 422	32 708	36 332	64 858	95 248
利用外资	－	－	－	－	－	－
自筹资金	15 184	34 181	30 720	42 419	62 028	72 228
六、房屋建筑面积(万平方米)						
施工面积	126.61	207.91	209.65	258.6	327.55	451.48
竣工面积	68.8	124.6	124.24	155.46	190.7	219.65
本年新开工面积	89.45	148.2	135.28	171.98	202.6	307.3
#住　宅	73.56	118.95	105.59	126.03	139.14	231.93
竣工房屋价值(万元)	45 023	84 846	86 290	107 651	146 742	196 170
竣工房屋造价(元/平方米)	654	681	695	692	769	893
七、商品房屋销售面积(万平方米)	**35.82**	**63.77**	**76.68**	**104.49**	**126.49**	**118.36**
#住　宅	30.18	53.49	63.98	90.61	103.26	98.49
商品房屋销售价格(元/平方米)	1 294	1 212	1 404	1 352	1 596	1 865
#住　宅	1 115	1 052	1 201	1 145	1 309	1 594
八、实收资本合计(万元)	**32 139**	**34 871**	**58 022**	**89 467**	**136 806**	**155 792**
#国有资本金	5 083	1 791	6 041	17 378	26 588	19 789
资产负债率(%)	87.05	85.24	80.06	76.90	76.00	78.70
九、经营总收入(万元)	**46 418**	**71 836**	**83 442**	**143 568**	**191 318**	**206 837**
#土地转让收入	256	46	－	250	2 382	－

4-9 房地产开发企业(单位)的土地开发及其购置

单位:万平方米

年 份	本年完成开发土地面积	正在开发的土地面积	待开发的土地面积	本年购置土地面积
1997	0.80	-	-	26.86
1998	1.80	0.15	0.51	31.77
1999	1.07	-	17.74	27.84
2000	8.42	11.11	6.51	71.69
2001	20.47	2.36	16.03	150.62
2002	26.72	-	32.93	146.68

4-9 续表

单位:万元

年 份	土地购置费	实际需要总投资	自开始建设至本年底累计完成投资	#本年完成投资
1997	3 777	109 306	76 588	60 497
1998	7 652	191 425	133 488	112 982
1999	11 847	206 013	157 969	130 178
2000	20 238	265 244	194 506	155 691
2001	44 002	359 979	270 607	231 799
2002	50 112	508 077	381 820	308 634

4-10 按用途分的房地产开发企业(单位)完成投资额

单位:万元

年 份	本年完成投资额	住 宅	#别墅、高档公寓	#经济适用房屋	办公楼	商业营业用房	其 他
1997	60 497	39 647	858	5 637	5 133	10 285	5 432
1998	112 982	74 840	1 309	12 696	6 982	20 363	10 797
1999	130 178	74 809	1 734	13 483	8 260	26 000	21 109
2000	155 691	91 735	1 585	22 987	10 725	26 544	26 687
2001	231 799	132 080	242	17 490	21 375	39 588	38 756
2002	308 634	207 236	8 592	27 014	23 636	50 614	27 148

4-11 商品房屋销售情况

年份	房屋销售面积（万平方米）	#住宅	个人购买商品住宅（万平方米）	商品房销售额（万元）	#住宅	商品房平均单价（元/平方米）	#住宅
1995	28.13	24.48	16.91	28 819	23 139	1 024	945
1996	41.90	34.55	27.21	45 444	32 565	1 085	943
1997	35.82	30.18	23.30	46 372	33 636	1 295	1 115
1998	63.77	53.49	42.74	77 272	56 271	1 212	1 052
1999	76.68	63.98	52.41	107 690	76 806	1 404	1 200
2000	104.49	90.61	92.63	141 306	103 746	1 352	1 145
2001	126.49	103.26	109.15	201 895	135 147	1 596	1 309
2002	118.36	98.49	94.81	220 736	157 019	1 865	1 594

4-12 商品房屋竣工面积及平均造价

年份	房屋竣工面积（万平方米）	#住宅	房屋竣工价值（万元）	#住宅	竣工房屋平均造价（元/平方米）	#住宅
1995	69.94	57.66	41 238	31 104	890	539
1996	75.02	60.36	45 261	34 112	603	565
1997	68.80	54.02	45 023	31 436	654	582
1998	124.60	101.97	84 846	64 587	681	633
1999	124.24	93.82	86 290	57 241	695	610
2000	155.46	122.71	107 651	80 314	692	655
2001	190.70	140.75	146 742	99 811	769	709
2002	219.65	161.26	196 170	132 761	893	823

4-13 房地产开发企业(单位)的资产负债

单位:万元、%

年份	实收资本合计	#国家资本金	资产总计	累计折旧	#本年折旧	负债总计	所有者权益	资产负债率
1997	322 139	5 083	183 733	2 629	677	159 932	23 801	87.05
1998	34 871	1 791	245 196	5 894	1 121	209 012	36 184	85.24
1999	580 222	6 041	357 703	7 283	1 893	286 382	71 321	80.06
2000	89 467	17 378	448 079	7 881	2 057	344 569	103 510	76.90
2001	136 806	26 588	594 959	11 551	3 369	452 145	142 814	76.00
2002	155 792	19 789	853 025	11 493	2 890	671 710	181 315	78.70

4-14 各市县国有单位固定资产投资

(2002年) 单位:万元

地　区	总　计	基本建设投　资	更新改造投　资	其他固定资产投资	房地产投　资
全区总计	**1 335 911**	**1 160 543**	**141 495**	**6 502**	**27 371**
银　川　市	**330 517**	**278 831**	**42 634**	**-**	**9 052**
银川市	267 908	221 958	36 898	-	9 052
永宁县	16 474	16 474	-	-	-
贺兰县	22 593	22 593	-	-	-
灵武市	23 542	17 806	5 736	-	-
石嘴山市	**232 723**	**182 177**	**35 480**	**5 868**	**9 198**
石嘴山市	205 565	160 815	29 684	5 868	9 198
平罗县	14 698	8 992	5 706	-	-
陶乐县	3 307	3 307	-	-	-
惠农县	9 153	9 063	90	-	-
吴　忠　市	**186 362**	**158 775**	**19 390**	**634**	**7 563**
利通区	40 937	30 769	7 345	-	2 823
青铜峡市	44 177	32 632	11 545	-	-
中卫县	50 945	46 600	500	-	3 845
中宁县	8 488	7 593	-	-	895
盐池县	8 618	8 618	-	-	-
红寺堡	19 302	19 302	-	-	-
同心县	13 895	13 261	-	634	-
固　原　市	**155 011**	**128 222**	**25 231**	**-**	**1 558**
原州区	100 277	78 542	20 885	-	850
海原县	14 702	13 378	694	-	630
西吉县	11 943	11 865	-	-	78
隆德县	10 027	8 435	1 592	-	-
泾源县	4 750	2 690	2 060	-	-
彭阳县	13 312	13 312	-	-	-
不分地区	**431 298**	**412 538**	**18 760**	**-**	**-**

4－15 各市县国有单位基本建设投资

（2002年）　　单位:万元

地　区	投资额	#住宅	按构成分				本年新增固定资产	固定资产交付使用率(%)
			建筑工程	安装工程	设备、工器具购置	其他费用		
全区总计	**1 160 543**	**57 714**	**761 872**	**148 872**	**135 380**	**114 419**	**649 021**	**55.9**
银川市	**278 831**	**16 842**	**204 624**	**14 300**	**21 733**	**38 174**	**176 261**	**63.2**
银川市	221 958	5 842	154 855	14 200	19 942	32 961	131 721	59.3
永宁县	16 474	2 100	15 475	–	400	599	16 574	100.6
贺兰县	22 593	8 316	21 587	–	143	863	12 455	55.1
灵武市	17 806	584	12 707	100	1 248	3 751	15 511	87.1
石嘴山市	**182 177**	**4 099**	**68 550**	**27 840**	**60 101**	**25 686**	**183 057**	**100.5**
石嘴山市	160 815	3 507	51 488	26 392	58 817	24 118	160 095	99.6
平罗县	8 992	80	7 964	–	10	1 018	8 047	89.5
陶乐县	3 307	512	3 267	–	–	40	2 707	81.9
惠农县	9 063	–	5 831	1 448	1 274	510	12 208	134.7
吴忠市	**158 775**	**15 359**	**122 827**	**12 674**	**13 951**	**9 323**	**137 587**	**86.7**
利通区	30 769	1 935	19 507	4 464	3 408	3 390	24 750	80.4
青铜峡市	32 632	3 900	27 843	3 485	650	654	48 298	148.0
中卫县	46 600	–	36 408	1 143	6 666	2 383	31 488	67.6
中宁县	7 593	1 761	6 288	500	655	150	7 173	94.5
红寺堡	8 618	1 840	8 550	–	–	68	4 576	53.1
盐池县	19 302	2 139	11 042	3 082	2 572	2 606	19 152	99.2
同心县	13 261	3 784	13 189	–	–	72	2 150	16.2
固原市	**128 222**	**14 214**	**57 832**	**41 933**	**9 095**	**19 362**	**65 538**	**51.1**
原州区	78 542	6 149	22 679	41 020	8 669	6 174	18 569	23.6
海原县	13 378	471	8 498	112	39	4 729	13 462	100.6
西吉县	11 865	2 624	8 511	–	–	3 354	14 602	123.1
隆德县	8 435	2 606	6 753	591	–	1 091	6 866	81.4
泾源县	2 690	1 330	2 560	130	–	–	1 795	66.7
彭阳县	13 312	1 034	8 831	80	387	4 014	10 244	77.0
不分地区	**412 538**	**7 200**	**308 039**	**52 125**	**30 500**	**21 874**	**86 578**	**21.0**

4－15 续表　　(2002年)

地　区	施工面积(平方米)		竣工面积(平方米)		施工项目(个)	投产项目(个)
	合　计	*住宅	合　计	*住宅		
全区总计	**3 037 581**	**1 212 620**	**1 792 948**	**749 989**	**854**	**543**
银川市	**1 091 840**	**263 752**	**576 754**	**104 719**	**250**	**176**
银川市	737 771	91 476	379 898	60 931	173	113
永宁县	110 795	20 617	110 795	20 617	13	13
贺兰县	162 692	137 688	23 042	9 200	33	24
灵武市	80 582	13 971	63 019	13 971	31	26
石嘴山市	**366 091**	**67 475**	**201 398**	**59 015**	**132**	**84**
石嘴山市	261 680	56 507	130 498	55 147	59	31
平罗县	74 131	2 268	55 020	2 268	37	31
陶乐县	10 800	8 700	1 600	1 600	18	7
惠农县	19 480	－	14 280	－	18	15
吴忠市	**734 953**	**317 183**	**513 832**	**234 922**	**212**	**122**
利通区	169 931	57 332	131 974	53 279	32	21
青铜峡市	149 321	63 564	121 237	52 930	43	32
中卫县	71 075	－	43 622	－	49	13
中宁县	69 615	27 181	56 352	27 181	18	14
红寺堡	84 970	59 400	80 290	59 400	9	6
盐池县	65 404	40 632	65 404	40 632	28	25
同心县	124 637	69 074	14 953	1 500	33	11
固原市	**531 537**	**282 155**	**341 043**	**207 403**	**230**	**158**
原州区	178 162	97 780	107 277	75 245	58	37
海原县	77 221	13 349	53 503	11 839	41	29
西吉县	91 652	74 155	71 139	59 388	39	30
隆德县	84 815	54 403	57 649	34 236	42	31
泾源县	45 907	25 292	20 172	9 519	23	13
彭阳县	53 780	17 176	31 303	17 176	27	18
不分地区	**313 160**	**282 055**	**159 921**	**143 930**	**30**	**3**

4-16 各市县主要年份国有单位基本建设投资

单位:万元

地区	1958年	1978年	1980年	1985年	1990年	1995年	2000年	2001年	2002年
全区总计	**9 287**	**42 246**	**30 409**	**79 413**	**105 719**	**331 016**	**805 530**	**1 012 753**	**1 160 543**
银川市	**2 323**	**8 451**	**13 673**	**34 672**	**40 752**	**122 456**	**167 826**	**172 592**	**278 831**
银川市	2 019	7 143	12 069	31 746	29 311	76 454	147 941	149 407	221 958
永宁县	41	338	770	1 010	498	1 813	3 452	8 512	16 474
贺兰县	85	606	359	792	916	1 751	3 177	5 466	22 593
灵武市	178	364	475	1 124	10 027	42 438	13 256	9 207	17 806
石嘴山市	**2 176**	**8 950**	**5 573**	**16 668**	**9 809**	**30 055**	**65 633**	**140 609**	**182 177**
石嘴山市	1 915	7 723	5 013	14 438	7 970	18 499	52 238	104 334	160 815
平罗县	231	1 142	374	2 036	1 240	8 367	5 285	15 458	8 992
陶乐县	30	85	186	194	144	342	5 921	6 326	3 307
惠农县	-	-	-	-	455	2 847	2 189	14 491	9 063
吴忠市	**2 357**	**3 976**	**4 298**	**14 646**	**41 464**	**79 541**	**156 798**	**194 386**	**158 775**
利通区	280	536	694	2 778	1 601	4 728	40 896	51 718	30 769
青铜峡市	1 150	2 418	1 166	5 942	35 203	39 154	88 318	70 490	32 632
中卫县	422	402	668	1 744	1 740	19 636	8 785	43 539	46 600
中宁县	248	340	419	1 943	867	3 264	2 423	9 941	7 593
盐池县	106	134	575	805	1 037	11 530	13 127	12 215	19 302
红寺堡	-	-	-	-	-	-	-	-	8 618
同心县	151	146	776	1 435	1 016	1 229	3 249	6 483	13 261
固原地区	**773**	**2 007**	**2 319**	**5 398**	**4 635**	**24 853**	**29 620**	**81 355**	**128 222**
原州区	277	1 266	1 081	1 871	1 461	13 003	8 854	32 581	78 542
海原县	148	286	456	273	121	1 022	4 081	9 871	13 378
西吉县	152	226	350	829	947	1 417	4 005	11 837	11 865
隆德县	161	47	273	589	537	7 299	6 494	12 827	8 435
泾源县	35	182	159	477	321	110	2 049	3 870	2 690
彭阳县	-	-	-	1 359	1 248	2 002	4 137	10 369	13 312
不分地区	**1 758**	**18 862**	**4 546**	**8 028**	**9 059**	**74 111**	**385 653**	**423 811**	**412 538**

4－17　各市县按国民经济行业分国有基本建设投资额

（2002年）　　　　单位：万元

地　区	合　计	农、林、牧、渔业	采掘业	制造业	电力、煤气及水的生产和供应业	建筑业	地质勘查业、水利管理业	交通运输仓储及邮电通信业	批发和零售贸易、餐饮业
全区总计	**1 160 543**	**48 021**	**23 446**	**5 832**	**319 475**	**3 946**	**101 341**	**357 788**	**6 706**
银川市	**278 831**	**8 677**	**－**	**184**	**29 760**	**340**	**3 608**	**72 608**	**1 605**
银川市	221 958	－	－	130	26 610	340	1 253	69 634	1 035
永宁县	16 474	3 787	－	－	2 050	－	－	2 022	300
贺兰县	22 593	1 343	－	－	1 100	－	－	952	－
灵武市	17 806	3 547	－	54	－	－	2 355	－	270
石嘴山市	**182 177**	**4 208**	**1 496**	**589**	**140 621**	**1 467**	**1 020**	**2 851**	**646**
石嘴山市	160 815	－	1 396	509	135 422	－	－	1 878	526
平罗县	8 992	1 298	100	－	1 015	－	－	973	－
陶乐县	3 307	1 190	－	80	350	1 037	－	－	－
惠农县	9 063	1 720	－	－	3 834	430	1 020	－	120
吴忠市	**158 775**	**5 724**	**－**	**4 949**	**34 168**	**51**	**28 762**	**7 257**	**3 299**
利通区	30 769	－	－	260	3 332	－	－	1 915	－
青铜峡市	32 632	440	－	500	12 968	－	－	795	220
中卫县	46 600	2 506	－	3 440	4 551	51	18 793	1 800	651
中宁县	7 593	－	－	－	1 600	－	－	350	900
红寺堡	8 618	－	－	－	－	－	5 840	－	－
盐池县	19 302	900	－	749	9 603	－	1 926	1 652	853
同心县	13 261	1 878	－	－	2 114	－	2 203	745	675
固原市	**128 222**	**19 516**	**300**	**110**	**53 724**	**2 088**	**15 431**	**7 802**	**1 156**
原州区	78 542	4 805	－	－	51 905	－	5 897	5 771	416
海原县	13 378	5 440	－	－	－	－	2 519	919	310
西吉县	11 865	4 621	－	－	243	2 088	1 632	－	65
隆德县	8 435	1 101	－	－	920	－	840	342	365
泾源县	2 690	－	－	110	426	－	－	－	－
彭阳县	13 312	3 549	300	－	230	－	4 543	770	－
不分地区	**412 538**	**9 896**	**21 650**	**－**	**61 202**	**－**	**52 520**	**267 270**	**－**

4－17 续表 （2002年） 单位:万元

地　区	金融、保险业	房地产业	社会服务业	卫生、体育和社会福利业	教育、文化艺术和广播电影电视业	科学研究和综合技术服务业	国家机关政党机关社会团体	其他行业
全区总计	**4 790**	**8 260**	**118 945**	**24 341**	**54 336**	**3 454**	**71 204**	**8 658**
银川市	**3 370**	**8 100**	**70 809**	**15 102**	**37 480**	**2 463**	**16 645**	**8 080**
银川市	3 370	–	52 367	14 284	32 384	1 637	10 834	8 080
永宁县	–	–	2 800	–	3 496	–	2 019	–
贺兰县	–	8 100	7 940	750	600	600	1 208	–
灵武市	–	–	7 702	68	1 000	226	2 584	–
石嘴山市	**670**	**–**	**11 748**	**5 218**	**2 912**	**66**	**8 665**	**–**
石嘴山市	350	–	8 177	4 563	1 093	–	6 901	–
平罗县	320	–	2 121	300	1 407	66	1 392	–
陶乐县	–	–	650	–	–	–	–	–
惠农县	–	–	800	355	412	–	372	–
吴忠市	**750**	**160**	**30 802**	**2 705**	**8 244**	**925**	**30 569**	**410**
利通区	260	–	16 466	1 024	1 972	–	5 540	–
青铜峡市	390	160	2 100	–	1 895	500	12 404	260
中卫县	100	–	10 497	1 403	1 748	–	1 060	–
中宁县	–	–	–	163	1 009	290	3 281	–
红寺堡	–	–	808	60	580	–	1 330	–
盐池县	–	–	347	55	–	–	3 067	150
同心县	–	–	584	–	1 040	135	3 887	–
固原市	**–**	**–**	**5 586**	**1 316**	**5 700**	**–**	**15 325**	**168**
原州区	–	–	970	645	1 905	–	6 228	–
海原县	–	–	620	139	1 195	–	2 236	–
西吉县	–	–	285	–	410	–	2 521	–
隆德县	–	–	845	–	1 413	–	2 441	168
泾源县	–	–	405	532	359	–	858	–
彭阳县	–	–	2 461	–	418	–	1 041	–
不分地区	**–**	**–**	**–**	**–**	**–**	**–**	**–**	**–**

4－18 各市县城镇集体单位固定资产投资

（2002年） 单位:万元

地　区	投资额	#住宅	按构成分			
			建筑工程	安装工程	设备、工器具购置	其他费用
全区总计	**6 454**	**3 436**	**6 379**	**－**	**20**	**55**
银川市	**2 656**	**2 136**	**2 606**	**－**	**－**	**50**
银川市	720	200	670	－	－	50
永宁县	1 936	1 936	1 936	－	－	－
贺兰县	－	－	－	－	－	－
灵武市	－	－	－	－	－	－
石嘴山市	**180**	**－**	**160**	**－**	**20**	**－**
石嘴山市	180	－	160	－	20	－
平罗县	－	－	－	－	－	－
陶乐县	－	－	－	－	－	－
惠农县	－	－	－	－	－	－
吴忠市	**3 618**	**1 300**	**3 613**	**－**	**－**	**5**
利通区	215	40	215	－	－	－
青铜峡市	140	90	140	－	－	－
中卫县	1 420	670	1 420	－	－	－
中宁县	1 388	480	1 383	－	－	5
盐池县	－	－	－	－	－	－
同心县	455	20	455	－	－	－
固原市	**－**	**－**	**－**	**－**	**－**	**－**
原州区	－	－	－	－	－	－
海原县	－	－	－	－	－	－
西吉县	－	－	－	－	－	－
隆德县	－	－	－	－	－	－
泾源县	－	－	－	－	－	－
彭阳县	－	－	－	－	－	－
不分地区	**－**	**－**	**－**	**－**	**－**	**－**

4－19 各市县城镇和工矿区个人建房

(2002年)

地区	建房户数(户)	竣工房屋建筑面积(平方米)	#住宅	竣工房屋价值(万元)	#住宅
全区总计	**1 116**	**221 378**	**186 013**	**10 527**	**8 899**
银川市	**12**	**2 722**	**2 170**	**111**	**84**
银川市	–	–	–	–	–
永宁县	–	–	–	–	–
贺兰县	–	–	–	–	–
灵武市	12	2 722	2 170	111	84
石嘴山市	**75**	**20 485**	**17 205**	**1 113**	**987**
石嘴山市	21	10 233	10 233	614	614
平罗县	54	10 252	6 972	499	373
陶乐县	–	–	–	–	–
惠农县	–	–	–	–	–
吴忠市	**413**	**105 381**	**89 930**	**5 496**	**4 448**
利通区	–	–	–	–	–
青铜峡市	83	6 450	3 050	393	174
中卫县	10	12 200	9 800	610	490
中宁县	98	36 000	33 300	1 880	1 640
盐池县	104	25 835	21 349	1 493	1 135
同心县	118	24 896	22 431	1 120	1 009
固原市	**616**	**92 790**	**76 708**	**3 807**	**3 380**
原州区	235	40 754	40 754	2 000	2 000
海原县	112	22 642	12 865	856	667
西吉县	180	20 174	16 009	362	290
隆德县	23	3 080	1 180	233	88
泾源县	27	3 040	2 800	206	27
彭阳县	39	3 100	3 100	150	150

4-20 各市县房地产开发企业基本情况

(2002年)

地　区	开发公司(个)	#国有经济	#集体经济	私营个体经济	股份制经济	#外商投资经济	#港澳台投资经济	年末从业职工人数(人)
全区总计	**176**	**21**	**11**	**40**	**100**	**2**	**2**	**6 829**
银川市	**124**	**6**	**2**	**33**	**79**	**2**	**2**	**5 227**
银川市	115	6	–	29	76	2	2	4 714
永宁县	3	–	–	2	1	–	–	99
贺兰县	1	–	–	1	–	–	–	8
灵武市	5	–	2	1	2	–	–	406
石嘴山市	**19**	**5**	**2**	**2**	**10**	**–**	**–**	**903**
石嘴山市	17	5	1	2	9	–	–	848
平罗县	2	–	1	–	1	–	–	55
陶乐县	–	–	–	–	–	–	–	–
惠农县	–	–	–	–	–	–	–	–
吴忠市	**26**	**7**	**7**	**3**	**9**	**–**	**–**	**554**
利通区	12	2	4	3	3	–	–	169
青铜峡市	4	–	–	–	4	–	–	173
中卫县	7	4	1	–	2	–	–	174
中宁县	2	1	1	–	–	–	–	30
盐池县	–	–	–	–	–	–	–	–
同心县	1	–	1	–	–	–	–	8
固原市	**7**	**3**	**–**	**2**	**2**	**–**	**–**	**145**
原州区	4	1	–	2	1	–	–	100
海原县	1	1	–	–	–	–	–	24
西吉县	1	1	–	–	–	–	–	16
隆德县	–	–	–	–	–	–	–	–
泾源县	–	–	–	–	–	–	–	–
彭阳县	1	–	–	–	1	–	–	5

4-21 各市县房地产开发企业经营情况

(2002年)

地区	经营总收入	土地转让收入	商品房屋销售收入	商品房出租收入	其他收入	经营税金及附加	营业利润
全区总计	**206 837**	**3 171**	**195 522**	**807**	**7 337**	**11 114**	**3 787**
银川市	**168 576**	**2 996**	**159 797**	**713**	**5 070**	**9 567**	**8 094**
银川市	165 658	2 996	156 924	710	5 028	9 417	8 052
永宁县	1 321	–	1 321	–	–	71	4
贺兰县	203	–	200	3	–	9	32
灵武市	1 394	–	1 352	–	42	70	6
石嘴山市	**13 461**	**–**	**13 401**	**60**	**–**	**483**	**-2 832**
石嘴山市	12 722	–	12 662	60	–	447	-2 848
平罗县	739	–	739	–	–	36	16
陶乐县	–	–	–	–	–	–	–
惠农县	–	–	–	–	–	–	–
吴忠市	**21 704**	**175**	**20 844**	**34**	**651**	**1 031**	**-1 787**
利通区	12 253	–	12 207	–	46	496	-1 790
青铜峡市	1 799	–	1 799	–	–	109	-123
中卫县	4 834	175	4 020	34	605	288	-6
中宁县	416	–	416	–	–	11	97
盐池县	–	–	–	–	–	–	–
同心县	2 402	–	2 402	–	–	127	35
固原地区	**3 096**	**–**	**1 480**	**–**	**1 916**	**33**	**312**
原州区	1 073	–	–	–	1 073	23	110
海原县	543	–	–	–	543	6	204
西吉县	40	–	40	–	–	2	-10
隆德县	–	–	–	–	–	–	–
泾源县	–	–	–	–	–	–	–
彭阳县	1 440	–	1 440	–	–	2	8

4－22 各市县商品房屋销售情况

(2002年)

地 区	实际销售商品房屋面积(平方米)	#住 宅	个人购买商品住宅(平方米)	商品房屋销售额(万元)	#住 宅
全区总计	**1 183 618**	**984 881**	**948 051**	**220 736**	**157 019**
银川市	**860 018**	**706 503**	**691 871**	**188 383**	**132 421**
银川市	832 835	681 420	666 788	185 951	130 164
永宁县	15 599	13 499	13 499	1 321	1 146
贺兰县	1 100	1 100	1 100	200	200
灵武市	10 484	10 484	10 484	911	911
石嘴山市	**117 259**	**105 113**	**94 913**	**11 673**	**9 079**
石嘴山市	109 624	97 478	87 278	10 934	8 340
平罗县	7 635	7 635	7 635	739	739
陶乐县	–	–	–	–	–
惠农县	–	–	–	–	–
吴忠市	**191 841**	**158 765**	**146 767**	**19 580**	**14 419**
利通区	106 603	85 309	84 288	11 378	7 958
青铜峡市	13 306	10 160	10 160	1 183	566
中卫县	32 111	25 724	14 747	3 733	2 831
中宁县	6 095	4 846	4 846	416	344
盐池县	–	–	–	–	–
同心县	33 726	32 726	32 726	2 870	2 720
固原地区	**14 500**	**14 500**	**14 500**	**1 100**	**1 100**
原州区	–	–	–	–	–
海原县	–	–	–	–	–
西吉县	–	–	–	–	–
隆德县	–	–	–	–	–
泾源县	–	–	–	–	–
彭阳县	14 500	14 500	14 500	1 100	1 100

主要统计指标解释

【全社会固定资产投资】 固定资产投资额是以货币表现的在一定时期内建造和购置固定资产的工作量以及与此有关的费用的总称，它是反映固定资产投资规模、结构、和发展速度的综合性指标。

现行国家统计制度规定，固定资产投资统计范围包括：基本建设项目及更新改造企、事业单位，国有其他固定资产投资单位，城镇集体经济、联营经济、股份制经济、外商投资经济、港澳台投资经济及其他经济类型的固定资产投资单位和城镇私营、个体以及各种经济类型的房地产开发单位，农村集体单位和私营、个体投资以及城镇私人建房投资。

1. 基本建设单位即基本建设项目。
2. 企、事业单位的更新改造项目。
3. 国有其他固定资产投资单位。
4. 城镇集体固定资产投资单位。
5. 联营经济、股份制经济、外商投资经济、港澳台投资经济及其他经济类型的企、事业投资单位。
6. 城镇私营、个体投资（个体统计非建房投资）。
7. 房地产开发投资单位。
8. 农村集体固定资产投资项目。
9. 城镇和工矿区私人建房投资。
10. 农村、私营、个人固定资产投资。

【施工项目】 是指报告期内进行过建筑或安装施工活动的项目。凡是报告期内施过工的建设项目，不论施工时间长短，均作为施工项目统计。施工项目个数可以反映一定时期固定资产投资实际规模，与同期建成投产的建设项目个数相比，可以从建设速度的角度反映固定资产投资的效果。

根据建设项目施工活动的不同性质，施工项目又分为：本年正式施工项目、本年收尾项目和以前年度全部停缓建项目。

【建成投产项目】 是指报告期内按设计文件规定建成主体工程和相应配套的辅助设施，形成生产能力或工程效益，经过验收合格，并且已正式投入生产或交付使用的建设项目。建成投产项目个数是反映报告期建设成果和考核投资效果的重要依据。

建成投产项目分为全部建成投入生产项目和部分建成投入生产项目。

【房屋施工面积】 是指报告期内施工的全部房屋建筑面积。包括本期新开工的面积和上期开工跨入本期继续施工的房屋面积，以及上期已停建在本期恢复施工的房屋面积。本期竣工和本期施工后又停缓建的房屋，其建筑面积仍计入本期房屋施工面积中。

【房屋竣工面积】 是指在报告期内房屋建筑按照设计要求已全部完工。达到住人和使用条件，经验收鉴定合格（或达到竣工验收标准），正式移交给使用单位的各栋房屋建筑面积的总和。

【新增固定资产】 新增固定资产（又称交付使用的固定资产），是指已经完成建造和购置过程，并已交付生产或使用单位的固定资产价值。

新增固定资产是反映固定资产投资活动成果的价值量指标，只有已经完成建造和购置过程，并正式移交生产、使用单位的固定资产才能计算新增固定资产。没有安装的需要安装设备、正在施工的建设工程等都不能计算新增固定资产。

五、能 源

5-1　主要年份能源生产、消费总量和构成

年　份	能源生产总　量（折万吨标准煤）	占能源生产总量(%)				能源消费总　量（折万吨标准煤）	占能源生产总量(%)			
		煤　炭	原　油	天然气	水　电		煤　炭	原　油	天然气	水　电
1952	5.1	100.0								
1957	24.3	100.0								
1958	86.4	100.0								
1965	219.9	100.0								
1970	348.3	97.0			3.0					
1975	580.4	92.1	1.3		6.6					
1977	688.2	92.4	2.2		5.4					
1978	806.4	88.5	7.0		4.5					
1979	864.6	86.0	9.4		4.6					
1980	810.8	85.5	10.0		4.5	320.0	73.4	3.8		22.8
1985	973.1	89.6	5.9		4.5	420.4	65.6	7.6	0.3	26.4
1986	960.4	90.7	5.1	0.1	4.1	451.0	62.9	7.5	0.3	29.4
1987	997.6	92.3	4.4	0.1	3.2	509.0	61.6	6.8	0.2	31.4
1988	1 031.8	92.1	4.5	0.1	3.3	549.6	58.5	7.2	0.3	34.1
1989	1 051.0	91.2	3.9	0.1	4.8	614.9	55.8	8.8	0.2	35.3
1990	1 115.2	92.4	3.3	0.1	4.2	707.3	57.6	9.2	0.1	33.1
1991	1 070.6	93.6	3.1	0.1	3.2	694.4	54.1	9.8	0.1	36.0
1992	1 049.8	93.8	2.8	0.1	3.2	705.0	50.8	11.0	0.2	38.0
1993	1 024.5	95.6	2.9	0.2	1.3	715.8	47.7	11.8	0.2	40.3
1994	1 052.6	94.2	4.1	0.5	1.2	740.8	75.0	10.5	0.7	13.8
1995	1 132.1	93.4	4.9	0.7	1.0	775.2	75.0	10.2	0.2	14.6
1996	1 251.6	92.2	6.4	0.6	0.8	808.8	74.8	9.7	0.2	15.3
1997	1 319.0	90.4	8.7	0.2	0.7	814.0	73.9	10.5	0.1	15.5
1998	1 300.5	86.9	12.2	0.1	0.8	816.9	70.9	12.8	0.2	16.1
1999	1 290.5	84.7	14.2	0.1	0.9	823.1	69.6	13.0	0.2	17.2
2000	1 362.7	84.5	14.6	0.1	0.8	875.0	68.5	13.2	0.2	18.1
2001	1 409.0	82.9	16.3	0.1	0.7	915.6	70.9	13.1	0.2	15.8
2002	1 594.9	81.4	17.7	0.3	0.6	1 041.5	72.5	12.8	0.3	14.4

注:1993—2002年电力折标系数彩当量热值折算,即1.229吨煤/万千瓦时,2001年占能源生产总量比重以本数据为准。

5－2 主要年份能源生产、消费弹性系数

指　　标	1980 年	1985 年	1990 年	1995 年	2000 年	2001 年	2002 年
能源生产比上年增长(%)	－6.32	10.87	6.11	7.56	5.59	3.40	13.19
电力生产比上年增长(%)	9.10	3.83	3.27	10.77	6.49	12.49	13.79
国内生产总值比上年增长(%)	7.90	17.80	3.70	9.00	8.50	10.10	10.2
能源生产弹性系数	－0.80	0.61	1.65	0.84	0.57	0.34	1.29
电力生产弹性系数	1.15	0.22	0.88	1.20	0.66	1.24	1.35
能源消费比上年增长(%)	6.68	7.44	15.03	4.64	6.31	4.64	13.75
电力消费比上年增长(%)	10.13	6.02	8.65	10.86	11.87	2.83	12.1
能源消费弹性系数	0.85	0.42	4.06	0.52	0.64	4.59	1.35
电力消费弹性系数	1.28	0.34	2.34	1.21	1.21	0.28	1.19

注:国内生产总值增长速度按可比价格计算。

5－3 主要年份每人年平均生活用能源

年　份	平均每人生活消费能源(千克标准煤/人)	煤　　炭(千克)	电　　力(千瓦小时)	煤　　油(千克)	液化石油气(千克)	天　然　气(立方米)
1985	223.86	277.54	49.88	0.46	0.12	0.79
1986	192.07	251.88	28.61	0.31	0.19	－
1987	191.65	253.69	31.88	0.30	0.54	－
1988	191.95	246.41	35.47	0.39	0.52	－
1989	184.25	231.17	42.25	0.42	0.71	－
1990	183.72	227.43	46.40	0.34	0.75	－
1991	169.80	202.58	51.37	0.29	0.88	－
1992	175.39	204.32	59.82	0.25	1.97	－
1993	172.32	202.50	66.25	0.21	2.35	－
1994	139.21	167.37	68.66	0.54	2.90	5.20
1995	151.81	161.42	73.41	0.49	2.83	0.79
1996	147.62	147.74	83.40	－	5.24	0.77
1997	145.81	160.74	86.84	－	5.29	－
1998	141.55	159.55	91.60	－	4.88	1.13
1999	150.26	157.43	103.53	－	5.89	－
2000	158.14	154.29	109.27	－	5.12	1.82
2001	162.56	161.36	110.58		4.30	2.86
2002	177.49	176.18	120.74	－	4.69	3.12

注:本表按年平均人口计算。

5-4　主要年份每亿元工业总产值能源、电力消费量

年　份	能源消费量(万吨标准煤)			电力消费量(万千瓦小时)		
	工　业	重工业	轻工业	工　业	重工业	轻工业
1985	11.99	15.25	4.14	8 935	11 751	2 154
1986	12.19	15.91	4.11	9 989	13 514	2 331
1987	12.10	15.17	5.59	10 914	13 658	5 089
1988	11.55	15.24	3.41	11 070	15 157	2 053
1989	11.80	15.55	3.17	11 175	15 136	2 054
1990	12.17	15.63	4.28	10 858	14 765	1 945
1991	6.87	8.20	2.85	6 677	8 368	1 543
1992	6.14	7.31	2.43	6 488	8 038	1 603
1993	6.12	7.29	2.39	7 015	8 532	1 591
1994	5.64	6.68	1.79	6 128	7 368	1 525
1995	5.20	6.04	1.83	5 992	7 097	1 541
1996	5.14	6.02	1.40	6 403	7 525	1 639
1997	4.95	5.76	1.57	6 249	7 385	1 517
1998	4.86	5.67	1.46	6 413	7 559	1 582
1999	4.78	5.55	1.64	6 776	7 958	1 924
2000	4.21	4.91	1.35	6 201	7 310	1 598
2001	3.99	4.86	1.53	5 786	7 181	1 992
2002	3.87	4.71	1.48	6 835	8 482	2 359

注:1991—2002年工业总产值按1990年不变价计算。

5-5　主要年份单位能源、电力消费实现的工业总产值

单位:万元

年　份	每吨能源消费实现的工业总产值			每千瓦小时电力消费实现的工业总产值		
	工　业	重工业	轻工业	工　业	重工业	轻工业
1985	834.00	656.00	2 415.00	1.21	0.85	4.64
1986	820.25	628.48	2 433.56	1.00	0.74	4.29
1987	826.41	659.27	1 789.77	0.92	0.73	1.96
1988	865.70	656.08	2 934.74	0.90	0.66	4.87
1989	847.42	643.14	3 191.75	0.89	0.66	4.87
1990	821.67	639.77	2 337.33	0.92	0.68	5.14
1991	1 454.63	1 219.36	3 511.16	1.50	1.19	6.48
1992	1 629.49	1 367.21	4 121.30	1.54	1.24	6.24
1993	1 634.00	1 371.73	4 183.80	1.42	1.17	6.29
1994	1 772.66	1 497.25	5 595.94	1.63	1.36	6.56
1995	1 922.36	1 655.68	5 475.75	1.67	1.41	6.49
1996	1 946.82	1 662.42	7 128.62	1.56	1.33	6.10
1997	2 019.29	1 735.07	6 366.07	1.60	1.35	6.59
1998	2 055.69	1 763.30	6 827.96	1.56	1.32	6.32
1999	2 090.27	1 800.47	6 092.94	1.48	1.26	5.20
2000	2 375.20	2 035.24	7 402.35	1.61	1.37	6.26
2001	2 506.26	2 057.61	6 535.95	1.73	1.39	5.02
2002	2 651.65	2 179.97	6 915.11	1.46	1.17	4.24

注:1991-2002年工业总产值按1990年不变价计算。

5－6 工业企业能源购进、消费及库存

(2002 年)

能源名称	计量单位	年初库存	购进量		消费量			年末库存
			实物量	金额(万元)	合计	工业生产消费	非工业生产消费	
原煤	吨	1 416 981	11 635 299	147 903	11 579 080	11 404 274	174 806	1 195 240
洗精煤	吨	43 660	616 638	13 403.4	608 016	608 016		52 282
其他洗煤	吨	55 787	657 550	3 544.6	518 685	517 307	1 378	194 652
型煤	吨	103	85	1.8	188		188	
焦炭	吨	46 053	427 978	10 920.8	429 169	428 059	1 110	44 268
其他焦化产品	吨	9	4 367	244.3	4 197	4 179		196
焦炉煤气	万立方米		882	80.0	882	882		
天然气	万立方米	1 500	99 511	37 910.5	98 486	98 308	178	2 525
原油	吨	46 063	748 333	108 663.0	767 861	767 758	103	25 626
汽油	吨	2 431	17 457	5 251.9	15 385	9 911	5 374	4 603
柴油	吨	2 549	23 471	5 305.7	22 960	17 664	5 296	5 747
燃料油	吨	47 739	136 408	16 397.9	186 350	186 350		4 289
液化石油气	吨	960	6 158	1 664.6	6 870	77	6 793	248
炼厂干气	吨				25 028	25 028		
其他石油制品	吨	11 379	160 782	11 332.5	129 189	129 155	34	42 972
热力	百万千焦		3 748 026	2 596.9	4 589 963	2 760 745	1 829 218	
电力	万千瓦时		1 767 669	319 300.2	1 838 892	1 798 208	40 684	
其他燃料	吨标准煤		1 906	68.6	35 945	35 945		464
能源合计	吨标准煤	1 266 805	18 625 334	721 113.2	18 926 643	18 456 316	470 327	11 951 562

5-7 主要能源按工业行业分组消费量

（2002年）　　单位:吨

	原　煤	洗精煤	其他洗煤	型　煤	焦　炭	其他焦化产品
总　　计	**11 579 080**	**608 016**	**518 685**	**188**	**429 169**	**4 179**
按工业行业大类分列	**786 001**					**8**
煤炭采选业	40 136				13	
非金属矿采选业	3 010					
食品加工业	8 934					
食品制造业	83 571					
饮料制造业	47 146					
烟草加工业	5 548					
纺织业	6 896					
服装及其他纤维制品制造业	2 925					
皮革、毛皮、羽绒及其制品业	1 495					
木材加工及竹、藤、棕、草制品业	461					
家具制造业	212					
造纸及纸制品业	605 838					
印刷业	2 322					
文教体育用品制造业	10					
石油加工及炼焦业	275 938	357 075			11 465	2 713
化学原料及化学制品制造业	1 367 864	71 297			170 175	1 458
医药制造业	37 403					
化学纤维制造业	5 530					
橡胶制品业	12 601					
塑料制品业	3 207					
非金属矿物质制品业	842 233	47 851	16 516		725	
黑色金属冶炼及压延加工业	146 472	62 143			234 435	
有色金属冶炼及压延加工业	173 473	20 756			125	
金属制品业	64 603	31 605			1 546	
普通机械制造业	76 177		16		8 255	
专用设备制造业	51 092				551	
交通运输设备制造业	922					
电气机械及器材制造业	17 708				556	
电子及通信设备制造业						
仪器仪表及文化、办公用机械制造业	18 137				54	
其他制造业	1 046					
电力、蒸汽、热水的生产和供应业	6 887 612	17 289	502 153		1 269	
煤气生产和供应业	607					
自来水的生产和供应业	1 950					

5－7　续表1　　　　　　　　　　　　（2002年）

	天燃气（万立方米）	原　油（吨）	汽　油（吨）	煤　油（吨）	柴　油（吨）	燃料油（吨）
总　　计	**98 486**	**767 861**	**15 285**	**865**	**22 960**	**186 350**
按工业行业大类分列						
煤炭采选业		96	1 869	44	8 349	4
非金属矿采选业			17		87	
食品加工业			128		168	
食品制造业			562		198	
饮料制造业			85		204	
烟草加工业			3			
纺织业			111			
服装及其他纤维制品制造业			46			
皮革、毛皮、羽绒及其制品业			20			
木材加工及竹、藤、棕、草制品业			112			
家具制造业			58		16	
造纸及纸制品业			289	300	36	
印刷业			1 071			
文教体育用品制造业			4			
石油加工及炼焦业		767 697	368		387	6 510
化学原料及化学制品制造业	48 684	8	4 424	78	8 379	175 539
医药制造业			157		271	
化学纤维制造业			18			
橡胶制品业			61		11	
塑料制品业			69		9	
非金属矿物质制品业	47 651	37	3 061	52	1 645	
黑色金属冶炼及压延加工业			303	1	114	
有色金属冶炼及压延加工业	1 640		563		980	478
金属制品业			218		175	
普通机械制造业	511		481	355	454	
专用设备制造业		23	214	24	129	
交通运输设备制造业			49		12	
电气机械及器材制造业			129	3	213	
电子及通信设备制造业			3			
仪器仪表及文化、办公用机械制造业			155	7	63	
其他制造业			3			
电力、蒸汽、热水的生产和供应业			452	1	982	3 819
煤气生产和供应业			16		40	
自来水的生产和供应业			136		8	

5-7 续表2 (2002年)

	液化石油气（吨）	炼厂干气（吨）	其他油制品（吨）	热力（百万千焦）	电力（万千瓦时）	其他燃料（吨标准煤）
总计	**6 870**	**25 028**	**129 189**	**4 589 963**	**1 838 892**	**35 945**
按工业行业大类分列						
煤炭采选业			18		48 294	
石油和天然气开采业						
黑色金属矿采选业						
有色金属矿采选业						
非金属矿采选业					35	1
其他矿采选业						
木材及竹材采运业						
食品加工业					2 892	
食品制造业				7 700	309 409	
饮料制造业			6		3 817	
烟草加工业					260	
纺织业					3 646	
服装及其他纤维制品制造业					197	
皮革、毛皮、羽绒及其制品业					237	
木材加工及竹、藤、棕、草制品业					35	
家具制造业					146	
造纸及纸制品业					19 713	
印刷业					143 481	
文教体育用品制造业					15	
石油加工及炼焦业	59	25 028		233 151	21 855	33 175
化学原料及化学制品制造业			1 016	438 681	197 095	1 300
医药制造业					12 340	
化学纤维制造业					1 094	
橡胶制品业			189		620	
塑料制品业					764	
非金属矿物质制品业			228		59 165	
黑色金属冶炼及压延加工业			5		296 514	
有色金属冶炼及压延加工业	15		127 595	1 339 715	457 769	
金属制品业	3				17 323	
普通机械制造业			102	108 414	9 694	
专用设备制造业			30		5 332	
交通运输设备制造业					30	
武器弹药制造业						
电气机械及器材制造业					1 663	
电子及通信设备制造业					2	
仪器仪表及文化、办公用机械制造业					1 196	
其他制造业					427	
电力、蒸汽、热水的生产和供应业				2 462 302	220 246	
煤气生产和供应业	6 793				18	
自来水的生产和供应业					3 568	1 469

主要统计指标解释

【能源生产总量】 指一定时期内一次能源生产量的总和，是观察能源生产水平、规模、构成和发展速度的总量指标。一次能源生产量包括原煤、原油、天然气、水电及其他动力能（如风能、地热能等）发电量。不包括低热值燃料生产量、生物质能、太阳能等利用和由一次能源加工转换而成的二次能源产量。

【能源消费总量】 指一定时期内物质生产部门，非物质生产部门和生活消费的各种能源的总和，是观察能源消费水平、构成和增长速度的总量指标。能源消费总量包括原煤及其制品、天然气、电力。不包括低热值燃料、生物质能和太阳能等的利用。能源消费总量分为三部分。即终端能源消费量、能源加工转换损失量和损失量。

【终端能源消费量】 指一定时期内物质生产部门、非物质生产部门和生活消费的各种能源在扣除了用于加工转换二次能源消费量和损失量以后的数量。

【能源加工转换损失量】 指一定时期内投入加工转换的各种能源数量之和与产出各种能源产品之和的差额。它是观察能源在加工转换过程中损失量变化的指标。

【能源损失量】 指一定时期内能源在输送、分配、储存过程中发生的损失和由于客观原因造成的各种损失量。不包括各种气体能源放空、放散量。

【能源经济效益综合指标】 主要考察能源利用的经济效果，同时考察能源消耗与国民经济增长之间的关系。

【能源消费量】 是指工业部门或工业用于工业生产的各种能源消费量的总和。

$$单位能源消费实现的工业总产值=\frac{工业总产值}{能源消费量}$$

$$单位工业总产值能源消费量=\frac{能源消费量}{工业总产值}$$

$$人均能源占有量=\frac{可供消费的能源量}{人口总数}$$

【生活用能源消费量】 是指本地区报告期内用于生活的各种能源的数量。包括用于炊事取暖、照明及家用电器等方面的消费量。

【能源生产弹性系数】 是研究能源生产量的增长同国民经济增长之间关系的指标。通常计算能源生产弹性系数和电力生产弹性系数。计算公式：

$$能源生产弹性系数=\frac{能源生产总量年平均增长速度}{国民经济年平均增长速度}$$

$$电力生产弹性系数=\frac{电力生产量年平均增长速度}{国民经济年平均增长速度}$$

【电力生产量】 是指水电、火电及其它动力能发电量。

【能源消费弹性系数】 能源消费弹性系数是研究能源消费量增长同国民经济增长之间关系的指标。通常计算能源消费弹性系数和电力消费弹性系数。计算公式

$$能源消费弹性系数=\frac{能源消费量年平均增长速度}{国民经济年平均增长速度}$$

$$电力消费弹性系数=\frac{电力消费量年平均增长速度}{国民经济年平均增长速度}$$

能源消费弹性系数是反映一个国家或地区经济发展与能源消费增长之间一定的比例关系。一般情况下，弹性系数愈小愈好。能源消费弹性系数的大小同生产力发展水平、国民经济结构、产品结构、技术装备、生产工艺、能源管理水平以及居民生活消费水平等密切相关。从国内外经济发展情况看，在工业化初期，能源消费弹性系数一般大于1，实现了工业化或工业有较大发展后，一般小于1；发达国家的能源消费弹性系数大致等于或小于1，发展中国家大多数大于1，而且国民收入越低。弹性系数越大。

六、财政、金融、保险

6－1 主要年份财政收入

单位:万元

年 份	地方财政收入	工商税收	农牧业税	企业所得税	国有企业上缴利润	国有企业亏损补贴	企业所得税退税
1950	1 087	294	766		1		
1955	2 891	1 028	1 155		473		
1957	3 670	1 154	1 065		1 124		
1958	5 774	1 683	1 680		2 081		
1960	10 469	2 763	887		6 430		
1965	6 359	2 835	969		1 825		
1970	9 894	5 006	1 049		3 382		
1975	22 324	10 172	963		10 970		
1978	31 603	13 163	995		15 106		
1980	20 353	13 514	827		4 808		
1981	14 362	12 252	775		161		
1982	15 170	14 160	774		－1 000		
1983	17 794	15 685	774		22		
1984	23 144	17 844	845		3 250		
1985	29 075	25 655	1 092	8 900	2 193	－9 999	
1986	36 613	29 190	1 114	8 152	2 392	－6 392	
1987	41 135	34 060	1 257	8 392	2 514	－7 152	
1988	50 863	41 110	1 553	10 116	1 894	－10 116	－1 810
1989	63 322	51 246	2 589	10 249	1 833	－11 196	－3 034
1990	62 314	56 481	2 649	8 805	2 420	－12 266	－1 668
1991	68 122	60 549	2 738	9 935	1 586	－11 548	－1 541
1992	77 265	64 856	3 452	9 760	2 684	－9 730	－1 607
1993	108 522	99 071	3 916	8 962	373	－8 945	－1 509
1994	71 728	57 054	5 123	6 080	2 203	－6 358	－678
1995	89 792	67 672	4 901	7 690	651	－1 817	－532
1996	126 807	84 079	9 948	11 033	325	－1 588	－465
1997	140 738	97 673	11 832	15 071	323	－1 955	－2 309
1998	177 525	114 752	13 587	12 845	－	－1 888	－4 673
1999	188 393	126 165	12 796	18 775	－	－2 153	－5 062
2000	208 244	148 958	9 318	26 147	－	－967	－2 464
2001	275 745	163 307	9 903	60 084	－	－557	－852
2002	264 714	192 083	8 757	18 412	－	－241	－

6-2 主要年份财政支出

单位:万元

年 份	地方财政支出	基本建设	企业技术改造	支援农业	工交商事业	科教卫生	城市维护	社会抚恤救济	行政管理
1950	461				103	94		4	259
1955	3 802				2 505	411		111	773
1957	3 742				1 967	683		72	994
1958	12 434	6 254		621	2 796	888	6	88	1 012
1960	30 270	17 851		3 709	1 388	2 060	17	427	1 540
1965	11 171	3 708	78	1 722	185	1 988	286	284	1 368
1970	16 855	8 226		1 299	163	2 500	365	240	1 692
1975	37 050	13 840		5 553	442	4 990	543	579	2 467
1978	57 755	21 982	2 979	9 574	653	7 569	592	1 082	2 923
1980	57 526	16 719	3 582	13 489	800	10 052	1 230	1 554	4 770
1981	46 104	9 015	1 691	9 833	774	11 075	1 022	1 208	4 729
1982	57 113	10 470	2 449	11 432	1 070	14 376	1 549	2 185	5 003
1983	69 481	14 844	3 727	11 787	1 414	15 692	2 121	2 448	6 250
1984	87 889	18 739	5 546	13 895	1 675	19 921	3 605	1 652	9 157
1985	98 526	22 024	4 067	15 027	1 987	22 183	3 375	1 900	7 118
1986	120 214	23 351	6 294	16 490	1 916	25 680	4 998	1 899	8 293
1987	118 441	20 223	6 729	15 717	1 496	27 561	4 150	1 825	8 234
1988	138 154	17 617	6 411	17 438	1 895	31 777	4 516	2 744	9 697
1989	146 622	14 959	5 601	18 355	1 861	32 731	4 353	1 995	10 992
1990	149 616	14 610	5 322	20 015	2 177	36 659	4 714	2 099	12 660
1991	160 496	15 313	6 969	21 585	2 026	38 592	5 020	2 658	14 102
1992	158 636	14 392	7 740	22 399	2 446	43 395	5 497	2 543	16 777
1993	193 959	14 724	19 627	25 375	2 690	48 159	5 648	2 539	20 566
1994	193 754	11 794	6 850	29 956	3 422	60 118	5 474	3 220	25 049
1995	229 963	15 941	7 021	28 698	3 390	65 413	7 408	3 473	27 619
1996	295 196	26 209	15 355	35 463	3 955	73 312	9 499	4 205	27 890
1997	336 300	27 550	15 508	39 252	4 043	78 182	12 658	5 010	31 519
1998	451 239	61 890	13 575	45 505	4 313	97 678	14 217	7 066	37 233
1999	495 346	60 595	22 373	45 080	5 202	109 454	15 859	7 304	39 588
2000	608 380	93 938	32 790	48 034	5 708	127 026	17 710	8 843	45 521
2001	935 787	379 901	45 265	62 159	9 521	176 307	19 018	13 726	60 773
2002	1 145 650	255 018	32 809	82 093	11 109	199 973	24 797	21 318	69 594

6-3 财政收入占国内生产总值比重

年 份	财政收入（亿元）	国内生产总值（亿元）	财政收入占国内生产总值比重（%）
1978	3.16	13.00	24.31
1979	3.05	14.36	21.24
1980	2.04	15.96	12.78
1981	1.44	17.42	8.27
1982	1.52	18.22	8.34
1983	1.78	20.79	8.56
1984	2.31	24.78	9.32
1985	2.91	30.27	9.61
1986	3.66	34.54	10.60
1987	4.11	39.63	10.37
1988	5.09	50.29	10.12
1989	6.33	59.21	10.69
1990	6.23	64.84	9.61
1991	6.81	71.78	9.49
1992	7.73	83.14	9.30
1993	10.85	103.82	10.45
1994	7.17	133.97	5.35
1995	8.98	169.75	5.29
1996	12.68	193.62	6.55
1997	14.07	210.92	6.67
1998	17.75	227.46	7.80
1999	18.84	241.49	7.80
2000	20.82	265.57	7.84
2001	27.57	298.38	9.24
2002	26.47	329.28	8.04

6－4 主要年份国家银行存、贷款余额

单位:万元

年 份	存款余额		贷款余额	
	年末数	比上年增(+)减(-)数	年末数	比上年增(+)减(-)数
1951	701	382	257	200
1952	1 077	376	527	270
1957	3 012	620	6 915	158
1958	8 925	5 913	8 125	1 210
1965	17 023	1 990	16 927	3 304
1970	23 280	1 478	40 439	8 014
1975	42 379	7 240	54 571	4 106
1978	54 335	8 999	71 803	5 319
1980	70 248	18 545	86 245	12 947
1981	85 457	15 209	89 993	3 748
1982	97 871	12 414	91 943	1 950
1983	117 206	19 335	101 387	9 444
1984	173 820	18 739	163 385	61 998
1985	186 917	13 117	219 494	56 109
1986	228 219	41 302	294 407	74 913
1987	293 141	64 922	376 018	81 611
1988	321 584	35 804	467 319	97 641
1989	382 715	61 131	550 073	82 754
1990	484 932	102 217	695 426	145 353
1991	597 891	112 959	839 101	143 675
1992	733 018	135 127	989 684	150 583
1993	887 330	154 489	1 208 471	218 787
1994	1 166 130	308 508	1 466 794	259 913
1995	1 520 185	369 448	1 792 135	319 317
1996	1 921 059	400 095	2 124 545	329 956
1997	2 321 606	372 289	2 478 404	311 448
1998	2 610 504	284 282	2 833 427	350 134
1999	2 950 133	339 629	3 047 344	213 917
2000	3 371 493	421 359	3 386 365	477 575
2001	3 887 842	516 347	3 798 221	411 862
2002	4 443 593	556 138	4 175 681	360 316

6－5　主要年份国家银行各项存、贷款余额

单位:万元

年份	各项存款余额合计	#企业存款	各项贷款余额合计	#工业贷款	#商业贷款	#农业贷款
1978	54 335	16 211	71 803	23 658	39 379	5 591
1980	70 248	20 928	86 245	30 251	46 677	7 347
1981	85 457	22 007	89 993	29 614	51 689	6 784
1982	97 871	25 339	91 943	25 955	52 253	9 050
1983	117 206	30 575	101 387	28 367	55 738	10 401
1984	173 820	43 532	163 385	38 501	74 075	16 242
1985	186 917	42 815	219 494	53 164	79 533	21 158
1986	228 219	82 691	294 407	75 677	88 435	18 677
1987	293 141	99 366	376 018	95 862	104 979	16 798
1988	321 584	108 785	467 319	122 723	139 183	18 948
1989	382 715	111 736	550 073	161 316	160 059	23 316
1990	484 932	125 052	695 426	228 417	183 229	28 112
1991	597 891	158 992	839 101	274 696	200 431	33 716
1992	733 018	183 540	989 684	316 573	240 156	37 940
1993	887 330	226 198	1 208 471	385 895	288 850	47 696
1994	1 166 130	331 790	1 466 794	431 716	350 167	28 987
1995	1 520 185	440 416	1 792 135	534 194	434 697	33 913
1996	1 921 059	574 427	2 124 545	645 792	522 729	37 087
1997	2 321 606	725 577	2 478 404	726 092	627 622	39 822
1998	2 610 504	785 518	2 833 427	759 319	680 191	44 706
1999	2 950 133	894 784	3 047 344	781 921	703 207	44 927
2000	3 371 493	1 066 848	3 386 365	714 292	588 176	33 919
2001	3 887 842	1 221 125	3 798 221	750 694	487 427	43 448
2002	4 443 593	1 397 818	4 175 681	805 483	426 423	49 256

6－6　主要年份金融机构现金收入

单位:万元

年 份	现金收入总 额	#商品销售收 入	#服务事业收 入	#储蓄存款收 入	比 重(%)		
					#商品销售收 入	#服务事业收 入	#储蓄存款收 入
1978	51 909	37 077	4 157	5 681	71.4	8.0	10.9
1980	75 468	50 885	5 241	13 064	67.4	6.9	17.3
1985	214 070	109 685	11 232	68 325	51.2	5.2	31.9
1986	262 639	129 706	13 238	89 466	49.4	5.0	34.1
1987	330 020	148 561	16 843	125 325	45.0	5.1	38.0
1988	490 747	212 798	21 997	191 824	43.4	4.5	39.1
1989	598 452	229 838	29 180	261 827	38.4	4.9	43.8
1990	677 405	237 943	37 546	309 567	35.1	5.5	45.7
1991	771 501	263 825	44 123	352 926	34.2	5.7	45.7
1992	1 081 981	320 078	55 359	524 961	29.6	5.1	48.5
1993	1 581 052	437 980	76 788	799 118	27.7	4.9	50.5
1994	2 169 368	522 775	105 243	1 197 969	24.1	4.9	55.2
1995	3 106 449	18 739	139 305	1 759 135	22.6	4.5	56.6
1996	3 816 130	799 025	196 357	2 150 755	20.9	5.1	56.4
1997	6 501 593	887 656	244 548	3 693 995	13.7	3.8	56.8
1998	7 428 914	1 004 508	348 327	4 846 276	13.5	4.7	65.2
1999	8 526 063	1 083 910	405 615	5 690 403	12.7	4.8	66.7
2000	9 997 165	1 285 906	467 225	6 541 629	12.9	4.7	65.4
2001	12 092 769	1 432 499	525 889	8 223 374	11.9	4.3	68.0
2002	12 985 180	1 753 551	656 907	8 306 827	13.5	5.1	64.0

6－7　主要年份金融机构现金支出

单位:万元

年 份	现金支出总 额	#工 资 性支 出	#农副产品采购支出	#行政事业管理支出	比 重(%)		
					#工 资 性支 出	#农副产品采购支出	#行政事业管理支出
1978	56 189	33 329	2 876	4 282	59.3	5.1	7.6
1980	83 747	45 471	7 310	6 325	54.3	8.7	7.6
1985	236 189	91 453	29 178	17 443	38.7	12.4	7.4
1986	289 315	115 318	41 266	19 571	39.9	14.3	6.8
1987	353 904	132 064	43 205	23 271	37.3	12.2	6.6
1988	554 589	158 793	80 624	35 004	28.6	14.5	6.3
1989	635 474	181 658	76 390	41 635	28.6	12.0	6.6
1990	716 803	219 554	82 964	50 096	30.6	11.6	7.0
1991	826 803	247 701	81 228	60 154	30.0	9.8	7.3
1992	1 195 037	306 568	91 674	87 672	25.7	7.7	7.3
1993	1 693 363	366 798	81 974	148 349	21.7	4.8	8.8
1994	2 334 033	476 415	113 933	189 117	20.4	4.9	8.1
1995	3 252 280	568 121	137 763	238 908	17.5	4.2	7.3
1996	3 978 748	601 380	126 704	291 481	15.1	3.2	7.3
1997	6 661 463	625 038	165 024	355 779	9.4	2.5	5.3
1998	7 590 631	646 501	128 641	448 209	8.5	1.7	5.9
1999	8 699 756	672 029	170 075	495 303	7.7	2.0	5.7
2000	10 197 797	741 467	199 425	580 874	7.3	2.0	5.7
2001	12 231 180	804 173	169 594	607 242	6.6	1.4	5.0
2002	13 167 986	969 852	195 318	768 906	7.4	1.5	5.8

6-8　金融机构现金收支情况

(2002年)　　单位:万元

指　　标	金　额	指　　标	金　额
收　入　合　计	**12 985 179.5**	国家对个人其他支出	255 550.2
一、商品销售收入	1 753 551.1	特种存款支出	38 322.4
二、服务事业收入	656 907.1	其他单位工资性支出	112 860.4
三、税款收入	72 297.3	二、农副产品采购支出	195 317.9
四、城乡个体经营收入	722 612.2	三、工矿产品收购支出	278 279.5
五、储蓄存款收入	8 306 827.0	四、行政企业管理费支出	768 906.1
六、其他金融机构收入	71 574.9	五、城乡个体经营支出	908 274.8
七、居民归还贷款收入	479 368.4	六、储蓄存款支出	8 535 578.4
八、汇兑收入	206 715.1	七、汇兑支出	159 696.6
九、其他收入	685 155.0	八、其他金融机构支出	70 626.7
十、有价证券收入	30 171.4	九、其他支出	675 613.0
支　出　合　计	**13 167 986.0**	十、有价证券支出	39 012.8
一、工资性支出	969 852.1	十一、居民提取贷款支出	566 828.1
#国家工资及奖金支出	563 119.1	货币投放(+)或加笼(-)	182 806.5

6-9　按定期活期分的居民储蓄存款余额

指　　标	1978年	1980年	1985年	1990年	1995年	2000年	2001年	2002年
居民储蓄存款余额(万元)	**8 989**	**17 134**	**80 353**	**327 998**	**1 151 902**	**2 293 503**	**2 579 709**	**3 067 474**
定期储蓄存款	6 227	13 650	64 283	273 103	966 998	1 605 935	1 714 617	2 003 616
活期储蓄存款	2 762	3 484	15 530	54 895	184 904	687 568	841 802	1 063 858
#国家银行储蓄存款余额	7 234	13 796	63 414	272 645	979 309	1 954 945	2 185 649	2 533 923
定期储蓄存款	6 227	10 239	52 164	227 549	831 793	1 375 510	1 489 873	1 694 543
活期储蓄存款	1 007	3 557	11 250	45 096	147 516	579 435	695 776	839 380
全区人均储蓄存款余额(元)	**25.6**	**46.4**	**195.6**	**704.5**	**2 267.0**	**4 179.1**	**4 617.0**	**5 406.4**

6－10 金融机构法定存款利率

单位:年利率%

项　　目	1996年 8月23日	1997年 10月23日	1998年 3月25日	1998年 7月1日	1998年 12月7日	1999年 6月10日	2002年 2月21日
个人人民币储蓄存款							
活　期	**1.98**	**1.71**	**1.71**	**1.44**	**1.44**	**0.99**	**0.72**
定　期							
三个月	3.33	2.88	2.88	2.79	2.79	1.98	1.71
半　年	5.40	4.14	4.14	3.96	3.33	2.16	1.89
一　年	7.47	5.67	5.22	4.77	3.78	2.25	1.98
二　年	7.92	5.94	5.58	4.86	3.96	2.43	2.25
三　年	8.28	6.21	6.21	4.95	4.14	2.70	2.52
五　年	9.00	6.66	6.66	5.22	4.50	2.88	2.79
企业单位数							
活　期	**1.98**	**1.71**	**1.71**	**1.44**	**1.44**	**0.99**	**0.72**
定　期							
三个月	3.33	2.88	2.88	2.79	2.79	1.98	1.71
半　年	5.40	4.14	4.14	3.96	3.33	2.16	1.89
一　年	7.47	5.67	5.22	4.77	3.78	2.25	1.98
二　年	7.92	5.94	5.58	4.86	3.96	2.43	2.25
三　年	8.28	6.21	6.21	4.95	4.14	2.70	2.52
五　年	9.00	6.66	6.66	5.22	4.50	2.88	2.79
大额可转让定期存单							
1个月	2.70						
3个月	3.33	2.88	2.88	2.79	2.79		
6个月	5.40	4.14	4.14	3.96	3.33		
9个月	6.66						
12个月	7.47	5.67	5.22	4.77	3.78		

6－11 金融机构法定贷款利率

单位:年利率%

项　　目	1996年 8月23日	1997年 10月23日	1998年 3月25日	1998年 7月1日	1998年 12月7日	1999年 6月10日	2002年 2月21日
流动资金贷款							
一般流动资金							
六个月	9.18	7.65	7.02	6.57	6.12	5.58	5.04
一　年	10.08	8.64	7.92	6.93	6.39	5.85	5.31
基本建设贷款							
一年以内及一年	10.08	8.64	7.92	6.93	6.12－6.39	5.58－5.85	
一年以上至三年	10.98	9.36	9.00	7.11	6.66	5.94	5.49
三年以上至五年	11.70	9.90	9.72	7.65	7.20	6.03	5.58
五年以上	12.42	10.53	10.35	8.01	7.56	6.21	5.76

6－12　上市公司数量一览表

单位:个

年　份	全区合计	上交所	深交所	仅发A股公　司
1994	1		1	1
1995				
1996	3	1	2	3
1997				
1998	3	1	2	3
1999	2	1	1	2
2000	1		1	1
2001				
2002				

6－13　金融机构现金投放回笼总额

单位:万元

年　份	现金收入	现金支出	投　放
1978	51 909	56 189	4 280
1979	61 847	67 615	5 768
1980	75 468	83 747	8 279
1981	87 409	92 067	4 658
1982	106 945	111 628	4 683
1983	134 586	140 315	5 729
1984	162 631	180 260	17 629
1985	214 070	236 189	22 118
1986	262 639	289 315	26 676
1987	330 020	353 904	23 384
1988	490 747	554 589	63 842
1989	598 452	635 474	37 022
1990	677 405	716 803	39 398
1991	771 501	826 803	55 302
1992	1 081 981	1 195 037	113 056
1993	1 581 052	1 693 363	112 311
1994	2 169 368	2 334 033	164 665
1995	3 106 449	3 252 280	145 831
1996	3 816 130	3 978 748	162 618
1997	6 501 593	6 661 463	159 870
1998	7 428 914	7 590 631	161 717
1999	8 526 063	8 699 756	173 693
2000	9 997 165	10 197 797	200 632
2001	12 092 769	12 231 180	138 412
2002	12 985 180	13 167 986	182 807

6－14　全区保险主要业务指标

单位:万元

指　　标	2001年	2002年
一、保费收入	**62 361.98**	**86 730.29**
1.财产险	19 916.61	23 347.70
#机动车辆保险	14 536.92	17 244.70
2.人身意外伤害险	3 342.92	4 161.09
3.健康险	1 349.94	3 348.71
4.寿　险	37 752.51	55 872.79
二、各项赔款和给付	**16 222.80**	**22 885.60**
1.财产险	9 198.88	11 730.43
#机动车辆保险	6 782.85	8 241.10
2.人身意外伤害险	1 158.02	1 413.01
3.健康险	886.27	1 557.82
4.寿　险	4 979.63	8 164.34
三、退保金	**1 926.22**	**3 658.86**
四、手续费支出	**1 544.38**	**2 168.82**
#人身保险业务手续费支出	253.43	379.23
五、佣金支出	**5 475.99**	**7 612.16**
六、营业费用	**8 284.21**	**9 850.16**
#人身保险业务营业费用	2 698.19	3 413.24
七、预计利润(税前)	**9 340.83**	**3 363.93**
八、银行存款	**18 049.73**	**11 931.54**
#活　期	7 552.97	6 886.79
定　期	10 496.76	5 044.75
九、应收保费	**109.08**	**103.85**
#人身保险业务应收保费	–	–
十、贷　款	**174.24**	**174.24**
十一、投　资	**2 310.32**	**187.00**
#国　债	2 123.32	–
金融债券	–	–
证券投资基金	–	–
其他证券	–	–
房地产	–	–
三产投资	187.00	187.00
十二、固定资产原值	**13 651.16**	**15 350.11**
减:累计折旧	4 751.60	5 206.27
固定资产净值	8 899.56	10 143.84
十三、在建工程	**1 270.00**	**1 595.00**
十四、资产总额	**116 768.00**	**152 319.43**
十五、所有者权益	**－3 260.42**	**－3 818.76**

6－15　全区人身保险主要业务指标

单位:万元

指　　标	2001 年	2002 年
一、保费收入	**42 445.37**	**63 382.59**
1.财产险	－	－
#机动车辆保险	－	－
2.人身意外伤害险	3 343.22	4 161.09
3.健康险	1 349.94	3 348.71
4.寿　险	37 752.51	55 872.79
二、各项赔款和给付	**7 023.92**	**11 155.17**
1.财产险	－	－
#机动车辆保险	－	－
2.人身意外伤害险	1 158.02	1 413.01
3.健康险	886.27	1 577.82
4.寿　险	4 979.63	8 164.34
三、退保金	**1 926.22**	**3 658.86**
四、手续费支出	**253.43**	**379.23**
#人身保险业务手续费支出	253.43	379.23
五、佣金支出	**5 475.99**	**7 612.16**
六、营业费用	**3 469.14**	**4 726.76**
#人身保险业务营业费用	2 698.19	3 413.24
七、预计利润(税前)	**8 580.78**	**2 894.70**
八、银行存款	**14 545.28**	**9 053.75**
#活　期	4 399.52	4 049.00
定　期	10 145.76	5 004.75
九、应收保费	**－**	**－**
#人身保险业务应收保费	－	－
十、贷　款	**174.24**	**174.24**
十一、投　资	**2 310.32**	**187.00**
#国　债	2 123.32	－
金融债券	－	－
证券投资基金	－	－
其他证券	－	－
房地产	－	－
三产投资	187.00	187.00
十二、固定资产原值	**5 949.66**	**6 176.20**
减:累计折旧	2 111.00	2 357.98
固定资产净值	3 838.66	3 818.22
十三、在建工程	**1 270.00**	**1 270.00**
十四、资产总额	**104 975.40**	**140 432.19**
十五、所有者权益	**－7 957.45**	**－6 218.00**

6－16 全区财产保险主要业务指标

单位:万元

指标	2001年	2002年
一、保费收入	**19 916.61**	**23 347.70**
1.财产险	19 916.61	23 347.70
#机动车辆保险	14 536.54	17 244.70
2.人身意外伤害险	–	–
3.健康险	–	–
4.寿　险	–	–
二、各项赔款和给付	**9 198.88**	**11 730.43**
1.财产险	9 198.88	11 730.43
#机动车辆保险	6 782.85	8 241.10
2.人身意外伤害险	–	–
3.健康险	–	–
4.寿　险	–	–
三、退保金	**1 290.95**	**1 789.59**
四、手续费支出	–	–
#人身保险业务手续费支出	–	–
五、佣金支出	**4 815.07**	**5 076.76**
六、营业费用	–	–
#人身保险业务营业费用	–	–
七、预计利润(税前)	**760.05**	**1 102.77**
八、银行存款	**3 504.45**	**2 877.29**
#活　期	3 153.45	2 837.29
定　期	351.00	40.00
九、应收保费	**109.08**	**103.85**
#人身保险业务应收保费	–	–
十、贷　款	–	–
十一、投　资	–	–
#国　债	–	–
金融债券	–	–
证券投资基金	–	–
其他证券	–	–
房地产	–	–
三产投资	–	–
十二、固定资产原值	**7 701.50**	**9 173.91**
减:累计折旧	2 640.60	2 848.29
固定资产净值	5 060.90	6 325.62
十三、在建工程	–	**325.00**
十四、资产总额	**11 792.62**	**11 833.70**
十五、所有者权益	**4 697.03**	**2 917.25**

6－17 各地市县财政收入

单位:万元

地区	1978年	1980年	1985年	1990年	1995年	2000年	2001年	2002年
全区总计	**31 603**	**20 353**	**29 075**	**62 314**	**89 792**	**208 244**	**275 745**	**264 714**
区级	**14 502**	**10 237**	**6 228**	**17 293**	**37 174**	**50 592**	**67 634**	**61 953**
地市县级	**17 101**	**10 116**	**22 847**	**45 014**	**52 618**	**157 652**	**208 111**	**202 761**
银川市	**7 267**	**3 880**	**13 172**	**22 965**	**26 402**	**83 064**	**108 724**	**110 583**
银川市	5 466	2 396	10 545	19 173	20 868	68 290	90 452	93 129
永宁县	401	410	604	991	1 674	4 299	6 720	5 545
贺兰县	375	365	614	1 336	1 673	4 218	4 516	5 046
灵武市	1 025	709	1 409	1 465	2 187	6 257	7 036	6 863
石嘴山市	**4 173**	**2 172**	**5 004**	**10 527**	**9 555**	**29 192**	**35 598**	**34 618**
石嘴山市	3 141	1 413	3 651	7 065	6 472	19 846	24 355	23 341
平罗县	1 000	712	1 306	2 834	2 360	6 194	7 841	7 705
陶乐县	32	47	47	96	87	440	454	504
惠农县	-	-	-	532	636	2 712	2 948	3 068
吴忠市	**4 289**	**3 060**	**4 133**	**9 828**	**13 251**	**36 522**	**52 540**	**45 659**
吴忠市	6	4	7	198	171	4 031	4 947	5 234
利通区	1 592	779	1 497	3 328	3 230	5 413	10 121	7 407
青铜峡市	1 346	917	964	2 617	4 052	11 162	14 301	13 303
中卫县	516	564	462	1 671	2 892	7 425	11 436	8 099
中宁县	375	374	774	1 219	1 670	4 487	6 688	6 670
盐池县	213	224	290	447	539	2 549	2 794	2 720
同心县	241	198	139	348	697	1 455	2 253	2 226
固原市	**1 372**	**1 004**	**538**	**1 694**	**3 410**	**8 874**	**11 249**	**11 901**
固原市	149	47	35	14	309	822	1 290	1 073
原州区	602	479	308	974	1 274	3 017	3 535	4 230
海原县	190	171		79	202	1 000	1 023	1 268
西吉县	245	156	102	237	380	1 058	1 286	1 483
隆德县	123	106	6	171	603	1 781	2 620	2 450
泾源县	63	45	22	68	206	545	607	391
彭阳县	-	-	65	151	436	651	888	1 006

6-18 各地市县财政支出

单位:万元

地　区	1978年	1980年	1985年	1995年	2000年	2001年	2002年
全区总计	**57 755**	**57 526**	**98 526**	**229 963**	**608 380**	**935 787**	**1 145 650**
区　级	**30 989**	**29 029**	**48 071**	**92 232**	**266 998**	**441 621**	**562 360**
地市县级	**26 766**	**28 497**	**50 455**	**137 731**	**341 382**	**494 166**	**583 290**
银川市	**6 794**	**6 669**	**12 224**	**42 953**	**110 739**	**149 316**	**182 655**
银川市	3 915	3 411	6 974	28 798	79 513	104 988	131 544
永宁县	935	898	1 454	4 190	7 910	13 224	16 069
贺兰县	1 073	1 300	1 587	4 077	7 818	11 831	13 352
灵武市	871	1 060	2 209	5 888	15 498	19 273	21 690
石嘴山市	**4 133**	**3 926**	**6 948**	**23 364**	**51 234**	**76 002**	**80 668**
石嘴山市	2 513	2 212	4 089	12 668	28 159	45 994	45 168
平罗县	1 348	1 349	2 144	6 982	11 589	16 617	20 032
陶乐县	272	365	715	1 219	5 082	5 376	6 561
惠农县	-	-	-	2 495	6 404	8 015	8 907
吴忠市	**7 662**	**8 626**	**14 782**	**40 069**	**87 225**	**138 730**	**167 391**
吴忠市	762	408	799	1 990	6 790	16 427	21 558
利通区	962	1 244	2 461	8 234	12 046	20 951	19 787
青铜峡市	1 098	1 036	1 911	7 522	15 805	25 628	30 529
中卫县	1 624	1 742	2 908	7 878	15 896	23 784	26 762
中宁县	1 074	1 054	1 736	5 170	9 608	14 318	19 731
盐池县	1 100	1 467	2 578	3 922	12 561	17 598	22 489
同心县	1 042	1 675	2 389	5 353	14 519	20 024	26 535
固原市	**8 179**	**9 278**	**16 501**	**31 345**	**92 184**	**130 118**	**152 576**
固原市	1 374	809	1 548	3 776	8 384	11 362	13 209
原州区	2 747	3 210	3 927	6 955	19 851	29 632	37 204
海原县	1 147	1 713	2 923	4 928	15 041	21 318	25 307
西吉县	1 471	1 959	3 191	6 129	16 873	25 196	28 217
隆德县	972	1 042	1 659	4 166	12 249	15 614	18 448
泾源县	468	545	1 228	1 997	7 181	8 028	9 755
彭阳县	-	-	2 025	3 394	12 605	18 968	20 436

主要统计指标解释

【财政收入】 ①企业收入，包括各部门所属国有企业、事业单位上交国家的利润和事业收入。②各项税收，包括工商税，工商所得税、盐税、关税、农牧业税、屠宰税、牲畜交易税、集市交易税以及有关罚款补税收入等。

【财政支出】 ①基本建设拨款，是指国家预算内的基本建设拨款。一九八五年起，国家对预算内基本建设拨款实行拨款改贷款的新的管理办法。因改革中情况不一，目前仍有一些基建项目没有实行拨改贷的办法。

②增拨企业流动资金，是指国家预算增拨各部门所属国有企业的流动资金。

③文教科学卫生事业费，包括科学、文化、教育、卫生、公费医疗、体育、通讯和广播、地震、海洋、文物、计划生育等方面的事业费。

④行政管理费

【预算外资金】 指不纳入国家财政预算，由各地方、各部门、各企业、事业、行政单位，按国家规定范围自行筹集和使用的资金，它是国家财政预算内资金的补充财力、其收入来源，主要包括地方财政机关掌握使用的自筹基金，如工商税附加、农业税附加、城市公用事业附加等部门。企业单位管理的专用基金，如更新改造资金、企业利润留成、企业福利基金等；事业行政单位自收自支和以收抵支未纳入预算管理的各项资金，如养路费、学杂费等。这些资金一般都有特定用途，主要是基本建设或更新改造固定资产投资、增加流动资金、简易建筑费、大修理、科技三项费用、支付养路费、城市维护费、职工福利和奖励支出、补充事业、行政经费、上交财政能源交通重点建设基金、预算调节基金等。

【存款】 企业、机关、团体和居民根据可以收回的原则，把货币资金存入银行或其他信用机构保管并取得一定利息的一种信用活动形式。根据存款对象的不同可划分为：企业存款、财政存款、机关团体存款、城镇居民储蓄存款和农村存款等。

【贷款】 银行或其他信用机构根据必须归还的原则，按一定利率，为企业、个人等提供资金的一种信用活动形式。我国银行贷款分流动资金贷款、中短期设备贷款以及农户贷款等科目。

【现金投放】 “现金回笼”的对称。中央银行在一定时期内，根据国家批准计划，而投入流动领域的现钞。它是国家银行据市场现金流通状况，有计划地通过工资发放、商品采购、贷款等渠道，将现金投入市场。

【现金回笼】 “现金投放”的对称。它是中央银行在一定时期内，吸回流通中的现钞。它是国家银行根据市场现金流通状况，有计划通过出售商品、提供劳务、吸收储蓄、收回贷款，向居民个人征收税款，组织市场多余现金，流回国家银行。

【保费收入】 ①保险费收入：指投保人或被保险人为获得保险保障而付给保险人的代价。

②储金收入：指投保人为取得经济保障而存入保险公司的存款，保险期满，保险公司连同部分利息退还投保人。

【赔偿支出】 ①赔款，财产保险在被保险财产发生保险合同规定的损失后，保险公司按实际损失给予的经济补偿金额。

②给付：人身保险在保险责任发生的意外伤害或事故及返还性保险期满，保险公司给保险人支付的款项。

【保险金额】 指的是保险对象的投保价值，也是保险承担经济补偿或给付的最高金额。

七、物　价

7-1 主要年份各种物价总指数

(以上年价格为100)

年 份	居民消费价格总指数			商品零售价格总指数		
	全 区	城 市	农 村	全 区	城 市	农 村
1958	102.4	102.4		101.0	101.7	100.0
1960		104.3		103.0	104.4	101.0
1965		97.7		97.6	97.5	97.7
1970		100.8		100.5	100.8	100.0
1975		100.6		100.3	100.7	100.0
1978	100.6	100.6		100.0	100.7	99.7
1980	108.1	108.1		105.8	108.2	104.0
1981	102.1	102.1		102.0	102.0	101.8
1982	102.9	102.9		102.5	103.0	102.1
1983	101.6	101.6		101.1	101.5	100.7
1984	102.7	103.3	101.6	103.2	103.2	102.8
1985	108.6	108.6	108.3	107.8	108.5	106.8
1986	105.8	106.0	105.1	104.9	105.7	104.0
1987	107.3	109.9	105.3	108.0	110.6	106.2
1988	117.1	117.7	115.7	117.5	118.4	116.1
1989	117.2	116.2	118.5	117.8	116.6	118.9
1990	107.1	105.5	109.0	104.2	102.3	105.7
1991	106.3	106.9	105.3	105.9	106.6	104.9
1992	108.3	109.3	106.5	108.1	109.1	106.2
1993	114.3	115.2	113.8	112.1	112.4	111.9
1994	123.1	124.8	121.6	120.1	120.0	120.3
1995	117.1	117.3	116.4	115.3	114.7	115.9
1996	106.8	106.6	106.9	106.7	106.3	107.4
1997	103.8	103.9	103.5	102.2	102.2	102.1
1998	100.0	100.0	99.8	97.5	97.3	97.9
1999	98.7	99.1	98.1	97.9	98.4	97.0
2000	99.6	99.7	99.5	97.6	97.8	97.4
2001	101.6	101.3	102.2	100.0	100.3	99.6
2002	99.4	99.5	99.4	98.6	98.6	98.7

7-2 各种物价总指数

年份	居民消费价格总指数			商品零售价格总指数			农业生产资料价格总指数
	全区	城市	农村	全区	城市	农村	
以1950年价格为100	740.9			509.2			
以1952年价格为100	652.9			449.3			
以1957年价格为100	578.2			431.7			
以1965年价格为100	558.4			406.0			
以1970年价格为100	530.4			394.9			
以1978年价格为100	475.4	480.6		366.7	392.7	337.4	
以1980年价格为100	433.2	437.4		342.1	356.8	321.0	
以1985年价格为100	361.6	365.3	327.0	290.9	298.9	279.3	318.0
以1990年价格为100	216.9	217.3	197.8	178.1	181.0	173.3	198.1
以1992年价格为100	181.4	186.0	176.2	155.5	155.8	155.6	182.2
以1994年价格为100	128.8	129.4	127.5	115.5	115.5	115.6	127.0
以1995年价格为100	110.0	110.3	109.5	100.2	100.6	99.8	97.3
以1996年价格为100	103.1	103.5	102.4	93.9	94.6	92.9	89.4
以1997年价格为100	99.3	99.6	98.9	91.9	92.6	90.9	91.0
以1998年价格为100	99.3	99.6	99.1	94.3	95.1	92.9	94.7
以1999年价格为100	100.6	100.5	101.1	96.2	96.7	95.7	101.3
以2000年价格为100	101.0	100.8	101.6	98.6	98.9	98.3	105.6
以2001年价格为100	99.4	99.5	99.4	98.6	98.6	98.7	103.5

7-3 居民消费价格总指数

(以上年价格为100)

	全　区	城　市	农　村
居民消费价格总指数	**99.4**	**99.4**	**99.5**
食　品	**99.8**	**99.6**	**100.2**
粮　食	98.2	98.5	97.7
淀粉及薯类	104.3	102.3	108.7
干豆类及豆制品	97.6	96.0	101.1
油　脂	97.5	94.9	100.4
肉禽及其制品	100.2	100.1	100.6
蛋	102.2	102.5	101.2
水产品	91.3	91.2	92.4
菜	97.5	96.9	98.1
#鲜　菜	97.6	96.8	98.5
调味品	109.3	108.8	109.8
糖	98.1	103.6	91.4
茶及饮料	97.7	98.1	97.0
干鲜瓜果	104.8	104.2	106.6
糕点饼干面包	101.3	101.8	99.3
奶及奶制品	98.4	98.2	99.4
在外用膳食品	100.2	101.0	97.2
其它食品及食品加工服务	99.1	99.2	98.9
烟酒及用品	**101.3**	**101.1**	**101.7**
烟　草	100.5	99.5	102.0
酒	102.36	103.1	101.4
吸烟饮酒用品	102.9	103.6	100.0
衣　着	**98.4**	**99.0**	**97.0**
服　装	98.1	98.8	96.5
衣着材料	97.7	97.3	98.3
鞋袜帽及其它衣着	99.3	99.8	98.1

7－3 续表 （以上年价格为 100）

	全 区	城 市	农 村
衣着加工服务	97.6	97.5	98.1
家庭设备用品及维修服务	**96.0**	**96.8**	**94.1**
耐用消费品	94.9	96.0	92.4
室内装饰品	95.6	96.2	93.8
床上用品	96.6	96.9	96.0
家庭日用杂品	97.6	98.5	95.8
家庭服务及加工维修服务	99.3	98.9	101.0
医疗保健和个人用品	**98.1**	**98.4**	**97.7**
医疗保健	98.0	98.6	97.2
个人用品及服务	98.4	97.7	99.5
交通和通讯	**96.8**	**97.3**	**96.0**
交 通	97.3	98.2	96.3
通 信	96.2	96.7	95.1
娱乐教育文化用品及服务	**102.8**	**102.6**	**103.3**
文娱用耐用消费品及服务	86.9	88.8	83.1
教 育	111.2	111.3	110.9
文化娱乐用品	103.0	104.2	100.7
旅游及外出	98.7	97.8	102.7
居 住	**99.8**	**99.5**	**100.1**
建房及装修材料	95.0	93.1	95.8
租 房	110.6	117.0	100.2
自有住房	97.9	92.6	101.5
水、电、燃料	105.2	105.3	105.2

7－4 商品零售及农业生产资料价格指数

(以上年价格为100)

	2001年			2002年		
	全 区	城 市	农 村	全 区	城 市	农 村
商品零售价格总指数	**100.0**	**100.3**	**99.6**	**98.6**	**98.6**	**98.7**
食品类	**101.5**	**101.5**	**101.4**	**99.4**	**99.1**	**99.9**
粮 食	102.2	103.2	101.1	98.6	98.8	98.4
油脂类	90.4	90.2	90.8	97.0	94.1	101.8
肉禽蛋	105.6	104.8	107.3	100.4	99.2	102.7
水产品类	95.0	94.6	96.3	91.2	91.2	91.5
鲜 菜	102.8	104.2	100.5	96.6	96.5	96.6
干 菜	101.5	103.1	98.1	100.1	100.3	99.6
鲜 果	99.5	100.6	97.9	105.2	103.3	108.4
干 果	96.2	96.1	96.3	102.3	102.5	101.8
其他食品类	103.7	103.5	103.8	100.7	101.6	98.6
饮食业	99.4	98.2	102.0	99.9	100.9	97.9
饮料、烟酒类	**97.6**	**97.7**	**97.4**	**100.4**	**99.8**	**101.3**
饮 料	99.0	98.5	100.4	98.1	97.7	99.2
烟 酒	97.2	97.4	96.9	101.0	100.5	101.7
服装、鞋帽类	**99.8**	**100.8**	**97.6**	**100.8**	**102.4**	**97.5**
服 装	99.4	100.3	97.7	100.6	103.1	95.8
鞋	99.8	101.3	96.6	100.5	99.8	102.0
其他衣着	102.4	102.2	102.0	103.1	104.3	99.1
纺织品类	**95.2**	**95.2**	**95.2**	**98.2**	**97.3**	**99.5**
棉 布	99.0	99.8	98.4	99.2	99.3	99.4
棉布化纤混纺布	99.6	99.7	99.5	100.3	100.3	100.2
化纤布	92.4	92.0	93.0	97.7	95.0	101.3
呢 绒	91.5	89.4	97.5	98.3	98.5	97.5
绸 缎	94.3	95.8	91.0	101.4	103.6	97.3
其他纺织品	99.3	100.0	97.6	98.2	98.9	96.9

7－4　续表　　　　　　　　　　　　（以上年价格为100）

	2001年			2002年		
	全　区	城　市	农　村	全　区	城　市	农　村
中、西药品类	**98.8**	**97.7**	**101.1**	**95.6**	**95.0**	**96.7**
中　　药	107.4	105.7	110.2	98.5	98.8	98.0
西　　药	94.5	94.6	94.4	94.0	93.2	95.6
化妆品类	**98.7**	**98.5**	**99.2**	**95.3**	**93.7**	**98.5**
书报、杂志类	**120.4**	**121.1**	**119.1**	**105.5**	**105.5**	**105.4**
文化体育用品类	**97.7**	**98.2**	**96.9**	**97.6**	**98.6**	**95.7**
文化用品	98.0	98.3	97.3	97.6	98.6	95.4
体育用品	96.8	97.8	95.6	97.9	98.7	96.9
日用品类	**97.9**	**98.6**	**96.6**	**97.5**	**98.2**	**96.1**
一般日用品	97.9	98.7	96.0	97.5	97.3	97.9
家具类	97.2	97.4	96.7	97.6	100.1	93.0
日用杂品	100.3	101.3	98.4	97.8	98.0	97.3
家用电器类	**92.8**	**93.4**	**91.6**	**92.0**	**92.6**	**90.6**
首饰类	**88.2**	**88.6**	**86.6**	**101.3**	**101.3**	**101.1**
燃料类	**108.8**	**109.7**	**109.2**	**106.3**	**106.1**	**106.9**
建筑装璜材料类	**102.9**	**104.6**	**99.5**	**100.2**	**101.4**	**98.0**
机电产品类	**92.7**	**95.5**	**85.8**	**89.6**	**91.2**	**86.8**
农业生产资料价格指数	**102.0**		**102.0**	**103.5**		**103.5**
小农具	95.5		95.5	98.8		98.8
饲　料	106.9		106.9	107.8		107.8
幼禽家畜	131.8		131.8	100.8		100.8
大牲畜	103.2		103.2	116.4		116.4
半机械化农具	95.8		95.8	95.7		95.7
机械化农具	92.1		92.1	91.8		91.8
化学肥料	95.3		95.3	107.1		107.1
农药及农药械	95.7		95.7	100.1		100.1
#农　药	96.7		96.7	101.3		101.3
农机用油	107.0		107.0	98.1		98.1
其　他	97.5		97.5	95.3		95.3

7－5　各月居民消费价格指数

(2002年,以上年同月价格为100)

月　份	居民消费价格总指数	食　品	烟酒及用　品	衣　着	家庭设备用品及维修服务费	医疗保健和个人用品	交通和通　讯	娱乐教育文化用品及服务	居　住
一　月	99.4	99.0	101.1	98.6	96.7	100.1	98.1	101.9	100.0
二　月	100.2	101.7	101.1	97.7	97.1	99.7	97.0	101.7	100.5
三　月	99.3	100.4	100.6	97.6	96.1	98.7	95.7	101.7	99.7
四　月	98.9	99.1	100.7	96.6	95.9	98.7	96.2	102.8	99.5
五　月	98.8	98.9	101.2	97.4	96.0	98.6	96.4	102.9	98.2
六　月	99.8	100.8	101.9	99.1	95.8	98.6	96.3	102.5	99.2
七　月	98.8	98.6	101.5	97.7	95.9	97.3	96.6	102.9	98.7
八　月	99.0	98.8	101.4	98.7	95.4	97.1	96.8	102.3	99.5
九　月	98.9	97.6	101.7	99.3	95.9	97.5	96.9	103.7	100.6
十　月	99.6	100.1	101.7	99.3	95.6	96.8	97.0	104.0	100.3
十一月	100.2	101.6	101.5	99.0	95.7	97.1	97.1	104.0	100.7
十二月	99.9	100.9	101.4	99.2	95.6	97.0	97.3	103.7	101.0

7－6　各月商品零售及农业生产资料价格指数

(2002年,以上年同月价格为100)

月　份	商品零售价格总指数	#食品类	#服　装鞋帽类	#中　西药品类	#化　妆品　类	#文化体育用品	#日　用品　类	#家　用电器类	#燃料类	#建筑装璜材料	农业生产资料价格总　指　数
一　月	98.9	99.1	101.4	99.4	97.3	98.7	98.5	97.4	100.2	101.6	103.5
二　月	99.7	100.8	99.7	99.1	96.8	98.2	99.5	94.6	102.1	104.1	101.3
三　月	99.2	99.8	102.2	97.9	97.0	98.9	98.9	92.9	102.9	101.7	101.6
四　月	98.6	98.0	101.3	97.9	95.9	98.7	98.8	93.2	105.2	101.9	104.0
五　月	97.9	96.6	99.6	97.5	94.1	98.2	98.8	93.2	107.6	101.3	105.5
六　月	98.9	100.1	101.7	97.4	94.0	97.9	96.5	91.7	104.1	100.0	106.4
七　月	97.8	97.6	97.6	95.2	95.6	97.5	97.5	92.3	108.6	100.0	104.2
八　月	97.5	97.1	98.4	93.6	95.4	97.1	97.1	91.4	107.9	100.2	103.1
九　月	98.1	98.6	102.3	93.8	95.1	96.5	96.8	92.1	108.0	97.3	102.5
十　月	99.2	101.6	102.4	91.8	94.6	96.7	96.6	91.7	107.1	97.0	102.6
十一月	99.1	102.9	101.4	91.7	93.1	96.8	95.9	85.9	108.4	97.6	102.8
十二月	98.7	100.2	101.7	92.1	94.6	96.3	95.4	90.3	113.0	99.5	104.0

7－7 工业品出厂价格分类指数

类　别	1996 年	1997 年	1998 年	1999 年	2000 年	2001 年	2002 年
全部工业品	**108.4**	**100.9**	**97.7**	**98.4**	**103.6**	**100.3**	**99.7**
生产资料	**108.6**	**100.3**	**97.4**	**98.5**	**103.8**	**100.3**	**99.8**
采掘工业	112.5	111.2	102.3	100.3	100.1	100.9	108.4
原材料工业	101.4	100.0	97.5	99.3	109.5	100.4	97.6
加工工业	113.5	96.4	95.2	97.1	97.3	100.0	99.7
生活资料	**108.1**	**103.3**	**99.4**	**97.8**	**101.8**	**100.1**	**98.8**
食品类	103.6	103.7	98.7	100.1	99.2	99.6	98.7
衣着类	115.5	103.8	99.9	96.4	98.2	103.6	100.4
一般日用品	108.2	104.1	101.7	96.9	103.9	101.7	97.7
耐用消费品	94.2	98.3	95.2	96.4	106.8	100.5	92.5

7－8 主要工业原材料购进价格指数

项　　目	1996 年	1997 年	1998 年	1999 年	2000 年	2001 年	2002 年
原材料、燃料、动力购进价格总指数	**108.9**	**104.1**	**101.1**	**97.0**	**105.8**	**102.5**	**97.8**
燃料、动力	109.2	111.6	105.1	97.0	103.1	103.5	103.7
黑色金属材料	100.3	99.3	96.8	97.7	104.1	98.9	98.0
#钢　材	98.9	99.2	96.8	97.8	104.0	99.0	97.6
有色金属材料和电线	87.4	97.9	96.0	97.6	123.6	84.9	70.0
化工原料	115.1	91.1	98.9	94.4	107.5	98.5	98.6
木材及纸浆	110.6	105.1	93.4	102.2	75.0	103.1	100.5
建筑材料类及非金属矿	102.6	95.8	108.5	97.4	99.2	103.9	99.9
其它工业原材料类及半成品	127.5	103.2	103.6	95.2	111.6	110.6	98.4
农副产品类	115.9	89.8	95.0	97.6	109.6	123.7	97.4
纺织原料类	114.4	7.6	91.6	101.9	103.0	98.5	79.2

7－9 分行业工业品出厂价格指数

年　份	总指数	冶金工业	电力工业	煤炭工业	石油工业	化学工业	机械工业	建筑材料工业
1996	108.4	97.8		112.6	101.3	105.5	117.4	113.6
1997	100.9	96.1	107.0	111.2	107.7	98.1	97.6	94.6
1998	97.7	96.2	102.5	101.2	92.5	96.3	117.2	99.4
1999	98.4	99.1	100.0	100.0	101.2	96.0	98.3	101.9
2000	103.6	105.1	104.0	99.7	142.0	99.2	99.1	101.8
2001	100.3	96.1	106.1	102.0	99.4	98.8	100.8	99.8
2002	99.7	92.8	100.8	112.2	96.6	101.6	97.9	102.2

7－10 全区分市县零售物价分类指数

(2002年,以上年价格为100)

	银川	石嘴山	吴忠	中卫	固原	平罗
商品零售价格总指数	**98.7**	**98.3**	**98.4**	**99.0**	**99.0**	**97.8**
一、食品类	**99.2**	**97.3**	**98.8**	**100.4**	**101.7**	**98.7**
粮食	100.2	95.2	97.4	101.1	98.2	97.9
细粮	100.2	95.7	98.0	101.0	97.5	98.2
粗粮	99.9	90.6	80.9	104.9	106.4	93.4
油脂类	92.9	97.8	97.9	104.5	101.8	103.6
肉禽蛋	99.3	98.7	103.7	101.8	105.2	98.9
水产品	91.0	91.3	86.9	95.0	91.6	90.8
鲜菜	96.1	94.2	96.7	94.5	101.9	94.1
干菜	99.7	103.4	100.3	93.0	102.2	101.1
鲜果	103.1	97.0	105.5	114.6	105.1	108.4
干果	103.8	97.5	98.4	101.4	106.2	99.8
其他食品类	102.0	99.3	94.0	101.6	101.9	97.2
调味品	104.7	101.6	103.3	107.2	107.0	101.0
食糖	90.3	85.4	76.9	82.8	93.5	80.3
糖果	117.5	108.4	96.2	96.9	103.2	99.4
糕点	104.3	101.3	97.5	103.5	96.2	96.8
奶及奶制品	99.1	97.7	94.4	102.4	99.7	100.0
罐头	97.3	92.6	99.0	105.8	98.8	97.6
饮食业	101.1	100.2	101.0	91.0	102.7	97.2
主食	103.6	99.7	103.9	89.5	98.3	100.1
炒菜	99.9	100.5	99.3	90.3	106.2	93.4
地方小吃	100.0	100.0	103.3	97.7	102.2	100.0
二、饮料、烟酒类	**99.3**	**101.6**	**100.4**	**103.4**	**100.5**	**101.5**
饮料	97.3	99.3	99.8	97.4	99.2	100.3
烟酒	100.0	102.2	100.6	104.5	100.7	101.7

7-10 续表 (2002年,以上年价格为100)

	银川	石嘴山	吴忠	中卫	固原	平罗
三、服装、鞋帽类	**103.4**	**98.6**	**101.9**	**97.5**	**95.3**	**96.0**
服装	104.5	97.6	99.5	97.3	93.9	93.4
鞋	99.5	101.0	107.5	98.3	99.7	102.6
其他衣着	105.6	99.2	99.2	97.6	99.5	99.4
四、纺织品类	**96.9**	**98.4**	**96.6**	**99.9**	**99.4**	**102.0**
棉布	99.1	100.0	99.0	99.2	100.0	98.2
棉花化纤混纺布	100.2	100.7	100.0	100.0	101.2	98.8
化纤布	93.5	98.9	95.6	101.5	100.0	107.8
呢绒	97.7	101.4	93.6	98.5	100.0	100.0
绸缎	99.7	110.8	92.3	102.4	94.7	99.7
其他纺织品	100.2	94.8	98.7	94.9	98.1	95.6
五、中、西药品类	**94.6**	**95.5**	**96.2**	**98.5**	**94.7**	**95.4**
中药	98.2	100.0	98.6	98.3	100.2	93.0
西药	93.1	93.1	94.5	98.5	90.7	96.7
医疗用品	96.8	99.1	99.5	100.2	100.1	99.8
六、化妆品类	**93.0**	**97.3**	**96.4**	**99.6**	**100.1**	**97.6**
七、书报、杂志类	**106.0**	**103.8**	**105.0**	**107.6**	**104.9**	**102.8**
八、文化体育用品类	**98.7**	**98.2**	**99.2**	**91.6**	**94.4**	**98.4**
文化用品	98.4	98.9	100.1	89.0	92.8	98.2
体育用品	100.2	95.7	94.1	98.8	98.0	98.9
九、日用品类	**98.3**	**98.0**	**97.4**	**95.1**	**95.7**	**98.7**
一般日用品	97.2	97.8	97.5	98.0	96.3	99.8
家具类	100.7	98.1	96.9	90.9	88.8	97.9
日用杂品	97.7	99.3	99.2	90.1	105.1	96.6
十、家用电器类	**91.3**	**98.1**	**93.4**	**87.2**	**87.7**	**93.1**
十一、首饰类	**99.8**	**106.7**	**100.7**	**99.3**	**100.4**	**103.9**
十二、燃料类	**103.1**	**110.8**	**104.0**	**106.5**	**104.1**	**103.4**
十三、建筑装璜材料类	**102.6**	**96.2**	**95.2**	**98.9**	**101.4**	**95.7**
十四、机电产品类	**90.6**	**95.5**	**91.1**	**85.8**	**88.9**	**77.5**

7－11　全区分市县居民消费价格分类指数

（2002年，以上年价格为100）

	银　川	石嘴山	吴　忠	中　卫	固　原	平　罗
居民消费价格总指数	**99.5**	**99.9**	**99.4**	**99.8**	**98.2**	**99.3**
一、食　品	**100.1**	**99.8**	**99.1**	**99.6**	**100.1**	**99.1**
粮　食	99.6	96.4	98.9	99.5	97.2	97.7
淀粉及薯类	100.0	106.5	102.6	99.1	108.9	105.1
干豆类及豆制品	97.0	94.9	92.6	98.8	104.6	101.2
油　脂	93.5	98.3	95.5	103.5	97.2	99.4
肉禽及其制品	100.6	99.2	101.5	97.6	106.4	98.7
食用畜肉及副产品	100.0	97.8	102.6	96.8	107.6	98.7
禽	106.3	103.7	97.2	101.5	99.8	99.4
肉禽加工制品	97.8	103.4	98.7	98.8	105.3	98.1
蛋	101.2	104.1	90.6	103.8	96.2	119.2
水产品	93.4	89.2	88.3	93.4	96.8	86.0
鱼	89.9	88.7	85.5	93.0	96.1	85.5
其它水产品	102.0	93.3	94.9	97.8	100.9	87.7
菜	96.1	102.9	96.3	98.9	100.3	95.1
调味品	111.7	103.3	101.4	111.1	112.3	102.4
糖	107.5	97.8	89.6	90.8	98.3	88.6
茶及饮料	98.4	98.2	97.2	97.6	95.7	98.6
茶　叶	100.1	96.2	97.3	95.7	98.1	100.0
饮　料	97.6	99.1	97.2	100.1	93.0	96.8
干鲜瓜果	105.6	105.9	106.3	111.9	91.3	107.8
糕点饼干面包	102.7	100.8	97.9	101.7	97.2	95.9
奶及奶制品	98.8	97.0	97.8	100.0	99.5	99.1
在外用膳食品	100.8	101.3	100.0	91.9	101.0	98.2
其它食品及食品加工服务	99.8	96.6	99.9	100.4	97.3	99.7
二、烟酒及用品	**100.3**	**103.2**	**99.0**	**103.6**	**99.6**	**101.9**
烟　草	100.01	98.7	99.0	104.0	100.4	101.9
酒	100.3	107.7	98.5	103.8	96.8	103.4
吸烟饮酒用品	101.9	108.9	100.0	100.1	100.0	96.1

7－11 续表1　　　　　　(2002年,以上年价格为100)

	银川	石嘴山	吴忠	中卫	固原	平罗
三、衣　着	**98.1**	**101.3**	**98.1**	**96.3**	**97.3**	**97.8**
服　装	98.9	100.6	95.8	96.2	97.0	96.3
男式服装	97.6	98.6	94.3	95.1	94.9	95.0
女式服装	99.9	101.9	95.1	94.2	99.0	97.3
儿童服装	97.1	100.2	14.9	104.5	97.3	96.4
衣着材料	95.8	98.1	96.0	99.8	98.0	97.7
鞋袜帽	96.2	104.9	104.2	95.3	98.2	101.0
鞋	95.2	105.3	104.3	94.5	98.2	101.6
袜　子	105.0	96.5	104.7	98.8	100.0	99.5
帽　子	104.2	112.3	96.8	97.9	93.3	94.8
衣着加工服务	98.7	91.1	99.7	99.2	93.9	101.0
四、家庭设备用品及维修服务	**96.4**	**97.7**	**96.5**	**92.4**	**93.1**	**97.0**
耐用消费品	95.2	97.1	95.5	89.3	90.2	97.1
家　具	95.9	98.7	93.4	91.8	89.2	98.1
家庭设备	94.9	95.8	97.4	87.7	91.8	96.7
室内装饰品	97.9	93.2	92.0	90.2	90.1	96.4
床上用品	96.5	96.7	98.8	94.7	99.7	92.8
家庭日用杂品	97.7	100.2	98.5	94.5	95.9	98.0
家庭服务及加工维修服务	99.7	100.4	98.5	99.3	108.1	103.9
五、医疗保健和个人用品	**98.5**	**98.2**	**98.4**	**99.5**	**95.9**	**97.8**
医疗保健	99.3	97.5	98.1	99.4	95.3	97.5
医疗器具及用品	93.1	99.0	97.5	99.9	100.1	99.8
中药材及中成药	98.3	10.1	97.2	95.5	96.9	95.7
西　药	98.7	95.0	99.1	100.7	92.0	97.0
保健器具及用品	98.7	101.0	100.2	100.1	97.3	99.9
医疗保健服务	102.3	100.6	98.2	99.8	98.1	99.6
个人用品及服务	96.0	99.5	98.9	99.6	98.8	99.3
化妆美容用品	99.5	99.8	98.9	91.6	97.9	99.7
卫生用品	92.1	98.9	96.5	91.9	97.0	98.5

7－11 续表2 （2002年,以上年价格为100）

	银 川	石嘴山	吴 忠	中 卫	固 原	平 罗
个人饰品	95.8	98.2	100.4	96.0	98.9	99.3
个人服务	98.2	100.0	103.3	107.0	100.0	99.8
六、交通和通讯	**97.9**	**94.8**	**98.9**	**95.7**	**95.0**	**97.0**
交 通	98.8	96.4	99.7	95.7	95.2	97.5
交通工具	93.5	95.6	96.3	94.6	91.5	96.7
车用燃料及零配件	96.9	99.3	108.2	100.6	96.1	97.6
车辆使用及维修	100.4	99.1	100.2	102.5	98.9	99.3
市区公共交通	101.2	95.1	100.0	91.6	87.0	98.3
城市间交通	98.4	99.0	100.7	99.9	100.0	98.5
通 信	97.3	93.5	98.2	95.8	94.3	96.3
通信工具	78.4	82.6	82.7	78.1	81.3	72.5
通信服务	100.6	98.1	100.3	100.4	98.3	100.2
七、娱乐教育文化用品及服务	**102.9**	**14.0**	**100.0**	**105.5**	**95.5**	**103.7**
文娱用耐用消费品及服务	88.0	91.1	84.5	84.3	83.4	85.1
教 育	111.7	114.2	106.2	113.0	99.2	110.8
教材及参考书	105.4	103.7	102.5	104.7	103.8	102.7
学杂托幼费	112.4	115.5	107.0	112.0	98.2	112.5
文化娱乐用品	106.7	100.4	99.2	101.1	99.6	103.9
文化娱乐	97.9	98.6	96.7	99.9	96.0	99.6
书报杂志	104.3	105.5	102.8	102.8	106.0	107.5
文 娱 费	114.9	101.5	99.9	101.1	105.4	103.6
旅游及外出	98.9	96.3	100.7	99.4	103.0	101.4
八、居 住	**100.1**	**97.9**	**104.3**	**100.0**	**100.4**	**99.5**
建房及装修材料	94.9	91.6	93.4	93.6	99.0	93.9
租 房	129.5	100.0	115.5	100.0	100.0	100.0
自有住房	91.5	91.7	98.6	98.7	98.7	104.6
水、电、燃料	104.3	104.6	113.0	107.0	103.6	102.7

主要统计指标解释

【**零售物价指数**】　是反映工业、商业、餐饮业和其他零售企业向城乡居民、机关团体出售生活消费品和办公用品的价格变动趋势和变动程度的相对数。其目的在于掌握市场商品零售价格的变动状况，为国家制定经济政策提供依据。

【**居民消费价格指数**】　是反映居民支付所购买生活消费品和获得服务项目的价格变动趋势和变动程度的相对数。其目的在于全面观察居民消费价格变动对居民生活的影响，为各级党政领导掌握居民消费价格状况，研究和制定居民消费价格政策、工资政策以及为新国民经济核算体系中消除价格变动因素的不变价格核算提供科学依据。还是反映通货膨胀的重要指标。

八、人民生活

8－1　主要年份人民物质文化生活提高情况

指　　标	单　位	1978年	1980年	1985年	1990年	2000年	2001年	2002年
一、就　　业								
每一农村劳动力负担人数	人	2.5	2.6	2.0	2.0	1.7	1.7	1.7
每一城镇就业者负担人数	人	2.5	2.1	1.9	2.0	2.1	2.1	2.2
城镇登记失业率	%		3.6	3.1	5.4	4.6	4.4	4.4
二、收　　入								
农民家庭人均纯收入	元	115.9	175.1	325.9	594.3	1 724.3	1 823.1	1 917.4
农民家庭人均生活消费支出	元	90.7	135.5			1 417.1	1 380.8	1 418.1
城镇居民家庭人均可支配收入	元	346.1	464.2	734.9	1 421.2	4 912.4	5 544.2	6 067.4
城镇居民家庭人均消费支出	元	300.0	403.3	645.1	1 211.8	4 200.5	4 595.4	5 104.9
职工年平均工资	元	726	863	1 206	2 202	8 681	10 521	11 723
三、储　　蓄								
居民年底储蓄存款余额	亿元	0.9	1.7	8.0	32.8	229.4	258.0	306.7
平均每人储蓄存款额	元	25.6	46.0	193.8	704.3	4 179.1	4 617.0	5 406.4
四、住　　房								
农村平均每人生活用住房面积	平方米	7.8	8.8	11.8	13.6	18.0	18.8	19.2
五、交　　通								
每百人拥有自行车	辆	16.7	17.2	26.1	38.6	30.8	42.3	41.8
六、文　　化								
每百人拥有电视机	台			8.3	15.5	15.9	26.5	27.1
每百人每天有报纸	份	1.5	1.7	2.6	2.7	3.0	3.3	3.7
每人每年拥有图书杂志	册		3.8	5.3	4.2	3.3	4.8	2.1
七、教　　育								
学龄儿童入学率	%	91.2	86.2	91.5	93.9	97.3	96.8	97.4
每万人口有大学生	人	8.2	11.3	15.6	17.2	31.0	41.0	51.0
八、卫　　生								
每万人拥有医院病床数	张	19.6	19.2	20.8	22.6	23.5	21.6	20.9
每万人拥有医生数	人	14.4	15.2	16.5	20.2	16.1	16.0	16.0

8－2　城镇居民家庭生活调查主要指标

(2002年)

指　　标	单　位	全区平均	最低收入户	最高收入户
一、户均家庭人口数	人	**3.02**	**3.55**	**2.37**
就业人口数	人	1.40	1.21	1.27
国有经济单位职工人数	人	0.91	0.42	1.04
集体经济单位职工人数	人	0.07	0.13	0.02
二、家庭总收入	元	**6 409.47**	**1 897.27**	**15 006.56**
# 可支配收入	元	6 067.44	1 784.31	14 347.60
1.工薪收入	元	4 366.82	1 207.09	8 785.07
2.经营净收入	元	404.91	262.42	774.86
3.财产性收入	元	41.03	11.16	81.74
4.转移性收入	元	1 596.71	416.59	5 364.89
三、出售财物收入	元	**29.04**	**5.72**	**6.36**
四、借贷收入	元	**2 453.62**	**1 018.90**	**7 425.04**
五、家庭总支出	元	**6 652.63**	**2 405.98**	**15 207.60**
消费性支出	元	5 104.90	2 085.57	10 570.59
# 服务性消费支出	元	1 324.26	459.75	2 765.06
1.食　品	元	1 774.37	917.38	3 019.56
2.衣　着	元	578.19	180.69	1 157.69
3.家庭设备用品及服务	元	343.00	97.94	963.33
4.医疗保健	元	452.99	196.38	1 372.74
5.交通和通信	元	556.66	171.91	1 366.46
6.教育文化娱乐服务	元	711.03	243.24	1 353.06
7.居　住	元	482.77	218.47	870.75
8.杂项商品和服务	元	205.88	59.56	466.99
六、借贷支出	元	**2 192.30**	**499.54**	**7 200.99**

8-2 续表 (2002年)

指 标	单 位	全区平均	最低收入户	最高收入户
消费支出	**元**	**5 104.90**	**2 085.57**	**10 570.59**
一、食 品	**元**	**1 774.37**	**917.38**	**3 019.56**
1.粮 食	元	183.67	169.74	195.52
2.油脂类	元	66.74	53.24	77.33
3.肉禽及其制品	元	307.90	155.21	470.85
4.蛋 类	元	34.88	22.77	45.39
5.水产品类	元	41.11	20.20	70.53
6.菜 类	元	190.75	121.20	286.79
7.烟草类	元	104.77	47.91	139.98
8.酒和饮料	元	75.29	32.44	137.26
9.干鲜瓜果类	元	158.28	73.09	282.57
10.奶及奶制品	元	86.23	26.82	174.89
二、衣着支出	**元**	**578.19**	**180.69**	**1 157.69**
# 1.服 装	元	406.28	113.14	861.86
2.衣着材料	元	21.93	9.08	24.14
三、家庭设备用品及服务	**元**	**343.00**	**97.94**	**963.33**
# 日用耐用品消费品	元	192.13	42.19	609.91
四、医疗保健	**元**	**452.99**	**196.38**	**1 372.74**
五、交通和通讯	**元**	**556.66**	**171.91**	**1 366.46**
六、教育文化娱乐服务	**元**	**711.03**	**243.24**	**1 353.06**
1.文化娱乐用品	元	205.63	68.05	577.72
2.文化娱乐服务	元	119.87	29.90	285.27
3.教 育	元	385.53	145.29	490.07
七、居 住	**元**	**482.77**	**218.47**	**870.75**
1.住 房	元	148.05	39.75	319.71
# 住房装潢支出	元	90.01	0.72	258.41
维修和建筑材料	元	35.54	14.72	43.80
2.燃料及其他	元	307.32	169.37	497.86
# 水	元	29.13	20.98	43.22
电	元	100.47	52.17	171.48
燃 料	元	80.43	60.89	83.38
3.居住服务费	元	27.41	9.34	53.18
# 物业管理费	元	12.98	4.13	28.10
维修服务费	元	10.47	1.85	20.40

8－3　城镇居民家庭生活基本情况

（2002年，按收入等级分组）

指　　标	单位	总平均	最　低 收入户	#更　低 收入户	低　收 入　户	中　等 偏下户	中　等 收入户	中　等 偏上户	高　收 入　户	最　高 收入户
平均每户家庭人口数	人	3.02	3.55	3.72	3.40	3.21	3.08	2.87	2.71	2.37
平均每户就业人口数	人	1.40	1.21	1.05	1.27	1.38	1.49	1.47	1.51	1.27
平均每户就业面	%	46.36	34.08	28.23	37.35	42.99	48.38	51.22	55.72	53.59
平均每一就业者负担人数(包括就业者本人)	人	2.16	2.93	3.54	2.68	2.33	2.07	1.95	1.79	1.87
平均每人年可支配收入	元	6 067	1 784	1 366	2 972	4 092	5 623	7 537	9 754	14 348
平均每人年消费性支出	元	5 105	2 086	1 889	3 050	3 964	4 787	5 970	7 656	10 571

8－4　主要年份城镇居民家庭生活基本情况

年　份	每一城镇就业者负担人数（人）	城镇居民人均可支配收入（元）	城镇居民人均消费支出（元）	#食　品	人均居住面积（平方米）
1978	2.48	346.08	300.00	172.08	4.50
1979	2.48	358.08	320.76	189.17	–
1980	2.09	464.16	403.32	220.80	5.00
1981	2.05	480.96	423.00	226.10	5.60
1982	2.05	492.72	479.04	234.24	5.86
1983	1.96	551.04	452.40	252.60	6.29
1984	1.88	635.52	532.68	532.68	7.93
1985	1.92	734.88	645.12	303.60	9.48
1986	1.96	884.00	745.32	348.72	8.67
1987	1.95	951.00	791.76	397.20	9.45
1988	1.97	1 084.00	1 013.64	474.00	9.33
1989	1.98	1 236.00	1 089.24	566.04	9.55
1990	1.96	1 421.20	1 211.79	639.48	10.29
1991	1.86	1 565.17	1 353.86	678.12	10.39
1992	1.77	1 820.16	1 505.64	703.20	10.66
1993	1.74	2 170.56	1 877.40	816.36	11.16
1994	1.72	2 985.86	2 477.76	1 127.40	11.02
1995	1.75	3 382.81	2 865.71	1 331.12	11.28
1996	1.81	3 612.12	3 038.95	1 377.25	11.27
1997	2.01	3 836.56	3 271.32	1 419.60	12.66
1998	2.08	4 112.41	3 379.82	1 411.60	13.31
1999	2.06	4 472.91	3 547.99	1 375.46	13.75
2000	2.05	4 912.40	4 200.50	1 500.85	13.80
2001	2.08	5 544.20	4 595.40	1 562.57	13.80
2002	2.16	6 067.44	5 104.90	1 774.32	–

8－5　城镇居民家庭平均每人全年现金收支情况

（2002年）　　单位：元

指　　标	全区平均	最低收入户	更低收入户	低收入户	中等偏下户	中等收入户	中等偏上户	高收入户	最高收入户
一、家庭总收入	**6 409.47**	**1 897.27**	**1 454.17**	**3 158.36**	**4 354.12**	**5 950.26**	**7 968.78**	**10 284.44**	**15 006.56**
#可支配收入	6 067.44	1 784.31	1 365.97	2 971.96	4 091.77	5 623.25	7 536.81	9 754.21	14 347.60
（一）工薪收入	4 366.82	1 207.09	861.46	2 295.32	3 063.06	4 067.00	5 600.01	7 550.23	8 785.07
1.工资及补贴收入	4 266.51	1 092.22	730.41	2 183.29	2 961.57	3 981.05	5 528.92	7 435.72	8 627.77
2.其他劳动收入	100.32	114.88	131.06	112.03	101.49	85.95	71.09	114.51	157.30
（二）经营净收益	404.91	262.42	173.77	286.93	348.33	416.00	404.51	486.95	774.86
（三）财产性收入	41.03	11.16	15.90	22.94	15.92	33.54	58.67	98.63	81.74
#出租房屋收入	28.56	6.66	12.31	16.70	11.93	24.27	38.34	82.38	42.74
（四）转移性收入	1 596.71	416.59	403.04	553.17	926.81	1 433.73	1 905.59	2 148.63	5 364.89
#养老金或离退休	1 336.98	213.50	167.01	401.21	762.03	1 214.97	1 563.93	1 882.42	4 727.31
赡养收入	85.70	22.34	27.59	63.51	62.96	79.69	93.37	91.53	248.00
捐赠收入	64.42	35.13	37.74	35.10	34.96	62.44	103.86	65.81	128.01
提取住房公积金	2.69	0.38	－	－	－	7.94	0.46	0.60	10.49
二、出售财物收入	**29.04**	**5.72**	**11.05**	**2.04**	**2.87**	**93.51**	**14.89**	**48.02**	**6.36**
#出售住房收入	24.84	0.05	0.00	1.69	0.00	91.32	4.65	47.86	－
三、借贷收入	**2 453.62**	**1 018.90**	**988.62**	**1 629.39**	**1 405.74**	**1 908.75**	**2 894.77**	**3 484.41**	**7 425.04**
1.提取储蓄存款	1 901.62	565.72	516.22	1 160.44	1 153.48	1 567.62	2 146.37	3 100.80	5 537.85
2.借入款	289.55	202.03	232.74	264.43	149.48	175.98	365.52	182.56	1 059.00
3.收回借出款	69.02	113.64	133.31	104.91	22.56	44.25	64.65	45.01	197.06
4.收回储蓄性保险本	6.16	0.10	－	－	－	4.94	16.36	2.58	21.23
5.兑售有价证券	0.02	0.16	－	－	－	－	－	－	－
6.收回投资本金	11.04	8.88	－	－	4.43	7.21	16.64	45.69	3.19
7.住房贷款	109.78	50.28	－	67.79	18.37	85.58	127.44	67.25	562.80
8.汽车贷款	20.39	－	－	－	－	－	104.57	－	－
9.教育贷款	1.67	－	－	13.56	0.99	－	－	－	－
10.其他贷款	9.31	38.71	77.72	－	0.15	4.69	22.15	1.09	0.46
11.其他借贷收入	35.05	39.39	28.64	18.26	56.28	18.49	31.07	39.43	43.45
四、家庭总支出	**6 652.63**	**2 405.98**	**2 124.56**	**4 196.58**	**4 857.86**	**5 991.35**	**7 822.91**	**10 026.61**	**15 207.60**
（一）消费支出	5 104.90	2 085.57	1 889.25	3 049.83	3 963.74	4 786.55	5 970.06	7 655.63	10 570.59
#服务性消费支出	1 324.26	459.75	447.69	758.79	1 003.18	1 187.37	1 598.58	2 170.89	2 765.06

8-5 续表　　(2002年)　　单位:元

指　标	全区平均	最低收入户	更低收入户	低收入户	中等偏下户	中等收入户	中等偏上户	高收入户	最高收入户
(二)购房与建房支出	505.87	44.27	30.71	602.63	195.58	269.27	504.36	742.27	2 169.98
1.购房	468.60	–	–	601.76	165.38	246.83	463.04	627.95	2 132.19
2.建房	37.26	44.27	30.71	0.87	30.20	22.45	41.33	114.33	37.79
(三)转移性支出	727.33	188.00	135.47	384.89	458.63	635.38	937.63	1 134.36	1 860.99
1.交纳的个人收入税	4.43	1.17	0.25	0.41	0.19	1.08	5.76	13.08	21.33
2.捐赠支出	358.91	89.85	91.84	165.91	255.63	330.55	442.07	582.57	852.82
3.购买彩票	19.16	14.81	11.58	10.02	21.77	21.15	22.99	14.46	20.45
4.赡养支出	311.26	72.00	27.39	193.16	165.13	245.74	424.59	476.21	877.28
#在外就学子女费用	166.24	42.52	9.85	111.62	78.76	124.74	260.99	222.84	447.26
5.各种非储蓄性保险支出	5.74	1.78	2.25	3.10	4.31	4.69	8.11	12.30	7.63
6.其他转移性支出	27.82	8.29	2.16	12.29	11.59	32.16	34.12	35.74	81.48
(四)财产性支出	9.24	1.09	1.69	1.82	7.79	5.88	18.47	14.77	13.27
(五)社会保障支出	305.29	87.05	67.44	157.41	232.12	294.26	392.38	479.57	592.77
1.个人交纳的养老基金	119.06	56.78	46.31	71.15	115.44	133.19	153.98	132.19	132.50
2.个人交纳的住房公积金	144.60	23.18	15.87	60.93	87.27	122.50	182.13	274.72	383.47
3.个人交纳的医疗基金	30.89	3.26	2.66	19.16	20.05	27.64	41.51	54.93	65.79
4.个人交纳的失业基金	10.04	3.45	2.54	6.11	9.07	10.84	12.16	17.44	10.26
5.其他社会保障支出	0.71	0.39	0.06	0.05	0.28	0.08	2.61	0.28	0.74
五、借贷支出	**2 192.30**	**499.54**	**333.69**	**515.69**	**850.45**	**1 924.02**	**3 003.02**	**3 735.07**	**7 200.99**
1.存入储蓄款	1 757.21	304.95	164.39	415.28	663.06	1 577.10	2 340.46	3 173.69	5 802.23
2.借出款	22.72	2.61	0.59	2.77	6.90	17.60	39.43	40.29	70.50
3.归还借款	170.86	53.49	52.99	41.32	80.75	158.57	153.54	197.29	786.11
4.储蓄性保险支出	95.05	11.03	8.92	28.14	58.80	83.16	144.48	128.51	261.68
5.购买有价证券	13.39	–	–	–	0.95	22.29	12.78	40.44	28.75
6.其它投资支出	41.34	90.70	97.33	15.42	0.51	10.48	138.47	2.10	15.04
7.归还住房贷款	69.95	29.84	–	9.04	25.21	37.96	122.26	133.78	208.46
8.归还汽车贷款	3.35	–	–	–	1.59	–	15.43	–	–
9.归还教育贷款	0.20	–	–	–	–	–	–	2.19	–
10.归还其他贷款	3.67	4.02	8.07	0.92	1.90	3.35	3.47	7.15	9.20
11.其他借贷支出	14.55	2.89	1.39	2.80	10.78	13.52	32.70	9.62	19.01

8-6 主要年份城镇居民家庭平均每人全年消费性支出

单位:元

指　　标	1995年	1996年	1998年	1999年	2000年	2001年	2002年
消费性支出	**2 865.71**	**3 038.95**	**3 379.82**	**3 547.99**	**4 200.50**	**4 595.40**	**5 104.90**
一、食　品	**1 331.12**	**1 377.25**	**1 411.60**	**1 375.46**	**1 500.85**	**1 562.57**	**1 774.37**
#粮　食	237.26	246.89	226.10	208.18	186.86	189.58	183.67
油脂类	80.28	78.87	81.41	77.25	66.24	64.20	66.74
肉禽及制品	271.10	281.02	278.07	251.98	282.42	291.96	307.90
蛋　类	41.63	44.50	39.77	41.39	37.45	36.78	34.88
水产品类	36.07	37.77	41.18	41.85	41.00	39.86	41.11
菜　类	160.43	164.42	162.59	162.19	158.59	161.67	190.75
烟草类	89.83	90.09	78.21	72.01	94.97	100.43	104.77
酒和饮料	53.26	55.48	60.58	62.33	69.13	72.28	75.29
奶及奶制品	26.75	26.43	35.70	41.56	58.53	69.50	86.23
二、衣　着	**491.21**	**526.53**	**514.43**	**480.89**	**561.93**	**572.03**	**578.19**
#服装	283.93	301.18	326.00	315.78	377.03	388.76	406.28
三、家庭设备、用品及服务	**232.42**	**214.49**	**240.47**	**273.84**	**389.45**	**469.18**	**343.00**
#耐用消费品	129.72	108.07	120.22	154.72	228.34	297.92	192.13
室内装饰品	16.07	13.00	14.22	12.60	20.92	24.40	20.68
床上用品	15.11	11.91	13.93	12.44	19.29	16.52	21.81
家庭日用杂品	49.09	57.35	56.15	58.99	74.21	67.58	89.78
四、医疗保健	**130.50**	**171.77**	**245.14**	**317.32**	**327.05**	**409.96**	**452.99**
#药品费	104.73	133.57	197.61	248.41	258.79	307.52	315.91
五、交通和通讯	**179.83**	**209.98**	**231.51**	**251.08**	**371.83**	**437.72**	**556.66**
交　通	56.13	78.67	38.26	88.17	143.47	148.62	232.62
通　讯	123.69	131.31	138.47	162.91	228.36	289.10	324.04
六、教育文化娱乐服务	**246.99**	**262.57**	**373.18**	**424.75**	**536.29**	**542.39**	**711.03**
#文娱用耐用消费品	57.67	53.54	132.72	125.44	168.17	148.84	205.63
教　育	127.31	136.91	151.00	207.45	255.99	297.39	385.53
七、居　住	**115.85**	**132.50**	**208.04**	**228.73**	**282.42**	**323.16**	**482.77**
#住　房	34.23	33.66	56.64	55.77	72.66	69.89	148.05
水电燃料及其他	81.62	98.84	151.40	172.96	209.76	253.28	307.32
八、杂项商品和服务	**137.78**	**143.87**	**155.46**	**195.93**	**230.67**	**278.39**	**205.88**

8－7 城镇居民家庭平均每人全年消费性支出情况

（2002年）　　　　单位：元

指　　标	全区平均	最低收入户	更低收入户	低收入户	中等偏下户	中等收入户	中等偏上户	高收入户	最高收入户
消费性支出	**5 104.90**	**2 085.57**	**1 889.25**	**3 049.83**	**3 963.74**	**4 786.55**	**5 970.06**	**7 655.63**	**10 570.59**
一、食　　品	**1 774.37**	**917.38**	**809.18**	**1 255.80**	**1 554.36**	**1 734.05**	**2 003.82**	**2 358.89**	**3 019.56**
#粮　　食	183.67	169.74	152.25	183.33	187.42	183.47	181.24	185.67	195.52
油脂类	66.74	53.24	46.95	68.24	68.45	69.00	67.87	58.74	77.33
肉禽及制品	307.90	155.21	128.87	219.53	289.89	322.49	343.25	369.36	470.85
#猪　肉	81.60	48.14	38.51	60.26	79.69	89.85	81.81	92.13	122.87
蛋　　类	34.88	22.77	20.31	32.63	35.44	33.99	37.38	36.90	45.39
水产品类	41.11	20.20	16.23	26.83	35.82	40.59	49.04	51.90	70.53
蔬菜类	190.75	121.20	105.27	159.78	178.01	190.64	204.03	221.39	286.79
烟草类	104.77	47.91	45.41	77.01	100.03	99.35	122.36	154.64	139.98
酒和饮料	75.29	32.44	29.76	45.66	66.73	64.68	92.17	111.80	137.26
干鲜瓜果类	158.27	73.09	63.57	103.04	136.23	153.61	187.81	207.83	282.57
糕点类	28.25	10.89	8.54	14.84	25.14	28.44	34.70	38.63	48.21
奶及奶制品	86.23	26.82	24.57	48.26	73.47	85.26	104.78	111.31	174.89
其他食品	81.32	17.58	16.37	40.23	48.82	76.65	106.70	135.98	192.57
二、衣　　着	**578.19**	**180.69**	**157.35**	**296.55**	**438.90**	**548.13**	**715.25**	**945.07**	**1 157.69**
#服　　装	406.28	113.14	98.85	194.07	285.82	387.65	510.05	685.87	861.86
衣着材料	21.93	9.08	8.43	13.21	21.01	23.47	26.63	32.73	24.14
鞋袜帽及其它	142.06	55.76	46.84	84.43	125.74	130.22	168.65	213.15	256.97
三、家庭设备、用品及服务	**343.00**	**97.94**	**95.39**	**153.08**	**165.04**	**330.39**	**394.04**	**636.97**	**963.33**
耐用消费品	192.13	42.19	44.49	72.71	56.34	206.05	214.83	374.52	609.91
室内装饰品	20.68	2.74	2.54	5.66	6.81	10.98	28.49	46.61	78.38
床上用品	21.81	6.88	4.89	8.90	17.90	19.69	25.32	38.29	46.64
家庭日用杂品	89.78	41.20	39.26	60.10	70.45	79.90	103.12	142.29	176.75
家具材料	2.37	0.09	0.04	0.57	2.82	1.07	3.57	3.95	5.12
家庭服务	16.22	4.84	4.17	5.13	10.71	12.69	18.71	31.31	46.53
四、医疗保健	**452.99**	**196.38**	**154.68**	**191.46**	**391.31**	**347.93**	**501.64**	**529.04**	**1 372.74**
#药品费	315.91	142.64	115.35	134.52	268.05	247.11	351.57	366.11	949.13
滋补保健品	9.06	0.81	1.33	2.33	5.69	8.62	8.27	12.80	36.62
医疗费	114.72	52.01	37.34	48.64	109.22	85.60	130.81	122.70	327.36
五、交通和通讯	**556.66**	**171.91**	**150.53**	**278.03**	**395.20**	**471.77**	**669.70**	**938.48**	**1 366.46**
交　通	232.62	49.94	43.47	108.88	168.92	188.38	268.57	356.50	690.78
#交通费	146.55	32.68	30.79	68.34	114.10	104.63	160.60	276.99	411.23
通　信	324.04	121.97	107.05	169.14	226.28	283.39	401.13	581.98	675.68
#电讯费	246.60	109.75	101.19	140.48	199.42	225.17	293.59	371.06	488.81
六、教育文化娱乐服务	**711.03**	**243.24**	**272.01**	**439.41**	**553.33**	**670.76**	**821.90**	**1 211.46**	**1 353.06**
文化娱乐用品	205.63	68.05	65.82	106.05	147.39	173.01	218.37	336.36	577.72
#书报杂志	20.30	3.78	3.86	9.15	13.14	16.92	26.84	39.79	46.15
文化娱乐服务	119.87	29.90	32.14	45.77	64.71	95.54	172.48	236.12	285.27
#参观游览	27.71	1.88	2.44	4.57	15.54	23.66	33.07	75.88	66.67

8-7 续表 (2002年) 单位:元

指　　标	全区平均	最　低收入户	更　低收入户	低　收入　户	中　等偏下户	中　等收入户	中　等偏上户	高　收入　户	最　高收入户
健身活动	2.25	0.77	1.54	0.21	1.58	1.34	4.40	1.24	7.02
团体旅游	25.35	–	–	12.67	2.44	12.35	50.09	55.44	76.11
其它文娱活动	61.22	26.53	27.83	24.09	42.61	54.94	80.26	100.54	130.46
文娱用品修理服务费	3.34	0.72	0.32	4.23	2.54	3.25	4.66	3.02	5.00
教　育	385.53	145.29	174.05	287.59	341.23	402.21	431.05	638.99	490.07
教　材	54.96	24.25	27.25	45.42	51.86	49.81	63.96	93.58	61.71
教育费用	330.58	121.03	146.80	242.17	289.37	352.41	367.09	545.40	428.35
非义务教育学杂费	103.26	28.00	39.40	76.83	93.42	104.27	115.97	182.08	135.02
义务教育学杂费	81.08	71.27	79.58	94.82	80.08	76.03	86.16	99.59	57.04
托幼费	21.75	6.33	11.65	15.07	11.67	35.77	21.74	34.06	25.94
成人教育费	51.46	8.31	4.41	16.23	21.77	67.11	69.35	91.70	101.94
家教费	5.43	0.98	1.47	3.14	4.82	5.79	6.31	12.81	4.12
培训班	27.35	2.04	2.10	14.59	19.12	28.79	31.99	60.21	45.55
学校住宿费	10.79	0.23	0.45	6.28	14.17	5.22	18.10	14.14	13.84
其　他	29.45	3.88	7.73	15.21	44.32	29.43	17.47	50.82	44.90
七、居　住	**482.77**	**218.47**	**197.53**	**305.59**	**342.49**	**496.69**	**596.12**	**699.46**	**870.75**
住　房	148.05	39.75	45.49	70.62	64.47	162.82	201.47	257.41	319.71
#租赁房房租	16.17	20.16	16.67	23.54	8.96	23.70	9.17	21.62	11.66
住房装潢支出	90.01	0.72	–	28.28	29.20	84.64	134.07	176.06	258.41
维修用建筑材料	35.54	14.72	27.58	18.20	18.21	49.68	48.60	51.57	43.80
水电燃料及其它	307.32	169.37	144.33	217.05	261.83	309.94	351.58	404.95	497.86
#水　费	29.13	20.98	20.92	23.23	25.88	27.73	31.46	38.67	43.22
电　费	100.47	52.17	42.92	76.44	83.06	97.49	116.13	134.32	171.48
燃　料	80.43	60.89	52.68	65.14	77.70	90.50	89.45	80.78	83.38
居住服务费	27.41	9.34	7.72	17.92	16.19	23.93	43.07	37.10	53.18
#物业管理费	12.98	4.13	3.17	9.97	7.81	8.81	20.74	18.43	28.10
维修服务费	10.47	1.85	2.63	3.12	4.92	11.53	18.22	14.00	20.40
八、杂项商品和服务	**205.88**	**59.56**	**52.58**	**129.93**	**123.11**	**186.83**	**267.59**	**336.28**	**466.99**
杂项商品	128.89	40.26	41.50	82.32	77.53	133.65	149.23	202.59	295.58
#金银珠宝饰品	23.33	4.44	8.74	3.17	6.24	37.75	16.84	31.80	88.71
手　表	3.48	0.53	0.39	1.06	1.89	3.67	5.79	5.08	6.71
理发美容用具	1.11	0.70	0.36	0.78	0.94	0.96	1.22	1.14	2.57
化妆品	57.60	21.22	19.20	32.67	40.13	55.00	70.30	96.01	116.07
服　务	76.99	19.30	11.07	47.61	45.58	53.18	118.35	133.68	171.42
旅馆住宿费	15.68	0.23	–	2.33	8.48	9.12	17.80	53.65	41.36
理发洗澡费	16.41	6.25	5.73	10.20	13.04	15.17	18.26	25.08	35.48
美容费	6.77	0.25	0.20	1.89	1.22	4.57	9.59	11.34	30.45
其他服务	38.13	12.57	5.15	33.19	22.85	24.33	72.70	43.62	64.13

8－8　主要年份城镇居民家庭购买主要商品数量

（平均每人全年）

品　　种	单　位	1985年	1990年	1995年	2000年	2001年	2002年
粮　食	千克	137.00	159.96	106.62	80.15	79.71	79.66
鲜　菜	千克	152.00	164.16	121.88	114.90	115.90	120.33
食用植物油	千克	7.40	9.72	6.59	7.67	8.12	8.45
猪　肉	千克	9.00	10.56	8.36	8.26	7.52	8.06
牛羊肉(含制品)	千克	7.10	10.44	6.12	10.22	8.18	11.25
家　禽	千克	1.40	2.28	3.77	4.51	4.23	5.98
鲜蛋(含制品)	千克	4.50	3.48	6.21	8.30	7.76	7.44
鱼	千克	2.90	4.92	-	3.51	3.41	4.33
食　糖	千克	3.60	3.36	1.52	1.70	1.81	-
卷　烟	盒	47.00	52.68	36.21	33.35	35.42	-
酒　类	千克	3.70	5.64	3.83	4.61	5.56	5.01
棉　布	米	3.00	1.30	0.32	0.25	0.23	-
化纤布(含棉花纤)	米	2.40	1.99	1.50	0.91	0.61	-
呢　绒	米	-	0.20	0.20	0.03	0.02	-
绸　缎	米	-	0.37	0.25	0.04	0.03	-
男式服装	件	-	-	1.75	2.28	2.19	2.38
女式服装	件	-	-	2.58	3.86	4.05	4.09
各式童装	件	-	-	1.19	1.89	1.69	1.11
鞋　类	双	-	-	2.92	3.02	3.05	2.81
肥　皂	块	6.40	6.60	3.14	1.43	1.36	-
煤　炭	千克	544.00	384.70	116.64	137.60	159.42	194.06

8－9 城镇居民家庭主要耐用消费品拥有量

（2002年末，平均每百户）

指标	单位	全区平均	最低收入户	更低收入户	低收入户	中等偏下户	中等收入户	中等偏上户	高收入户	最高收入户
成套家具	套	32.00	33.06	43.29	27.32	25.26	31.59	36.90	42.91	28.79
摩托车	辆	19.75	14.80	17.50	15.53	19.35	20.94	22.61	16.12	24.39
自行车	辆	171.84	151.36	144.72	166.72	177.30	173.33	181.84	167.58	164.17
助力车	辆	0.60	-	-	-	-	1.40	0.50	-	2.05
家用汽车	辆	0.64	-	-	1.03	-	0.14	0.69	1.65	2.05
洗衣机	台	90.20	70.20	69.45	80.60	88.96	91.89	97.94	96.43	93.40
电风扇	台	75.07	62.47	63.06	69.49	71.69	69.98	85.27	83.57	79.23
电冰箱	台	77.54	50.20	54.60	53.79	74.70	78.83	88.06	87.37	95.80
冰　柜	台	3.83	3.10	2.14	9.12	3.01	2.46	2.82	5.67	3.93
彩色电视机	台	110.72	106.06	109.35	104.86	107.46	111.12	110.91	116.19	120.25
影碟机	台	44.94	27.41	35.74	28.93	45.63	49.25	49.42	50.95	49.83
录音机	台	38.11	31.55	35.81	35.76	38.72	32.92	41.53	47.21	39.43
录放像机	台	8.20	3.55	5.11	2.07	5.94	7.79	9.16	9.22	20.73
家用电脑	台	10.07	-	-	6.81	6.99	7.39	11.65	19.09	21.33
组合音响	台	20.62	11.39	13.38	17.92	20.06	22.76	23.25	24.09	18.84
摄像机	架	0.62	-	-	-	-	-	0.54	1.97	3.07
照相机	架	27.40	10.59	5.55	9.48	23.58	23.41	29.63	40.47	57.73
钢　琴	架	0.99	-	-	-	0.50	0.85	-	3.92	3.07
其他中高档乐器	件	4.51	0.58	-	3.59	3.59	4.25	6.23	8.00	4.05
微波炉	台	15.64	-	-	2.16	8.54	10.57	19.97	31.55	42.21
空调器	台	1.52	-	-	-	0.85	0.96	1.49	2.79	5.64
取暖器	台	5.76	5.02	2.77	3.88	2.52	2.54	8.60	8.51	12.95
电炊具	个	126.67	86.86	76.49	114.12	117.78	116.06	136.83	148.70	170.27
淋浴热水器	个	48.09	19.78	21.67	31.09	43.95	44.74	58.78	58.48	72.05
抽排油烟机	台	54.38	27.00	33.82	32.63	49.15	53.90	61.97	73.93	75.27
饮水机	台	24.89	17.94	17.86	11.59	21.46	20.01	32.57	37.05	32.92
吸尘器	台	6.48	-	-	2.16	2.88	5.08	8.38	12.68	16.30
普通电话	部	92.57	76.79	77.73	82.44	93.74	93.57	96.48	96.88	99.14
移动电话	部	56.80	25.05	25.03	32.89	41.84	55.04	68.57	90.10	83.10

8-10 主要年份城镇居民家庭居住情况

指　　标	1985年	1990年	1995年	2000年	2001年	2002年
一、住房面积(平方米)						
建筑面积	69.58	66.56	66.36	77.03	74.34	70.35
使用面积	52.20	49.93	49.78	57.79	55.77	52.77
居住面积	37.90	37.12	36.06	42.83	41.93	–
辅助面积	14.30	12.81	13.72	14.96	13.84	–
二、按人均居住面积分组的各类家庭比重(%)	**100.0**	**100.0**	**100.0**	**100.0**	**100.0**	**100.0**
无房户	1.25	–	–	–	–	–
4平方米以下户	6.75	1.81	0.36	0.20	0.13	–
4-6平方米户	12.75	6.00	4.91	1.70	1.39	–
6-8平方米户	23.50	20.72	16.18	8.10	6.92	–
8平方米以上户	55.75	71.47	78.55	90.00	91.56	–
三、按自来水分组的各类家庭比重(%)	**100.0**	**100.0**	**100.0**	**100.0**	**100.0**	**100.0**
无自来水	8.25	3.82	1.64	1.80	1.85	1.83
独用自来水	82.75	90.18	94.91	97.20	97.56	96.96
公用自来水	9.00	6.00	3.65	1.00	0.59	1.21
四、按卫生设备拥有的各类家庭比重(%)	**100.0**	**100.0**	**100.0**	**100.0**	**100.0**	**100.0**
无卫生设备	33.75	48.36	18.91	15.30	17.18	14.78
有浴室厕所	2.00	8.36	20.36	21.20	17.44	45.78
有厕所无浴室	26.50	37.64	52.36	60.40	63.07	36.43
公有卫生设备	37.75	5.64	8.37	3.10	2.31	2.87
五、按取暖设备拥有情况分组的家庭比重(%)						
#有取暖设备户(暖气)	17.75	37.82	62.18	76.70	74.25	78.71
六、按厨房使用情况分组的家庭比重(%)						
#无厨房	2.28	2.55	0.91	0.60	0.47	–
独用厨房	97.72	96.91	99.09	99.40	99.53	–
七、按燃料使用情况分组家庭比重(%)						
#液化石油气	1.52	15.27	56.73	73.50	73.83	–
煤	98.48	83.82	37.09	16.20	17.72	–
八、按电话拥有情况分(%)						
#公费电话	–	–	6.55	0.40	0.23	–
自费电话	–	–	32.36	85.00	90.03	–

8－11　主要年份农民家庭基本情况

指　　标	单位	1978年	1980年	1985年	1990年	1995年	2000年	2001年	2002年
调查户数	户	253	200	1 090	990	1 050	600	600	600
调查户常住人口	人	1 582	1 258	6 588	5 753	5 517	2 850	2 826	2 813
平均每户整半劳动力	人	2.59	2.46	3.02	2.96	3.06	2.80	2.81	2.82
平均每户整半劳动力负担人口	人	2.41	2.56	2.00	1.96	1.72	1.69	1.68	1.66
平均每百个劳动力中：	人								
文盲、半文盲	人			43.36	37.29	26.58	19.50	17.84	16.89
小学程度	人			27.58	30.20	32.37	30.30	30.05	30.30
初中程度	人			23.75	27.06	33.05	39.10	41.20	41.94
高中程度	人			5.17	5.35	7.54	9.10	9.07	8.74
中专程度	人			0.15	0.10	0.47	1.50	1.54	1.66
大专程度	人			–	–	0.09	0.50	0.30	0.47
平均每户年内新建房屋间数	间/人			0.39	0.30	0.24	–	–	–
平均每人年末生活用房面积	平方米/人			11.83	13.62	19.67	18.00	18.84	19.23

8－12　主要年份农民家庭生活基本情况

年　份	每一农村劳动力负担人数（人）	人均纯收入（元）	人均生活消费支出（元）	#食　品	人均居住面积（平方米）
1965	1.96	97.46	82.80	56.50	
1978	2.41	115.90	90.70	69.40	
1980	2.56	175.10	135.45	85.03	8.80
1985	2.00	325.88	264.46	154.55	11.83
1990	1.96	594.28	486.32	275.25	13.62
1991	1.90	608.13	518.79	292.81	13.97
1992	1.88	618.72	561.37	323.03	14.64
1993	1.78	667.06	605.93	341.78	15.42
1994	1.78	910.45	831.32	486.20	16.33
1995	1.72	1 036.99	1 057.78	608.60	19.67
1996	1.68	1 415.78	1 233.63	729.68	16.12
1997	1.67	1 545.08	1 282.46	688.18	16.76
1998	1.71	1 756.14	1 350.18	713.36	17.30
1999	1.70	1 790.70	1 330.18	675.86	18.18
2000	1.69	1 724.30	1 417.10	691.30	18.00
2001	1.68	1 823.13	1 380.75	643.76	18.84
2002	1.66	1 917.36	1 418.12	633.16	19.23

8－13　农村住户全年总收入、纯收入和总支出

单位:元

指　　标	2002年	指　　标	2002年
全年总收入	**3 110.86**	**全年总支出**	**2 277.58**
一、工资性收入	**526.68**	**一、家庭经营费用支出**	**918.48**
在非企业组织劳动得到的工资性收入	121.95	农业生产	400.50
在本地企业劳动得到的工资性收入	71.95	#种植业生产支出	390.91
常住人口外出从业得到的工资性收入	210.88	林业支出	3.28
其他工资性收入	121.91	牧业支出	401.04
二、家庭经营收入	**2 396.83**	渔业支出	34.49
农业收入	1 205.04	工业支出	20.08
#种植业收入	1 120.04	建筑业支出	0.20
林业收入	20.74	运输邮电业支出	40.85
牧业收入	695.59	批发和零售贸易、餐饮业支出	3.97
渔业收入	45.18	社会服务业支出	0.92
工业收入	58.46	其它家庭经营支出	13.15
建筑业收入	4.50	**二、购置生产性固定资产支出**	**190.17**
运输邮电业收入	214.30	**三、缴纳税金**	**42.08**
批发和零售贸易、餐饮业收入	96.07	**四、生活消费支出**	**1 418.12**
社会服务业收入	20.64	**五、转移及财产性支出**	**208.73**
其它家庭经营收入	36.32		
三、转移性收入	**130.32**		
四、财产收入	**57.33**		

8-14 主要年份农民家庭平均每人生活消费支出

单位:元

指 标	1985年	1990年	1995年	1998年	1999年	2000年	2001年	2002年
生活消费支出	**264.46**	**486.32**	**1 057.78**	**1 350.18**	**1 330.18**	**1 417.10**	**1 380.75**	**1 418.12**
按生活消费类别分								
1.食 品	154.55	275.25	608.60	713.36	675.86	691.30	643.76	633.16
#主 食	87.97	132.13	295.23	321.75	292.64	286.30	248.51	227.11
副 食	49.06	101.11	234.52	266.47	255.37	262.40	258.32	268.91
其他食品	14.74	33.58	58.40	81.70	84.33	88.00	84.72	89.21
2.衣 着	31.52	50.71	83.86	104.88	103.17	96.70	97.49	97.52
3.居 住	30.95	65.86	146.30	216.69	199.46	227.40	222.51	203.75
4.家庭设备用品及服务	16.64	28.95	59.26	69.17	76.43	62.10	60.73	69.80
5.医疗保健	8.16	17.01	44.31	76.84	75.07	88.50	98.21	123.32
6.交通和通讯	5.45	12.10	31.29	52.98	52.69	79.80	96.00	111.00
7.文化教育娱乐用品及服务	14.68	34.11	70.87	97.10	120.66	145.00	132.35	148.20
8.其他商品和服务	2.51	2.33	13.29	19.17	26.84	26.40	29.69	31.38

8－15　主要年份农民家庭平均每人主要消费品消费量

指　　标	单位	1985年	1990年	1995年	1998年	1999年	2000年	2001年	2002年
粮　食(原粮)	千克	261.07	254.88	274.67	262.94	250.60	248.60	236.54	235.25
细　粮	千克	229.45	217.79	234.68	236.33	223.88	223.40	216.21	216.85
蔬　菜	千克	102.99	83.49	76.27	97.32	83.08	91.20	82.64	74.59
食　油	千克	4.66	5.53	7.16	7.66	8.02	6.60	8.05	7.27
肉　类	千克	7.25	8.73	7.46	10.38	11.44	11.60	12.67	11.02
家　禽	千克	0.29	0.33	0.82	1.45	1.43	1.90	2.26	2.74
蛋　类	千克	1.12	1.26	1.07	1.79	1.65	2.40	2.49	2.69
鱼　虾	千克	0.06	0.23	0.35	0.40	0.54	0.50	0.63	0.77
食　糖	千克	1.29	1.58	1.32	1.70	2.08	1.60	1.50	1.75
酒	千克	0.69	0.86	0.92	1.08	1.16	3.00	2.83	1.83
棉　布	米	2.35	0.98	0.37	0.21	0.24	0.14	0.15	0.20
化纤布	米	2.37	1.65	2.04	2.35	2.33	0.47	0.34	0.28

8－16　主要年份农民家庭平均每百户耐用消费品年末拥有量

指　　标	单位	1985年	1990年	1995年	1998年	1999年	2000年	2001年	2002年
自行车	辆	125.23	170.20	176.57	174.76	174.48	162.83	166.67	166.33
电风扇	台	0.28	5.35	11.62	14.57	14.86	21.33	25.83	26.83
洗衣机	台	3.67	19.60	29.43	31.62	31.62	37.55	40.00	42.33
摩托车	辆	1.10	2.73	5.81	12.00	15.14	25.83	29.17	36.50
黑白电视机	台	26.88	41.01	50.95	46.67	44.95	34.50	34.50	-
彩色电视机	台	2.94	17.88	35.71	49.71	54.48	67.00	71.17	78.17
收录机	台	8.26	25.56	38.38	42.00	42.57	35.50	38.00	39.00
照相机	架	0.28	0.51	0.95	1.52	1.33	3.33	3.17	3.50

8－17　主要年份农民家庭平均每人现金收入

单位:元

指　　标	1990 年	1995 年	1998 年	1999 年	2000 年	2001 年	2002 年
一、期内现金收入合计	**566.84**	**1 218.87**	**1 942.04**	**2 073.81**	**2 169.24**	**2 295.15**	**2 456.79**
(一)工资性收入	78.41	178.23	367.42	422.97	483.99	526.57	525.65
(二)家庭经营现金收入	449.35	996.16	1 468.23	1 504.93	1 535.10	1 623.15	1 760.06
(1)出售产品的现金	390.85	833.14	1 173.68	1 189.74	1 082.95	1 182.57	1 322.41
①出售种植业产品的现金	287.69	525.03	704.37	682.89	543.50	528.99	617.75
# 出售粮食的现金	199.42	359.53	546.92	507.22	381.95	367.39	445.55
出售油料的现金	9.88	16.83	28.71	28.29	4.99	13.51	25.41
出售糖料的现金	19.56	30.62	12.06	0.29	2.11	0.45	0.38
出售蔬菜的现金	31.02	66.77	75.67	81.93	164.20	77.07	77.76
②出售林业产品的现金	4.77	7.08	6.01	6.40	6.40	16.83	20.52
③出售牧业产品的现金	86.20	279.61	413.01	424.17	482.90	586.48	606.37
④出售渔业产品的现金	2.46	1.86	32.09	48.12	34.20	39.73	40.90
⑤出售工业产品的现金	0.58	0.02	0.29	0.29	0.53	0.13	8.61
⑥出售其他产品的现金	1.08	0.52	0.17	0.27	4.95	1.20	1.93
(2)工业加工费的现金收入	8.68	19.38	25.04	35.29	51.14	233.00	49.84
(3)建筑业的现金收入	3.78	7.45	9.00	14.05	14.95	6.33	4.50
(4)运输业的现金收入	29.22	71.23	139.56	128.34	191.80	202.26	214.30
(5)商业的现金收入	6.75	31.35	57.73	65.31	123.50	104.66	96.07
(6)饮食业的现金收入	1.54	4.89	6.91	5.88			
(7)服务业的现金收入	3.52	6.73	21.28	23.71	25.48	19.62	20.64
(8)其他家庭经营的现金收入	5.01	21.99	35.02	42.61	33.00	31.56	34.39
(三)转移性收入	39.09	33.73	72.45	120.41	77.10	85.74	116.85
(四)财产性收入		10.75	33.95	25.51	73.00	59.70	54.22
二、非收入所得	**117.61**	**370.27**	**456.55**	**515.52**	**564.90**	**528.19**	**605.24**

8-18 各市县农民家庭平均每人纯收入

(2002年,按来源和性质分组)　　单位:元

地区	纯收入	按纯收入来源分				按纯收入性质分		
		工资性收入	家庭经营收入	转移性收入	财产性收入	一产业纯收入	二、三产业纯收入	非生产性纯收入
全区总计	**1 917.36**	**526.68**	**1 265.29**	**68.05**	**57.34**	**988.98**	**802.99**	**125.38**
川　区	2 929.60	661.01	2 143.51	55.76	69.33	1 619.43	1 185.08	125.08
山　区	1 204.66	401.74	740.82	53.10	9.01	616.52	526.03	62.11
银川市	**2 961.42**	**494.09**	**2 181.60**	**67.40**	**218.33**	**1 779.23**	**896.46**	**285.73**
银川郊区	3 406.64	575.01	1 962.79	73.18	795.65	1 744.54	793.27	868.83
永宁县	2 831.10	514.13	2 247.62	41.78	27.58	1 696.64	1 065.10	69.36
贺兰县	2 777.66	415.32	2 269.88	89.84	2.62	1 889.79	795.40	92.46
灵武市	2 862.74	788.11	1 995.72	62.27	16.64	1 470.34	1 313.48	78.91
石嘴山市	**2 904.94**	**555.31**	**2 257.02**	**78.87**	**13.74**	**1 831.37**	**980.95**	**92.61**
平罗县	2 815.12	504.69	2 197.77	98.98	13.69	1 829.92	872.53	112.66
陶乐县	3 147.15	615.79	2 468.66	49.39	13.31	2 000.99	1 083.42	62.70
惠农县	2 979.92	639.82	2 277.66	48.34	14.11	1 740.46	1 177.02	62.44
吴忠市	**2 431.11**	**612.78**	**1 758.79**	**38.33**	**21.21**	**1 296.99**	**1 074.58**	**59.53**
利通区	3 150.05	659.63	2 420.45	60.68	9.29	1 892.58	1 187.50	69.97
青铜峡市	3 101.00	635.27	2 383.77	31.58	50.37	1 793.50	1 225.54	81.95
中卫县	2 805.67	929.36	1 831.98	18.76	25.58	1 335.84	1 425.49	44.34
中宁县	2 812.05	725.66	2 014.12	50.19	22.08	1 096.70	1 643.07	72.27
盐池县	1 428.86	289.88	1 042.89	86.40	9.69	965.56	367.20	96.09
同心县	1 315.59	289.39	1 003.58	6.78	15.85	823.32	469.64	22.62
固原市	**1 168.24**	**430.42**	**670.86**	**59.27**	**7.70**	**553.53**	**547.74**	**66.96**
原州区	1 210.86	502.70	680.46	23.65	4.05	570.49	612.66	27.70
海原县	1 096.61	404.10	626.55	63.57	2.40	474.74	555.89	65.96
西吉县	1 140.84	436.71	670.54	19.64	13.95	639.73	467.52	33.59
隆德县	1 230.10	375.96	685.19	159.42	9.53	522.53	538.61	168.95
泾源县	1 075.41	374.00	569.58	127.38	4.45	339.40	604.29	131.83
彭阳县	1 233.26	393.60	752.36	76.54	10.76	602.46	543.49	87.30

8－19 各市县主要年份农民家庭平均每人纯收入

单位:元

地区	1978年	1980年	1985年	1990年	1995年	2000年	2001年	2002年
全区总计	**115.90**	**175.10**	**325.88**	**594.28**	**1 036.99**	**1 724.30**	**1 823.13**	**1 917.36**
银川市			**466.29**	**978.89**	**1 683.43**	**2 712.36**	**2 851.99**	**2 961.42**
银川郊区			531.91	967.65	1 790.76	3 096.67	3 316.09	3 406.64
永宁县			467.05	977.28	1 647.95	2 542.58	2 712.23	2 831.10
贺兰县	130.73	200.96	407.72	993.33	1 628.98	2 560.67	2 664.49	2 777.66
灵武市			433.55	768.75	1 513.21	2 704.95	2 837.37	2 862.74
石嘴山市			**434.24**	**812.70**	**1 533.82**	**2 718.98**	**2 828.01**	**2 904.94**
平罗县	148.18	231.54	460.41	838.53	1 483.86	2 601.26	2 740.81	2 815.12
陶乐县			442.40	801.75	1 697.32	2 919.77	3 023.28	3 147.15
惠农县			404.76	780.67	1 492.83	2 760.40	2 904.75	2 979.92
吴忠市			**354.85**	**648.40**	**1 212.79**	**2 194.33**	**2 341.80**	**2 431.11**
利通区	135.10	226.02	353.87	726.04	1 384.08	2 853.46	3 039.80	3 150.05
青铜峡市			414.38	752.72	1 528.51	2 811.54	3 009.07	3 101.00
中卫县	93.24	163.46	341.17	701.80	1 380.82	2 494.60	2 716.45	2 805.67
中宁县			370.02	632.31	1 469.88	2 648.29	2 710.50	2 812.05
盐池县	126.95	123.91	365.01	534.07	821.19	1 135.61	1 305.64	1 428.86
同心县			221.22	427.26	812.05	1 139.73	1 226.94	1 315.59
固原市			**195.42**	**351.70**	**553.40**	**927.76**	**1 034.36**	**1 168.24**
原州区	71.98	127.73	247.87	394.79	628.06	933.11	1 058.98	1 210.86
海原县			200.84	332.73	470.03	877.20	914.96	1 096.61
西吉县			166.19	338.42	447.46	901.61	1 035.85	1 140.84
隆德县			186.89	382.87	631.05	1 081.73	1 129.26	1 230.10
泾源县			215.37	246.44	457.12	971.09	1 024.99	1 075.41
彭阳县			156.25	368.98	656.60	895.98	1 084.42	1 233.26

8-20 各市县农民家庭平均每人生活消费支出

(2002年)　　单位:元

地　区	生活消费支出	食　品	衣　着	居　住
全区总计	**1 418.12**	**633.16**	**97.52**	**203.75**
川　区	1 999.85	780.78	170.87	330.40
山　区	985.17	496.32	62.12	141.04
银川市	**2 049.94**	**806.66**	**173.67**	**366.48**
银川郊区	1 966.07	807.21	226.22	304.29
永宁县	2 284.39	820.59	156.48	464.04
贺兰县	1 866.74	791.80	153.85	309.80
灵武市	1 553.04	705.66	128.50	190.78
石嘴山市	**2 129.98**	**797.29**	**142.27**	**551.56**
平罗县	2 046.05	793.31	137.70	534.99
陶乐县	2 474.93	860.69	177.71	601.72
惠农县	2 134.12	771.36	133.25	562.36
吴忠市	**1 699.66**	**685.48**	**145.10**	**205.68**
利通区	2 520.98	936.98	254.61	371.86
青铜峡市	2 182.84	789.08	157.57	474.30
中卫县	1 635.73	663.05	155.17	159.10
中宁县	1 987.02	776.41	198.40	140.36
盐池县	1 273.64	629.08	76.82	147.29
同心县	1 102.03	463.78	71.41	77.47
固原市	**943.08**	**492.86**	**59.37**	**152.31**
原州区	969.67	503.23	69.61	141.89
海原县	791.86	360.60	43.36	195.45
西吉县	990.14	547.27	62.98	151.91
隆德县	972.41	513.24	58.99	148.69
泾源县	877.36	386.42	68.25	182.08
彭阳县	1 033.98	598.93	53.31	98.67

8-20 续表 (2002年) 单位:元

地区	家庭设备、用品及服务	医疗保健	交通和通讯	文教娱乐用品及服务	其他商品和服务
全区总计	**69.80**	**123.32**	**111.00**	**148.20**	**31.38**
川区	113.95	185.23	161.84	189.06	67.72
山区	38.39	58.49	63.75	102.87	22.20
银川市	**100.61**	**205.08**	**151.28**	**188.13**	**58.03**
银川郊区	96.10	128.05	137.38	214.41	52.42
永宁县	106.59	261.23	171.72	223.88	79.86
贺兰县	97.64	202.01	140.04	132.21	39.39
灵武市	77.61	137.97	107.06	160.09	45.37
石嘴山市	**93.07**	**204.84**	**167.75**	**132.93**	**40.26**
平罗县	72.68	237.24	135.99	101.76	32.40
陶乐县	142.81	146.52	203.61	237.49	104.37
惠农县	113.01	161.63	221.95	147.57	22.98
吴忠市	**102.90**	**140.95**	**164.18**	**187.03**	**68.34**
利通区	210.47	176.99	194.99	182.32	192.76
青铜峡市	134.27	163.33	196.71	231.80	35.78
中卫县	109.19	173.71	124.44	216.26	34.83
中宁县	108.45	184.18	226.37	248.18	104.62
盐池县	46.37	148.99	101.69	107.10	16.31
同心县	51.43	55.68	178.81	152.37	51.10
固原市	**35.42**	**52.55**	**39.84**	**93.44**	**17.29**
原州区	31.56	52.97	37.66	119.52	13.23
海原县	16.17	39.23	22.28	94.16	20.62
西吉县	41.84	51.36	29.91	84.15	20.73
隆德县	39.33	54.52	53.73	79.73	24.20
泾源县	47.88	66.83	51.91	56.84	17.16
彭阳县	50.26	65.47	70.83	88.68	7.84

8-21 各市县主要年份农民家庭平均每人生活消费支出

单位:元

地 区	1980年	1985年	1990年	1995年	2000年	2001年	2002年
全区总计	**135.45**	**264.46**	**486.32**	**1 057.78**	**1 417.13**	**1 380.75**	**1 418.12**
银川市		**382.80**	**810.18**	**1 449.48**	**1 885.76**	**2 009.20**	**2 049.94**
银川郊区		440.10	808.67	1 290.49	2 021.76	2 056.76	1 966.07
永宁县		384.29	887.01	1 445.72	1 665.78	1 708.71	2 284.39
贺兰县	161.67	330.85	681.53	1 619.93	2 094.83	2 286.95	1 866.74
灵武市		319.30	594.41	1 373.54	1 770.48	2 065.60	1 553.04
石嘴山市		**312.46**	**655.88**	**1 438.23**	**2 101.75**	**2 095.62**	**2 129.98**
平罗县	129.80	324.45	655.52	1 391.37	2 027.14	2 035.96	2 046.05
陶乐县		316.29	556.37	1 646.21	1 636.94	2 111.94	2 474.93
惠农县		298.92	735.38	1 360.72	2 468.85	2 206.78	2 134.12
吴忠市		**274.79**	**530.70**	**1 201.08**	**1 640.80**	**1 665.82**	**1 699.66**
利通区	146.75	286.11	694.05	1 310.12	2 345.33	2 220.63	2 520.98
青铜峡市		294.45	622.35	1 565.72	1 849.44	2 114.49	2 182.84
中卫县	142.78	255.93	495.30	1 350.86	1 600.15	1 684.87	1 635.73
中宁县		281.77	471.72	1 065.24	1 982.43	2 033.88	1 987.02
盐池县	113.89	317.42	468.66	1 038.10	1 230.59	1 174.19	1 273.64
同心县		187.91	342.27	901.27	957.92	869.89	1 102.03
固原地区		**185.77**	**287.62**	**708.95**	**854.01**	**947.02**	**943.08**
原州区	116.66	227.15	330.49	691.65	984.63	1 138.20	969.67
海原县		176.06	253.86	683.38	677.65	699.98	791.86
西吉县		181.13	270.31	622.14	965.29	987.46	990.14
隆德县	95.41	185.47	324.47	856.55	1 110.44	1 109.10	972.41
泾源县		163.88	220.52	540.03	804.12	804.39	877.36
彭阳县		164.20	297.19	824.00	752.65	802.60	1 033.98

8－22　各市县农民家庭平均每百户耐用消费品拥有量

（2002年）

地　区	自行车（辆）	电话机（部）	家用计算机（台）	电风扇（台）	洗衣机（台）	电冰箱（台）
全区总计	**166.33**	**29.50**	**0.50**	**26.83**	**42.33**	**9.50**
川　区	216.81	48.37	0.53	60.08	77.02	17.66
山　区	113.41	10.31	0.24	2.18	12.48	1.67
银川市	**206.46**	**35.80**	**－**	**59.92**	**69.86**	**14.15**
银川郊区	211.67	51.67	－	126.67	78.33	33.33
永宁县	221.25	42.50	－	45.00	67.50	10.00
贺兰县	185.00	18.33	－	28.33	65.00	5.00
灵武市	273.33	45.00	－	73.33	96.67	23.33
石嘴山市	**184.96**	**45.82**	**－**	**50.18**	**68.64**	**11.20**
平罗县	191.67	40.00	－	55.00	71.67	8.33
陶乐县	180.00	52.50	－	40.00	70.00	10.00
惠农县	164.00	54.00	－	42.00	58.00	18.00
吴忠市	**191.02**	**45.15**	**0.66**	**47.11**	**67.29**	**16.53**
利通区	216.67	90.00	3.33	95.00	93.33	60.00
青铜峡市	217.00	38.00	2.00	55.00	81.00	10.00
中卫县	237.00	50.00	－	37.00	73.00	12.00
中宁县	220.00	58.33	－	71.67	80.00	10.00
盐池县	73.33	6.67	－	－	28.33	3.33
同心县	106.67	26.67	－	13.33	31.67	5.00
固原市	**118.98**	**7.67**	**0.31**	**0.31**	**7.76**	**0.93**
原州区	130.00	6.67	－	－	10.00	－
海原县	108.33	10.00	1.67	1.67	20.00	5.00
西吉县	135.00	6.67	－	－	1.67	－
隆德县	113.33	10.00	－	－	1.67	－
泾源县	88.00	4.00	－	－	6.00	－
彭阳县	115.00	8.33	－	－	3.33	－

8-22 续表　　(2002年)

地　区	摩托车(辆)	影碟机(台)	黑白电视机(台)	彩色电视机(台)	移动电话(部)	照相机(台)
全区总计	**36.50**	**16.17**	**30.67**	**78.17**	**8.83**	**3.50**
川　区	48.12	24.02	16.68	104.25	15.37	4.45
山　区	24.63	8.10	48.30	48.62	2.59	2.08
银川市	**36.74**	**19.37**	**7.95**	**102.79**	**16.18**	**7.27**
银川郊区	40.00	33.33	5.00	110.00	18.33	11.67
永宁县	46.25	26.25	11.25	103.75	13.75	10.00
贺兰县	25.00	3.33	6.67	95.00	16.67	1.67
灵武市	76.67	31.67	36.67	108.33	15.00	6.67
石嘴山市	**39.67**	**10.46**	**21.82**	**93.52**	**5.15**	**0.53**
平罗县	38.33	11.67	21.67	96.67	1.67	–
陶乐县	30.00	5.00	12.50	90.00	15.00	–
惠农县	46.00	10.00	26.00	84.00	8.00	2.00
吴忠市	**52.90**	**26.35**	**26.29**	**93.43**	**15.16**	**4.93**
利通区	68.33	46.67	13.33	128.33	38.33	10.00
青铜峡市	58.00	19.00	17.00	107.00	15.00	2.00
中卫县	26.00	19.00	12.00	96.00	7.00	1.00
中宁县	71.67	41.67	21.67	111.67	25.00	5.00
盐池县	25.00	11.67	40.00	66.67	3.33	1.67
同心县	56.67	20.00	48.33	56.67	8.33	8.33
固原市	**18.90**	**5.69**	**49.43**	**46.14**	**1.50**	**0.97**
原州区	15.00	8.33	56.67	43.33	–	1.67
海原县	45.00	8.33	40.00	50.00	6.67	–
西吉县	13.33	5.00	63.33	38.33	–	–
隆德县	10.00	1.67	58.33	40.00	–	3.33
泾源县	10.00	10.00	36.00	48.00	4.00	2.00
彭阳县	13.33	–	28.33	66.67	–	–

主要统计指标解释

【常住人口】 主要用于计算农村住户平均每人收入、消费和积累水平及分析家庭人口状况的依据。常住人口是指经济生活和本户连成一体的人口。包括其主要收入带回家的在外劳动的合同工、临时工和其他副业工。也包括在家居住，生活和本户连成一体的国家职工、退休人员也要计算在内。但不包括参军、在外居住的职工。

【常住人口中整半劳动力】 劳动力是农村住户生产的基本要素之一，劳动力的多少和劳动力负担人口的多少，直接影响农村住户收入和生活消费水平的增长变化。整劳动力是指男子18周岁到50周岁，女子18周岁到45周岁；半劳动力是指男子16周岁到17周岁，51周岁到60周岁；女子16周岁到17周岁，46周岁到55周岁，同时具有劳动能力的人。虽然在劳动年龄之内，但已丧失劳动能力的人，不应算为劳动力；在劳动年龄以外，但能经常参加劳动，能顶上一个整劳动力或半劳动力的人，应计在劳动力数内。常住人口中的职工，若这些职工为劳动力，就包括在本户的整半劳动力中。

【全年总收入】 是指农村住户年内从各种来源得到的全部实际收入（包括现金收入和实物收入）。由基本收入，转移性收入和财产性收入等三部分组成。

【家庭经营收入】 主要用来反映以家庭为生产单位的收入水平、生产规模和经济效益情况。它是农村住户既投入劳动又投入资金和财产从事各项生产的收入，包括种植业收入、林业收入、牧业收入、渔业收入、手工业收入、采集捕猎收入、工业收入、建筑业收入、运输业收入、商业收入、饮食业收入、服务业收入和其他家庭经营收入。

【纯收入】 是总收入扣除相应的各项费用性支出后，归农民所有的收入。它既可以用于生产、非生产投资，改善物质和文化生活，以及用于再分配的支出和结余的收入。这个指标用来观察农民实际收入水平，以及农民扩大再生产和改善生活的能力。

纯收入 = 总收入 - 家庭经营费用支出 - 生产用固定资产折旧 - 税收 - 上交集体承包任务 - 调查补贴 - 集体提留和摊派。

1．生产性纯收入：即来自农业、工业、建筑业、交通运输业、商业、饮食业的生产性纯收入。生产性纯收入在调查表中包括如下各项纯收入：劳动者的报酬收入；家庭经营纯收入中的种植业纯收入、林业纯收入、牧业纯收入、渔业纯收入、手工业纯收入、采集捕猎纯收入、工业纯收入、建筑业纯收入、运输业纯收入、商业纯收入、饮食业纯收入、其他家庭经营纯收入。

生产性纯收入 = 劳动者报酬收入 + 家庭经营纯收入 - 服务业纯收入。

2．家庭经营纯收入 = 家庭经营收入 - 家庭经营费用 - 缴纳税款 - 生产用固定资产折旧 - 上交集体承包任务 - 集体提留和摊派。

3．家庭经营收入按三个产业划分：

家庭经营的第一产业收入包括：种植业收入、林业收入、牧业收入、渔业收入、手工业收入、采集捕猎收入。第二产业包括：工业收入、建筑业收入。第三产业包括：运输业收入、商业收入、饮食业纯收入、其他家庭经营收入。

【全年总支出】 是指农村住户全年用于生产、生活和再分配等方面的全部实际支出。包括家庭经营费用支出、购置生产用固定资产支出、缴纳税款、上交集体承包任务、集体提留和各种摊派、生活消费支出和其他非借贷性支出。但借贷性支出不包括在内。

【生活消费支出】 是指农村住户年内用于物质生活和精神生活方面的实际支出，直接反映农民的生活水平、研究农民消费结构变化的基本指标。生活消费支出包括食品，衣着，居住，家庭设备，用品及服务，医疗保健，交通和通讯，文化教育娱乐用品及服务，其他商品和服务等消费支出。

【生活用房面积】 是指实际住人或可以用来住人的房屋面积。与住房连成一体的起居室或放置灶具的地方、专用厨房，均应包括在内。但不包括专用仓库等生产用房面积。

九、农　业

9-1 农村基层基本情况

指　　标	单位	1978年	1980年	1985年	1990年	1995年	2000年	2002年
一、乡镇个数	个	**246**	**251**	**279**	**288**	**295**	**309**	**293**
#镇个数	个	-	-	23	40	57	64	59
乡镇干部人数	人	-	-	-	18 717	11 284	-	-
#回族干部	人	-	-	-	2 098	3 151	-	-
村民委员会个数	个	2 168	2 285	2 393	2 501	2 595	2 692	2 663
村民小组个数	个	12 812	16 801	15 352	15 108	15 063	-	-
二、乡村户数	户	**522 281**	**529 118**	**571 359**	**686 573**	**760 743**	**855 715**	**893 617**
乡村人口数	人	2 794 737	2 899 281	3 169 109	3 427 129	3 640 316	3 883 510	409 608
#男	人	-	-	-	1 741 783	1 850 417	-	-
回族人口	人	996 438	1 061 498	1 204 818	1 346 793	1 457 961	-	-
劳动年龄内人口数	人	-	-	-	1 466 216	1 657 544	1 921 171	1 983 485
三、乡村实有劳动力合计	人	**923 593**	**988 053**	**1 204 841**	**1 409 341**	**1 625 340**	**1 979 117**	**2 032 363**
#男劳动力	人	-	-	635 125	733 813	859 131	1 030 471	1 061 159
农林牧渔业劳动力	人	866 250	947 634	1 085 839	1 244 241	1 374 338	1 531 310	1 505 141
#农业劳动力	人	-	-	1 040 643	1 195 566	1 268 978	-	-
工业劳动力	人	-	18 637	21 464	34 398	44 688	80 524	100 815
建筑业劳动力	人	-	-	26 942	27 516	52 240	120 545	155 320
交通运输、邮电通讯业劳动力	人	-	-	20 831	27 817	47 154	75 560	86 402
批发零售贸易业、餐饮业劳动力	人	-	-	9 700	15 785	34 642	73 184	91 509
金融、保险业劳动力	人	-	-	128	283	-	-	-
其他非农行业劳动力合计	人	-	-	14 962	59 301	72 278	97 994	93 276
#外出合同工、临时工	人	-	17 569	-	21 086	30 179	-	-

9－2 主要农业机械拥有量

（年底数）

年　份	农业机械总动力（万瓦特）	大中型拖拉机（混合台）	小型及手扶拖拉机（台）	大中型机引农具（部）	农用排灌动力机械（混合台）	联合收割机（台）
1978	－	4 655	12 088	－	－	147
1979	－	5 478	15 114	－	－	190
1980	－	5 811	16 442	－	－	252
1985	－	5 848	42 384	6 622	9 003	215
1986	140 322	6 011	50 583	6 583	8 687	307
1987	150 414	5 831	58 303	6 686	9 536	188
1988	160 980	5 783	65 369	6 535	9 585	195
1989	176 225	5 795	75 494	6 469	9 603	203
1990	191 105	5 966	83 934	6 084	10 611	169
1991	202 687	6 200	93 400	6 011	11 449	233
1992	212 126	5 481	100 245	6 030	10 653	245
1993	217 581	4 693	105 319	5 598	－	228
1994	228 601	4 433	110 137	5 236	－	294
1995	241 463	3 822	115 196	4 780	－	307
1996	255 986	3 667	119 880	－	－	－
1997	288 432	3 588	129 023	－	12 951	473
1998	316 183	3 620	132 335	－	－	634
1999	377 934	3 897	149 470	－	－	1 346
2000	380 633	4 774	157 061	－	－	1 689
2001	407 623	4 887	163 059	－	－	1 856
2002	447 513	5 734	169 856	8 083	－	1 996

9－3 农业施肥量及农村用电量

年　份	化肥施用量（万吨）	氮　肥	磷　肥	钾　肥	复　合　肥	农村用电量（万千瓦小时）
1978	22.8	－	－	－	－	10 541.0
1979	20.1	－	－	－	－	12 255.0
1980	17.7	－	－	－	－	15 134.0
1985	23.2	－	－	－	－	19 478.0
1986	26.9	－	－	－	－	21 554.1
1987	28.3	－	－	－	－	26 232.6
1988	35.2	－	－	－	－	28 077.8
1989	40.7	－	－	－	－	32 369.1
1990	46.1	32.1	9.2	0.1	4.7	38 570.0
1991	48.8	33.4	9.9	0.2	5.3	45 292.9
1992	51.9	35.4	10.0	0.3	6.2	48 676.0
1993	50.8	33.8	10.3	0.3	6.4	47 732.7
1994	55.2	35.8	12.4	0.3	6.7	53 794.7
1995	61.7	39.6	14.4	0.3	7.4	55 631.3
1996	67.8	43.7	15.8	0.2	8.1	65 476.1
1997	69.2	43.9	16.1	0.2	9.0	72 664.5
1998	74.5	46.2	18.1	0.4	9.8	73 474.1
1999	75.5	46.5	17.8	0.5	10.7	77 596.6
2000	76.9	46.9	18.3	0.6	11.1	79 392.0
2001	78.4	48.2	17.8	0.8	11.6	78 615.5
2002	79.5	48.8	18.0	0.9	11.8	82 273.0

9－4　农林牧渔业总产值及增加值

单位:万元

指　　标	1993年	1995年	1998年	2000年	2001年	2002年
一、农林牧渔业总产值	**318 863**	**565 493**	**787 404**	**777 525**	**852 989**	**924 917**
农　　业	226 870	381 301	539 850	469 905	493 901	528 801
林　　业	9 042	9 688	10 019	31 137	34 999	51 391
牧　　业	74 997	162 897	222 043	257 488	302 896	320 370
渔　　业	7 954	11 607	15 492	18 995	21 193	24 355
二、农林牧渔业中间消耗	**110 468**	**211 539**	**300 535**	**318 047**	**357 300**	**396 562**
1.中间物质消费	107 433	207 294	294 161	312 600	351 127	389 836
农　　业	76 795	128 952	168 915	162 335	174 669	182 597
林　　业	2 857	3 674	4 759	15 463	19 326	32 158
牧　　业	25 601	69 122	112 616	125 528	146 892	162 316
渔　　业	2 180	5 546	7 871	9 274	10 240	12 766
2.对非物质生产部门的劳务支出	3 035	4 245	6 374	5 447	6 173	6 726
农　　业	2 787	3 768	5 568	4 279	4 168	4 594
林　　业	70	27	39	46	62	68
牧　　业	140	419	691	936	1 683	1 783
渔　　业	38	31	76	186	260	281
三、农林牧渔业增加值	**208 395**	**353 954**	**486 869**	**459 478**	**495 689**	**528 355**
1.按生产法						
农　　业	147 288	248 581	365 367	303 291	315 064	341 610
林　　业	6 115	5 987	5 221	15 628	15 611	19 165
牧　　业	49 256	93 356	108 736	131 024	154 321	156 271
渔　　业	5 736	6 030	7 545	9 535	10 693	11 308
2.按分配法						
固定资产折旧	6 687	8 837	14 801	16 535	19 995	22 545
劳动者报酬	187 822	328 053	436 576	414 901	443 128	470 755
生产税	4 817	6 913	13 340	12 321	14 832	14 527
生产补贴(－)	－	－	－	－	－	－
营业盈余	9 069	10 151	22 152	15 721	17 734	20 528

9-5 主要年份农林牧渔业总产值

单位:万元

年 份	农、林、牧渔业总产值	农 业	#种植业	林 业	牧 业	渔 业
1950	11 444.9	8 939.4	8 817.0	17.2	2 488.3	
1955	20 140.0	15 936.8	15 757.6	86.5	4 116.7	
1957	20 905.1	17 842.1	17 663.2	458.9	2 593.6	10.5
1958	21 626.5	18 902.9	18 746.5	439.4	2 257.1	26.1
1960	17 897.4	14 673.8	14 392.7	406.8	2 787.3	29.5
1965	30 488.6	25 044.1	24 352.5	395.0	5 012.8	36.7
1970	27 970.3	22 708.1	21 885.0	474.2	4 759.1	28.7
1975	46 002.3	36 710.0	36 152.4	1 088.8	8 181.6	21.9
1978	48 132.9	37 892.7	37 059.7	1 504.8	8 713.6	21.6
1980	64 139.1	52 945.3	51 133.7	2 440.5	8 699.1	54.2
1981	74 928.0	61 009.0	59 671.0	3 171.0	10 660.0	88.0
1982	76 936.0	63 185.0	61 651.0	3 429.0	10 186.0	136.0
1983	91 442.0	74 248.0	70 515.0	6 254.0	10 594.0	346.0
1984	109 862.0	85 387.0	82 162.0	9 384.0	14 750.0	341.0
1985	120 164.0	88 619.0	84 496.0	8 035.0	22 903.0	607.0
1986	141 648.0	105 870.0	100 693.0	6 524.0	28 221.0	1 096.0
1987	147 593.0	109 068.0	104 011.0	4 440.0	32 228.0	1 857.0
1988	196 617.0	136 122.0	131 050.0	5 712.0	51 454.0	3 329.0
1989	214 342.0	155 107.0	150 342.0	6 226.0	49 072.0	3 937.0
1990	246 887.0	175 113.0	171 088.0	13 186.0	53 974.0	4 614.0
1991	269 458.0	191 221.0	187 175.0	12 587.0	60 429.0	5 221.0
1992	283 711.0	200 611.0	195 399.0	10 186.0	66 406.0	6 508.0
1993	318 863.0	226 870.0	227 630.0	9 042.0	74 997.0	7 954.0
1994	458 022.0	315 463.0	309 191.0	9 853.0	122 936.0	9 770.0
1995	565 493.0	381 301.0	374 512.0	9 688.0	162 897.0	11 607.0
1996	691 690.0	486 073.0	478 359.0	13 844.0	179 824.0	11 949.0
1997	728 176.0	494 774.0	487 491.0	13 382.0	206 623.0	13 397.0
1998	787 404.0	539 850.0	531 860.0	10 019.0	222 043.3	15 492.0
1999	779 492.0	512 953.0	505 699.0	25 524.0	225 662.0	15 353.0
2000	777 525.0	469 905.0	465 107.0	31 137.0	257 488.0	18 995.0
2001	852 988.5	493 901.1	489 943.0	34 999.0	302 895.7	21 192.7
2002	924 917.3	528 801.2	527 314.2	51 391.1	320 369.6	24 355.4

注:本表按当年价格计算。

9－6　主要年份农林牧渔业总产值指数

（以1952年为100）

年　份	农、林、牧渔业总产值	农　业	林　业	牧　业	渔　业
1950	72.76	72.95	30.51	76.59	–
1955	128.03	128.34	150.75	124.45	–
1957	137.36	127.57	727.74	109.63	–
1958	150.98	146.20	748.39	102.79	–
1960	122.77	106.92	666.22	121.24	–
1965	179.40	163.24	573.90	194.81	–
1970	166.33	146.06	686.78	183.94	–
1975	220.59	203.97	820.03	215.94	–
1978	232.97	208.11	1 119.27	228.72	–
1980	253.48	238.03	1 222.06	205.21	–
1981	270.82	257.57	1 258.10	212.30	–
1982	272.29	253.58	1 293.35	221.29	–
1983	319.61	300.04	1 803.91	229.02	–
1984	375.29	323.31	2 922.15	289.06	–
1985	384.50	332.53	2 308.96	362.98	–
1986	414.30	368.43	1 874.92	415.88	–
1987	380.95	341.44	1 128.52	430.50	–
1988	435.74	399.91	1 222.83	454.13	–
1989	461.14	431.13	1 100.58	470.17	–
1990	480.99	435.55	1 400.54	515.51	–
1991	504.36	455.93	1 416.91	544.01	–
1992	489.18	439.06	1 104.74	560.86	–
1993	522.15	483.19	734.10	590.03	–
1994	533.03	472.58	685.56	680.42	–
1995	563.14	475.08	695.60	808.94	–
1996	671.28	573.34	1 053.62	922.51	–
1997	698.93	577.32	1 035.92	1 035.00	–
1998	763.66	639.06	689.76	1 139.76	–
1999	799.62	646.62	751.10	1 227.13	–
2000	829.92	631.53	1 327.03	1 380.49	–
2001	896.16	668.80	1 054.14	1 339.12	–
2002	965.91	713.41	2 213.55	1 595.05	–

注：本表按可比价格计算。

9－7　主要年份农林牧渔业总产值指数

（以上年为100）

年　份	农、林、牧渔业总产值	农　业	林　业	牧　业	渔　业
1950	1.065	1.062	－	1.031	－
1955	1.040	1.040	1.842	0.985	－
1957	0.862	0.825	0.947	0.990	0.917
1958	1.099	1.146	1.028	0.938	2.675
1960	0.841	0.776	1.055	0.994	0.933
1965	1.148	1.118	1.095	1.273	1.088
1970	0.973	0.935	1.072	1.042	0.910
1975	0.967	0.903	1.312	1.122	1.014
1978	1.125	1.125	1.388	1.025	1.083
1980	1.141	1.232	0.988	0.939	1.065
1981	1.068	1.082	1.030	1.035	1.066
1982	1.005	0.994	1.028	1.042	1.295
1983	1.174	1.172	1.395	1.035	1.760
1984	1.174	1.078	1.620	1.262	1.439
1985	1.025	1.028	0.790	1.256	1.382
1986	1.078	1.108	0.812	1.146	1.542
1987	0.919	0.926	0.602	1.035	1.504
1988	1.143	1.172	1.084	1.055	1.577
1989	1.059	1.078	0.900	1.035	1.218
1990	1.043	1.010	1.273	1.094	1.080
1991	1.049	1.047	1.012	1.057	1.156
1992	0.970	0.963	0.780	1.031	1.147
1993	1.067	1.101	0.665	1.052	1.120
1994	1.021	0.978	0.934	1.153	1.122
1995	1.056	1.005	1.015	1.189	1.099
1996	1.192	1.207	1.515	1.140	1.066
1997	1.041	1.007	0.984	1.122	1.108
1998	1.093	1.107	0.666	1.101	1.195
1999	1.047	1.012	1.498	1.077	1.222
2000	1.038	0.977	1.284	1.125	1.147
2001	1.080	1.059	1.093	1.110	1.118
2002	1.078	1.067	1.526	1.041	1.177

注:本表按当年价格计算。

9－8　农林牧渔业总产值、商品产值和比重

指　　标	1985年	1990年	1995年	2000年	2001年	2002年
农林牧渔业总产值(亿元)	**12.02**	**24.69**	**56.55**	**77.75**	**85.30**	**92.49**
农　业	8.58	17.51	38.13	46.99	49.39	52.88
# 种植业	8.45	17.11	37.45	46.51	48.99	52.73
林　业	0.80	1.32	0.97	3.11	3.50	5.14
牧　业	2.58	5.40	16.29	25.75	30.29	32.04
渔　业	0.06	0.46	1.16	1.90	2.12	2.43
非农行业产值(亿元)	**4.51**	**11.12**	**46.40**	**127.37**	**135.46**	**152.14**
农村工业	1.87	6.37	27.40	75.44	78.55	90.09
农村建筑业	0.89	1.18	5.90	16.47	18.80	17.32
农村运输业	1.17	2.63	8.60	19.03	18.63	20.04
农村批零贸易、餐饮业	0.58	0.94	4.50	16.43	19.48	24.69
农林牧渔业商品产值(亿元)	**5.25**	**11.43**	**30.15**	**48.61**	**51.74**	**56.65**
农　业	3.93	7.77	18.76	27.32	27.56	30.00
# 种植业	3.55	7.41	18.11	26.80	27.19	29.85
林　业	0.17	0.40	0.23	0.40	0.38	0.37
牧　业	1.10	2.88	10.16	19.12	21.81	24.00
渔　业	0.05	0.38	1.00	1.77	1.99	2.28
农林牧渔业商品产值占总产值比重(%)	**43.70**	**46.30**	**53.32**	**62.52**	**60.66**	**61.05**
农　业	45.80	44.30	49.20	58.14	55.80	56.62
# 种植业	42.00	43.30	48.36	57.62	55.50	56.51
林　业	21.20	30.30	23.71	12.86	10.86	7.26
牧　业	42.60	53.30	62.37	74.25	72.00	74.44
渔　业	83.30	82.60	86.21	93.16	93.87	93.69
农林牧渔业增加值占总产值比重(%)	**70.50**	**66.40**	**62.60**	**59.10**	**58.11**	**57.13**
农　业	72.90	65.20	65.20	64.55	63.79	64.60
# 种植业	72.70	65.30	64.90	64.48	63.68	54.54
林　业	67.70	76.70	61.80	50.16	44.60	37.29
牧　业	61.60	67.30	57.30	50.89	50.95	48.78
渔　业	84.10	65.00	52.00	50.18	50.46	46.43

9－9 农林牧渔业增加值

单位:万元

指标	1993年	1994年	1995年	2000年	2001年	2002年
农林牧渔业增加值	**208 395**	**299 337**	**353 954**	**459 478**	**495 689**	**528 355**
农业	147 289	212 928	248 581	303 291	315 064	341 610
林业	6 115	6 693	5 987	15 628	15 612	19 165
牧业	49 257	74 235	93 356	131 024	154 320	156 271
渔业	5 735	5 480	6 030	9 535	10 693	11 308

注:本表按当年价格计算。

9－10 农林牧渔业商品产值

(2002年)

单位:万元

指标	商品产值(按现价计算)	指标	商品产值(按现价计算)
农林牧渔业商品产值	566 510.9	2.农民家庭兼营商品性工业	598.0
一、农业商品产值	**299 954.3**	**二、林业商品产值**	**3 729.1**
(一)种植业	298 512.3	(一)营林	3 483.2
1.主产品商品产值	287 065.2	(二)林产品	201.7
(1)粮食作物	161 648.5	(三)村及村以下竹木采伐	44.2
谷物	135 340.8	**三、牧业商品产值**	**240 008.6**
豆类	9 463.4	(一)牲畜的商品产值	131 825.0
薯类	16 844.3	1.大牲畜	28 960.4
(2)油料	12 345.6	#牛	27 696.8
(3)麻类	18.0	2.猪	63 801.4
(4)糖类	-	3.羊	39 063.2
(5)烟叶	73.5	4.其他	-
(6)药材类	29 101.2	(二)家禽	21 147.7
(7)蔬菜、瓜类	68 250.5	#鸡	19 551.3
(8)茶、桑、果	13 119.3	(三)活的畜禽产品	81 452.7
(9)其他种植业	2 508.6	#蛋类	28 989.1
#饲料作物	2 094.2	奶类	41 086.4
2.副产品商品产值	11 447.1	羊毛	3 812.4
(1)粮食作物副产品	11 015.0	羊绒	7 366.8
#谷物副产品	10 562.6	(四)捕猎	-
(2)其他副产品	432.1	(五)其它动物产品	5 583.2
(二)其他农业	1 442.0	**四、渔业商品产值**	**22 818.9**
1.采集野生植物	844.0	内陆水域水产品	21 860.6

9-11 主要年份耕地面积、造林面积和播种面积

单位:万公顷

年份	年末耕地面积	水田	旱田	#水浇地	当年造林面积	农作物总播种面积	#粮食作物播种面积
1950	71.7				…	50.4	43.9
1952	76.4				…	59.1	51.2
1955	83.9				0.1	70.7	59.2
1957	89.6				0.4	82.1	67.5
1958	89.8				0.7	90.8	73.1
1960	93.2				0.7	94.3	77.1
1965	92.3				1.2	90.9	77.2
1970	90.6				0.5	88.3	77.0
1975	91.4				0.6	88.0	75.8
1978	89.1				1.4	90.2	76.4
1980	89.6				1.1	89.6	75.7
1981	88.0	17.5	70.5	6.2	1.1	80.7	66.8
1982	86.3	17.4	68.9	6.1	1.3	85.7	71.4
1983	84.0	17.4	66.6	6.0	2.6	84.6	69.5
1984	81.0	15.0	66.0	9.0	6.1	83.7	68.1
1985	79.5	14.1	65.4	10.3	4.0	82.8	65.0
1986	79.1	16.2	62.9	8.6	3.5	82.3	66.0
1987	79.1	17.6	61.5	7.8	1.5	83.4	68.3
1988	79.6	17.7	61.9	8.1	2.3	87.3	70.3
1989	79.5	17.9	61.6	8.1	1.5	87.7	70.6
1990	79.6	17.5	62.1	8.5	0.9	88.9	72.4
1991	79.8	17.5	62.3	9.0	1.5	90.1	72.9
1992	80.1	16.9	63.2	10.0	1.6	89.5	72.9
1993	80.3	17.5	62.8	10.1	2.4	90.6	73.1
1994	80.6	17.4	63.2	10.3	2.9	91.8	73.7
1995	80.7	17.1	63.6	10.6	2.6	95.6	76.2
1996	81.3	16.4	64.9	11.7	2.7	97.8	78.3
1997	127.1	20.5	106.6	19.0	2.4	97.8	78.2
1998	127.5	19.5	108.0	19.2	3.9	100.3	81.7
1999	128.0	20.9	107.1	18.9	4.9	103.1	83.6
2000	129.3	19.8	109.5	20.0	8.2	102.4	81.5
2001	129.9	21.1	108.8	19.5	9.9	98.1	75.5
2002	87.1	21.2	65.9	19.8	18.2	107.9	81.2

注:1997年以后的耕地面积为土地详查数;2002年为扣除临时性耕地后的常用耕地数。

9－12 主要年份主要农产品产量

单位:万千克

年份	粮食	#稻谷	#小麦	#玉米	油料
1950	33 512	5 012	6 877		2 111
1955	62 061	11 145	17 922		4 181
1957	56 040	10 319	19 333		3 475
1958	69 615	12 223	19 819		2 412
1960	46 701	8 557	18 648		1 310
1965	83 334	13 215	37 540	660	3 088
1970	72 036	16 634	22 176		2 852
1975	109 470	26 965	46 843	2 041	2 446
1978	116 981	27 785	47 901	5 698	2 568
1980	120 357	32 915	49 469	8 545	3 599
1981	126 261	36 854	53 923	6 593	3 774
1982	119 394	39 343	61 529	5 716	2 773
1983	144 826	40 045	72 932	7 070	4 117
1984	154 221	41 774	74 896	11 465	4 455
1985	139 534	41 889	58 553	14 214	5 338
1986	153 959	42 106	70 300	17 310	6 222
1987	138 978	43 907	46 355	29 053	4 448
1988	164 863	45 300	64 100	29 200	5 403
1989	176 536	48 300	71 100	33 300	6 169
1990	191 703	54 300	78 000	37 600	6 243
1991	199 784	56 056	85 463	37 227	7 165
1992	186 811	43 256	69 275	40 982	6 240
1993	205 281	43 524	86 007	43 607	6 330
1994	201 221	46 513	69 232	49 472	6 991
1995	203 253	46 153	68 870	60 849	5 591
1996	257 868	53 993	87 294	79 675	7 921
1997	256 605	59 926	82 156	83 192	6 222
1998	294 860	62 856	93 830	99 580	8 560
1999	293 281	65 749	78 213	107 620	10 393
2000	252 742	62 376	74 462	81 955	6 990
2001	274 795	61 821	83 603	94 772	7 345
2002	301 914	65 669	96 116	104 272	10 880

注:1988 年起粮食总产量及稻谷、小麦、玉米产量为抽样调查数。

9-13 主要农产品产量及单位面积产量

指标	1990年		1995年		2000年		2002年	
	总产量（吨）	单位产量（千克/公顷）	总产量（吨）	单位产量（千克/公顷）	总产量（吨）	单位产量（千克/公顷）	总产量（吨）	单位产量（千克/公顷）
一、粮食	**1 917 028**	**2 655**	**2 032 529**	**2 668**	**2 527 416**	**3 132**	**301 914**	**3 426**
#稻谷	543 000	9 004	461 531	7 432	623 764	8 130	656 686	8 600
小麦	780 000	2 540	688 702	2 340	744 618	2 546	961 159	2 592
玉米	376 000	4 980	608 485	6 404	819 549	6 252	1 042 723	6 725
高粱	6 157	5 771	2 059	6 751	5 973	5 788	5 972	6 435
糜子	53 468	848	40 048	483	42 626	526	24 013	712
荞麦	-	-	18 066	332	25 144	444	14 163	659
大豆	24 477	638	32 156	819	30 226	804	32 710	974
薯类	83 574	1 898	104 470	1 978	211 718	1 772	284 052	2 184
二、油料	**62 434**	**642**	**55 906**	**554**	**69 897**	**891**	**108 798**	**984**
#胡麻籽	43 766	647	30 220	544	25 190	619	60 324	902
三、蔬菜	**668 768**	**41 808**	**876 013**	**26 574**	**1 504 057**	**30 553**	**1 588 943**	**31 059**
四、瓜类(果用瓜)	**142 742**	**36 851**	**114 582**	**28 503**	**280 266**	**23 820**	**426 244**	**29 699**

注：粮食及稻谷、小麦、玉米产量为抽样数，其余为全面统计数据。

9－14 主要年份大牲畜和猪羊存栏数

单位:头、只

年份	大牲畜存栏数						猪	羊
	合计	牛	马	驴	骡	骆驼		
1950	370 805	159 909	11 681	185 364	4 467	9 384	100 795	1 070 326
1955	574 943	249 282	17 295	288 580	9 938	9 848	131 826	2 044 205
1957	565 814	234 249	22 265	286 364	14 284	8 652	215 755	1 817 445
1958	530 059	218 322	22 586	266 110	15 712	7 329	171 103	1 745 666
1960	460 806	199 779	23 771	213 094	16 420	7 742	128 799	2 452 545
1965	578 919	265 724	40 832	239 078	25 890	7 395	438 597	3 343 520
1970	581 282	241 109	55 130	226 708	52 273	6 062	357 994	2 803 552
1975	530 841	189 610	51 610	207 660	76 666	5 295	585 658	2 854 183
1978	536 370	178 651	52 709	214 433	85 147	5 430	719 779	2 959 537
1980	574 754	196 107	54 706	228 549	90 281	5 111	559 241	3 223 730
1981	604 893	189 929	56 950	252 417	101 982	3 615	518 016	3 011 288
1982	638 054	177 767	57 636	269 626	129 775	3 250	481 042	2 722 221
1983	634 949	169 667	52 754	261 462	147 879	3 187	478 845	2 475 152
1984	675 997	188 769	50 786	272 527	160 130	3 785	495 936	2 695 668
1985	733 689	232 377	48 597	282 814	164 407	5 494	604 276	3 097 010
1986	787 375	273 123	45 518	294 837	166 936	6 961	657 914	3 442 245
1987	777 624	278 571	37 946	289 212	165 390	6 505	598 862	3 490 279
1988	765 825	280 085	33 829	281 608	165 602	4 701	578 102	3 813 489
1989	735 165	270 672	28 925	269 362	162 221	3 985	653 802	3 506 905
1990	743 289	278 544	27 367	271 159	162 808	3 411	659 980	3 176 052
1991	734 499	280 454	24 373	267 715	158 680	3 277	668 202	2 716 925
1992	743 999	303 453	22 255	259 169	156 637	2 485	707 238	2 525 409
1993	831 121	429 298	17 881	239 310	143 461	1 171	845 324	2 691 188
1994	763 354	335 046	21 660	251 379	153 321	1 948	794 154	2 493 022
1995	896 677	519 042	15 465	227 389	133 594	1 187	918 667	2 927 007
1996	958 399	588 451	14 935	219 191	134 687	1 135	982 436	3 102 959
1997	855 259	498 641	11 714	224 176	119 822	906	1 005 531	3 400 970
1998	879 647	528 244	11 287	218 263	120 807	1 046	1 211 172	3 588 731
1999	889 152	554 644	10 740	206 378	116 264	1 126	1 220 972	3 767 279
2000	920 950	604 976	10 038	199 262	105 844	830	1 328 938	3 942 747
2001	954 287	644 129	10 080	202 736	96 470	872	1 338 426	4 174 175
2002	955 935	675 007	7 149	188 960	84 061	758	1 355 799	4 521 133

9-15 主要畜产品产量

指　　标	单位	1978年	1980年	1985年	1990年	1995年	2000年	2001年	2002年
年出栏肉猪头数	头	257 665	327 121	390 909	590 782	884 244	1 470 896	1 595 915	1 646 533
当年出售和自宰的肉用牛	头	5 576	4 989	9 761	44 236	153 642	281 560	310 931	333 662
当年出售和自宰的肉用羊	只	238 836	429 084	606 439	1 046 926	1 073 716	2 340 377	2 539 904	2 850 469
当年肉类总产量	吨	12 253	18 969	34 883	67 592	120 599	190 018	210 649	227 858
#猪肉产量	吨	9 585	14 856	24 327	40 833	63 069	93 361	100 510	103 715
牛肉产量	吨	279	290	1 117	5 447	22 465	33 051	38 539	42 327
羊肉产量	吨	2 388	3 823	8 121	16 510	17 138	32 952	38 591	44 730
奶类产量	吨	3 720	4 151	12 878	40 704	140 405	236 388	276 042	307 704
#牛　奶	吨	3 720	4 151	12 653	40 703	139 889	236 042	275 997	307 472
山羊毛产量	吨	318	336	212	290	362	715	863	873
绵羊毛产量	吨	1 788	2 675	3 231	3 780	3 555	4 703	6 068	6 718
羊绒产量	吨	129	139	88	158	165	364	404	426
蜂蜜产量	吨	–	427	435	517	552	807	815	1 034
禽蛋产量	吨	–	–	8 911	21 847	38 960	75 741	87 014	90 424

9-16 造林面积

指　　标	单位	1980年	1985年	1990年	1995年	2000年	2001年	2002年
一、当年造林面积	**公顷**	**11 761**	**33 167**	**9 402**	**25 868**	**81 583**	**98 741**	**182 465**
按主要林种用途分								
#用材林	公顷	5 079	10 110	2 648	2 522	–	706	1 279
经济林	公顷	257	349	338	4 498	10 528	7 450	2 953
防护林	公顷	5 457	16 202	5 573	18 155	71 035	90 585	176 754
薪炭林	公顷	–	6 008	842	692	–	–	1 479
在当年造林面积中：飞机播种	公顷	–	–	–	6 666	17 235	14 148	13 333
二、村及村以下合作组织及农用木材采伐量	**立方米**	**21 708**	**–**	**242 811**	**104 961**	**12 146**	**7 180**	**2 263**

9－17 各市县乡村人口劳动力

(2002年) 单位:人

地区	乡村人口	乡村从业人员	农林牧渔业	工业	建筑业	交通运输仓储及邮电通讯业	批发零售贸易餐饮业	其他行业
全区总计	**4 009 608**	**2 032 363**	**1 505 141**	**100 715**	**155 320**	**86 402**	**91 509**	**93 276**
灌区	1 749 605	936 080	652 460	63 192	72 544	49 915	53 424	44 545
山区	2 260 003	1 096 283	852 681	37 523	82 776	36 487	38 085	48 731
银川市	**636 970**	**339 249**	**245 962**	**20 045**	**20 402**	**17 202**	**17 851**	**17 787**
银川市	162 524	89 930	57 375	6 054	5 723	6 075	6 313	8 390
永宁县	164 608	96 578	71 861	5 495	5 727	4 816	4 418	4 261
贺兰县	137 467	80 306	66 850	2 130	3 730	2 951	2 862	1 783
灵武市	172 371	72 435	49 876	6 366	5 222	3 360	4 258	3 353
石嘴山市	**283 791**	**164 635**	**117 706**	**11 742**	**9 110**	**8 001**	**8 188**	**9 888**
石嘴山市	4 170	2 350	1 470	240	250	280	50	60
平罗县	201 168	116 002	84 891	7 662	6 496	6 030	5 962	4 961
陶乐县	23 665	12 517	9 598	559	684	421	498	757
惠农县	54 788	33 766	21 747	3 281	1 680	1 270	1 678	4 110
吴忠市	**1 267 804**	**638 166**	**445 278**	**38 671**	**52 857**	**32 890**	**34 630**	**33 840**
利通区	190 710	84 555	44 178	9 761	10 822	6 999	7 692	5 103
青铜峡市	165 861	86 057	63 725	3 748	7 645	3 589	3 704	3 646
中卫县	261 629	138 666	86 098	12 017	15 238	10 752	10 198	4 363
中宁县	210 644	122 918	94 791	5 879	9 327	3 372	5 791	3 758
盐池县	126 555	60 123	47 572	2 322	2 628	2 748	2 473	2 380
同心县	312 405	145 847	108 914	4 944	7 197	5 430	4 772	14 590
固原市	**1 718 689**	**840 947**	**663 831**	**28 538**	**63 733**	**26 371**	**28 363**	**30 111**
原州区	431 962	206 879	156 014	9 889	21 452	6 639	7 542	5 343
海原县	355 601	170 195	144 155	3 149	7 641	5 055	6 365	3 830
西吉县	427 590	205 630	176 196	6 588	11 115	5 204	6 115	412
隆德县	198 329	97 549	62 722	4 408	12 317	4 169	3 788	10 145
泾源县	76 560	44 242	38 333	601	2 144	1 158	898	1 108
彭阳县	228 647	116 452	86 411	3 903	9 064	4 146	3 655	9 273
红寺堡管委会	**102 354**	**49 366**	**32 364**	**1 719**	**9 218**	**1 938**	**2 477**	**1 650**

9-18 各市县农用化肥施用量

(2002年,按实物量计算) 单位:吨

地区	氮肥	#尿素	磷肥	钾肥	复合肥
全区总计	**487 893**	**203 257**	**179 828**	**9 389**	**118 103**
灌区	405 330	155 609	109 801	7 809	83 371
山区	82 563	47 648	70 027	1 580	34 732
银川市	**123 546**	**42 011**	**35 724**	**2 745**	**22 894**
银川市	31 213	9 743	6 977	524	5 339
永宁县	28 121	10 436	5 848	973	5 234
贺兰县	35 773	13 191	14 595	977	7 260
灵武市	28 439	8 641	8 304	271	5 061
石嘴山市	**84 431**	**39 276**	**25 503**	**987**	**15 437**
石嘴山市	1 078	593	230	15	217
平罗县	60 269	23 372	17 517	960	10 675
陶乐县	10 418	3 909	3 132	12	1 734
惠农县	12 666	11 402	4 624	-	2 811
吴忠市	**173 846**	**63 513**	**44 893**	**3 171**	**38 518**
利通区	30 464	9 043	11 870	702	5 775
青铜峡市	45 887	19 645	10 833	411	9 313
中卫县	31 108	13 819	9 134	55	6 405
中宁县	51 678	14 885	8 588	1 688	11 290
盐池县	4 950	1 554	1 233	115	1 619
同心县	9 759	4 567	3 235	200	4 116
固原市	**65 472**	**40 500**	**64 579**	**1 250**	**28 097**
原州区	15 367	7 704	8 954	869	5 920
海原县	10 418	6 025	5 542	19	4 401
西吉县	11 194	6 753	13 686	13	7 091
隆德县	9 090	6 356	13 751	349	3 905
泾源县	5 252	4 331	90	-	3 280
彭阳县	14 151	9 331	22 556	-	3 500
红寺堡管委会	**2 382**	**1 027**	**980**	**15**	**900**
区属	**38 216**	**16 930**	**8 149**	**1 221**	**12 257**

9-19 各市县农林牧渔业总产值

(2002年)

单位:万元

地区	农、林、牧渔业总产值	农业	林业	牧业	渔业	农、林、牧渔业总产值(上年=100)
全区总计	**924 917.0**	**525 522.0**	**51 184.0**	**322 259.0**	**25 952.0**	**108.4**
灌区	662 704.0	367 169.0	12 333.0	257 439.0	25 763.0	103.5
山区	262 213.0	158 353.0	38 851.0	64 820.0	189.0	125.8
银川市	**255 892.0**	**150 674.0**	**4 375.0**	**84 961.0**	**15 882.0**	**101.2**
银川市	75 469.0	42 244.0	1 061.0	27 349.0	4 815.0	109.3
永宁县	59 941.0	39 424.0	751.0	16 078.0	3 688.0	101.3
贺兰县	55 077.0	35 508.0	486.0	12 694.0	6 389.0	92.3
灵武市	65 405.0	33 498.0	2 077.0	28 840.0	990.0	100.6
石嘴山市	**117 100.0**	**74 213.0**	**3 061.0**	**36 483.0**	**3 343.0**	**104.3**
石嘴山市	4 869.0	2 170.0	406.0	1 217.0	1 076.0	115.8
平罗县	69 136.0	43 636.0	1 172.0	22 551.0	1 777.0	102.6
陶乐县	10 391.0	5 916.0	746.0	3 634.0	95.0	103.5
惠农县	32 704.0	22 491.0	737.0	9 081.0	395.0	106.7
吴忠市	**363 492.0**	**178 035.0**	**22 054.0**	**156 853.0**	**6 550.0**	**107.7**
利通区	70 640.0	23 864.0	700.0	44 199.0	1 877.0	106.0
青铜峡市	72 785.0	43 437.0	1 766.0	26 363.0	1 219.0	101.8
中卫县	76 957.0	34 802.0	1 281.0	38 309.0	2 565.0	103.6
中宁县	69 330.0	40 179.0	1 150.0	27 124.0	877.0	103.7
盐池县	33 680.0	11 113.0	1 166.0	10 892.0	12.0	124.7
同心县	40 100.0	24 640.0	5 494.0	9 966.0	-	128.7
固原市	**180 447.0**	**117 341.0**	**20 292.0**	**42 637.0**	**177.0**	**123.6**
原州区	46 918.0	33 372.0	3 819.0	9 727.0	-	127.2
海原县	37 774.0	24 269.0	4 918.0	8 571.0	16.0	158.3
西吉县	34 079.0	22 872.0	3 987.0	7 077.0	143.0	112.2
隆德县	20 987.0	13 263.0	1 549.0	6 171.0	4.0	104.9
泾源县	7 516.0	4 116.0	1 481.0	1 919.0	-	93.7
彭阳县	33 173.0	19 449.0	4 538.0	9 172.0	14.0	123.7
红寺堡管委会	**7 986.0**	**5 259.0**	**1 402.0**	**1 325.0**	**-**	**184.5**

注:本表按当年价格计算。

9-20 各市县农作物播种面积

(2002年) 单位:公顷

地区	总播种面积	#粮食	谷物	#稻谷	#小麦	#玉米	#高粱	#荞麦
全区总计	**1 078 693**	**811 885**	**598 326**	**68 123**	**304 059**	**149 217**	**928**	**21 491**
灌区	409 814	316 269	282 120	67 844	104 884	102 419	792	216
山区	668 879	495 616	316 206	279	199 175	46 798	136	21 275
银川市	**126 770**	**107 269**	**96 539**	**28 290**	**34 299**	**33 004**	**63**	**163**
银川市	24 267	18 394	17 982	6 281	5 736	5 899	-	2
永宁县	36 327	30 690	26 292	6 894	10 132	9 262	4	-
贺兰县	35 651	31 657	30 154	7 173	11 993	10 968	4	-
灵武市	30 525	26 528	22 111	7 942	6 438	6 875	55	161
石嘴山市	**92 925**	**64 368**	**59 123**	**6 520**	**27 425**	**23 070**	**102**	**-**
石嘴山市	1 707	1 155	1 142	-	620	511	11	-
平罗县	56 316	43 408	39 643	6 132	16 971	15 230	60	-
陶乐县	11 492	6 727	6 551	388	3 230	2 666	-	-
惠农县	23 410	13 078	11 787	-	6 604	4 663	31	-
吴忠市	**328 532**	**246 620**	**186 935**	**22 266**	**80 899**	**46 383**	**395**	**9 916**
利通区	29 374	23 962	20 371	6 313	7 557	6 501	-	-
青铜峡市	46 634	38 372	31 371	6 613	12 399	12 319	40	-
中卫县	39 460	23 467	20 297	5 207	7 448	6 442	-	-
中宁县	38 374	27 519	23 750	4 133	9 289	9 605	355	-
盐池县	59 001	35 752	22 143	-	6 532	4 936	-	6 230
同心县	115 689	97 548	69 003	-	37 674	6 580	-	3 686
固原市	**475 975**	**346 974**	**210 952**	**279**	**149 111**	**29 659**	**121**	**11 131**
原州区	121 438	77 545	41 921	-	26 521	10 075	114	1 730
海原县	130 452	95 307	63 373	-	47 890	4 167	-	2 939
西吉县	76 567	66 908	24 819	-	15 967	5 264	-	935
隆德县	43 571	30 741	19 276	279	15 558	2 715	-	118
泾源县	13 570	11 573	7 390	-	6 425	437	-	-
彭阳县	90 377	64 900	54 173	-	36 750	7 001	7	5 409
红寺堡管委会	**18 214**	**15 342**	**14 108**	**-**	**5 858**	**5 623**	**15**	**228**
区属	**36 277**	**31 312**	**30 669**	**10 768**	**6 467**	**11 478**	**232**	**53**

9-20 续表　　　　　　　　　　　　(2002年)　　　　　　　　　　　　单位:公顷

地区	豆类	薯类	油料	药材	蔬菜、瓜类
全区总计	**83 478**	**130 081**	**110 580**	**12 526**	**64 963**
灌区	34 126	23	25 805	5 074	44 824
山区	49 352	130 058	84 775	7 452	20 139
银川市	**10 730**	**-**	**1 647**	**2 618**	**13 665**
银川市	412	-	155	1 132	4 212
永宁县	4 398	-	444	1 402	3 289
贺兰县	1 503	-	256	50	3 532
灵武市	4 417	-	792	34	2 632
石嘴山市	**5 232**	**13**	**8 753**	**1 036**	**9 821**
石嘴山市	-	13	177	82	265
平罗县	3 765	-	3 664	893	5 443
陶乐县	176	-	867	37	560
惠农县	1 291	-	4 045	24	3 553
吴忠市	**29 291**	**30 394**	**37 255**	**1 469**	**24 679**
利通区	3 591	-	82	129	3 553
青铜峡市	7 001	-	2 815	-	5 162
中卫县	3 170	-	3 271	865	8 871
中宁县	3 769	-	7 503	10	2 467
盐池县	3 345	10 264	12 813	465	1 359
同心县	8 415	20 130	10 771	-	3 267
固原市	**37 005**	**99 017**	**60 294**	**6 492**	**15 237**
原州区	7 206	28 418	22 115	438	5 706
海原县	11 940	19 994	13 987	2 000	5 333
西吉县	5 400	36 689	7 845	313	685
隆德县	5 032	6 433	4 496	2 909	1 371
泾源县	1 368	2 815	616	102	207
彭阳县	6 059	4 668	11 235	730	1 935
红寺堡管委会	**587**	**647**	**897**	**495**	**276**
区属	**633**	**10**	**1 734**	**416**	**1 285**

9-21 各市县主要年份粮食产量情况

单位:万千克

地 区	1952年	1958年	1978年	1980年	1985年	1990年	1995年	2000年	2001年	2002年
全区总计	**47 435**	**69 615**	**116 981**	**120 357**	**139 534**	**191 703**	**203 253**	**252 741**	**274 795**	**301 914**
灌 区	25 554	40 099	77 482	85 763	103 196	140 237	163 476	197 775	203 416	201 087
山 区	21 881	29 516	39 509	34 594	36 338	51 466	39 777	54 966	71 379	100 827
银川市	**9 571**	**14 423**	**22 757**	**30 374**	**39 109**	**51 797**	**57 846**	**68 198**	**71 933**	**72 358**
银川市	1 571	3 206	4 855	4 857	6 224	8 077	8 716	11 034	11 387	11 498
永宁县	3 865	4 926	3 561	9 498	12 666	17 348	18 469	19 459	20 960	21 559
贺兰县	2 598	4 184	6 935	7 241	9 567	14 089	18 825	19 773	20 968	20 647
灵武市	1 537	2 107	7 406	8 778	10 652	12 283	11 836	17 932	18 618	18 654
石嘴山市	**4 038**	**7 039**	**12 386**	**12 826**	**13 270**	**21 315**	**26 321**	**33 590**	**34 721**	**33 013**
石嘴山市	34	139	931	1 073	580	661	546	591	484	576
平罗县	2 653	4 955	8 239	8 480	8 694	14 047	17 908	23 295	23 730	22 567
陶乐县	267	366	730	681	1 044	1 949	2 106	3 197	3 272	3 387
惠农县	1 084	1 579	2 486	2 592	2 952	4 658	5 761	6 507	7 235	7 059
吴忠市	**13 463**	**22 783**	**37 845**	**39 416**	**50 095**	**65 845**	**72 875**	**86 474**	**88 961**	**98 905**
利通区	1 963	3 021	7 723	8 492	9 709	12 312	13 519	15 426	15 713	15 677
青铜峡市	3 925	4 706	9 642	11 104	14 512	17 771	19 680	24 232	24 267	24 023
中卫县	3 222	5 275	8 250	9 646	11 315	13 950	16 113	15 999	15 872	15 058
中宁县	2 744	3 494	5 080	6 243	8 147	11 049	13 912	18 074	16 882	16 606
盐池县	504	3 086	2 552	750	2 470	3 700	2 899	2 800	5 014	6 334
同心县	1 105	3 201	4 598	3 181	3 942	7 063	6 752	10 218	11 213	17 238
固原地区	**20 272**	**23 229**	**32 359**	**30 663**	**29 881**	**40 704**	**30 126**	**40 995**	**52 627**	**73 286**
原州区	6 163	6 018	8 854	8 421	8 466	10 462	9 323	9 647	13 047	18 372
海原县	2 301	3 969	6 226	4 275	4 915	6 406	4 505	7 265	6 555	15 521
西吉县	5 438	6 097	6 887	8 706	8 064	9 540	4 617	9 794	12 670	15 752
隆德县	2 016	3 051	4 227	3 948	4 214	5 262	3 901	6 026	7 515	8 700
泾源县	1 232	1 090	1 862	1 936	1 715	2 424	2 039	2 635	3 004	2 673
彭阳县	3 122	3 004	4 303	3 377	2 507	6 610	5 741	5 628	9 836	12 268
红寺堡管委会								**953**	**2 525**	**3 969**
区 属	**91**	**2 141**	**6 634**	**6 898**	**7 179**	**12 042**	**16 085**	**22 256**	**24 028**	**23 776**

注:1988年起粮食产量为抽样调查数据。

9－22 各市县全年粮食产量

地　　区	2001年 播种面积（亩）	2001年 亩产（公斤）	2001年 总产量（吨）	2002年 播种面积（亩）	2002年 亩产（公斤）	2002年 总产量（吨）
全区总计	**11 721 052**	**234.4**	**2 747 954**	**13 216 999**	**228.4**	**3 019 142**
川区合计	**5 193 999**	**391.6**	**2 034 157**	**5 136 095**	**391.5**	**2 010 869**
山区合计	**6 527 053**	**109.4**	**713 797**	**8 080 904**	**124.8**	**1 008 273**
银川市	256 726	430.4	110 486	257 866	434.7	112 092
永宁县	541 734	386.9	209 597	552 252	390.4	215 587
贺兰县	524 077	400.1	209 679	530 714	389.1	206 476
灵武市	475 731	391.3	186 177	486 157	383.7	186 538
平罗县	740 418	320.5	237 301	653 675	345.2	225 667
陶乐县	102 387	319.6	32 726	100 907	335.6	33 867
惠农县	213 999	338.1	72 350	212 061	332.9	70 589
利通区	340 409	461.6	157 129	351 143	446.5	156 769
青铜峡市	654 863	370.6	242 674	664 751	361.4	240 228
中卫县	422 439	375.7	158 718	408 172	368.9	150 583
中宁县	415 776	406.0	168 819	422 508	393.0	166 060
盐池县	583 349	85.9	50 135	611 834	103.5	63 339
同心县	926 955	121.0	112 134	1 470 652	117.2	172 380
原州区	1 170 724	111.4	130 472	1 346 993	136.4	183 724
海原县	862 617	76.0	65 554	1 351 468	114.8	155 213
西吉县	1 268 674	99.9	126 704	1 433 915	109.9	157 521
隆德县	499 170	150.6	75 153	486 632	178.8	87 002
泾源县	173 193	173.4	30 038	173 581	154.0	26 726
彭阳县	945 674	104.0	98 355	986 437	124.4	122 682
红寺堡管委会	**96 697**	**261.1**	**25 252**	**219 392**	**180.9**	**39 687**
区　　属	**481 020**	**499.5**	**240 282**	**471 829**	**503.9**	**237 764**
#农垦	459 945	505.4	232 455	443 085	511.3	226 565
其　　它	**24 420**	**336.6**	**8 219**	**24 060**	**359.5**	**8 650**

9－22　续表

地　区	2002年比2001年增减					
	播种面积		亩　产		总产量	
	绝对值(亩)	%	绝对值(公斤)	%	绝对值(吨)	%
全区总计	**1 495 947**	**12.8**	**－6.0**	**－2.6**	**271 188**	**9.9**
川区合计	**－57 904**	**－1.1**	**－0.1**	**－**	**－23 288**	**－1.1**
山区合计	**1 553 851**	**23.8**	**15.4**	**14.1**	**294 476**	**41.3**
银川市	1 140	0.4	4.3	1.0	1 606	1.5
永宁县	10 518	1.9	3.5	0.9	5 990	2.9
贺兰县	6 637	1.3	－11.0	－2.8	－3 203	－1.5
灵武市	10 426	2.2	－7.7	－2.0	361	0.2
平罗县	－86 743	－11.7	24.7	7.7	－11 634	－4.9
陶乐县	－1 480	－1.4	16.0	5.0	1 141	3.5
惠农县	－1 938	－0.9	－5.2	－1.5	－1 761	－2.4
利通区	10 734	3.2	－15.1	－3.3	－360	－0.2
青铜峡市	9 888	1.5	－9.2	－2.5	－2 446	－1.0
中卫县	－14 267	－3.4	－6.8	－1.8	－8 135	－5.1
中宁县	6 732	1.6	－13.0	－3.2	－2 759	－1.6
盐池县	28 485	4.9	17.6	20.5	13 204	26.3
同心县	543 697	58.7	－3.8	－3.1	60 246	53.7
原州区	176 269	15.1	25.0	22.4	53 252	40.8
海原县	488 851	56.7	38.9	51.1	89 659	136.8
西吉县	165 241	13.0	10.0	10.0	30 817	24.3
隆德县	－12 538	－2.5	28.2	18.7	11 849	15.8
泾源县	388	0.2	－19.5	－11.2	－3 312	－11.0
彭阳县	40 763	4.3	20.4	19.6	24 327	24.7
红寺堡管委会	**122 695**	**126.9**	**－80.3**	**－30.7**	**14 435**	**57.2**
区　属	**－9 191**	**－1.9**	**4.4**	**0.9**	**－2 518**	**－1.0**
#农垦	－16 860	－3.7	5.9	1.2	－5 890	－2.5
其　它	**－360**	**－1.5**	**22.9**	**6.8**	**431**	**5.2**

9－23　各市县全年夏收粮食产量

地　区	2001年			2002年		
	播种面积（亩）	亩　产（公斤）	总产量（吨）	播种面积（亩）	亩　产（公斤）	总产量（吨）
全区总计	**5 327 290**	**163.8**	**872 487**	**6 738 362**	**157.8**	**1 063 153**
川区合计	**1 889 056**	**324.5**	**612 960**	**1 777 351**	**278.0**	**494 182**
山区合计	**3 438 234**	**75.5**	**259 527**	**4 961 011**	**114.7**	**568 971**
银川市	84 332	274.7	23 169	73 906	260.9	19 284
永宁县	178 142	336.1	59 873	175 92	301.5	52 792
贺兰县	206 685	303.5	62 732	193 859	251.0	48 662
灵武市	112 489	365.5	41 110	118 058	250.0	29 510
平罗县	303 151	296.3	89 811	278 537	271.1	75 516
陶乐县	52 441	317.0	16 623	48 825	309.3	15 100
惠农县	126 667	304.3	38 541	125 842	280.9	35 348
利通区	122 091	356.1	43 472	125 070	280.9	35 136
青铜峡市	224 294	333.2	74 740	200 934	273.6	54 970
中卫县	151 541	314.7	47 697	143 843	286.2	41 163
中宁县	162 673	320.3	52 105	160 095	255.3	40 865
盐池县	54 774	35.3	1 931	144 957	103.3	14 969
同心县	524 756	62.1	32 591	932 645	91.5	85 343
原州区	620 017	78.8	48 869	903 603	126.4	114 230
海原县	556 257	41.1	22 875	866 350	110.2	95 455
西吉县	616 680	69.8	43 070	874 975	110.1	96 346
隆德县	370 186	135.5	50 172	364 853	178.5	65 124
泾源县	104 022	141.4	14 706	117 589	131.0	15 400
彭阳县	576 266	73.1	42 114	669 487	102.4	68 586
红寺堡管委会	**15 276**	**209.4**	**3 199**	**86 552**	**156.2**	**13 518**
区　属	**153 465**	**391.1**	**60 013**	**121 590**	**346.8**	**42 170**
#农　垦	143 115	392.3	56 145	108 855	347.6	37 840
其　它	**11 085**	**277.3**	**3 074**	**11 700**	**313.4**	**3 667**

9-23 续表

地　区	2002年比2001年增减					
	播种面积		亩　产		总产量	
	绝对值(亩)	%	绝对值(公斤)	%	绝对值(吨)	%
全区总计	**1 411 072**	**26.5**	**-6.0**	**-3.7**	**190 666**	**21.9**
川区合计	**-111 705**	**-5.9**	**-46.5**	**-14.3**	**-118 778**	**-19.4**
山区合计	**1 522 777**	**44.3**	**39.2**	**51.9**	**309 444**	**119.2**
银川市	-10 426	-12.4	-13.8	-5.0	-3 885	-16.8
永宁县	-3 050	-1.7	-34.6	-10.3	-7 081	-11.8
贺兰县	-12 826	-6.2	-52.5	-17.3	-14 070	-22.4
灵武市	5 569	5.0	-115.5	-31.6	-11 600	-28.2
平罗县	-24 614	-8.1	-25.1	-8.5	-14 295	-15.9
陶乐县	-3 616	-6.9	-7.7	-2.4	-1 523	-9.2
惠农县	-825	-0.7	-23.4	-7.7	-3 193	-8.3
利通区	2 979	2.4	-75.1	-21.1	-8 336	-19.2
青铜峡市	-23 360	-10.4	-59.7	-17.9	-19 770	26.5
中卫县	-7 698	-5.1	-28.6	-9.1	-6 534	-13.7
中宁县	-2 578	-1.6	-65.1	-20.3	-11 240	-21.6
盐池县	90 183	164.6	68.0	192.9	13 038	675.2
同心县	407 889	77.7	29.4	47.3	52 752	161.9
原州区	283 586	45.7	47.6	60.4	65 361	133.7
海原县	310 093	55.7	69.1	167.9	72 580	317.3
西吉县	258 295	41.9	40.3	57.7	53 276	123.7
隆德县	-5 333	-1.4	43.0	31.7	14 952	29.8
泾源县	13 567	13.0	-10.4	-7.4	694	4.7
彭阳县	93 221	16.2	29.4	40.2	26 472	62.9
红寺堡管委会	**71 276**	**466.6**	**-53.2**	**-25.4**	**10 319**	**322.6**
区　属	**-31 875**	**-20.8**	**-44.2**	**-11.3**	**-17 843**	**-29.7**
#农　垦	-34 260	-23.9	-44.7	-11.4	-18 305	-32.6
其　它	**615**	**5.5**	**36.1**	**13.0**	**593**	**19.3**

9-24　各市县全年秋收粮食产量

地　区	2001年			2002年		
	播种面积（亩）	亩　产（公斤）	总产量（吨）	播种面积（亩）	亩　产（公斤）	总产量（吨）
全区总计	**6 393 762**	**293.3**	**1 875 467**	**6 478 637**	**301.9**	**1 955 989**
川区合计	**3 304 943**	**430.0**	**1 421 197**	**3 358 744**	**451.6**	**1 516 687**
山区合计	**3 088 819**	**147.1**	**454 270**	**3 119 893**	**140.8**	**439 302**
银川市	172 394	506.5	87 317	183 960	504.5	92 808
永宁县	363 592	411.8	149 724	377 160	431.6	162 795
贺兰县	317 392	463.0	146 947	336 855	468.5	157 814
灵武市	363 242	399.4	145 067	368 099	426.6	157 028
平罗县	437 267	337.3	147 490	375 138	400.3	150 151
陶乐县	49 946	322.4	16 103	52 082	360.3	18 767
惠农县	87 332	387.1	33 809	86 219	408.7	35 241
利通区	218 318	520.6	113 657	226 073	538.0	121 633
青铜峡市	430 569	390.0	167 934	463 817	399.4	185 258
中卫县	270 898	409.8	111 021	264 329	414.0	109 420
中宁县	253 103	461.1	116 714	262 413	477.1	125 195
盐池县	528 575	91.2	48 204	466 877	103.6	48 370
同心县	402 199	197.8	79 543	538 007	161.8	87 037
原州区	550 707	148.2	81 603	443 390	156.7	69 494
海原县	306 360	139.3	42 679	485 118	123.2	59 758
西吉县	651 994	128.3	83 634	558 940	109.4	61 175
隆德县	128 984	193.7	24 981	121 779	179.7	21 878
泾源县	69 171	221.7	15 332	55 992	202.3	11 326
彭阳县	369 408	152.2	56 241	316 950	170.7	54 095
红寺堡管委会	**81 421**	**270.9**	**22 053**	**132 840**	**197.0**	**26 169**
区　属	**327 555**	**550.3**	**180 269**	**350 239**	**558.5**	**195 594**
#农　垦	319 845	553.9	177 163	334 230	564.7	188 725
其　它	**13 335**	**385.8**	**5 145**	**12 360**	**403.2**	**4 983**

9-2 续表

地 区	2002年比2001年增减					
	播种面积		亩 产		总产量	
	绝对值(亩)	%	绝对值(公斤)	%	绝对值(吨)	%
全区总计	**84 875**	**1.3**	**8.6**	**2.9**	**80 522**	**4.3**
川区合计	**53 801**	**1.6**	**21.5**	**5.0**	**95 490**	**6.7**
山区合计	**31 074**	**1.0**	**-6.3**	**-4.3**	**-14 968**	**-3.3**
银川市	11 566	6.7	-2.0	-0.4	5 491	6.3
永宁县	13 568	3.7	19.8	4.8	13 071	8.7
贺兰县	19 463	6.1	5.5	1.2	10 867	7.4
灵武市	4 857	1.3	27.2	6.8	11 961	8.2
平罗县	-62 129	-14.2	63.0	18.7	2 661	1.8
陶乐县	2 136	4.3	37.9	11.8	2 664	16.5
惠农县	-1 113	-1.3	21.6	5.6	1 432	4.2
利通区	7 755	3.6	17.4	3.3	7 976	7.0
青铜峡市	33 248	7.7	9.4	2.4	17 324	10.3
中卫县	-6 569	-2.4	4.1	1.0	-1 601	-1.4
中宁县	9 310	3.7	16.0	3.5	8 481	7.3
盐池县	-61 698	-11.7	12.4	13.6	166	0.3
同心县	135 808	33.8	-36.0	-18.2	7 494	9.4
原州区	-107 317	-19.5	8.6	5.8	-12 109	-14.8
海原县	178 758	58.3	-16.1	-11.6	17 079	40.0
西吉县	-93 054	-14.3	-18.8	-14.7	-22 459	-26.9
隆德县	-7 205	-5.6	-14.0	-7.2	-3 103	-12.4
泾源县	-13 179	-19.1	-19.4	-8.7	-4 006	-26.1
彭阳县	-52 458	-14.2	18.4	12.1	-2 146	-3.8
红寺堡管委会	**51 419**	**63.2**	**-73.9**	**-27.3**	**4 116**	**18.7**
区 属	**22 684**	**6.9**	**8.1**	**1.5**	**15 325**	**8.5**
#农 垦	14 385	4.5	10.8	1.9	11 562	6.5
其 它	**-975**	**-7.3**	**17.3**	**4.5**	**-162**	**-3.1**

9－25 各市县全年小麦产量

地 区	2001年			2002年		
	播种面积（亩）	亩 产（公斤）	总产量（吨）	播种面积（亩）	亩 产（公斤）	总产量（吨）
全区总计	**4 488 843**	**186.2**	**836 029**	**5 563 086**	**172.8**	**961 159**
川区合计	**1 841 272**	**325.0**	**598 400**	**1 728 533**	**278.3**	**481 040**
山区合计	**2 647 571**	**89.8**	**237 629**	**3 834 553**	**125.2**	**480 119**
银川市	83 387	276.7	23 074	73 906	260.7	19 269
永宁县	178 082	333.9	59 455	175 092	299.0	52 354
贺兰县	205 365	304.8	62 605	191 998	252.0	48 383
灵武市	110 637	355.3	39 306	118 058	240.2	28 352
平罗县	301 846	297.2	89 713	277 206	271.8	75 356
陶乐县	52 286	317.4	16 598	48 445	310.5	15 043
惠农县	126 539	304.5	38 528	125 785	281.0	35 340
利通区	122 091	354.0	43 225	125 070	280.9	35 136
青铜峡市	224 057	329.8	73 888	200 139	273.7	54 768
中卫县	145 099	317.0	45 993	141 404	289.0	40 870
中宁县	149 908	345.5	51 790	143 370	271.6	38 939
盐池县	19 986	79.2	1 583	110 995	118.8	13 184
同心县	452 145	62.1	28 081	799 463	98.1	78 459
原州区	488 865	94.5	46 215	642 246	142.5	91 506
海原县	431 797	52.4	22 623	693 681	115.9	80 432
西吉县	377 076	101.5	38 278	525 959	136.7	71 915
隆德县	283 872	154.5	43 872	280 316	191.9	53 798
泾源县	96 268	146.7	14 124	96 370	127.1	12 247
彭阳县	482 286	82.2	39 654	598 971	108.6	65 060
红寺堡管委会	**15 276**	**209.4**	**3 199**	**86 552**	**156.2**	**13 518**
区 属	**130 890**	**390.8**	**51 151**	**96 405**	**348.3**	**33 575**
*农 垦	121 740	391.2	47 625	85 500	349.3	29 867
其 它	**11 085**	**277.3**	**3 074**	**11 655**	**313.7**	**3 656**

9-25 续表

地区	2002年比2001年增减					
	播种面积		亩产		总产量	
	绝对值(亩)	%	绝对值(公斤)	%	绝对值(吨)	%
全区总计	**1 074 243**	**23.9**	**-13.4**	**-7.2**	**125 130**	**15.0**
川区合计	**-112 739**	**-6.1**	**-46.7**	**-14.4**	**-117 360**	**-19.6**
山区合计	**1 186 982**	**44.8**	**35.4**	**39.4**	**242 490**	**102.0**
银川市	-9 481	-11.4	-16.0	-5.8	-3 805	-16.5
永宁县	-2 990	-1.7	-34.9	-10.4	-7 101	-11.9
贺兰县	-13 367	-6.5	-52.9	-17.3	-14 222	-22.7
灵武市	7 421	6.7	-115.1	-32.4	-10 954	-27.9
平罗县	-24 640	-8.2	-25.4	-8.5	-14 357	-16.0
陶乐县	-3 841	-7.3	-6.9	-2.2	-1 555	-9.4
惠农县	-754	-0.6	-23.5	-7.7	-3 188	-8.3
利通区	2 979	2.4	-73.1	-20.6	-8 089	-18.7
青铜峡市	-23 918	-10.7	-56.1	-17.0	-19 120	-25.9
中卫县	-3 695	-2.5	-27.9	-8.8	-5 123	-11.1
中宁县	-6 538	-4.4	-73.9	-21.4	-12 851	-24.8
盐池县	91 009	455.4	39.6	50.0	11 601	732.8
同心县	347 318	76.8	36.0	58.0	50 378	179.4
原州区	153 381	31.4	47.9	50.7	45 291	98.0
海原县	261 884	60.6	63.6	121.3	57 809	255.5
西吉县	148 883	39.5	35.2	34.7	33 637	87.9
隆德县	-3 556	-1.3	37.4	24.2	9 926	22.6
泾源县	102	0.1	-19.6	-13.4	-1 877	-13.3
彭阳县	116 685	24.2	26.4	32.1	25 406	64.1
红寺堡管委会	**71 276**	**466.6**	**-53.2**	**-25.4**	**10 319**	**322.6**
区属	**-34 485**	**-26.3**	**-42.5**	**-10.9**	**-17 576**	**-34.4**
#农垦	-36 240	-29.8	-41.9	-10.7	-17 758	-37.3
其它	**570**	**5.1**	**36.4**	**13.1**	**582**	**18.9**

9－26 各市县全年水稻产量

地　　区	2001年			2002年		
	播种面积（亩）	亩　产（公斤）	总产量（吨）	播种面积（亩）	亩　产（公斤）	总产量（吨）
全区总计	**1 113 264**	**555.3**	**618 212**	**1 145 517**	**573.3**	**656 686**
川区合计	**1 110 369**	**555.8**	**617 112**	**1 141 332**	**573.9**	**655 054**
山区合计	**2 895**	**380.0**	**1 100**	**4 185**	**390.0**	**1 632**
银川市	87 845	569.3	50 008	88 632	581.8	51 565
永宁县	138 408	545.9	75 553	146 840	574.1	84 299
贺兰县	116 722	549.8	64 169	126 435	570.4	72 121
灵武市	139 264	597.2	83 165	138 615	618.2	85 689
平罗县	95 817	459.3	44 008	88 246	478.0	42 182
陶乐县	4 850	400.0	1 940	5 820	400.0	2 328
惠农县	–	–	–	–	–	–
利通区	107 968	592.0	63 915	84 858	596.6	50 627
青铜峡市	100 306	574.5	57 625	136 368	582.2	79 390
中卫县	102 935	569.9	58 665	84 848	591.5	50 183
中宁县	77 564	573.1	44 455	78 160	595.6	46 553
盐池县	–	–	–	–	–	–
同心县	–	–	–	–	–	–
原州区	–	–	–	–	–	–
海原县	–	–	–	–	–	–
西吉县	–	–	–	–	–	–
隆德县	2 985	380.0	1 100	4 185	390.0	1 632
泾源县	–	–	–	–	–	–
彭阳县	–	–	–	–	–	–
红寺堡管委会	–	–	–	–	–	–
区　　属	**134 610**	**533.4**	**71 804**	**160 860**	**555.3**	**89 320**
#农　垦	133 245	533.5	71 081	156 630	556.8	87 205
其　　它	**4 080**	**442.4**	**1 805**	**1 650**	**482.4**	**796**

9－26 续表

地区	2002年比2001年增减					
	播种面积		亩产		总产量	
	绝对值(亩)	%	绝对值(公斤)	%	绝对值(吨)	%
全区总计	**32 253**	**2.9**	**18.0**	**3.2**	**38 474**	**6.2**
川区合计	**30 963**	**2.8**	**18.2**	**3.3**	**37 942**	**6.1**
山区合计	**1 290**	**44.6**	**10.0**	**2.6**	**532**	**48.4**
银川市	787	0.9	12.5	2.2	1 557	3.1
永宁县	8 432	6.1	28.2	5.2	8 746	11.6
贺兰县	9 713	8.3	20.7	3.8	7 952	12.4
灵武市	－649	－0.5	21.0	3.5	2 524	3.0
平罗县	－7 571	－7.9	18.7	4.1	－1 826	－4.2
陶乐县	970	20.0	－	－	388	20.0
惠农县	－	－	－	－	－	－
利通区	－23 110	－21.4	4.6	0.8	－13 288	－20.8
青铜峡市	36 062	36.0	7.7	1.3	21 765	37.8
中卫县	－18 087	－17.6	21.5	3.8	－8 482	－14.5
中宁县	596	0.8	22.5	3.9	2 098	4.7
盐池县	－	－	－	－	－	－
同心县	－	－	－	－	－	－
原州区	－	－	－	－	－	－
海原县	－	－	－	－	－	－
西吉县	－	－	－	－	－	－
隆德县	1 290	44.6	10.0	2.6	532	48.4
泾源县	－	－	－	－	－	－
彭阳县	－	－	－	－	－	－
红寺堡管委会	**－**	**－**	**－**	**－**	**－**	**－**
区属	**26 250**	**19.5**	**21.8**	**4.1**	**17 516**	**24.4**
农垦	23 385	17.6	23.3	4.4	16 124	22.7
其它	**－2 430**	**－59.6**	**40.0**	**9.0**	**－1 009**	**－55.9**

9－27　各市县全年玉米产量

地　区	2001年			2002年		
	播种面积（亩）	亩　产（公斤）	总产量（吨）	播种面积（亩）	亩　产（公斤）	总产量（吨）
全区总计	**2 216 335**	**427.6**	**947 715**	**2 325 883**	**448.3**	**1 042 723**
川区合计	**1 681 311**	**455.8**	**766 407**	**1 729 942**	**477.9**	**826 732**
山区合计	**535 024**	**338.9**	**181 308**	**595 941**	**362.1**	**215 991**
银川市	77 070	473.4	36 484	82 716	480.3	39 732
永宁县	158 963	449.4	71 439	162 301	466.9	75 773
贺兰县	185 869	436.3	81 090	175 919	467.4	82 223
灵武市	118 434	468.8	55 524	127 881	525.7	67 227
平罗县	251 509	378.1	95 094	259 759	404.9	105 173
陶乐县	34 551	394.8	13 641	39 997	404.7	16 188
惠农县	84 558	396.6	33 532	83 040	421.3	34 983
利通区	98 350	503.3	49 502	129 215	547.7	70 766
青铜峡市	221 511	459.4	101 773	201 356	479.2	96 492
中卫县	119 197	426.1	50 792	130 045	439.0	57 092
中宁县	143 304	475.2	68 091	151 023	489.3	73 896
盐池县	62 413	270.0	16 852	67 890	329.8	22 389
同心县	126 770	494.1	62 631	127 117	502.6	63 889
原州区	99 721	243.3	24 267	96 926	323.9	31 390
海原县	44 239	340.7	15 072	57 887	391.8	22 679
西吉县	32 290	237.4	7 667	32 303	218.6	7 061
隆德县	22 676	261.7	5 934	31 497	252.4	7 950
泾源县	9 100	206.2	1 876	6 555	200.5	1 314
彭阳县	97 415	314.0	30 591	106 001	362.2	38 388
红寺堡管委会	**40 400**	**406.4**	**16 418**	**69 765**	**300.0**	**20 930**
区　　属	**180 255**	**591.1**	**106 544**	**176 445**	**584.6**	**103 155**
#农垦	175 485	594.9	104 397	166 080	595.7	98 941
其　　它	**7 740**	**374.8**	**2 901**	**10 245**	**393.5**	**4 031**

9-27 续表

地区	2002年比2001年增减					
	播种面积		亩产		总产量	
	绝对值(亩)	%	绝对值(公斤)	%	绝对值(吨)	%
全区总计	**109 548**	**4.9**	**20.7**	**4.8**	**95 008**	**10.0**
川区合计	**48 631**	**2.9**	**22.1**	**4.8**	**60 325**	**7.9**
山区合计	**60 917**	**11.4**	**23.6**	**7.0**	**34 683**	**19.1**
银川市	5 646	7.3	6.9	1.5	3 248	8.9
永宁县	3 338	2.1	17.5	3.9	4 334	6.1
贺兰县	-9 950	-5.4	31.1	7.1	1 133	1.4
灵武市	9 447	8.0	56.9	12.1	11 703	21.1
平罗县	8 250	3.3	26.8	7.1	10 079	10.6
陶乐县	5 446	15.8	9.9	2.5	2 547	18.7
惠农县	-1 518	-1.8	24.7	6.2	1 451	4.3
利通区	30 865	31.4	44.3	8.8	21 264	43.0
青铜峡市	-20 155	-9.1	19.8	4.3	-5 281	-5.2
中卫县	10 848	9.1	12.9	3.0	6 300	12.4
中宁县	7 719	5.4	14.2	3.0	5 805	8.5
盐池县	5 477	8.8	59.8	22.1	5 537	32.9
同心县	347	0.3	8.5	1.7	1 258	2.0
原州区	-2 795	-2.8	80.5	33.1	7 123	29.4
海原县	13 648	30.9	51.1	15.0	7 607	50.5
西吉县	13	-	-18.8	-7.9	-606	-7.9
隆德县	8 821	38.9	-9.3	-3.5	2 016	34.0
泾源县	-2 545	-28.0	-5.7	-2.7	-562	-29.9
彭阳县	8 586	8.8	48.1	15.3	7 797	25.5
红寺堡管委会	**29 365**	**72.7**	**-106.4**	**-26.2**	**4 512**	**27.5**
区属	**-3 810**	**-2.1**	**-6.4**	**-1.1**	**-3 389**	**-3.2**
#农垦	-9 405	-5.4	0.8	0.1	-5 456	-5.2
其它	**2 505**	**32.4**	**18.7**	**5.0**	**1 130**	**39.0**

9－28　各市县主要年份油料产量情况

单位:万千克

地　区	1952年	1958年	1978年	1980年	1985年	1990年	1995年	2000年	2001年	2002年
全区总计	**2 605**	**2 412**	**2 568**	**3 598**	**5 338**	**6 243**	**5 590**	**6 990**	**7 345**	**10 880**
灌　区	793	796	1 038	959	1 518	1 584	2 492	3 901	2 835	3 113
山　区	1 811	1 596	1 421	1 930	3 066	4 150	2 564	2 493	4 152	7 329
银川市	**246**	**239**	**406**	**331**	**304**	**278**	**359**	**195**	**128**	**190**
银川市	20	52	86	78	61	48	36	11	24	23
永宁县	139	65	127	87	33	8	37	52	11	63
贺兰县	77	97	139	138	191	198	213	89	61	43
灵武市	10	25	54	28	19	24	73	43	32	61
石嘴山市	**204**	**180**	**258**	**315**	**631**	**644**	**907**	**2 512**	**1 612**	**1 945**
石嘴山市	81	52	17	26	28	30	32	77	27	41
平罗县	114	113	177	201	405	385	554	1 085	696	814
陶乐县	9	15	12	20	82	79	68	212	106	208
惠农县	–	–	52	68	116	150	253	1 138	783	882
吴忠市	**433**	**516**	**658**	**687**	**1 210**	**1 560**	**1 630**	**1 739**	**1 953**	**2 589**
利通区	49	64	42	36	82	74	126	30	18	12
青铜峡市	75	87	120	110	77	30	301	226	243	190
中卫县	97	130	145	100	195	161	374	289	235	198
中宁县	122	96	67	67	229	397	425	649	599	578
盐池县	69	91	130	113	297	338	117	180	556	894
同心县	21	48	154	261	330	560	287	365	302	717
固原地区	**1 721**	**1 457**	**1 137**	**1 556**	**2 439**	**3 252**	**2 160**	**1 920**	**3 243**	**5 593**
原州区	752	722	307	496	1 010	1 290	1 154	1 012	1 297	2 296
海原县	199	251	231	322	459	404	216	125	235	1 022
西吉县	553	352	283	366	317	537	154	215	668	801
隆德县	175	117	137	130	244	435	312	392	581	617
泾源县	42	15	27	61	83	110	125	65	50	61
彭阳县	–	–	152	181	326	476	199	111	412	796
红寺堡管委会	**–**	**–**	**–**	**–**	**–**	**–**	**–**	**28**	**5**	**125**
区　属	**1**	**20**	**109**	**709**	**754**	**509**	**534**	**596**	**358**	**438**

9－29　各市县畜牧业生产情况

（2002年）

地　区	一、大牲畜年末存栏数（头）	二、猪年末存栏数（头）	三、羊年末存栏数（只）	四、年末家禽数（百只）	五、当年出售和自宰肉牛（头）	六、当年出栏肉猪（头）	七、当年出栏和自宰肉羊（只）
全区总计	**955 935**	**1 355 799**	**4 521 133**	**162 893**	**333 662**	**1 646 533**	**2 850 469**
灌　区	428 135	1 027 478	2 756 509	137 914	223 210	1 348 612	1 965 841
山　区	527 800	328 321	1 764 624	24 979	110 452	297 921	884 628
银川市	**163 273**	**252 301**	**885 791**	**36 397**	**88 936**	**314 252**	**866 190**
银川市	35 383	48 041	161 607	10 018	19 292	81 578	216 381
永宁县	59 809	83 687	226 216	8 156	19 557	89 592	108 364
贺兰县	22 550	54 992	129 186	7 024	14 378	68 126	83 380
灵武市	45 531	65 581	368 782	11 199	35 709	74 956	458 065
石嘴山市	**69 453**	**125 738**	**677 796**	**25 244**	**59 243**	**145 366**	**490 649**
石嘴山市	682	7 034	36 652	1 774	248	7 818	12 790
平罗县	53 280	82 016	378 817	17 550	51 056	90 098	305 257
陶乐县	2 627	8 955	108 598	1 331	633	10 350	64 802
惠农县	12 864	27 733	153 729	4 589	7 306	37 100	107 800
吴忠市	**257 340**	**667 571**	**1 773 824**	**79 295**	**105 691**	**905 885**	**1 086 371**
利通区	89 789	38 119	187 394	12 190	46 847	49 501	184 930
青铜峡市	37 338	213 140	309 213	12 073	10 946	239 031	153 845
中卫县	33 535	168 103	344 307	35 626	7 041	258 914	128 034
中宁县	21 035	197 158	168 328	14 596	7 927	305 523	77 041
盐池县	15 803	44 249	405 348	1 414	99	46 311	267 338
同心县	59 840	6 802	359 234	3 396	32 831	6 605	275 183
固原市	**447 775**	**271 769**	**896 816**	**19 701**	**76 953**	**241 924**	**302 742**
原州区	91 792	61 855	221 958	4 114	18 139	54 312	80 655
海原县	81 416	29 730	367 106	2 704	9 121	21 174	125 594
西吉县	110 453	57 047	109 342	4 329	13 472	52 192	26 506
隆德县	55 696	75 187	32 526	2 742	9 524	66 897	14 481
泾源县	29 206	125	48 055	1 896	10 493	230	12 314
彭阳县	79 212	47 825	117 829	3 916	16 204	47 119	43 192
红寺堡管委会	**4 382**	**5 501**	**103 226**	**468**	**569**	**3 081**	**39 365**
区　属	**13 712**	**32 919**	**183 680**	**1 788**	**2 270**	**36 025**	**65 152**

9－29 续表 （2002年）

地 区	八、肉类总产量（吨）	九、牛奶产量（吨）	十、绵羊毛产量（吨）	十一、山羊毛产量（吨）	十二、山羊绒产量（吨）	十三、蜂蜜产量（吨）	十四、禽蛋产量（吨）
全区总计	**227 858**	**307 472**	**6 718**	**873**	**426**	**1 034**	**90 424**
灌 区	174 715	305 341	4 468	700	326	70	81 282
山 区	53 143	2 131	2 250	173	100	964	9 142
银川市	**52 485**	**94 025**	**2 076**	**241**	**98**	**49**	**21 472**
银川市	14 302	39 153	530	33	18	2	5 758
永宁县	9 573	16 364	419	11	6	10	4 500
贺兰县	9 379	7 308	289	58	15	1	4 978
灵武市	19 231	31 200	838	139	59	36	6 236
石嘴山市	**35 037**	**7 799**	**603**	**187**	**116**	**－**	**6 783**
石嘴山市	1 196	185	4	11	6	－	296
平罗县	23 625	1 380	356	120	60	－	4 580
陶乐县	2 882	43	147	19	15	－	156
惠农县	7 334	6 191	96	37	35	－	1 751
吴忠市	**100 423**	**176 591**	**2 308**	**350**	**169**	**21**	**53 876**
利通区	14 815	143 512	533	54	41	－	6 234
青铜峡市	20 413	16 508	409	46	14	－	6 497
中卫县	23 766	4 685	324	98	34	18	31 243
中宁县	23 828	10 367	281	51	5	3	8 378
盐池县	7 795	1 320	384	38	38	－	470
同心县	9 806	199	377	63	37	－	1 054
固原市	**34 720**	**294**	**1 358**	**72**	**20**	**964**	**7 410**
原州区	7 378	108	299	28	6	25	1 984
海原县	5 227	－	649	8	12	254	950
西吉县	6 501	－	132	11	－	25	1 257
隆德县	6 266	18	36	3	－	9	866
泾源县	2 543	78	107	8	－	28	428
彭阳县	6 805	90	135	14	2	623	1 925
红寺堡管委会	**822**	**318**	**131**	**－**	**5**	**－**	**208**
区 属	**4 371**	**28 445**	**242**	**23**	**18**	**－**	**675**

9－30 各市县主要年份猪牛羊肉产量

单位:吨

地　区	1978年	1980年	1985年	1990年	1995年	2000年	2001年	2002年
全区总计	**12 253**	**18 969**	**33 562**	**67 791**	**102 672**	**159 364**	**177 640**	**190 772**
银川市	**2 191**	**4 935**	**6 165**	**11 543**	**22 044**	**35 144**	**40 468**	**42 386**
银川市	454	1 098	1 495	2 917	5 288	9 149	10 885	11 342
永宁县	681	1 167	1 762	4 060	6 711	7 322	7 650	7 970
贺兰县	567	1 161	1 822	3 065	5 599	6 429	7 967	7 628
灵武市	489	1 509	1 086	1 501	4 446	12 244	13 966	15 446
石嘴山市	**1 402**	**2 442**	**3 366**	**6 571**	**15 156**	**19 009**	**21 417**	**24 644**
石嘴山市	493	976	1 023	233	318	758	554	754
平罗县	748	1 229	2 031	3 585	10 570	12 611	15 119	17 082
陶乐县	161	237	312	559	842	1 456	1 559	1 837
惠农县	–	–	–	2 194	3 426	4 184	4 185	4 971
吴忠市	**4 554**	**6 565**	**13 323**	**26 306**	**41 447**	**74 725**	**84 199**	**87 746**
利通区	405	813	880	1 395	4 370	9 763	11 423	12 930
青铜峡市	769	1 099	2 414	4 604	6 313	15 734	17 552	18 219
中卫县	1 002	1 364	3 555	6 626	11 809	17 195	19 172	18 758
中宁县	690	1 054	2 174	5 292	9 604	18 017	19 809	21 055
盐池县	1 190	1 759	2 689	5 198	4 658	7 096	7 270	7 591
同心县	498	476	1 611	3 191	4 693	6 920	8 973	9 193
固原市	**2 862**	**5 031**	**8 597**	**16 295**	**21 821**	**26 049**	**27 549**	**31 155**
原州区	1 118	2 853	2 130	2 774	4 409	5 133	5 578	6 331
海原县	510	693	1 751	2 945	1 915	3 695	4 084	4 700
西吉县	693	990	1 751	2 563	4 656	4 239	4 496	5 525
隆德县	496	419	1 178	3 170	4 738	5 266	5 296	5 788
泾源县	45	77	313	1 044	1 846	1 606	1 920	2 397
彭阳县	–	–	1 474	3 799	4 257	6 110	6 175	6 414
红寺堡管委会	–	–	–	–	–	**344**	**258**	**795**
区属	**1 243**	**2 517**	**2 111**	**2 076**	**2 204**	**4 093**	**3 749**	**4 046**

9-31 各市县主要年份牛奶产量

单位:吨

地 区	1978年	1980年	1985年	1990年	1995年	2000年	2001年	2002年
全区总计	**3 720**	**4 152**	**12 653**	**40 704**	**139 889**	**236 042**	**275 997**	**307 472**
灌 区	3 662	4 061	12 414	40 250	139 234	233 462	272 740	305 341
山 区	58	91	239	454	655	2 580	3 257	2 131
银川市	**578**	**706**	**4 311**	**17 344**	**50 649**	**68 049**	**90 690**	**94 025**
银川市	491	572	3 746	12 166	18 607	20 948	36 235	39 153
永宁县	35	65	223	2 372	10 791	16 943	16 313	16 364
贺兰县	28	36	289	2 649	7 112	6 380	7 216	7 308
灵武市	24	33	53	157	14 139	23 778	30 926	31 200
石嘴山市	**135**	**183**	**445**	**188**	**3 059**	**5 739**	**7 102**	**7 799**
石嘴山市	57	74	140	67	110	-	160	185
平罗县	78	105	315	91	2 723	925	1 285	1 380
陶乐县	-	4	-	-	1	12	29	43
惠农县	-	-	-	30	225	4 802	5 628	6 191
吴忠市	**703**	**834**	**3 158**	**13 527**	**72 451**	**143 829**	**157 401**	**176 591**
利通区	515	708	2 374	11 951	59 404	120 600	127 972	143 512
青铜峡市	105	-	547	1 174	8 337	12 795	15 206	16 508
中卫县	48	44	144	230	4 034	3 044	4 210	4 685
中宁县	35	67	75	100	261	4 901	7 179	10 367
盐池县	-	15	15	72	415	2 404	2 674	1 320
同心县	-	-	3	-	-	85	160	199
固原地区	**58**	**68**	**209**	**379**	**239**	**91**	**273**	**294**
原州区	40	48	155	131	68	90	122	108
海原县	-	-	2	-	15	-	-	-
西吉县	-	-	21	108	5	-	-	-
隆德县	4	1	-	-	-	-	5	18
泾源县	14	19	31	140	151	-	60	78
彭阳县	-	-	-	-	-	1	86	90
红寺堡管委会	**-**	**-**	**-**	**-**	**-**	**-**	**150**	**318**
区 属	**2 247**	**2 360**	**4 520**	**9 266**	**13 491**	**18 334**	**20 381**	**28 445**

9-32　各市县渔业生产情况

（2002年）

地　区	水产品总产量（吨）			鱼类产量（吨）	养殖面积（公顷）
		养殖捕捞量	天然捕捞量		
全区总计	**48 576**	**48 329**	**247**	**48 493**	**13 334**
灌　区	43 813	43 592	221	43 760	7 575
山　区	351	345	6	351	1 073
银川市	**27 932**	**27 907**	**25**	**27 893**	**5 857**
银川市	9 057	9 048	9	9 051	2 196
永宁县	6 727	6 723	4	6 727	1 007
贺兰县	12 148	12 136	12	12 115	2 654
灵武市	1 998	1 973	25	1 998	466
石嘴山市	**6 253**	**6 217**	**36**	**6 244**	**1 589**
石嘴山市	2 289	2 289	-	2 289	582
平罗县	3 446	3 446	-	3 437	717
陶乐县	162	139	23	162	57
惠农县	356	343	13	356	233
吴忠市	**11 854**	**11 684**	**170**	**11 834**	**2 493**
利通区	580	565	15	580	226
青铜峡市	2 450	2 352	98	2 430	691
中卫县	5 156	5 156	-	5 156	689
中宁县	1 650	1 618	32	1 650	400
盐池县	20	20	-	20	21
同心县	-	-	-	-	-
固原市	**331**	**325**	**6**	**331**	**1 052**
原州区	-	-	-	-	320
海原县	32	32	-	32	205
西吉县	268	268	-	268	504
隆德县	11	5	6	11	20
泾源县	-	-	-	-	-
彭阳县	20	20	-	20	3
红寺堡管委会	**-**	**-**	**-**	**-**	**-**
区　属	**2 206**	**2 196**	**10**	**2 191**	**2 343**

9－33　各市县主要年份水产品产量

单位：吨

地　区	1978年	1980年	1985年	1990年	1995年	2000年	2001年	2002年
全区总计	**247**	**309**	**2 252**	**10 217**	**18 706**	**36 983**	**41 283**	**48 576**
灌　区	241	305	2 197	9 998	18 500	36 665	40 904	43 813
山　区	6	4	55	219	206	318	379	351
银川市	**82**	**96**	**1 214**	**7 148**	**12 419**	**24 105**	**26 305**	**27 932**
银川市	25	26	395	2 464	4 092	7 745	7 474	9 057
永宁县	15	13	227	1 429	2 533	4 955	5 521	6 727
贺兰县	34	48	546	2 660	4 938	9 854	11 540	12 148
灵武市	8	9	46	595	856	1 551	1 770	1 998
石嘴山市	**30**	**41**	**293**	**1 073**	**2 095**	**3 812**	**4 321**	**6 253**
石嘴山市	13	10	108	230	788	1 374	1 587	2 289
平罗县	14	30	178	636	1 055	2 114	2 378	3 446
陶乐县	3	1	7	21	26	55	62	162
惠农县	–	–	–	184	226	269	294	356
吴忠市	**83**	**100**	**558**	**1 152**	**2 937**	**7 285**	**8 699**	**11 854**
利通区	5	8	63	196	235	323	380	580
青铜峡市	61	70	355	417	992	1 671	2 035	2 450
中卫县	15	15	51	385	1 238	4 258	5 016	5 156
中宁县	2	7	89	154	472	1 022	1 250	1 650
盐池县	–	–	–	–	–	11	18	20
同心县	–	–	–	–	–	–	–	–
固原地区	**6**	**4**	**55**	**219**	**206**	**307**	**361**	**331**
原州区	1	–	30	56	38	60	53	–
海原县	5	3	–	–	12	29	36	32
西吉县	–	1	25	142	125	198	252	268
隆德县	–	–	–	–	–	–	–	11
泾源县	–	–	–	–	–	–	–	–
彭阳县	–	–	–	21	31	20	20	20
红寺堡管委会	**–**	**–**	**–**	**–**	**–**	**–**	**–**	**–**
区　属	**45**	**68**	**132**	**625**	**1 049**	**1 474**	**1 597**	**2 206**

主要统计指标解释

【乡村实有劳动力】　指乡村人口实际参加各种行业 劳动并取得实物或货币收入的劳动力人数。包括劳动年龄内实际参加劳动的人口和不足或超过劳动年龄实际参加劳动的人口数。不包括户口在家的在外学生和丧失劳动能力的人。也不包括待业人员和家务劳动者。

【年末实有耕地面积】　按照《土地利用现状调查技术规程》(以下简称《土地规程》)，耕地是指种植农作物的土地，包括新开荒地、休闲地、轮歇地、草田轮作地；以种植农作物为主间有零星果树、桑树或其他树木的土地；耕种三年以上的河滩地、海涂。耕地中包括宽<2．0米的沟、渠、路、田埂。年末实有耕地指当年10月31日的耕地面积数。

【农用机械总动力】　是指主要用于农、林、牧、渔业的各种动力机械动力总和，包括耕作机械、农用排灌机械、收获机械、植保机械、林业机械、畜牧机械、渔业机械、农产品加工机械、农用运输机械、其他农业机械。按能源又分为柴油、汽油、电力和其他动力。总动力按法定计算单位千瓦计算。(注：1马力＝0．735千瓦)

【有效灌溉面积】　是指具有一定的水源，地块比较平整，灌溉工程或设备已经配套，在一般年景下当年能够进行正常灌溉的耕地面积。

在一般的情况下，有效灌溉面积等于灌溉工程或设备已经配套、能够进行正常灌溉的水田和水浇地之和。即《土地规程》中的灌溉水田 水浇地 菜地。

【农作物播种面积】　是指实际种植或移植有农作物的面积。包括耕地和非耕地上的播种面积；混种、间种只计算一次，复、套在同一亩地上每复种、套种一次算一亩；播种面积还包括秋冬播面积。播种面积在统计范围看，包括全社会口径，即按在地原则统计。从时间范围看，从1月1日至12月31日都要统计在内。

【造林面积】　是指报告期内在荒山、荒地、沙丘等一切可以造林的土地上，采用人工播种、植苗、飞机播种等方法新植的成片乔木林和灌木林，经过检查验收符合“造林技术规程”要求株数，成活率达85%以上的面积。四旁植树如一侧在四行以上，连续面积0．066公顷(一亩)以上，应统计在造林面积内。

在造林面积中，不包括补植面积、治沙种草面积、经济林垦复面积、迹地更新面积和低产林改造面积。

【肉类总产量】　是指当年出栏并已屠宰的畜禽肉产量，即屠宰后除去头蹄下水带骨肉的重量，也叫胴体重。

【农林牧渔业增加值】　农林牧渔业增加值可以客观反映农林牧渔业企业或行业的投入、产出、效益、速度和收入等情况。它与农林牧渔业总产值相比，一个最大的优点在于避免了中间产品的重复计算。计算结果是社会最终产品的价值，因此它能客观反映企业单位或行业对社会的贡献。也是计算各项经济效益指标的重要依据。

农林牧渔业增加值＝农林牧渔业总产值－中间物质消耗－对非物质生产部门的劳务消耗。

【分配法计算农业增加值】　分配法也称收入法，是根据各种生产要素在生产过程中应取得收入份额来进行计算的一种方法。

农林牧渔业增加值＝固定资产折旧 劳动者报酬 生产税净额（生产税－生产补贴）营业盈余。

十、工　业

10－1 主要年份全部工业总产值

单位:万元

年份	工业总产值	按经济类型分		按轻重工业分		按企业规模分		
		#国有及国有控股企业	#集体企业	轻工业	重工业	大型企业	中型企业	小型企业
1950	1 350	186		1 315	35			
1955	3 703	1 612		3 374	329			
1957	4 599	3 036	1 200	3 753	846			
1958	9 211	6 619	2 592	5 611	3 600			
1960	23 773	20 915	2 858	13 519	10 254			
1965	20 346	16 317	4 029	10 531	9 815			
1970	50 052	44 875	5 177	16 562	33 490			
1975	111 708	97 010	14 698	32 344	79 364			
1978	138 485	114 664	23 821	34 453	104 032	30 359	38 220	69 906
1980	139 179	121 539	17 354	37 525	101 654	32 318	41 236	65 625
1981	127 942	106 499	20 830	40 482	87 460	39 096	26 116	62 730
1982	147 456	125 034	22 076	44 898	102 558	43 070	36 822	67 564
1983	165 352	140 698	23 961	48 892	116 460	46 279	41 842	77 231
1984	191 129	160 724	28 699	57 040	134 089	50 291	49 899	90 939
1985	243 007	196 586	39 104	72 723	170 284	73 307	49 927	119 773
1986	282 359	221 659	50 560	91 294	191 065	78 592	57 446	146 321
1987	333 806	259 660	61 169	107 901	225 905	100 236	62 443	171 127
1988	440 048	339 772	83 091	139 016	301 031	135 194	82 419	222 435
1989	585 323	458 240	104 595	177 548	407 775	175 547	115 811	293 965
1990	647 403	509 009	109 895	179 605	467 858	204 786	126 578	316 099
1991	731 028	577 050	117 663	195 390	535 638	297 601	109 061	324 366
1992	892 555	701 903	141 864	222 533	670 022	369 520	144 195	378 840
1993	1 214 904	950 189	189 837	262 588	952 316	494 283	265 536	455 085
1994	1 497 094	1 065 471	219 796	311 660	1 185 434	615 039	338 167	543 888
1995	1 734 852	1 177 702	229 501	361 446	1 373 406	685 169	335 848	713 835
1996	2 016 208	1 356 253	266 581	437 619	1 578 590	791 869	371 206	853 134
1997	2 210 778	1 494 038	297 799	494 649	1 716 129	854 498	404 695	951 585
1998	2 324 118	1 561 339	220 294	544 360	1 779 758	840 490	391 196	1 092 432
1999	2 523 912	1 510 879	189 105	605 999	1 917 913	979 484	367 187	1 177 241
2000	2 939 383	1 745 801	140 993	683 696	2 255 687	1 274 549	483 886	1 180 948
2001	3 273 074	1 927 432	141 839	765 954	2 507 120	1 458 181	540 156	1 274 737
2002	3 720 196	2 101 200	98 458	905 675	2 814 521	1 922 167	294 874	1 503 155

注:1.工业总产值按当年价格计算。

2.1995年以前年份国有及国有控股企业为国有工业企业口径(下表同)。

10－2 主要年份工业总产值指数

（以1952年为100）

年份	工业总产值	按经济类型分		按轻重工业分	
		#国有及国有控股企业	#集体企业	轻工业	重工业
1950	65.0	28.5		69.5	18.6
1955	177.6	239.2		177.8	175.7
1957	213.7	438.9		191.6	438.4
1958	438.7	942.4		302.7	1 818.6
1960	1 082.1	2 852.0		538.4	6 598.9
1965	979.9	2 351.0		574.3	5 095.5
1970	2 792.7	7 492.6		1 035.4	20 623.7
1975	5 812.0	15 278.2		1 909.8	45 407.3
1978	7 682.0	19 313.2		2 105.4	62 047.5
1980	7 604.9	19 335.7		2 331.1	61 118.1
1981	6 520.1	16 234.6		2 336.7	48 967.8
1982	7 474.1	18 971.6		2 578.5	57 149.7
1983	8 404.0	21 316.6		2 800.9	65 257.6
1984	9 564.6	23 948.5		3 220.4	73 938.4
1985	11 600.1	27 654.5		3 885.3	89 880.8
1986	13 021.1	29 901.4		4 755.5	96 891.5
1987	14 788.2	33 542.7		5 432.0	109 724.3
1988	17 296.7	38 803.9		6 222.8	129 662.1
1989	19 910.0	45 116.1		7 127.8	134 950.0
1990	21 485.2	48 060.4		7 214.3	166 599.7
1991	22 716.3	50 261.2		7 579.6	176 554.9
1992	25 933.5	56 928.9		8 406.1	203 988.1
1993	29 537.8	62 845.7		9 189.3	235 230.0
1994	32 421.0	59 304.7		9 563.5	262 630.8
1995	36 833.4	66 050.1		10 429.6	303 361.0
1996	41 217.8	72 853.3		11 752.3	337 338.6
1997	44 435.3	78 317.3		13 494.7	356 665.3
1998	47 474.8	87 167.2		14 734.8	378 372.7
1999	51 747.6	78 886.3		16 915.6	405 237.2
2000	59 975.5	86 419.4		20 483.1	463 105.1
2001	66 093.0	91 863.8		23 043.5	505 710.8
2002	77 527.0	107 113.2		28 136.1	587 636.0

注：本表按可比价格计算。

10-3 主要年份工业总产值指数

（以上年为100）

年 份	工业总产值	按经济类型分		按轻重工业分	
		#国有及国有控股企业	#集体企业	轻工业	重工业
1950	105.6	114.2		105.0	137.5
1955	103.3	116.6		106.6	121.3
1957	123.9	155.6	142.3	114.7	191.1
1958	205.3	214.7	237.5	158.0	414.8
1960	128.2	131.9	106.3	112.8	144.5
1965	134.6	130.9	152.3	129.2	141.4
1970	141.8	146.5	111.5	148.4	138.6
1975	115.5	115.3	117.1	121.5	113.1
1978	118.4	119.6	111.6	112.4	120.6
1980	95.4	94.5	99.4	110.2	91.4
1981	86.4	84.0	98.7	99.6	81.0
1982	114.6	116.9	105.0	110.3	116.3
1983	112.4	112.4	111.5	108.6	113.9
1984	113.8	112.3	118.3	115.0	113.4
1985	121.3	115.5	134.6	120.5	121.9
1986	112.3	108.1	126.4	122.6	108.2
1987	113.6	112.2	116.2	114.2	113.3
1988	117.0	115.7	121.6	114.6	118.0
1989	116.7	116.3	117.6	114.8	117.5
1990	106.6	106.5	102.5	100.8	108.9
1991	105.7	104.6	106.1	105.1	106.0
1992	114.3	113.3	115.9	110.9	115.4
1993	113.8	110.4	120.2	109.3	115.5
1994	109.8	94.4	108.6	104.1	111.6
1995	114.0	112.2	99.9	109.1	115.5
1996	111.9	110.3	110.4	115.8	110.8
1997	107.8	107.5	109.0	114.8	105.7
1998	106.8	111.3	74.3	109.2	106.1
1999	109.0	90.5	84.7	114.8	107.1
2000	115.9	109.6	78.1	121.1	114.3
2001	110.2	106.3	96.8	112.5	109.2
2002	117.3	116.6	72.8	122.1	116.2

注：本表按可比价格计算。

10－4 全区规模以上工业企业单位数和工业总产值

指　　标	企业单位数(个)		工业总产值(万元)			
			当年价格		1990年不变价格	
	2001年	2002年	2001年	2002年	2001年	2002年
全　区　总　计	**410**	**390**	**2 688 415**	**3 007 805**	**1 802 215**	**2 116 720**
一、按经济类型分						
国有企业	149	129	706 669	754 826	471 437	481 616
中央企业	15	17	65 386	482 173	77 774	133 403
地方企业	134	112	541 283	272 653	393 663	348 213
集体企业	41	26	77 651	46 408	62 035	68 366
股份合作企业	16	12	90 730	72 570	79 644	68 366
私营企业	61	75	197 088	253 951	172 400	215 859
联营企业	2	2	8 429	8 534	5 807	6 672
股份制企业	117	118	1 414 267	1 624 337	833 757	1 064 783
外商投资企业	15	19	150 528	219 131	157 494	223 196
港澳台商投资企业	9	9	43 053	28 049	19 641	15 972
二、按轻重工业分						
轻工业	139	130	447 077	516 627	364 295	442 221
以农产品为原料	110	104	393 274	445 932	304 965	362 048
以非农产品为原料	29	26	53 803	70 695	59 330	80 173
重工业	271	260	2 241 338	2 491 178	1 437 920	1 674 500
采掘业	34	23	434 882	501 155	162 819	174 995
原料工业	118	120	1 196 380	1 361 936	720 948	920 750
加工工业	119	117	610 076	628 087	554 153	578 755
三、按企业规模分						
大型企业	34	63	1 458 181	1 922 167	980 076	1 407 358
中型企业	78	52	540 156	294 874	427 993	259 016
小型企业	298	275	690 078	790 763	394 146	450 346

注:1.规模以上工业系指全部国有工业企业及年销售收入500万元以上非国有工业企业。

2.本表中的股份制企业包括有限责任公司和股份有限公司。

10－5　全区规模以上分行业工业企业单位数和工业总产值

指　　标	企业单位数(个)		工业总产值(万元)			
			1990年不变价格		当年价格	
	2001年	2002年	2001年	2002年	2001年	2002年
总　　计	**410**	**390**	**1 802 215**	**2 116 720**	**2 688 415**	**3 007 805**
采掘业	33	22	152 206	180 474	421 343	497 531
#煤炭采选业	31	20	111 629	126 296	187 284	221 848
石油和天然气开采业	1	1	39 879	53 436	233 359	274 941
有色金属矿采选业						
非金属矿采选业	1	1	700	742	700	742
制造业	339	328	1 500 850	1 777 387	1 941 378	2 158 325
#食品加工业	20	17	12 976	16 538	27 391	31 366
食品制造业	31	27	78 967	97 823	90 176	109 712
饮料制造业	12	14	24 216	34 285	39 215	48 954
烟草加工业	2	2	5 976	6 811	6 774	9 593
纺织业	3	9	2 576	40 405	5 025	53 670
#毛纺织业		7		40 405		53 670
服装及其他纤维制品制造业	4	4	38 828	37 293	46 130	43 877
#服装制造业	4	4	38 828	37 293	46 130	43 877
皮革、毛皮、羽绒及其制品业	11	6	44 146	14 744	66 821	24 059
木材加工竹、藤、棕、草制品业	1	1	389	397	305	397
家具制造业	1	1	976	760	1 053	760
造纸及纸制品业	16	15	89 149	105 338	102 983	119 361
印刷业	3	4	1 164	1 750	1 357	1 849
文教体育用品制造业						

10－5 续表

指　　标	企业单位数(个)		工业总产值(万元)			
			1990年不变价格		当年价格	
	2001年	2002年	2001年	2002年	2001年	2002年
石油加工及炼焦业	8	7	70 917	81 954	212 125	227 446
化学原料及化学制品制造业	52	46	274 422	301 087	302 929	327 413
医药制造业	8	6	40 691	57 567	30 138	45 339
化学纤维制造业	1	1	6 254	5 835	3 550	2 963
橡胶制品业	4	4	106 812	151 066	81 576	131 978
塑料制品业	10	9	9 727	10 736	13 642	14 059
非金属矿物质制品业	53	58	82 578	103 044	107 886	125 845
#水泥制造业	24	24	48 296	64 348	67 243	81 181
陶瓷制品业	3	2	4 236	2 688	2 346	1 547
黑色金属冶炼及压延加工业	22	20	101 367	97 136	110 957	107 764
有色金属冶炼及压延加工业	15	18	253 470	335 667	385 909	415 059
金属制品业	8	7	47 594	47 317	67 136	60 722
普通机械制造业	18	20	95 306	95 394	127 875	123 719
#金属加工机械制造业	3	3	22 727	27 302	21 409	26 490
#金属切削机床制造业	3	3	22 727	27 302	12 023	26 490
专用设备制造业	16	13	38 594	41 769	41 683	44 632
#农、林、牧、渔、水利机械制造业	6	5	2 317	2 285	2 261	1 943
电子及通讯设备制造业	1	1	10 587	14 377	4 918	6 031
用电子器具制造业	–	–	–	–	–	–
电气机械及器材制造业	9	10	25 746	32 708	26 811	33 699
仪器仪表及文化、办公用品机械制造业	5	5	34 788	47 695	34 349	47 147
电力、煤气及水的生产和供应业	38	40	149 159	158 859	325 694	351 949
#电力、蒸汽、热水的生产和供应业	26	27	146 732	154 507	317 804	341 958
煤气的生产和供应业	1	1	316	237	591	262
自来水的生产和供应业	11	12	2 111	4 115	7 299	9 729

10-6 主要年份主要工业产品产量

年 份	原 煤（万吨）	发电量（亿千瓦时）	原 油（万吨）	钢 材（万吨）	铝（万吨）	轮胎外胎（万条）	合成氨（万吨）	农用化肥（万吨）
1978	999.0	16.51	39.54	2.78	1.83	30.09	6.77	5.30
1980	971.0	19.43	56.46	4.12	2.26	29.30	7.95	5.57
1985	1 214.0	24.14	39.80	3.88	2.92	34.34	9.20	6.71
1986	1 237.0	31.40	34.80	4.22	3.30	38.45	9.33	7.59
1987	1 297.0	42.64	30.84	4.33	3.58	57.01	10.37	8.58
1988	1 328.0	50.11	32.14	4.20	4.89	67.08	12.02	10.01
1989	1 339.0	54.19	28.71	4.20	5.17	69.10	27.64	21.33
1990	1 443.1	55.96	25.77	4.75	6.01	63.50	34.32	27.74
1991	1 403.2	63.11	23.02	4.87	6.66	75.62	38.51	31.09
1992	1 379.1	76.62	20.78	5.97	7.30	103.59	39.96	32.11
1993	1 371.6	87.49	21.00	6.20	8.38	122.66	36.77	29.27
1994	1 388.9	97.30	30.11	7.02	8.63	144.20	41.09	34.51
1995	1 480.3	107.77	39.04	7.58	10.13	164.67	47.59	41.49
1996	1 615.7	111.63	55.79	7.97	10.24	193.24	47.83	40.14
1997	1 669.7	113.42	80.18	8.92	10.23	187.77	49.46	41.19
1998	1 583.0	110.63	111.00	9.50	10.23	191.24	54.81	46.32
1999	1 531.1	111.28	128.29	11.90	10.63	167.98	67.28	53.87
2000	1 581.0	136.61	139.01	5.59	11.69	193.32	73.49	59.52
2001	1 635.7	150.30	166.79	1.08	15.82	181.94	80.84	73.58
2002	1 818.2	171.02	197.68	1.24	26.09	224.31	93.31	76.16

年 份	金属切削机床（台）	起重设备（吨）	金属材料试验机（台）	轴 承（万套）	小型拖拉机（台）	水 泥（万吨）	布（万米）
1978	1 402	1 503	1 345	171.89	2 502	27.66	1 268.32
1980	1 194	2 104	1 779	132.60	600	29.27	1 508.00
1985	1 671	3 714	1 959	62.80	7 606	61.62	1 059.98
1986	1 507	4 861	2 054	71.50	5 834	67.09	1 339.07
1987	1 422	6 742	1 716	79.86	9 492	72.80	1 569.72
1988	1 747	8 716	1 354	105.55	11 196	87.31	1 403.47
1989	1 813	8 196	1 390	180.78	8 200	93.82	1 609.27
1990	1 308	7 004	445	197.57	11 900	95.74	1 232.64
1991	1 154	6 804	892	215.04	10 900	97.29	1 102.57
1992	2 005	7 341	1 021	188.03	11 800	113.54	1 114.69
1993	2 205	9 634	1 305	224.76	7 800	121.89	682.74
1994	1 649	10 519	794	243.80	9 860	130.92	541.43
1995	994	5 140	715	274.00	15 908	140.11	540.00
1996	829	5 919	296	393.69	12 179	164.96	485.79
1997	938	5 183	185	375.76	6 540	181.47	581.42
1998	455	6 145	-	437.59	5 955	226.48	117.48
1999	659	5 488	-	464.24	4 681	248.28	106.00
2000	969	3 308	380	557.45	1 843	280.25	2.00
2001	1 298	4 414	392	621.17	800	318.69	7.49
2002	1 816	3 733	343	522.83	1 985	377.24	7.46

10-6 续表

年 份	饮料酒（吨）	纸及纸板（万吨）	日用陶瓷（万件）	塑料制品（吨）
1978	2 700	0.97	894	2 878
1980	2 785	0.99	1 191	2 632
1985	12 816	2.47	1 202	5 584
1986	17 773	2.93	1 311	7 550
1987	21 000	4.04	1 790	8 422
1988	25 900	4.98	1 889	9 227
1989	27 800	6.73	2 288	9 865
1990	26 300	6.68	1 923	7 783
1991	29 200	8.35	2 237	10 552
1992	29 120	9.80	2 493	11 593
1993	45 100	10.61	2 827	11 174
1994	37 252	11.88	3 616	9 137
1995	48 858	13.98	3 504	15 459
1996	59 905	14.96	2 997	15 662
1997	53 686	15.95	2 511	19 859
1998	56 976	17.81	2 878	17 087
1999	63 946	18.07	2 523	17 373
2000	57 639	23.71	2 699	16 750
2001	67 281	30.85	2 059	13 111
2002	89 412	28.58	1 667	13 144

年 份	生 铁（万吨）	铁合金（万吨）	皮 鞋（万双）	卷 烟（万箱）	食用植物油（万吨）	炭素制品（万吨）
1978	3.88	–	11.99	1.80	0.69	1.75
1980	0.61	–	19.62	1.75	0.73	1.64
1985	1.31	0.63	40.14	1.21	1.50	2.69
1986	4.61	1.50	48.10	2.01	0.93	3.01
1987	4.37	3.69	63.57	2.52	1.09	4.86
1988	4.23	4.97	69.64	2.51	0.82	5.65
1989	3.12	6.30	72.73	3.54	1.84	8.97
1990	5.54	7.79	66.50	4.47	2.19	6.51
1991	5.00	8.00	61.06	4.53	2.43	6.82
1992	3.37	8.63	39.40	5.00	2.19	7.19
1993	5.03	11.87	25.87	4.04	3.24	9.37
1994	5.01	14.19	18.19	3.30	2.11	12.69
1995	7.29	15.32	18.00	3.50	4.17	20.77
1996	6.98	18.44	16.49	3.70	6.47	18.04
1997	6.67	16.04	15.17	3.80	6.97	17.57
1998	5.95	20.20	16.18	3.00	5.39	18.62
1999	6.96	19.50	6.81	3.10	5.40	18.10
2000	6.85	25.34	35.08	3.12	5.36	31.14
2001	7.06	24.53	12.87	2.61	4.85	30.77
2002	8.80	23.44	15.15	2.30	4.99	23.81

10－7　全区规模以下工业企业主要经济指标

（2002年）

指　　标	企　业 单位数 （个）	工业总产值 （当年价格） （万元）	上交税金 （万元）	实有资本 （自有资本） （万元）	年末全部 从业人员 （人）
总　　计	**33 108**	**712 391**	**28 827**	**295 144**	**191 445**
在总计中：轻工业	22 915	389 048	14 491	150 765	101 764
重工业	10 193	323 343	14 336	144 379	89 681
在总计中：集体企业	470	52 050	2 717	24 740	17 072
股份合作企业	20	3 696	92	977	612
私营企业	3 306	353 449	15 220	147 615	76 216
联营企业	1	885	8	69	11
个体经营	29 121	266 089	9 367	677 719	89 521
外商及港澳台商投资企业	41	14 292	241	11 352	1 367
其他企业	149	21 930	1 182	42 672	6 646

10－8　全区规模以下村及村以下工业企业主要经济指标

（2002年）

指　　标	企　业 单位数 （个）	工业总产值 （当年价格） （万元）	上交税金 （万元）	实有资本 （自有资本） （万元）	年末全部 从业人员 （人）
总　　计	**32 399**	**607 756**	**23 904**	**196 568**	**164 616**
在总计中：轻工业	22 587	335 923	12 430	95 602	89 518
重工业	9 812	271 833	11 474	100 966	75 098
在总计中：集体企业	206	27 886	1 067	12 650	8 233
股份合作企业	－	－	－	－	－
私营企业	3 069	312 556	13 418	115 453	66 764
联营企业	－	－	－	－	－
个体经营	29 121	266 089	9 367	67 719	89 521
外商及港澳台商投资企业	3	1 225	52	745	98
其他企业	－	－	－	－	－

注：规模以下工业系指年销售收入500万元以下非国有工业企业和个体经营单位。

10－9　全区规模以上工业分行业企业单位数和工业总产值

（2002 年）

指　标	国有及国有控股企业			集体企业		
	企　业单位数（个）	1990 年不变价格总产值（万元）	当年价格总 产 值（万元）	企　业单位数（个）	1990 年不变价格总产值（万元）	当年价格总 产 值（万元）
煤炭采选业	13	120 222	213 623	2	1 470	2 001
石油和天然气开采业	1	51 036	274 941	–	–	–
有色金属矿采选业	–	–	–	–	–	–
非金属矿采选业	–	–	–	1	725	742
食品加工业	5	258	598	–	–	–
食品制造业	11	17 144	24 256	2	3 653	3 865
饮料制造业	6	12 938	18 287	1	604	980
烟草加工业	2	5 811	9 593	–	–	–
纺织业	2	–	–	–	–	–
服装及其他纤维制品制造业	3	36 899	43 256	–	–	–
皮革、毛皮、羽绒及其制品业	–	–	–	–	–	–
木材加工竹、藤、棕、草制品业	1	397	397	–	–	–
家具制造业	–	–	–	–	–	–
印刷业	1	55	85	1	449	6 132
文教体育用品制造业	–	–	–	–	–	–
石油加工及炼焦业	2	63 634	203 381	1	1 272	1 713
化学原料及化学制品制造业	24	208 246	228 260	3	7 720	8 839
医药制造业	2	41 718	29 742	–	–	–
化学纤维制造业	1	5 835	2 963	–	–	–
橡胶制品业	–	–	–	–	–	–
塑料制品业	3	4 044	4 243	–	–	–
非金属矿物质制品业	21	29 872	42 214	3	4 509	4 284
陶瓷制品业	–	–	–	–	–	–
黑色金属冶炼及压延加工业	5	13 750	15 229	2	6 487	7 589
有色金属冶炼及压延加工业	5	250 499	330 966	2	4 500	5 939
金属制品业	3	37 253	55 195	1	1 800	1 800
普通机械制造业	10	78 395	103 144	2	987	1 312
#金属加工机械制造业	3	19 102	26 490	–	–	–
# 金属切削机床制造业	3	19 102	26 490	–	–	–
专用设备制造业	11	41 801	43 094	2	1 269	1 538
# 农、林、牧、渔、水利机械制造业	4	2 263	1 402	1	472	541
电子及通讯设备制造业	1	14 277	6 031	–	–	–
#日用电子器具制造业	–	–	–	–	–	–
电气机械及器材制造业	2	8 243	9 889	2	2 993	3 180
仪器仪表及文化、办公用品机械制造业	4	47 493	46 520	–	–	–
电力、煤气及小的生产和供应业	26	142 506	302 514	–	–	–
电力、蒸汽、热水的生产和供应业	26	142 506	302 514	–	–	–
煤气的生产和供应业	1	437	262	–	–	–
自来水的生产和供应业	12	4 115	9 729	–	–	–

10-10 全区规模以上主要经济指标

(2002年)

指　　标	企业单位数（个）	工业总产值（万元）	工业增加值（万元）	实收资本（万元）
全　区　总　计	**390**	**3 007 805**	**930 376**	**1 996 191**
一、按经济类型分				
在总计中：				
国有及国有控股企业	186	2 101 200	666 556	1 650 353
在总计中：				
国有企业	129	754 826	232 227	823 581
中央企业	17	482 173	167 479	659 193
地方企业	112	272 653	64 748	164 388
集体企业	26	46 408	13 892	10 257
股份合作企业	12	72 570	21 073	12 758
私营企业	75	253 951	68 912	94 052
联营企业	2	8 534	2 770	4 892
股份制企业	118	1 624 338	513 264	914 602
外商投资企业	19	219 131	71 238	121 151
港澳台商投资企业	9	28 049	7 000	14 896
二、按轻重工业分				
轻工业	130	516 627	156 776	180 717
以农产品为原料	104	445 932	132 640	126 825
以非农产品为原料	26	70 695	24 137	53 892
重工业	260	2 491 178	773 600	1 815 473
采掘业	23	501 155	235 586	808 561
原料工业	120	1 361 936	364 961	601 249
加工工业	117	628 087	173 054	405 664
三、按企业规模分				
特大型企业	7	813 118	307 513	776 636
大一型企业	24	779 408	220 318	267 696
大二型企业	32	329 641	87 648	122 921
中一型企业	17	106 876	22 362	61 867
中二型企业	35	187 999	52 542	60 396
小型企业	275	790 763	239 994	706 675

注：1.规模以上工业系指全部国有工业企业及年销售收入500万元以上非国有工业企业。

2.本表中的股份制企业包括有限责任公司和股份有限公司。

10－10 续表1 (2002年) 单位:万元

指 标	资产合计	流动资产合计	流动资产年平均余额	固定资产原价	固定资产净值年平均余额
全 区 总 计	**6 405 151**	**2 249 249**	**2 187 894**	**4 947 379**	**3 080 401**
一、按经济类型分					
在总计中:					
国有及国有控股企业	5 142 807	1 700 878	1 686 589	4 186 662	2 550 231
在总计中:					
国有企业	2 182 202	482 586	464 463	2 148 414	1 252 259
中央企业	1 478 117	238 505	245 953	1 458 929	864 694
地方企业	704 085	244081	218 510	6 894 847	387 566
集体企业	45 351	27 953	24 082	23 971	13 265
股份合作企业	100 628	31 096	29 128	79 693	51 042
私营企业	324 147	128 591	126 014	188 102	145 615
联营企业	15 812	4 548	4 342	20 175	116 576
股份制企业	3 388 629	1 417 499	1 387 643	2 259 782	1 439 000
外商投资企业	310 406	129 790	126 164	217 159	161 313
港澳台商投资企业	37 977	27 185	26 059	10 083	6 250
二、按轻重工业分					
轻工业	915 255	451 938	368 220	491 896	324 192
以农产品为原料	760 630	386 879	321 348	377 265	256 862
以非农产品为原料	154 625	65 059	46 872	114 631	67 330
重工业	5 489 896	1 900 193	1 819 674	4 455 483	2 756 210
采掘业	1 306 614	277 366	297 773	1 308 159	811 377
原料工业	2 857 685	906 261	960 951	2 162 625	1 358 733
加工工业	1 325 597	716 566	560 950	984 699	586 100
三、按企业规模分					
特大型企业	2 313 456	768 083	775 424	1 862 669	1 167 414
大一型企业	1 527 600	623 116	624 000	958 040	595 071
大二型企业	674 272	266 939	265 624	493 821	295 341
中一型企业	316 070	74 503	77 531	286 378	186 817
中二型企业	286 536	134 982	127 324	184 436	126 315
小型企业	1 287 217	381 626	317 993	1 162 034	709 442

注:1.规模以上工业系指全部国有工业企业及年销售收入500万元以上非国有工业企业。

2.本表中的股份制企业包括有限责任公司和股份有限公司。

10－10　续表2　　(2002年)　　单位:万元

指　　标	流动负债合　计	长期负债合　计	所有者权益	产　品销售收入
全　区　总　计	**2 352 131**	**1 357 461**	**2 695 559**	**3 107 572**
一、按经济类型分				
在总计中：				
国有及国有控股企业	1 690 443	1 154 236	2 298 127	2 328 311
在总计中：				
国有企业	451 090	704 288	1 026 824	1 021 853
中央企业	132 733	427 166	918 218	715 109
地方企业	318 357	277 121	108 606	306 744
集体企业	30 056	6 641	8 654	39 784
股份合作企业	51 409	25 672	23 546	66 130
私营企业	161 259	55 476	107 412	235 011
联营企业	4 218	7 821	3 773	8 145
股份制企业	1 478 653	511 429	1 398 547	1 529 941
外商投资企业	153 171	43 314	113 921	175 041
港澳台商投资企业	22 274	2 822	12 881	31 666
二、按轻重工业分				
轻工业	451 938	191 756	271 560	441 502
以农产品为原料	386 879	155 449	218 301	382 933
以非农产品为原料	65 059	36 307	53 259	58 569
重工业	1 900 193	1 165 705	2 423 998	2 666 070
采掘业	277 366	109 022	920 227	505 502
原料工业	906 261	870 330	1 081 094	1 582 150
加工工业	716 566	186 353	422 678	578 418
三、按企业规模分				
特大型企业	538 753	470 789	1 303 914	865 858
大一型企业	733 434	333 040	461 126	883 438
大二型企业	350 807	209 908	113 557	354 722
中一型企业	124 483	132 244	59 343	106 266
中二型企业	161 477	49 801	75 258	160 563
小型企业	443 177	161 679	682 361	736 726

注:1.规模以上工业系指全部国有工业企业及年销售收入500万元以上非国有工业企业。

2.本表中的股份制企业包括有限责任公司和股份有限公司。

10-10 续表3 (2002年) 单位:万元

指　　标	产品销售成本	产品销售税金及附加	产品销售利润	利润总额	本年应交增值税
全 区 总 计	**2 608 186**	**42 933**	**358 604**	**52 643**	**136 305**
一、按经济类型分					
在总计中:					
国有及国有控股企业	1 952 992	33 388	285 702	29 246	106 844
在总计中:					
国有企业	894 488	12 221	102 995	-4 937	51 787
中央企业	637 315	8 831	63 667	-4 455	25 235
地方企业	257 173	3 390	39 329	-482	26 552
集体企业	35 103	520	2 193	344	1 216
股份合作企业	55 507	240	6 968	-6 373	3 148
私营企业	201 061	3 314	18 270	7 172	8 045
联营企业	6 256	70	1 581	404	720
股份制企业	1 247 730	22 798	205 929	44 021	64 863
外商投资企业	142 488	3 650	17 927	5 225	5 438
港澳台商投资企业	25 553	121	2 740	1 051	1 089
二、按轻重工业分					
轻工业	357 450	9 240	50 700	18 509	16 633
以农产品为原料	313 161	22 008	39 021	14 239	13 934
以非农产品为原料	44 289	498	11 679	4 270	2 699
重工业	2 250 736	33 693	307 905	34 134	119 672
采掘业	416 717	5 990	69 472	2 148	17 774
原料工业	1 352 770	21 879	170 148	31 602	81 332
制造工业	481 249	5 824	68 285	384	20 576
三、按企业规模分					
特大型企业	684 284	3 653	159 258	51 151	61 575
大一型企业	757 592	18 896	78 918	12 727	28 539
大二型企业	314 381	3 139	26 445	-11 029	16 594
中一型企业	87 200	936	14 237	-473	4 825
中二型企业	139 683	1 351	9 177	-1 127	6 019
小型企业	625 046	14 958	70 570	1 394	18 753

注:1.规模以上工业系指全部国有工业企业及年销售收入500万元以上非国有工业企业。

2.本表中的股份制企业包括有限责任公司和股份有限公司。

10－11　按行业分规模以上工业企业主要经济指标

（2002年）　　　　单位：万元

指　　标	企业单位数	工业总产值	工业增加值	实收资本
总　　计	**390**	**3 007 805**	**930 376**	**1 996 191**
煤炭采选业	20	221 848	138 667	341 828
石油和天然气开采业	1	274 941	97 971	466 676
黑色金属矿采选业	－	－	－	－
有色金属矿采选业	－	－	－	－
非金属矿采选业	1	742	137	57
木材及竹材采运业	－	－	－	－
食品加工业	17	31 366	3 230	11 183
食品制造业	27	109 712	28 860	29 554
饮料制造业	14	48 954	16 586	18 538
烟草加工业	2	9 593	4 374	15 563
纺织业	9	53 670	17 074	6 816
服装及其他纤维制品制造业	4	43 877	15 645	5 790
皮革、毛皮、羽绒及其制品业	6	24 059	6 766	9 359
木材加工竹、藤、棕、草制品业	1	397	133	321
家具制造业	1	736	242	534
造纸及纸制品业	15	119 361	39 820	34 727
印刷业记录媒介的复制	4	1 849	694	531
文教体育用品制造业	－	－	－	－
石油加工及炼焦业	7	227 446	45 737	192 334
化学原料及化学制品制造业	46	327 413	82 873	208 913
医药制造业	6	45 339	16 459	13 751
化学纤维制造业	1	2 963	12	19 349
橡胶制品业	4	131 978	41 385	88 275
塑料制品业	9	14 059	4 941	6 057
非金属矿物质制品业	58	125 845	45 925	77 284
黑色金属冶炼及压延加工业	20	107 764	24 973	25 429
有色金属冶炼及压延加工业	18	415 059	112 954	134 724
金属制品业	7	60 722	15 247	19 775
普通机械制造业	20	123 719	32 822	62 561
专用设备制造业	13	44 632	8 494	26 790
交通运输设备制造业	2	815	194	853
电气机械及器材制造业	10	33 699	6 323	12 543
电子及通讯设备制造业	1	6 031	2 734	5 025
仪器仪表及文化、办公用品机械制造业	5	47 147	16 536	15 184
其他制造业	1	120	－13	156
电力、蒸汽、热水的生产和供应业	27	341 958	99 142	269 021
煤气的生产和供应业	1	262	107	5 536
自来水的生产和供应业	12	9 729	3 332	33 383

注：工业总产值按当年价格计算。

10－11　续表1　　　　(2002年)　　　　单位:万元

指　　标	资产合计	流动资产合　计	流动资产年平均余额	固定资产原　价	固定资产净值年平均余额
煤炭采选业	710 552	269 278	263 263	521 920	350 422
石油和天然气开采业	508 623	42 523	32 252	675 375	384 721
黑色金属矿采选业	–	–	–	–	–
有色金属矿采选业	–	–	–	–	–
非金属矿采选业	95	27	19	90	80
木材及竹材采运业	–	–	–	–	–
食品加工业	32 702	10 688	10 194	24 741	17 775
食品制造业	126 448	52 516	50 546	73 924	56 844
饮料制造业	112 709	58 002	39 367	50 225	27 169
烟草加工业	15 563	10 345	9 744	9 984	5 458
纺织业	33 546	19 901	15 179	16 390	8 017
服装及其他纤维制品制造业	104 666	78 962	84 598	27 266	22 378
皮革、毛皮、羽绒及其制品业	22 863	15 815	15 281	5 514	4 593
木材加工竹、藤、棕、草制品业	700	362	362	305	173
家具制造业	800	384	403	785	420
造纸及纸制品业	297 423	104 550	91 957	159 403	1 072 373
印刷业记录媒介的复制	2 675	1 097	1 125	1 923	1 211
文教体育用品制造业	–	–	–	–	–
石油加工及炼焦业	192 334	59 670	61 983	167 247	121 032
化学原料及化学制品制造业	603 215	174 348	171 620	600 679	349 856
医药制造业	69 868	26 001	25 514	29 834	23 421
化学纤维制造业	19 349	3 159	3 687	15 173	8 686
橡胶制品业	185 164	86 065	82 756	123 711	90 766
塑料制品业	17 419	8 099	7 995	12 682	7 990
非金属矿物质制品业	305 572	114 413	98 654	224 795	142 174
黑色金属冶炼及压延加工业	104 315	31 916	34 852	67 888	46 145
有色金属冶炼及压延加工业	646 047	288 550	322 126	434 983	318 329
金属制品业	158 492	62 882	69 041	89 440	55 907
普通机械制造业	311 237	200 046	194 640	141 606	82 284
专用设备制造业	106 127	81 755	70 070	45 184	19 853
交通运输设备制造业	5 743	2 238	2 028	3 817	3 359
电气机械及器材制造业	66 838	43 593	37 793	25 877	16 659
电子及通讯设备制造业	33 002	3 614	5 525	29 179	6 425
仪器仪表及文化、办公用品机械制造业	195 691	10 084	95 347	47 317	33 010
其他制造业	646	160	160	519	466
电力、蒸汽、热水的生产和供应业	1 355 587	284 067	277 758	1 258 825	759 958
煤气的生产和供应业	5 539	2 182	2 214	4 378	3 397
自来水的生产和供应业	53 606	7 958	9 843	56 399	28 595

10－11　续表2　　(2002年)　　单位:万元

指　　标	流动负债合　计	长期负债合　计	所有者权益	产　品销售收入
煤炭采选业	226 304	30 754	453 494	219 493
石油和天然气开采业	39 280	2 667	466 676	276 305
黑色金属矿采选业	－	－	－	－
有色金属矿采选业	－	－	－	－
非金属矿采选业	26	12	57	705
木材及竹材采运业	－	－	－	－
食品加工业	13 710	6 970	12 023	34 681
食品制造业	56 550	33 225	36 673	74 930
饮料制造业	65 770	16 311	30 628	45 313
烟草加工业	4 991	1 223	9 348	9 537
纺织业	18 553	10 903	4 090	38 697
服装及其他纤维制品制造业	80 871	156	23 639	40 675
皮革、毛皮、羽绒及其制品业	10 805	2 543	9 515	22 117
木材加工竹、藤、棕、草制品业	292	－	408	397
家具制造业	242	－	558	914
造纸及纸制品业	130 372	80 965	86 087	111 225
印刷业记录媒介的复制	1 382	205	1 089	1 819
文教体育用品制造业	－	－	－	－
石油加工及炼焦业	292	27 846	43 457	219 719
化学原料及化学制品制造业	274 944	102 849	225 422	321 608
医药制造业	36 571	10 710	22 587	34 896
化学纤维制造业	11 181	14 242	－6 073	3 274
橡胶制品业	93 640	24 208	67 317	98 608
塑料制品业	8 730	25 748	6 114	12 192
非金属矿物质制品业	158 532	49 882	97 158	122 452
黑色金属冶炼及压延加工业	66 750	18 156	19 410	101 111
有色金属冶炼及压延加工业	225 860	153 788	266 399	406 864
金属制品业	79 016	15 902	63 574	65 187
普通机械制造业	231 437	25 526	54 274	100 220
专用设备制造业	74 922	9 549	21 656	47 167
交通运输设备制造业	4 488	126	1 130	833
电气机械及器材制造业	44 760	6 352	15 726	37 463
电子及通讯设备制造业	5 588	18 085	9 329	5 519
仪器仪表及文化、办公用品机械制造业	104 674	16 118	74 899	48 940
其他制造业	83	570	－7	84
电力、蒸汽、热水的生产和供应业	151 796	664 508	539 282	593 951
煤气的生产和供应业	928	1	4 607	1 738
自来水的生产和供应业	8 055	10 536	35 015	8 940

10－11　续表3　　（2002年）　　单位:万元

指　　标	产　品 销售成本	产品销售 税金及附加	产　品 销售利润	利润总额	本年应交 增 值 税
煤炭采选业	175 912	1 819	32 718	2 219	17 244
石油和天然气开采业	234 859	3 592	34 538	–	42
黑色金属矿采选业	–	–	–	–	–
有色金属矿采选业	–	–	–	–	–
非金属矿采选业	649	5	41	18	5
木材及竹材采运业	–	–	–	–	–
食品加工业	30 534	52	2 624	617	450
食品制造业	63 028	274	7 232	2 462	2 594
饮料制造业	27 807	3 779	4 737	955	2 845
烟草加工业	5 304	3 446	6 866	– 176	–
纺织业	33 653	629	2 400	1 692	914
服装及其他纤维制品制造业	34 679	12	4 594	2 284	680
皮革、毛皮、羽绒及其制品业	19 425	193	1 546	983	174
木材加工竹、藤、棕、草制品业	266	1	90	50	24
家具制造业	716	4	163	12	40
造纸及纸制品业	94 833	322	13 933	5 379	4 858
印刷业记录媒介的复制	1 362	13	437	156	128
文教体育用品制造业	–	–	–	–	–
石油加工及炼焦业	188 604	16 489	10 353	– 2 407	4
化学原料及化学制品制造业	277 891	1 777	32 686	– 6 518	12 089
医药制造业	23 587	185	9 254	4 875	1 680
化学纤维制造业	2 962	16	246	– 799	–
橡胶制品业	85 631	3 363	3 376	– 1 449	1 608
塑料制品业	10 504	47	1 411	684	519
非金属矿物质制品业	89 188	913	22 855	10 220	9 580
黑色金属冶炼及压延加工业	90 686	649	3 517	– 517	3 004
有色金属冶炼及压延加工业	328 291	1 063	66 800	23 859	15 127
金属制品业	55 419	364	6 970	1 023	2 441
普通机械制造业	79 620	371	16 117	– 1 952	4 411
专用设备制造业	39 011	125	6 461	– 1 395	1 944
交通运输设备制造业	628	3	152	3	19
电气机械及器材制造业	28 143	89	7 726	2 114	1 579
电子及通讯设备制造业	4 688	7	629	55	109
仪器仪表及文化、办公用品机械制造业	33 629	391	11 052	3 359	2 247
其他制造业	74	1	8	– 18	9
电力、蒸汽、热水的生产和供应业	537 480	2 688	52 308	4 834	43 666
煤气的生产和供应业	1 694	6	– 124	268	–
自来水的生产和供应业	7 432	247	1 071	– 248	376

10－12　全区规模以上工业企业职工人数

单位:人

指　　标	1998年	1999年	2000年	2001年	2002年
全　区　总　计	**261 698**	**251 452**	**224 118**	**220 183**	**219 417**
按登记注册类型分					
国　　有	169 236	156 516	92 781	60 866	80 898
集　　体	24 444	18 973	13 153	9 993	4 643
其　　他	68 018	75 963	118 184	149 324	133 876
按行业分					
采掘业	**66 679**	**66 685**	**60 831**	**5 415**	**53 999**
煤炭采选业	61 077	61 090	57 514	51 195	49 790
石油和天然气开采业	4 954	5 149	3 165	2 778	4 089
黑色金属矿采选业	-	-	-	-	-
有色金属矿采选业	162	180	110	-	-
非金属矿采选业	486	266	42	42	120
木材及竹材采运业	-	-	-	-	-
其他矿采选业	-	-	-	-	-
制造业	**176 271**	**165 798**	**145 038**	**147 010**	**142 004**
食品加工业	6 609	6 657	1 696	1 269	1 243
食品制造业	5 752	5 253	6 246	5 965	4 893
饮料制造业	2 337	2 884	3 199	4 771	4 552
烟草加工业	614	620	562	563	523
纺织业	10 228	9 049	2 630	1 301	2 063
服装及其他纤维制品制造业	690	546	1 622	2 486	2 724
皮革、毛皮、羽绒及其制品业	616	1 451	1 777	1 612	745
木材加工竹、藤、棕、草制品业	146	57	157	150	150
家具制造业	660	623	179	130	129
造纸及纸制品业	11 441	11 002	11 836	13 270	13 378
印刷业记录媒介的复制	843	1 002	578	278	284
文教体育用品制造业	54	44	33	-	-
石油加工及炼焦业	7 010	6 817	6 613	5 912	5 871
化学原料及化学制品制造业	25 560	22 844	22 033	22 250	20 205
医药制造业	2 176	2 082	2 664	1 919	1 859
化学纤维制造业	781	509	784	321	256
橡胶制品业	6 004	5 457	5 205	4 733	4 923
塑料制品业	2 270	2 681	1 820	2 231	2 111
非金属矿物质制品业	18 939	16 408	15 019	15 989	15 364
黑色金属冶炼及压延加工业	8 581	9 091	8 967	8 724	8 622
有色金属冶炼及压延加工业	11 600	13 815	10 970	12 822	15 344
金属制品业	9 478	8 680	7 596	8 185	7 107
普通机械制造业	19 307	16 840	15 183	14 869	13 860
专用设备制造业	12 916	10 708	7 492	7 647	6 749
交通运输设备制造业	1 294	999	608	593	452
电气机械及器材制造业	3 723	3 097	4 130	3 179	3 272
电子及通讯设备制造业	104	553		760	777
仪器仪表及文化、办公用品机械制造业	6 257	5 118	5 151	4 994	4 288
其他制造业	281	333	288	87	260
电力煤气及水的生产和供应业	**18 748**	**18 969**	**18 249**	**19 158**	**21 113**

10－13 全区规模以上工业企业工业总产值

单位:万元

指 标	工业总产值		
	2001年	2002年	2002年比 2001年增长(%)
总 计	**2 688 415**	**3 007 805**	**17.5**
按经济类型分			
在总计中:			
国有及国有控股企业	1 927 432	2 101 200	16.6
在总计中:			
集体企业	77 651	46 408	－35.1
股份合作企业	90 730	72 570	－14.2
外商投资企业	150 528	219 131	41.7
港澳台商投资企业	43 054	28 049	－18.7
按轻重工业分			
轻工业	447 077	516 627	21.4
重工业	2 241 338	2 491 178	16
按企业规模分			
大型企业	1 458 181	1 922 167	43.6
中型企业	540 156	294 874	－39.5
小型企业	690 078	790 763	14.3
按行业分			
煤炭采选业	187 284	221 848	13.1
石油和天然气开采业	233 359	274 941	34.0
黑色金属矿采选业	－	－	－
有色金属矿采选业	－	－	－
非金属矿采选业	700	742	6.0
木材及竹材采运业	－	－	－
食品加工业	27 391	31 366	27.5
食品制造业	90 176	109 712	23.9
饮料制造业	39 215	48 954	41.6
烟草加工业	6 774	9 593	14.0
纺织业	5 025	53 670	1 468.7
服装及其他纤维制品制造业	46 130	43 877	－4.0
皮革、毛皮、羽绒及其制品业	66 821	24 059	－66.6
木材加工竹、藤、棕、草制品业	305	397	2.1
家具制造业	1 053	736	－22.2
造纸及纸制品业	102 983	119 361	18.2
印刷业记录媒介的复制	1 357	1 849	50.3
文教体育用品制造业	－	－	－
石油加工及炼焦业	212 125	227 446	15.6
化学原料及化学制品制造业	302 929	327 413	9.7
医药制造业	30 138	45 339	41.5
化学纤维制造业	3 550	2 963	－6.7
橡胶制品业	81 576	131 978	41.5
塑料制品业	13 642	14 059	10.4
非金属矿物质制品业	107 886	125 845	24.8
黑色金属冶炼及压延加工业	110 957	107 764	－4.2
有色金属冶炼及压延加工业	385 909	415 059	32.4
金属制品业	67 136	60 722	－0.6
普通机械制造业	127 875	123 719	0.1
专用设备制造业	41 683	44 632	8.2
交通运输设备制造业	1 728	815	－52.0
电气机械及器材制造业	26 811	33 699	27.0
电子及通讯设备制造业	4 918	6 031	35.8
仪器仪表及文化、办公用品机械制造业	34 349	47 147	37.9
其他制造业	939	120	－98.9

注:工业总产值按当年价格计算,增长速度按不变价格计算。

10－14　全区规模以上工业企业主要经济指标

（2002年）　　单位：个、万元

指　　标	企业单位数	工业总产值	工业增加值	资产合计	流动资产合　计	流动资产年平均余额
总　　计	390	3 007 805	930 376	6 405 151	2 249 249	2 187 894
在总计中：						
亏损企业	128	621 057	131 688	1 465 318	456 128	436 994
按轻重工业分						
轻工业	130	516 627	156 776	915 255	451 938	368 220
以农畜产品为原料	104	445 932	132 640	760 630	386 879	321 348
以非农产品为原料	26	70 695	24 137	154 625	65 059	46 872
重工业	260	2 491 178	773 600	5 489 896	1 900 193	1 819 674
采掘工业	23	501 155	235 586	1 306 614	277 366	297 773
原料工业	120	1 361 936	364 961	2 857 685	906 261	960 951
加工工业	117	628 087	173 054	1 325 597	716 566	560 950
按企业规模分						
大型企业	63	1 922 167	615 479	45 153 280	1 622 994	1 665 047
中型企业	52	294 874	74 903	602 606	285 960	204 855
小型企业	275	790 763	239 994	1 287 217	443 177	317 993
按登记注册类型分组						
内资企业	362	2 760 626	852 139	6 056 767	2 092 273	2 035 672
国有企业	129	754 826	232 227	2 182 202	482 586	464 463
中央企业	17	482 173	167 479	1 478 117	238 505	245 953
地方企业	112	272 653	64 748	704 085	244 081	218 510
集体企业	26	46 408	13 892	45 351	27 953	24 082
股份合作企业	12	72 570	21 073	100 628	31 096	29 128
联营企业	2	8 534	2 770	15 812	4 548	4 342
国有联营企业	1	3 454	1 388	10 875	1 147	896
集体联营企业	1	5 080	1 382	4 937	3 401	3 447
国有与集体联营企业	–	–	–	–	–	–
其他联营企业	–	–	–	–	–	–
有限责任公司	101	1 211 691	387 248	2 524 582	1 106 694	1 100 154
国有独资公司	20	799 221	273 722	1 643 757	721 796	737 403
股份有限公司	17	412 647	126 016	864 047	310 805	287 489
私营企业	75	253 951	68 912	324 147	128 591	126 014
港澳台商投资企业	9	28 049	7 000	37 977	27 185	26 059
外商投资企业	19	219 131	71 238	310 406	129 790	126 164

注：工业总产值按当年价格计算。

10－14　续表1　　(2002年)　　单位:万元

指　　标	固定资产原　价	固定资产净值年平均余额	流动负债合　计	长期负债合　计	所有者权益	实收资本
总　　计	**4 947 379**	**3 080 401**	**2 352 131**	**1 357 461**	**2 695 559**	**1 996 191**
在总计中:						
亏损企业	1 186 426	769 357	743 629	449 708	271 981	360 092
按轻重工业分						
轻工业	491 896	324 192	451 938	191 756	271 560	180 717
以农畜产品为原料	377 265	256 862	386 879	155 449	218 301	126 825
以非农产品为原料	114 631	67 330	65 059	36 307	53 259	53 892
重工业	4 455 483	2 756 210	1 900 193	1 165 705	2 423 998	1 815 473
采掘工业	1 308 159	811 377	277 366	109 022	920 227	808 561
原料工业	2 162 625	1 358 733	906 261	870 330	1 081 094	601 249
加工工业	984 699	586 100	716 566	186 353	422 678	405 664
按企业规模分						
大型企业	3 314 530	2 057 827	1 622 994	1 013 737	1 878 597	1 167 253
中型企业	470 815	313 133	285 960	182 045	134 601	122 263
小型企业	1 162 034	709 442	443 177	-	682 361	60 396
按登记注册类型分组						
内资企业	4 720 137	2 912 839	2 176 686	1 311 325	2 568 756	1 860 143
国有企业	2 148 414	1 252 259	451 090	704 288	1 026 824	823 581
中央企业	1 458 929	864 694	132 733	427 166	918 218	659 193
地方企业	6 894 847	387 566	318 357	277 121	1058 606	164 388
集体企业	23 971	13 265	30 056	6 641	8 654	10 257
股份合作企业	79 693	51 042	51 409	25 672	23 546	12 758
联营企业	20 175	116 576	4 218	7 821	3 773	4 892
国有联营企业	16 115	10 088	2 083	7 000	1 792	3 000
集体联营企业	4 060	1 569	2 136	821	1 981	1 892
国有与集体联营企业	-	-	-	-	-	-
其他联营企业	-	-	-	-	-	-
有限责任公司	1 564 772	1 039 794	1 151 064	337 210	1 036 308	653 260
国有独资公司	1 041 366	678 015	746 842	238 571	658 344	375 286
股份有限公司	695 010	399 206	327 589	174 219	362 239	261 342
私营企业	188 102	145 615	161 259	55 476	107 412	94 052
港澳台商投资企业	10 083	6 250	22 274	2 822	12 881	14 896
外商投资企业	217 159	161 313	153 171	43 314	113 921	121 151

10－14　续表2　　(2002年)　　单位：万元

指　　标	产品销售收　入	产品销售成　本	产品销售税金及附加	产品销售利　润	利润总额	本年应交增值税
总　　计	**3 107 572**	**2 608 186**	**42 933**	**358 604**	**52 643**	**136 305**
在总计中：						
亏损企业	759 297	699 320	19 773	21 556	－63 165	26 229
按轻重工业分						
轻工业	441 502	357 450	9 240	50 700	18 509	16 633
以农畜产品为原料	382 933	313 161	22 008	39 021	14 239	13 934
以非农产品为原料	58 569	44 289	498	11 679	4 270	2 699
重工业	2 666 070	2 250 736	33 693	307 905	34 134	119 672
采掘工业	505 502	416 717	5 990	69 472	2 148	17 774
原料工业	1 582 150	1 352 770	21 879	170 148	31 602	81 322
加工工业	578 418	481 249	5 824	68 285	384	20 576
按企业规模分						
大型企业	2 104 017	1 756 257	25 688	264 620	52 849	106 708
中型企业	266 829	226 883	2 287	23 414	－1 600	10 844
小型企业	736 726	625 046	14 958	70 570	1 394	18 753
按登记注册类型分组						
内资企业	2 900 865	2 440 145	39 162	337 937	46 366	129 777
国有企业	1 021 853	894 488	12 221	102 995	－4 937	51 787
中央企业	715 109	637 315	8 831	63 667	－4 455	25 235
地方企业	306 744	257 173	3 390	39 329	－482	26 552
集体企业	39 784	35 103	520	2 193	344	1 216
股份合作企业	66 130	55 507	240	6 968	－6 373	3 148
联营企业	8 145	6 256	70	1 581	404	720
国有联营企业	2 940	2 063	37	840	353	438
集体联营企业	5 206	4 193	33	742	51	282
国有与集体联营企业	－	－	－	－	－	－
其他联营企业	－	－	－	－	－	－
有限责任公司	1 201 057	975 850	18 354	161 093	32 493	52 400
国有独资公司	818 323	662 470	15 923	111 685	24 493	35 561
股份有限公司	328 884	271 880	4 444	44 836	11 528	12 463
私营企业	235 011	201 061	3 314	18 270	7 172	8 045
港澳台商投资企业	31 666	25 553	121	2 740	1 051	1 089
外商投资企业	175 041	142 488	3 650	17 927	5 225	5 438

10－15　大中型工业企业主要经济指标

（2002年）　　单位：个、万元

指　　标	企业单位数	工业总产值	工业增加值	资产合计	流动资产合　计	流动资产年平均余额
总　　计	**115**	**2 217 042**	**690 382**	**5 117 934**	**1 867 623**	**1 869 902**
在总计中：						
亏损企业	31	482 058	103 024	1 175 566	323 953	337 272
按轻重工业分						
轻工业	37	371 869	115 868	698 601	295 378	293 319
以农畜产品为原料	29	315 857	97 042	567 172	261 172	255 846
以非农产品为原料	8	56 013	18 826	131 429	34 206	37 473
重工业	78	1 845 172	574 515	4 419 333	1 572 245	1 576 583
采掘工业	2	204 749	129 781	762 449	254 044	248 508
原料工业	43	1 141 758	304 065	2 570 798	841 043	873 114
加工工业	33	498 666	140 669	1 086 085	477 158	454 962
按企业规模分						
大型企业	63	1 922 167	615 439	4 515 328	1 658 138	1 665 047
中型企业	52	294 874	74 903	602 606	209 485	204 855
小型企业	–	–	–	–	–	–
按登记注册类型分组						
内资企业	105	2 020 756	625 347	4 817 944	1 734 294	1 739 184
国有企业	22	404 562	112 555	1 442 368	346 644	350 142
中央企业	10	192 600	63 688	947 757	183 109	201 289
地方企业	12	211 962	48 867	494 611	163 534	148 852
集体企业	1	2 302	509	8 404	4 165	3 839
股份合作企业	6	64 751	180 978	86 028	22 485	21 538
联营企业	1	5 080	1 382	4 937	3 401	3 447
国有联营企业	–	–	–	–	–	–
集体联营企业	1	5 080	1 382	4 937	3 401	3 447
国有与集体联营企业	–	–	–	–	–	–
其他联营企业	–	–	–	–	–	–
有限责任公司	45	1 073 752	354 183	2 286 445	1 001 702	1 021 091
国有独资公司	10	783 015	269 883	1 578 314	706 375	723 752
股份有限公司	13	357 281	110 862	832 657	300 126	276 774
私营企业	15	113 029	27 759	157 106	55 772	62 355
港澳台商投资企业	2	10 883	3 472	21 683	17 456	17 133
外商投资企业	8	185 403	61 564	278 307	115 874	113 585

注：工业总产值按当年价格计算。

10－15 续表1 (2002年) 单位:万元

指　　标	固定资产原　价	固定资产净值年平均余额	流动负债合　计	长期负债合　计	所有者权益	实收资本
总　　计	**3 785 344**	**2 370 959**	**1 908 954**	**1 195 782**	**2 013 198**	**1 289 156**
在总计中:						
亏损企业	1 009 717	661 625	559 670	392 085	223 811	275 413
按轻重工业分						
轻工业	371 549	250 330	325 155	140 142	233 304	126 038
以农畜产品为原料	273 384	194 061	269 235	108 050	189 887	79 952
以非农产品为原料	98 166	56 269	55 920	32 092	43 417	46 086
重工业	3 413 795	2 120 629	1 583 800	1 055 640	1 779 894	1 163 478
采掘工业	609 170	410 167	220 413	103 303	438 733	331 205
原料工业	1 951 925	1 209 362	783 814	796 336	990 648	499 671
加工工业	852 700	501 101	579 572	156 000	350 513	332 602
按企业规模分						
大型企业	3 314 530	2 057 827	1 622 994	1 013 737	1 878 597	1 167 253
中型企业	470 815	313 133	285 960	182 045	134 601	122 263
小型企业	－	－	－	－	－	－
按登记注册类型分组						
内资企业	3 583 677	2 222 181	1 760 569	1 152 573	1 904 802	1 174 383
国有企业	1 314 028	763 809	290 450	659 502	492 415	268 910
中央企业	768 248	471 053	836 237	421 973	442 160	183 010
地方企业	545 780	292 756	206 827	237 529	50 255	85 900
集体企业	7 712	4 207	6 967	2 899	－1 463	595
股份合作企业	70 074	45 687	44 157	23 419	18 452	10 023
联营企业	4 060	1 569	2 136	821	1 981	1 892
国有联营企业	－	－	－	－	－	－
集体联营企业	4 060	1 569	2 136	821	1 981	1 892
国有与集体联营企业	－	－	－	－	－	－
其他联营企业	－	－	－	－	－	－
有限责任公司	1 418 053	946 238	1 020 416	275 193	990 836	606 390
国有独资公司	990 201	641 613	736 643	204 295	637 376	359 635
股份有限公司	670 206	384 233	317 995	164 618	350 044	241 916
私营企业	99 546	76 437	78 447	26 121	52 538	44 657
港澳台商投资企业	3 186	2 322	9 943	2 230	9 510	6 900
外商投资企业	198 481	146 456	138 442	40 980	98 886	108 233

10－15　续表2　　　　　　　　　　　　　　（2002年）　　　　　　　　　　　　　　单位:万元

指　　标	产品销售收　入	产品销售成　本	产品销售税金及附加	产品销售利　润	利润总额	本年应交增值税
总　　计	**2 370 846**	**1 983 140**	**27 975**	**288 034**	**51 249**	**117 552**
在总计中:						
亏损企业	632 783	585 780	15 571	18 762	－48 385	20 856
按轻重工业分						
轻工业	315 010	252 962	3 677	42 550	18 448	11 774
以农畜产品为原料	268 488	218 909	3 300	32 322	14 762	9 581
以非农产品为原料	46 522	34 054	377	10 228	3 686	2 193
重工业	2 055 836	1 730 178	24 298	245 484	32 801	105 778
采掘工业	205 462	163 661	2 194	31 222	1 371	16 127
原料工业	1 399 924	1 193 834	17 488	158 342	29 869	73 185
加工工业	450 450	372 682	4 616	55 920	1 561	16 467
按企业规模分						
大型企业	2 104 017	1 756 257	25 688	264 620	11 029	106 708
中型企业	266 829	226 883	2 287	23 414	－1 600	10 844
小型企业	－	－	－	－	－	－
按登记注册类型分组						
内资企业	2 204 897	1 848 322	24 333	272 264	46 549	112 724
国有企业	670 185	599 345	4 314	62 439	－1 848	47 231
中央企业	424 849	393 560	1 758	28 411	－3 996	23 724
地方企业	245 336	205 785	2 557	34 028	2 148	23 507
集体企业	1 639	1 782	4	－169	－172	56
股份合作企业	58 759	49 766	196	6 001	－759	2 617
联营企业	5 206	4 193	33	742	51	282
国有联营企业	－	－	－	－	－	－
集体联营企业	5 206	4 193	33	742	51	282
国有与集体联营企业	－	－	－	－	－	－
其他联营企业	－	－	－	－	－	－
有限责任公司	1 080 647	871 116	17 752	150 783	34 915	46 603
国有独资公司	804 080	650 367	15 864	109 764	24 620	34 525
股份有限公司	282 934	233 888	979	41 352	10 154	12 246
私营企业	105 527	88 232	1 055	11 115	4 209	3 691
港澳台商投资企业	14 704	10 354	－	1 977	1 046	345
外商投资企业	151 246	124 465	3 643	13 794	3 654	4 483

10-16 大中型工业企业分行业主要经济指标

（2002年） 单位：个、万元

指标	企业单位数	工业总产值	工业增加值	资产合计
按行业分				
采掘业	**1**	**114 287**	**130 970**	**675 105**
煤炭采选业	1	114 287	130 970	675 105
制造业	**102**	**1 775 465**	**466 335**	**3 141 176**
食品加工业	2	3 196	2 584	10 984
食品制造业	7	78 317	22 350	82 161
饮料制造业	7	17 028	10 853	61 893
烟草加工业	-	-	-	-
纺织业	3	28 257	9 916	22 869
服装及其他纤维制品制造业	2	43 142	15 415	101 941
皮革、毛皮、羽绒及其制品业	1	7 568	2 162	16 689
木材加工竹、藤、棕、草制品业	-	-	-	-
家具制造业	-	-	-	-
造纸及纸制品业	6	102 646	33 229	264 988
印刷业记录媒介的复制	-	-	-	-
文教体育用品制造业	-	-	-	-
石油加工及炼焦业	2	168 881	30 009	166 598
化学原料及化学制品制造业	14	242 482	65 212	481 498
医药制造业	1	42 614	15 609	62 134
化学纤维制造业	1	29 627	12	19 349
橡胶制品业	3	130 374	40 969	182 713
塑料制品业	1	2 059	465	3 125
非金属矿物质制品业	17	76 713	27 703	195 212
黑色金属冶炼及压延加工业	5	57 207	14 935	73 938
有色金属冶炼及压延加工业	7	384 510	104 152	620 135
金属制品业	1	54 624	13 573	141 538
普通机械制造业	9	106 114	28 261	270 496
专用设备制造业	2	38 736	7 457	83 431
交通运输设备制造业	1	813	194	5 686
电气机械及器材制造业	5	18 954	2 587	54 088
电子及通讯设备制造业	1	6 031	2 734	33 002
仪器仪表及文化、办公用品机械制造业	2	44 939	15 956	186 709
其他制造业	-	-	-	-
电力煤气及水的生产供应业	**12**	**327 290**	**93 077**	**1 301 653**
电力、蒸汽、热水的生产和供应业	10	319 959	90 690	1 257 819
煤气的生产和供应业	-	-	-	-
自来水的生产和供应业	2	7 331	2 387	43 834

注：工业总产值按当年价格计算。

10-16 续表1　　(2002年)　　单位:万元

指　　标	流动资产合　计	流动资产年平均余额	固定资产原　价	固定资产净值年平均余额
按行业分				
采掘业	**251 820**	**246 268**	**498 396**	**334 013**
煤炭采选业	251 820	246 268	498 396	334 013
制造业	**1 346 617**	**1 346 270**	**1 975 727**	**1 296 380**
食品加工业	3 671	3 558	10 469	7 103
食品制造业	30 454	29 010	54 745	42 462
饮料制造业	29 195	31 177	28 421	19 947
烟草加工业	–	–	–	–
纺织业	14 467	12 640	8 879	5 029
服装及其他纤维制品制造业	78 149	83 680	25 539	20 793
皮革、毛皮、羽绒及其制品业	12 664	12 664	2 925	2 149
木材加工竹、藤、棕、草制品业	–	–	–	–
家具制造业	–	–	–	–
造纸及纸制品业	90 923	81 273	137 774	92 590
印刷业记录媒介的复制	–	–	–	–
文教体育用品制造业	–	–	–	–
石油加工及炼焦业	46 568	50 609	148 285	87 059
化学原料及化学制品制造业	126 903	132 571	513 672	290 849
医药制造业	23 928	23 359	26 082	20 849
化学纤维制造业	3 159	3 687	15 173	8 686
橡胶制品业	85 423	81 929	122 608	90 040
塑料制品业	140	1 093	5 088	2 964
非金属矿物质制品业	67 767	55 396	155 281	90 657
黑色金属冶炼及压延加工业	17 436	19 053	51 735	35 464
有色金属冶炼及压延加工业	279 410	313 880	420 094	306 972
金属制品业	54 297	60 885	78 795	51 380
普通机械制造业	176 481	173 136	126 473	72 683
专用设备制造业	64 090	55 123	38 871	168 034
交通运输设备制造业	2 237	2 027	3 760	3 306
电气机械及器材制造业	35 551	30 334	20 897	13 355
电子及通讯设备制造业	7 614	5 525	29 179	6 425
仪器仪表及文化、办公用品机械制造业	96 091	91 529	44 125	30 658
其他制造业	–	–	–	–
电力煤气及水的生产供应业	**269 186**	**277 364**	**1 311 221**	**740 566**
电力、蒸汽、热水的生产和供应业	263 059	269 498	1 264 651	718 722
煤气的生产和供应业	–	–	–	–
自来水的生产和供应业	6 127	7 866	46 570	21 844

10－16　续表2　　(2002年)　　单位:万元

指　　标	产品销售收　入	产品销售成　本	产品销售税金及附加	产品销售利　润	利润总额
按行业分					
采掘业	**196 463**	**158 364**	**1 621**	**29 047**	**1 461**
煤炭采选业	196 463	158 364	1 621	29 047	1 461
制造业	**1 592 598**	**1 297 694**	**23 601**	**199 773**	**45 506**
食品加工业	9 897	7 488	39	1 582	457
食品制造业	55 140	45 115	168	6 307	3 012
饮料制造业	29 437	17 713	2 603	3 407	1 179
烟草加工业	–	–	–	–	–
纺织业	20 761	18 427	182	1 791	1 355
服装及其他纤维制品制造业	39 887	34 007	6	4 520	2 325
皮革、毛皮、羽绒及其制品业	11 024	9 577	–	1 348	714
木材加工竹、藤、棕、草制品业	–	–	–	–	–
家具制造业	–	–	–	–	–
造纸及纸制品业	97 095	82 025	286	12 963	5 721
印刷业记录媒介的复制	–	–	–	–	–
文教体育用品制造业	–	–	–	–	–
石油加工及炼焦业	171 479	147 488	13 035	7 848	–3 632
化学原料及化学制品制造业	245 166	209 342	807	28 894	–3 430
医药制造业	33 175	22 498	178	8 883	4 906
化学纤维制造业	16	2 962	3 274	246	–799
橡胶制品业	97 220	84 372	3 355	3 279	–566
塑料制品业	1 900	1 692	6	104	–30
非金属矿物质制品业	74 057	52 269	587	15 546	7 823
黑色金属冶炼及压延加工业	55 113	48 095	248	2 974	36
有色金属冶炼及压延加工业	389 757	313 198	915	65 574	23 617
金属制品业	59 505	50 278	347	6 651	1 462
普通机械制造业	83 118	65 566	283	13 766	–1 962
专用设备制造业	41 652	34 296	96	5 918	–922
交通运输设备制造业	830	627	3	151	2
电气机械及器材制造业	22 055	15 158	54	5 652	1 028
电子及通讯设备制造业	5 519	4 688	7	629	55
仪器仪表及文化、办公用品机械制造业	45 536	30 813	377	10 545	3 154
其他制造业	–	–	–	–	–
电力煤气及水的生产供应业	**581 785**	**527 082**	**2 753**	**59 214**	**4 282**
电力、蒸汽、热水的生产和供应业	574 669	521 200	2 584	49 432	4 371
煤气的生产和供应业	–	–	–	–	–
自来水的生产和供应业	7 116	5 882	169	9 782	–89

10－17 各市县全部工业企业单位数和工业总产值

（2002年）

地　区	企业单位数（个）	#规模以上	工业总产值（当年价格）（万元）	规模以上	
				1990年不变价	当年价格
全区总计	**33 498**	**390**	**3 720 196**	**2 116 720**	**3 007 805**
银川市	**8 913**	**154**	**1 386 739**	**877 261**	**1 179 239**
银川市	3 146	114	935 211	655 567	892 777
永宁县	1 842	12	131 383	20 740	33 084
贺兰县	1 299	8	75 025	113 858	183 401
灵武市	2 626	20	245 121	87 096	69 978
石嘴山市	**4 530**	**65**	**697 070**	**436 230**	**580 169**
石嘴山市	961	40	485 589	336 662	465 808
平罗县	2 767	16	145 744	68 259	82 418
陶乐县	215	2	3 713	806	954
惠农县	587	7	62 025	30 504	30 990
吴忠市	**11 401**	**114**	**1 487 896**	**753 827**	**1 190 937**
利通区	3 443	30	292 734	149 899	204 092
青铜峡市	2 579	29	573 012	379 387	503 062
中卫县	2 053	29	172 307	111 310	120 942
中宁县	1 421	16	123 289	53 660	66 708
盐池县	832	4	293 574	48 474	277 424
同心县	1 073	6	32 980	11 098	18 710
固原市	**8 654**	**57**	**148 490**	**49 402**	**57 459**
原州区	2 777	18	42 347	8 462	13 034
海原县	667	3	13 136	710	1 033
西吉县	2 321	3	14 189	18	79
隆德县	1 405	20	65 986	36 971	37 867
泾源县	377	6	1 540	90	531
彭阳县	1 107	7	11 292	3 152	4 916

10－18　各市县主要年份全部工业企业单位数

单位:个

地　　区	1985年	1990年	1995年	1998年	1999年	2000年	2001年	2002年
全区总计	**18 495**	**26 694**	**24 677**	**30 595**	**30 035**	**30 222**	**31 314**	**33 498**
银川市	**4 884**	**6 794**	**5 984**	**7 282**	**7 252**	**7 197**	**7 772**	**8 913**
银川市	723	1 835	2 260	2 855	2 763	2 738	3 101	3 146
永宁县	1 847	2 407	1 489	1 768	1 619	1 585	1 662	1 842
贺兰县	1 439	1 482	1 438	2 163	2 159	1 399	1 360	1 299
灵武市	875	1 070	797	496	711	1 475	1 649	2 626
石嘴山市	**2 228**	**3 454**	**2 986**	**4 225**	**3 860**	**3 795**	**4 301**	**4 530**
石嘴山市	576	1 116	1 046	1 322	1 143	935	983	961
平罗县	1 593	1 981	1 526	2 308	2 105	2 212	2 508	2 767
陶乐县	59	81	179	201	223	224	225	215
惠农县	–	276	235	394	389	424	585	587
吴忠市	**6 772**	**8 889**	**7 756**	**10 140**	**10 247**	**10 592**	**10 315**	**11 401**
利通区	623	2 077	920	2 322	2 464	2 584	2 706	3 443
青铜峡市	1 769	2 173	2 357	2 831	2 684	2 313	2 424	2 579
中卫县	1 163	1 758	1 444	1 554	1 688	1 830	1 931	2 053
中宁县	1 578	1 100	1 263	1 223	1 253	1 405	1 320	1 421
盐池县	924	839	801	645	605	688	824	832
同心县	715	942	971	1 565	1 553	1 772	1 110	1 073
固原地区	**4 611**	**7 557**	**7 951**	**8 948**	**8 676**	**8 638**	**8 926**	**8 654**
原州区	1 533	1 902	2 647	2 700	2 437	2 711	2 756	2 777
海原县	1 134	1 086	849	910	717	688	773	667
西吉县	346	2 112	1 804	2 439	2 276	2 298	2 373	2 321
隆德县	893	1 242	1 479	1 397	1 612	1 574	1 541	1 405
泾源县	386	787	456	725	690	368	369	377
彭阳县	319	428	716	777	944	999	1 114	1 107

10－19 各市县主要年份全部工业总产值

单位:万元

地　区	1985年	1990年	1995年	1998年	1999年	2000年	2001年	2002年
全区总计	**243 007**	**647 464**	**1 734 852**	**2 324 118**	**2 523 912**	**2 939 383**	**3 273 074**	**3 720 196**
银川市	**94 983**	**263 332**	**754 794**	**923 403**	**962 064**	**1 092 593**	**1 223 233**	**1 386 739**
银川市	72 699	215 326	608 139	663 758	657 488	745 064	831 006	935 211
永宁县	7 091	14 229	42 270	71 216	83 536	96 278	109 097	131 383
贺兰县	5 160	15 411	37 806	65 317	73 786	80 094	82 106	75 025
灵武市	10 033	18 366	66 579	123 112	147 254	171 157	201 024	245 121
石嘴山市	**80 739**	**186 163**	**403 625**	**569 009**	**601 123**	**696 107**	**765 271**	**697 070**
石嘴山市	66 138	152 865	317 452	436 415	455 289	526 922	577 512	485 589
平罗县	14 257	29 201	63 339	97 250	103 107	117 672	130 363	145 744
陶乐县	344	584	1 671	2 345	2 370	3 037	3 401	3 713
惠农县	－	3 513	21 163	32 999	40 357	48 476	53 995	62 025
吴忠市	**59 351**	**179 436**	**519 771**	**721 446**	**830 600**	**1 022 045**	**1 153 842**	**1 487 896**
利通区	14 698	46 932	95 973	178 862	188 586	212 558	239 140	292 734
青铜峡市	23 410	77 641	281 384	292 730	320 425	372 323	433 839	573 012
中卫县	7 249	24 190	55 768	83 120	97 289	114 449	130 410	172 307
中宁县	4 972	10 280	33 927	45 478	59 595	74 041	84 068	123 289
盐池县	7 638	17 303	45 335	108 809	142 553	220 277	246 721	293 574
同心县	1 384	3 090	7 384	12 447	22 152	28 397	19 664	32 980
固原地区	**7 934**	**18 533**	**56 662**	**110 260**	**130 125**	**128 638**	**130 728**	**148 490**
原州区	5 037	9 591	20 837	25 357	26 196	28 213	32 117	42 347
海原县	1 012	2 582	4 474	8 895	9 738	10 701	12 557	13 136
西吉县	909	1 969	8 298	27 017	35 206	28 527	15 816	14 189
隆德县	414	2 246	15 628	37 906	45 062	51 660	59 612	65 986
泾源县	303	660	1 868	3 941	5 011	1 628	1 501	1 540
彭阳县	259	1 485	5 557	7 144	8 912	7 909	9 125	11 292

注:本表按当年价格计算。

10－20　各市县规模以上分轻重工业企业单位数

单位：个

地　区	2001年			2002年		
	合　计	轻工业	重工业	合　计	轻工业	重工业
全区总计	**410**	**139**	**271**	**390**	**130**	**260**
银川市	**156**	**68**	**88**	**154**	**61**	**93**
银川市	108	40	68	114	39	75
永宁县	12	10	2	12	9	3
贺兰县	10	3	7	8	2	6
灵武市	26	15	11	20	11	9
石嘴山市	**74**	**6**	**68**	**65**	**6**	**59**
石嘴山市	48	2	46	40	2	38
平罗县	19	4	15	16	4	12
陶乐县	1	－	1	2	－	2
惠农县	6	－	6	7	－	7
吴忠市	**122**	**45**	**77**	**114**	**42**	**72**
利通区	37	23	14	30	18	12
青铜峡市	32	10	22	29	10	19
中卫县	28	7	21	29	7	22
中宁县	15	3	12	16	4	12
盐池县	5	－	5	4	－	4
同心县	5	2	3	6	3	3
固原市	**58**	**20**	**38**	**57**	**21**	**36**
原州区	16	7	9	18	9	9
海原县	4	2	2	3	1	2
西吉县	3	2	1	3	2	1
隆德县	23	4	19	20	3	17
泾源县	6	3	3	6	3	3
彭阳县	6	2	4	7	3	4

10-21 各市县规模以上分轻重工业总产值

单位:万元

地区	2001年			2002年		
	合计	轻工业	重工业	合计	轻工业	重工业
全区总计	**2 688 415**	**447 077**	**2 241 338**	**3 007 804**	**516 627**	**2 491 178**
银川市	**1 028 588**	**278 619**	**749 969**	**1 179 239**	**286 102**	**893 138**
银川市	777 427	162 543	614 884	892 777	146 008	746 769
永宁县	57 844	52 770	5 074	69 978	65 373	4 606
贺兰县	36 544	10 007	26 537	33 084	18 536	14 547
灵武市	156 773	53 299	103 474	183 400	56 185	127 216
石嘴山市	**677 302**	**16 092**	**661 210**	**580 169**	**17 895**	**562 275**
石嘴山市	565 155	2 287	562 868	465 808	2 025	463 783
平罗县	68 087	13 804	72 282	82 418	15 870	66 548
陶乐县	690	-	690	954	-	954
惠农县	25 370	-	25 370	30 990	-	30 990
吴忠市	**923 735**	**144 530**	**779 206**	**1 190 937**	**207 460**	**983 477**
利通区	145 920	48 240	97 679	204 092	77 401	126 691
青铜峡市	396 688	30 668	366 020	503 062	25 802	477 259
中卫县	92 775	54 747	38 028	120 942	66 322	54 619
中宁县	46 729	7 297	39 433	66 708	19 912	46 796
盐池县	237 488	-	237 488	277 424	-	277 424
同心县	4 135	3 578	558	18 710	18 022	688
固原市	**58 790**	**7 837**	**50 952**	**57 459**	**5 171**	**52 288**
原州区	10 978	2 827	8 151	13 034	3 495	9 538
海原县	898	86	812	1 033	75	958
西吉县	2 668	2 660	8	79	79	-
隆德县	39 244	1 947	37 297	37 867	1 167	36 700
泾源县	363	56	307	531	51	480
彭阳县	4 638	261	4 378	4 916	303	4 612

10－22　各市县规模以上工业企业主要财务指标

（2002年）　　　　单位：个、万元

地　区	企业单位数	#亏损企业	资产总计	流动资产	流动资产年平均余额
全区总计	**390**	**128**	**6 405 151**	**2 249 249**	**2 187 894**
银川市	**154**	**41**	**2 664 565**	**1 004 547**	**955 593**
银川市	114	33	2 245 822	868 144	825 113
永宁县	12	3	101 599	40 961	40 837
贺兰县	8	1	44 244	16 420	14 423
灵武市	20	4	272 901	79 022	75 220
石嘴山市	**65**	**25**	**1 437 868**	**606 464**	**617 806**
石嘴山市	40	21	1 287 227	563 449	574 334
平罗县	16	4	109 505	31 755	32 475
陶乐县	2	－	557	357	162
惠农县	7	－	40 579	10 902	10 836
吴忠市	**114**	**38**	**2 108 866**	**593 773**	**572 413**
利通区	30	12	425 667	158 784	147 291
青铜峡市	29	7	763 054	233 070	242 372
中卫县	29	10	265 390	101 831	90 341
中宁县	16	6	110 521	39 421	43 997
盐池县	4	2	520 969	45 740	35 376
同心县	6	1	23 265	14 928	13 035
固原市	**57**	**24**	**193 852**	**44 466**	**42 083**
原州区	18	7	113 381	13 261	12 026
海原县	3	1	3 437	957	1 001
西吉县	3	3	15 708	8 870	8 561
隆德县	20	7	44 364	15 907	16 323
泾源县	6	4	969	330	276
彭阳县	7	2	15 993	5 141	3 898

10-22 续表1 (2002年) 单位:万元

地区	固定资产	固定资产原值	固定资产净值年平均余额	累计折旧	流动负债	长期负债
全区总计	**3 629 502**	**4 947 379**	**3 080 401**	**1 611 856**	**2 352 131**	**1 357 461**
银川市	**1 346 851**	**1 850 501**	**1 166 745**	**583 398**	**1 063 619**	**426 900**
银川市	1 085 598	1 533 378	939 802	499 605	900 267	377 535
永宁县	46 029	58 289	38 302	19 681	53 738	21 708
贺兰县	24 546	33 185	23 576	9 947	20 250	12 550
灵武市	190 678	225 649	165 066	54 165	89 364	15 107
石嘴山市	**706 386**	**943 608**	**581 878**	**310 049**	**585 487**	**248 928**
石嘴山市	620 792	828 859	501 717	277 791	507 577	222 342
平罗县	65 459	89 027	59 711	26 671	56 367	16 807
陶乐县	182	234	162	53	392	58
惠农县	19 953	25 488	20 288	5 534	21 151	9 721
吴忠市	**1 437 314**	**1 975 510**	**1 205 423**	**665 061**	**637 514**	**588 529**
利通区	218 132	254 713	157 341	75 967	176 421	145 213
青铜峡市	518 464	834 251	513 745	337 730	234 261	342 229
中卫县	157 295	122 055	80 677	19 826	117 886	67 587
中宁县	64 597	72 297	57 935	15 502	55 987	26 092
盐池县	471 690	683 640	390 537	214 619	41 410	7 387
同心县	7 136	8 554	5 189	1 418	11 550	20
固原市	**138 951**	**177 761**	**126 355**	**53 348**	**65 511**	**93 104**
原州区	98 295	129 609	89 039	42 185	24 772	82 931
海原县	2 338	2 611	2 131	274	2 819	1 745
西吉县	1 296	1 688	1 516	392	7 641	1 457
隆德县	27 063	31 326	23 954	7 760	26 829	6 139
泾源县	622	817	619	239	238	294
彭阳县	9 338	11 711	9 096	2 498	3 212	538

10-22 续表2 (2002年) 单位:万元

地　区	所有者权益	产品销售收入	#产品销售成本	#产品销售费用	#产品销售税金及附加	#产品销售利润
全区总计	**2 695 559**	**3 107 572**	**2 608 186**	**97 849**	**42 933**	**358 604**
银川市	**1 174 046**	**1 121 519**	**911 772**	**42 996**	**25 705**	**141 047**
银川市	968 020	899 176	733 234	32 000	20 000	113 942
永宁县	26 154	59 398	45 464	3 104	444	10 386
贺兰县	11 443	23 929	20 456	722	64	2 687
灵武市	168 429	139 017	112 618	7 170	5 197	14 031
石嘴山市	**603 453**	**613 931**	**537 153**	**21 085**	**3 570**	**52 123**
石嘴山市	557 308	504 193	447 338	15 423	2 291	39 141
平罗县	36 330	77 169	62 428	3 696	992	10 052
陶乐县	108	831	561	21	6	244
惠农县	9 707	31 738	26 827	1 945	281	2 685
吴忠市	**882 823**	**1 310 764**	**1 109 230**	**29 647**	**12 263**	**159 624**
利通区	104 033	298 114	267 411	6 943	4 426	19 334
青铜峡市	186 564	547 068	449 960	11 509	2 281	83 318
中卫县	79 916	113 378	94 216	3 978	1 203	13 981
中宁县	28 442	58 437	47 073	3 708	709	6 947
盐池县	472 173	278 955	236 990	3 421	3 621	34 923
同心县	11 695	14 812	13 581	88	22	1 121
固原市	**35 236**	**61 358**	**50 030**	**4 121**	**1 396**	**5 811**
原州区	5 678	18 661	12 763	1 664	876	3 358
海原县	-1 127	1 028	851	84	57	36
西吉县	6 609	157	181	35	8	-66
隆德县	11 396	35 710	31 451	2 001	242	2 017
泾源县	437	355	341	18	2	-5
彭阳县	12 244	5 447	4 444	318	212	472

10－22 续表3　　(2002年)　　单位:万元

地区	管理费用	利税总额	实收资本	#国家资本	本年应交增值税	利息支出
全区总计	**215 353**	**231 880**	**1 996 191**	**1 411 467**	**136 305**	**125 132**
银川市	**92 777**	**105 682**	**895 383**	**503 840**	**47 222**	**40 209**
银川市	71 835	85 196	695 412	333 888	39 597	36 203
永宁县	5 099	7 964	20 108	5 458	2 938	1 964
贺兰县	1 759	1 226	10 887	964	799	859
灵武市	14 085	11 295	168 976	163 530	3 888	1 183
石嘴山市	**54 244**	**12 366**	**350 775**	**289 525**	**32 023**	**29 518**
石嘴山市	47 418	2 631	328 356	283 099	27 064	26 008
平罗县	5 946	7 974	18 313	5 164	4 350	2 028
陶乐县	153	124	119	112	17	3
惠农县	728	1 637	3 988	1 149	592	1 479
吴忠市	**64 717**	**109 329**	**717 745**	**601 629**	**53 757**	**52 342**
利通区	12 892	19 730	41 625	30 931	11 291	8 307
青铜峡市	37 295	65 866	138 399	94 676	34 322	24 041
中卫县	4 877	13 440	30 794	6 374	4 887	2 200
中宁县	2 193	5 257	29 731	1 158	2 609	3 646
盐池县	7 247	3 969	471 539	466 831	353	13 968
同心县	213	1 067	5 658	1 658	295	180
固原市	**3 615**	**4 504**	**32 287**	**16 473**	**3 303**	**3 063**
原州区	1 587	2 261	8 726	6 646	1 383	1 929
海原县	56	115	554	504	59	3
西吉县	67	－353	2 955	2 955	－	467
隆德县	1 412	1 912	10 073	1 694	1 574	563
泾源县	37	－19	620	620	13	1
彭阳县	455	587	9 361	4 054	274	101

10－22 续表4　　(2002年)　　单位:万元

地　区	利润总额	亏损企业亏损总额	应交所得税	应付利润	本年应付工资	本年应付福利费	全部职工年平均人数(人)
全区总计	**52 643**	**63 165**	**14 565**	**8 991**	**223 287**	**28 443**	**219 417**
银川市	**32 755**	**19 932**	**5 502**	**2 380**	**71 578**	**9 685**	**75 500**
银川市	25 600	18 198	4 007	1 915	55 573	6 163	54 289
永宁县	4 583	654	1 272	297	5 932	925	5 025
贺兰县	363	36	126	104	2 634	396	3 554
灵武市	2 210	1 044	97	64	7 438	2 201	12 632
石嘴山市	**－23 226**	**35 311**	**2 292**	**3 895**	**75 839**	**7 197**	**79 890**
石嘴山市	－26 724	34 447	1 283	2 519	63 601	5 343	39 495
平罗县	2 632	864	756	1 003	10 122	1 572	36 995
陶乐县	102	－	－	－	130	4	105
惠农县	765	－	252	373	1 986	278	3 295
吴忠市	**43 309**	**6 018**	**6 320**	**2 679**	**68 172**	**10 662**	**55 821**
利通区	4 013	2 247	923	69	13 811	1 839	14 570
青铜峡市	29 263	1 943	3 780	2 007	36 154	6 376	21 063
中卫县	7 350	1 074	1 062	428	8 480	1 109	10 675
中宁县	1 939	688	536	138	3 427	464	3 721
盐池县	－6	61	18	38	5 789	808	4 825
同心县	750	4	－	－	511	67	967
固原市	**－195**	**1 905**	**452**	**37**	**7 698**	**899**	**8 206**
原州区	2	483	181	34	4 253	603	2 657
海原县	－1	1	－	－	145	19	231
西吉县	－360	360	－	－	92	10	242
隆德县	97	1 018	260	2	2 009	107	3 595
泾源县	－33	36	5	－	142	17	142
彭阳县	100	7	6	－	1 057	145	1 339

10－23 各市县按经济类型分的规模以上工业企业单位数和工业总产值

(2002年)

地区	国有及国有控股企业			集体企业		
	企业单位数(个)	1990年不变价格总产值(万元)	当年价格总产值(万元)	企业单位数(个)	1990年不变价格总产值(万元)	当年价格总产值(万元)
全区总计	**186**	**1 308 717**	**2 101 200**	**26**	**40 257**	**46 408**
银川市	**61**	**438 639**	**696 327**	**11**	**17 522**	**21 391**
银川市	50	332 853	535 266	7	8 765	10 394
永宁县	3	43 503	33 383	1	2 737	2 302
贺兰县	2	8 530	18 843	–	–	–
灵武市	6	53 754	108 835	3	6 020	8 695
石嘴山市	**30**	**296 913**	**428 338**	**5**	**6 363**	**7 327**
石嘴山市	21	282 477	402 877	2	3 810	3 940
平罗县	6	13 314	24 038	1	1 172	1 713
陶乐县	1	284	413	1	522	541
惠农县	2	838	1 011	1	860	1 134
吴忠市	**51**	**551 509**	**946 701**	**5**	**10 258**	**11 637**
利通区	16	91 212	134 111	1	2 785	3 181
青铜峡市	17	361 051	476 105	–	–	–
中卫县	7	51 060	56 463	4	7 473	8 456
中宁县	6	813	4 153	–	–	–
盐池县	1	46 836	274 941	–	–	–
同心县	4	538	928	–	–	–
固原市	**44**	**21 656**	**29 834**	**5**	**6 114**	**6 053**
原州区	13	4 063	7 968	3	2 576	2 621
海原县	2	75	75	–	–	–
西吉县	3	18	79	–	–	–
隆德县	14	15 715	18 308	2	3 538	3 432
泾源县	6	90	531	–	–	–
彭阳县	6	1 696	2 873	–	–	–

10－24 各市县按轻重工业分的规模以上工业企业单位数和工业总产值

（2002 年）

地 区	轻工业			重工业		
	企业单位数（个）	1990 年不变价格总产值（万元）	当年价格总产值（万元）	企业单位数（个）	1990 年不变价格总产值（万元）	当年价格总产值（万元）
全区总计	**130**	**442 221**	**516 627**	**260**	**1 674 500**	**2 491 178**
银川市	**61**	**254 629**	**286 102**	**93**	**622 632**	**893 138**
银川市	39	117 657	146 008	75	537 910	746 769
永宁县	9	82 547	65 373	3	4 550	4 606
贺兰县	2	8 871	18 536	6	11 868	14 547
灵武市	11	45 554	56 185	9	68 304	127 216
石嘴山市	**6**	**15 734**	**17 894**	**59**	**420 496**	**562 275**
石嘴山市	2	1 925	2 024	38	334 736	463 783
平罗县	4	13 809	15 870	12	54 450	66 548
陶乐县	–	–	–	2	806	954
惠农县	–	–	–	7	30 504	30 990
吴忠市	**42**	**168 220**	**207 460**	**72**	**585 609**	**983 477**
利通区	18	64 842	77 401	12	85 057	126 691
青铜峡市	10	18 193	25 802	19	361 195	477 259
中卫县	7	54 968	66 322	22	56 342	54 619
中宁县	4	19 632	19 912	12	34 028	46 796
盐池县	–	–	–	4	48 474	277 424
同心县	3	10 585	18 022	3	513	688
固原市	**21**	**3 638**	**5 171**	**36**	**45 763**	**52 288**
原州区	9	2 762	3 495	9	5 700	9 538
海原县	1	74	74	2	635	958
西吉县	2	18	79	1	–	–
隆德县	3	530	1 167	17	36 441	36 700
泾源县	3	22	51	3	67	480
彭阳县	3	232	303	4	2 920	4 612

10－25　各市县国有及国有控股工业企业主要财务指标

（2002 年）　　　　单位：万元

地　区	流　动 资　产	流动资产 年平均 余　额	固　定 资　产	固定资产 原　值	固定资产 净值年 平均余额	资　产 总　计	流　动 负　债
全区总计	**1 700 878**	**1 686 589**	**3 041 273**	**4 186 662**	**2 550 231**	**5 142 807**	**1 690 443**
银川市	**667 216**	**660 968**	**1 050 337**	**1 456 703**	**897 212**	**1 965 619**	**694 254**
银川市	570 183	567 929	829 013	1 197 468	708 126	1 631 282	580 135
永宁县	18 164	18 491	24 439	27 133	18 309	53 760	24 196
贺兰县	8 244	7 421	16 051	19 515	15 784	26 547	9 842
灵武市	70 624	67 128	180 784	212 588	154 994	254 029	80 081
石嘴山市	**528 166**	**535 261**	**589 166**	**783 751**	**473 331**	**1 211 768**	**466 174**
石嘴山市	520 230	526 886	555 659	738 669	444 378	1 169 230	438 063
平罗县	7 289	7 782	32 158	43 544	27 556	40 052	27 282
陶乐县	142	162	159	192	162	319	208
惠农县	505	430	1 191	1 346	1 235	2 167	621
吴忠市	**475 752**	**461 364**	**1 283 425**	**1 792 505**	**1 072 630**	**1 809 126**	**480 969**
利通区	137 181	131 523	189 190	217 939	137 358	370 495	145 609
青铜峡市	214 524	225 433	491 133	801 461	486 452	711 395	207 343
中卫县	76 663	67 234	132 725	91 175	59 831	209 403	84 650
中宁县	3 975	4 117	2 364	3 532	2 211	6 378	3 422
盐池县	42 523	32 252	466 100	675 375	384 721	508 623	39 280
同心县	887	805	1 913	3 024	2 057	2 832	666
固原市	**29 744**	**28 996**	**118 345**	**153 703**	**107 058**	**156 294**	**49 046**
原州区	8 187	6 911	95 253	124 923	85 984	104 919	21 530
海原县	187	210	614	634	592	802	239
西吉县	8 870	8 561	1 296	1 688	1 516	15 708	7 641
隆德县	8 420	9 282	16 682	19 960	14 750	25 961	16 780
泾源县	330	276	622	817	619	969	238
彭阳县	3 750	3 758	3 877	5 681	3 598	7 936	2 618

10－25　续表1　　(2002年)　　单位:万元

地　区	长期负债	所有者权益	实收资本	#国家	产品销售收入	#产品销售成本	#产品销售费用
全区总计	**1 154 236**	**2 298 127**	**1 650 353**	**1 350 494**	**2 328 311**	**1 952 992**	**56 229**
银川市	**325 937**	**945 428**	**678 804**	**443 319**	**718 740**	**571 217**	**20 979**
银川市	295 435	755 712	494 753	273 893	583 587	466 654	15 260
永宁县	10 390	19 174	11 909	5 458	30 578	20 920	1 872
贺兰县	9 534	7 171	6 974	439	10 484	8 976	156
灵武市	10 578	163 371	165 169	163 530	94 091	74 668	3 692
石嘴山市	**214 394**	**531 199**	**311 352**	**289 525**	**467 811**	**415 559**	**13 0101**
石嘴山市	207 693	523 474	304 927	283 099	443 784	397 881	11 996
平罗县	6 668	6 102	5 164	5 164	22 601	16 648	958
陶乐县	29	82	112	112	291	203	1
惠农县	5	1 541	1 148	1 149	1 135	827	146
吴忠市	**528 374**	**799 783**	**642 842**	**601 447**	**1 107 755**	**940 053**	**19 492**
利通区	129 494	95 392	32 308	30 931	253 309	228 777	4 546
青铜峡市	337 836	166 216	121 889	94 676	522 884	430 604	10 533
中卫县	58 120	66 634	18 375	6 346	50 430	41 826	739
中宁县	237	2 719	1 936	1 159	4 097	3 409	319
盐池县	2 667	466 676	466 676	466 676	276 305	234 859	3 316
同心县	20	2 146	1 658	1 658	730	578	40
固原市	**85 531**	**21 717**	**17 355**	**16 203**	**34 005**	**26 163**	**2 657**
原州区	79 492	3 896	6 459	6 376	13 739	8 844	1 347
海原县	45	518	504	504	75	–	71
西吉县	1 457	6 609	2 955	2 955	157	181	35
隆德县	3 704	5 477	2 763	1 694	16 653	14 467	949
泾源县	294	437	620	620	355	341	18
彭阳县	538	4 781	4 054	4 054	3 027	2 331	237

10－25 续表2　　(2002年)　　单位:万元

地区	#产品销售税金及附加	#产品销售利润	管理费用	利税总额	利润总额	应交所得税	本年应付工资
全区总计	**33 388**	**285 702**	**172 633**	**169 477**	**29 246**	**7 940**	**168 157**
银川市	**20 049**	**106 494**	**69 732**	**75 231**	**21 518**	**2 741**	**42 851**
银川市	15 474	86 200	52 225	61 366	17 257	1 680	31 444
永宁县	319	7 467	3 434	5 750	3 839	1 013	3 532
贺兰县	34	1 318	893	443	23	3	1 507
灵武市	4 223	11 509	13 180	7 672	399	45	6 368
石嘴山市	**2 301**	**36 850**	**45 886**	**2 497**	**－25 857**	**1 146**	**62 631**
石嘴山市	2 101	31 805	42 102	－502	－26 801	898	56 810
平罗县	182	4 814	3 666	2 794	838	227	5 675
陶乐县	5	82	64	67	45	－	58
惠农县	14	148	54	138	61	20	88
吴忠市	**10 229**	**137 981**	**54 528**	**89 576**	**34 246**	**3 819**	**56 346**
利通区	4 341	15 646	9 526	16 166	2 145	852	11 701
青铜峡市	2 167	79 580	35 403	62 905	27 693	2 912	34 129
中卫县	102	7 763	2 331	6 664	4 387	52	4 638
中宁县	5	365	341	97	－21	3	215
盐池县	3 592	34 538	6 848	3 634	－	－	5 381
同心县	22	90	79	111	42	－	282
固原市	**809**	**4 377**	**2 487**	**2 173**	**－661**	**234**	**6 329**
原州区	653	2 895	1 173	1 632	－149	167	3 826
海原县	2	2	33	6	－1	－	40
西吉县	8	－66	67	－353	－360	－	92
隆德县	115	1 122	784	604	－133	56	1 318
泾源县	2	－5	37	－19	－33	5	142
彭阳县	29	430	394	304	14	6	912

10－26　各市县规模以上集体工业企业主要财务指标

（2002 年）　　单位：万元

地　区	流动资产	流动资产年平均余额	固定资产	固定资产原值	固定资产净值年平均余额	资产总计	流动负债
全区总计	**27 953**	**24 082**	**16 694**	**23 971**	**13 265**	**45 351**	**30 056**
银川市	**16 114**	**13 200**	**8 007**	**13 147**	**6 743**	**24 381**	**18 169**
银川市	10 100	7 618	3 125	4 559	1 962	13 397	10 683
永宁县	4 165	3 839	4 239	7 712	4 207	8 404	6 967
贺兰县	–	–	–	–	–	–	–
灵武市	1 849	1 744	643	876	574	2 580	519
石嘴山市	**3 224**	**2 629**	**716**	**1 908**	**720**	**3 960**	**3 237**
石嘴山市	518	633	122	500	146	640	413
平罗县	1 472	1 394	529	1 277	525	2 001	1 598
陶乐县	215	–	24	42	–	239	184
惠农县	1 019	602	42	90	49	1 081	1 042
吴忠市	**4 407**	**4 085**	**4 997**	**5 054**	**2 975**	**9 529**	**5 306**
利通区	283	283	388	369	–	796	584
青铜峡市	–	–	–	–	–	–	–
中卫县	4 124	3 802	4 609	4 686	2 975	8 733	4 722
中宁县	–	–	–	–	–	–	–
盐池县	–	–	–	–	–	–	–
同心县	–	–	–	–	–	–	–
固原市	**4 208**	**4 168**	**2 974**	**3 862**	**2 827**	**7 481**	**3 344**
原州区	2 702	2 754	2 154	2 762	2 148	5 154	2 371
海原县	–	–	–	–	–	–	–
西吉县	–	–	–	–	–	–	–
隆德县	1 506	1 415	819	1 100	679	2 327	973
泾源县	–	–	–	–	–	–	–
彭阳县	–	–	–	–	–	–	–

10－26 续表1 (2002年) 单位:万元

地 区	长期负债	所有者权益	实收资本	#国家	产品销售收入	#产品销售成本	#产品销售费用
全区总计	**6 641**	**8 654**	**10 257**	**–**	**39 784**	**35 103**	**1 967**
银川市	**3 514**	**2 697**	**3 884**	**–**	**16 740**	**15 162**	**906**
银川市	233	2 481	2 487	–	9 892	8 974	554
永宁县	2 899	－1 463	595	–	1 639	1 782	21
贺兰县	–	–	–	–	–	–	–
灵武市	382	1 680	802	–	5 209	4 407	332
石嘴山市	**36**	**688**	**665**	**–**	**6 124**	**5 504**	**320**
石嘴山市	–	227	190	–	2 439	2 513	53
平罗县	7	396	439	–	1 752	1 435	111
陶乐县	29	26	7	–	540	358	20
惠农县	–	39	30	–	1 393	1 199	136
吴忠市	**273**	**3 950**	**3 915**	**–**	**9 512**	**8 337**	**404**
利通区	–	212	178	–	2 207	2 113	28
青铜峡市	–	–	–	–	–	–	–
中卫县	273	3 737	3 737	–	7 305	6 224	376
中宁县	–	–	–	–	–	–	–
盐池县	–	–	–	–	–	–	–
同心县	–	–	–	–	–	–	–
固原市	**2 818**	**1 319**	**1 793**	**–**	**7 408**	**6 100**	**337**
原州区	2 818	－35	850	–	3 034	2 464	154
海原县	–	–	–	–	–	–	–
西吉县	–	–	–	–	–	–	–
隆德县	–	1 354	943	–	4 374	3 637	183
泾源县	–	–	–	–	–	–	–
彭阳县	–	–	–	–	–	–	–

10－26 续表2 （2002年） 单位:万元

地 区	#产品销售税金及附加	#产品销售利润	管理费用	利税总额	利润总额	应交所得税
全区总计	**5 202**	**21 934**	**24 164**	**2 080**	**344**	**435**
银川市	**1 732**	**4 973**	**10 222**	**930**	**475**	**192**
银川市	27	337	690	612	393	180
永宁县	4	－169	240	－112	－172	－
贺兰县	－	－	－	－	－	－
灵武市	142	329	92	430	253	12
石嘴山市	**500**	**2 502**	**7 428**	**－338**	**－804**	**4**
石嘴山市	19	－146	469	－764	－874	－
平罗县	13	193	139	184	3	－
陶乐县	1	162	88	57	56	－
惠农县	17	42	47	185	11	4
吴忠市	**1 196**	**6 520**	**2 720**	**545**	**195**	**126**
利通区	1	66	33	133	5	－
青铜峡市	－	－	－	－	－	－
中卫县	118	587	240	412	190	126
中宁县	－	－	－	－	－	－
盐池县	－	－	－	－	－	－
同心县	－	－	－	－	－	－
固原市	**1 774**	**7 939**	**3 794**	**943**	**478**	**113**
原州区	171	246	250	378	88	－
海原县	－	－	－	－	－	－
西吉县	－	－	－	－	－	－
隆德县	7	548	130	565	391	113
泾源县	－	－	－	－	－	－
彭阳县	－	－	－	－	－	－

主要统计指标解释

【工业总产值】 是指以货币表现的工业企业在报告期内生产的工业产品总量。它包括的范围是成品价值、工业性作业价值和自制半成品、在产品期末期初差额价值。它是以“工厂法”进行计算的，按企业生产活动的最终成果来计算，企业内部不允许重复计算。

【工业增加值】 是指工业企业在报告期内以货币表现的工业生产活动的最终成果。工业增加值有两种计算方法：一是生产法，即工业总产出减去工业中间投入加上应交增值税；二是收入法，即从收入的角度出发，根据生产要素在生产过程中应得到的收入额计算，具体构成项目有固定资产折旧、劳动者报酬、生产税净额、营业盈余，这种方法也称要素分配法。

【产品销售收入】 指企业销售产品的销售收入和提供劳务等主要经营业务取得的业务收入总额。

【产品销售成本】 指企业销售产品和提供劳务等主要经营业务的实际成本。

【产品销售费用】 指企业在销售产品和提供劳务等主要经营业务过程中所发生的各项费用。包括运输费、装卸费、包装费、保险费、展览费、广告费以及为销售本企业产品而专设的销售机构的职工工资、福利费、业务费等经常费用。

【管理费用】 指企业行政管理部门为组织和管理生产经营活动而发生的费用。包括管理人员的工资和福利费、折旧、工会经费、业务招待费、房产税、车船使用税、土地使用税、印花税、技术转让费、无形资产摊销、职工教育经费、劳动保险费、待业保险费、研究开发费、坏帐损失以及其他管理费用。

【财务费用】 指企业为筹集生产经营所需资金等发生的费用。包括利息净支出、汇兑净损失以及相关的手续费。

【成本费用总额】 指企业的产品销售成本、产品销售费用、管理费用和财务费用之和。

【利润总额】 指企业实现的利润，反映企业最终的财务成果。亏损以“-”号表示。

【实现利税总额】 指企业产品销售税金及附加、增值税和利润总额之和。

【工业产品销售率】 是指报告期工业销售产值与同期全部工业总产值之比。计算公式：

$$\text{工业产品销售率}(\%)=\frac{\text{报告期现价工业销售产值}}{\text{报告期现价工业总产值}}\times 100\%$$

【总资产贡献率】 指报告期已实现利润总额，税金总额，利息支出与同期平均资产总额之比，计算公式：

$$\text{总资产贡献率}(\%)=\frac{\text{利润总额}+\text{税金总额}+\text{利息支出}}{\text{平均资产总额}}\times 100\%$$

【资本保值增值率】 指报告期期末所有者权益与上年同期期末所有者权益之比，计算公式：

$$\text{资本保值增值率}(\%)=\frac{\text{报告期期末所有者权益}}{\text{上年同期期末所有者权益}}\times 100\%$$

【资产负债率】 指报告期期末负债总额与同期资产总额之比，计算公式：

$$\text{资产负债率}(\%)=\frac{\text{报告期末负债总额}}{\text{报告期末资产总额}}\times 100\%$$

【工业增加值率】 报告期工业增加值占工业总产值的比重。计算公式：

$$\text{工业增加值率}(\%)=\frac{\text{报告期现价工业增加值}}{\text{报告期现价工业总产值}}\times 100\%$$

【工业成本费用利润率】 指报告期实现利润与成本费用总额之比。计算公式：

$$\text{工业成本费用利润率}(\%)=\frac{\text{报告期实现利润总额}}{\text{报告期成本费用总额}}\times 100\%$$

【工业全员劳动生产率】 指企业报告期平均每个职工创造的工业总产值或工业增加值。计算公式：

$$\text{工业全员劳动生产率(元 人)}=\frac{\text{报告期累计工业总产值或增加值}}{\text{报告期全部职工平均人数}}$$

本资料中的全员劳动生产率是采用不变价工业总产值和增加值计算的。

【流动资产周转率】 指一定时期内流动资产完成的周转次数。计算公式：

$$\text{流动资产周转率(次)}=\frac{\text{报告期累计产品销售收入}}{\text{报告期流动资产平均余额}}$$

【企业亏损面】 指报告期亏损企业占全部企业单位数的比重。计算公式：

$$\text{企业亏损面}(\%)=\frac{\text{报告期亏损企业单位数}}{\text{报告期全部企业单位数}}\times 100\%$$

十一、建　筑　业

11－1　主要年份全区建筑施工企业个数和人数

	1980年	1985年	1990年	1995年	2000年	2001年	2002年
一、施工企业个数(个)	**72**	**2 801**	**2 568**	**1 036**	**529**	**486**	**454**
国有建筑施工企业	21	54	67	111	179	151	131
城镇集体建筑施工企业	27	28	75	156	105	88	53
农村建筑业	24	2 719	2 426	44	41	23	8
其他经济类型	–	–	–	11	204	224	262
二、施工企业年末职工人数(人)	**40 940**	**103 365**	**99 669**	**103 392**	**83 980**	**92 042**	**96 795**
国有建筑施工企业	28 769	45 033	38 947	36 670	38 469	39 465	39 786
城镇集体建筑施工企业	8 477	8 389	15 420	18 842	13 949	12 800	10 239
农村建筑业	3 694	49 943	45 302	44 529	3 291	2 834	865
其他经济类型	–	–	–	2 362	28 271	36 943	45 905

注：1995年以前农村建筑业数据为区乡镇企业局提供。

11－2　主要年份国有建筑施工企业个数、从业人数、总产值及增加值

年　份	施工企业个数(个)	年末从业人数(人)	建筑业总产值(万元)	建筑业增加值(万元)
1978	17	24 750	10 695	–
1979	20	26 138	11 387	–
1980	23	28 702	13 477	–
1981	23	28 273	10 323	–
1982	24	33 495	13 809	–
1983	24	46 548	17 228	–
1984	30	34 527	22 184	–
1985	54	45 033	34 012	–
1986	59	46 884	40 994	–
1987	54	39 307	41 060	–
1988	52	38 689	37 874	–
1989	46	37 550	43 709	–
1990	67	38 947	53 326	–
1991	101	45 053	65 214	19 350
1992	111	48 100	92 986	25 722
1993	105	41 465	116 315	22 283
1994	119	44 715	143 448	42 329
1995	111	36 670	150 806	44 112
1996	141	44 220	162 745	56 124
1997	141	47 588	204 938	73 670
1998	159	40 666	226 323	68 624
1999	168	42 065	263 198	73 745
2000	179	41 543	316 320	90 832
2001	151	39 465	361 756	98 449
2002	131	39 786	403 340	107 444

11－3　建筑企业生产情况

（2002年）

	企业个数（个）	建筑业总产值（万元）				竣工产值（万元）
		合计	建筑工程	安装工程	其他产值	
总　　计	**454**	**840 041**	**706 890**	**122 983**	**10 168**	**691 341**
＃国有及国有控股	131	403 340	331 072	66 336	5 932	323 798
一、按登记注册类型分组						
内资企业	451	839 323	706 172	122 983	10 168	690 695
国有企业	101	315 085	261 736	48 894	4 455	255 734
集体企业	55	67 291	54 477	10 667	2 147	55 211
股份合作企业	4	4 727	4 674	－	53	4 674
联营企业	－	－	－	－	－	－
有限责任公司	136	319 349	277 610	38 663	3 076	255 306
股份有限公司	7	21 899	6 144	15 755	－	21 029
私营企业	148	110 972	101 531	9 004	437	98 741
港、澳、台商投资企业	2	666	666	－	－	594
外商投资企业	1	52	52	－	－	52
二、按国民经济行业分组						
土木工程建筑业	310	730 470	667 321	57 680	5 469	584 752
房　屋	196	470 584	450 721	15 489	4 374	352 998
矿　山	3	3 918	2 830	1 007	81	2 714
铁路公路隧道桥梁	34	140 721	136 186	3 984	551	139 090
堤坝电站码头	28	34 205	33 397	786	22	28 954
其他土木工程	49	81 042	44 187	36 414	441	60 996
线路管道设备安装业	77	90 746	21 471	64 776	4 499	86 878
线路管道安装业	39	65 016	19 016	45 459	451	62 299
设备安装业	38	25 730	2 365	19 317	4 048	24 579
装修装饰业	67	18 825	18 098	527	200	19 711
三、按企业资质等级分组（原标准）						
一　级	14	245 369	204 311	41 058	－	182 438
二　级	55	217 669	176 481	37 633	3 555	191 426
三　级	204	244 292	213 771	27 495	3 026	201 166
四　级	140	113 518	100 473	10 164	2 881	99 693
其　他	41	19 193	11 854	6 633	706	16 618
四、按企业资质等级分组（新标准）						
施工总承包	246	710 370	627 615	77 817	4 938	563 322
一　级	8	215 985	176 382	39 603	－	162 418
二　级	30	196 169	176 732	19 356	81	152 069
三　级	208	298 216	274 501	18 858	4 857	248 835
专业承包	171	122 073	73 666	44 283	4 124	121 123
一　级	4	19 711	19 711	－	－	19 037
二　级	35	36 304	21 823	10 807	3 674	35 643
三　级	131	62 349	32 132	29 767	450	62 734

11－3　续表1　　　　　　　　　　　　(2002年)

	单位工程施工个数(个)	本年新开工个数	投标承包个数	#本年新开工个数	单位工程竣工个数(个)	#一次交验合格个数
总　　计	**5 962**	**4 816**	**2 829**	**2 132**	**4 546**	**4 043**
#国有及国有控股	2 954	2 454	1 201	864	2 386	2 129
一、按登记注册类型分组						
内资企业	5 962	4 816	2 829	2 132	4 546	4 043
国有企业	2 401	2 013	951	684	1 963	1 830
集体企业	662	438	342	247	411	306
股份合作企业	36	28	35	28	36	32
联营企业	－	－	－	－	－	－
有限责任公司	1 826	1 431	1 092	812	1 302	1 244
股份有限公司	163	155	38	33	151	29
私营企业	874	751	371	328	683	602
港、澳、台商投资企业	－	－	－	－	－	－
外商投资企业	－	－	－	－	－	－
二、按国民经济行业分组						
土木工程建筑业	4 334	3 269	2 723	2 041	3 001	2 747
房　　屋	2 737	1 831	2 024	1 471	1 624	1 530
矿　　山	86	77	12	6	72	72
铁路公路隧道桥梁	297	245	213	176	235	179
堤坝电站码头	328	297	193	180	282	247
其他土木工程	886	819	281	208	788	719
线路管道设备安装业	1 628	1 547	106	91	1 545	296
线路管道安装业	783	783	63	51	743	578
设备安装业	845	809	43	40	802	718
装修装饰业	－	－	－	－	－	－
三、按企业资质等级分组(原标准)						
一　　级	903	618	607	385	562	556
二　　级	1 357	1 139	632	470	1 062	779
三　　级	1 985	1 658	1 021	830	1 569	1 444
四　　级	1 331	1 069	488	398	1 018	951
其　　他	386	332	81	49	335	313
四、按企业资质等级分组(新标准)						
施工总承包	3 738	2 683	2 568	1 900	2 437	2 247
一　　级	673	380	574	338	354	350
二　　级	892	657	642	475	558	499
三　　级	2 173	1 646	1 352	1 087	1 525	1 398
专业承包	2 091	2 012	220	194	1 987	1 679
一　　级	211	205	11	11	209	207
二　　级	514	495	49	47	487	363
三　　级	1 363	1 309	157	133	1 288	1 106

11－3　续表2　　　　　　　　(2002年)

	房屋建筑施工面积(平方米)	本年新开工面积	投标承包面积	#本年新开工面积	房屋建筑竣工面积(平方米)	#一次交验合格面积(平方米)
总　计	8 346 732	5 656 888	6 898 983	5 087 987	4 309 168	3 989 571
#国有及国有控股	2 931 933	1 897 206	2 497 523	1 765 774	1 230 877	1 179 799
一、按登记注册类型分组						
内资企业	8 346 732	5 656 888	6 898 983	5 087 987	4 309 168	3 989 571
国有企业	2 196 362	1 469 558	1 889 249	1 388 498	868 732	819 154
集体企业	1 084 563	760 119	856 969	692 899	681 257	610 441
股份合作企业	80 465	67 936	80 465	67 936	80 465	76 334
联营企业	–	–	–	–	–	–
有限责任公司	3 791 868	2 566 055	3 232 235	2 246 439	1 982 000	1 856 243
股份有限公司	94 710	67 866	78 126	66 366	56 726	55 226
私营企业	1 098 764	725 354	761 939	625 849	639 988	572 173
港、澳、台商投资企业	–	–	–	–	–	–
外商投资企业	–	–	–	–	–	–
二、按国民经济行业分组						
土木工程建筑业	8 325 612	5 647 528	6 879 843	5 080 607	4 295 588	3 977 491
房　屋	8 106 690	5 465 401	6 727 624	4 962 022	4 147 438	3 879 815
矿　山	38 012	16 829	33 577	11 933	20 541	20 541
铁路公路隧道桥梁	99 350	99 350	70 836	70 836	81 101	38 600
堤坝电站码头	2 945	1 977	2 373	1 977	2 373	968
其他土木工程	78 615	63 971	45 433	33 799	44 135	37 567
线路管道设备安装业	21 120	9 360	19 140	7 380	13 580	12 080
线路管道安装业	1 980	1 980	–	–	1 820	320
设备安装业	19 140	7 380	19 140	7 380	11 760	11 760
装修装饰业						
三、按企业资质等级分组(原标准)						
一　级	1 839 637	1 179 542	1 640 009	1 175 242	623 781	619 481
二　级	2 078 880	1 403 058	1 945 446	1 348 085	1 084 105	1 020 512
三　级	2 855 330	2 046 937	2 123 743	1 683 614	1 734 763	1 604 175
四　级	1 405 856	933 843	1 048 424	787 906	803 912	697 819
其　他	167 029	93 508	141 361	93 140	62 607	47 584
四、按企业资质等级分组(新标准)						
施工总承包	8 238 106	5 573 780	6 853 752	5 058 066	4 208 999	3 902 470
一　级	1 717 549	1 036 572	1 521 853	1 036 204	633 029	633 029
二　级	2 292 302	1 588 460	2 068 056	1 477 684	1 110 483	1 048 010
三　级	4 228 255	2 948 748	3 263 843	2 544 178	2 465 487	2 221 431
专业承包	38 856	38 855	2 100	2 100	38 695	27 895
一　级	4 300	4 300	–	–	4 300	–
二　级	24 299	24 299	–	–	24 299	24 299
三　级	10 257	10 256	2 100	2 100	10 096	3 596

11－3　续表3　　（2002年）

	自有机械设备年末总台数（台）	自有机械设备年末总功率（千瓦）	#施工机械功率	自有机械设备净值（万元）	计算劳动生产率的平均人数（人）	期末从业人数（人）
总　　计	**45 496**	**721 132**	**610 869**	**162 441**	**147 460**	**96 795**
#国有及国有控股	15 595	328 133	275 999	71 655	57 645	39 786
一、按登记注册类型分组						
内资企业	45 406	720 811	610 555	162 364	147 290	96 620
国有企业	12 524	274 579	228 706	60 755	43 867	30 134
集体企业	5 733	72 911	66 972	17 099	17 807	10 567
股份合作企业	469	6 791	5 104	1 745	1 255	330
联营企业	–	–	–	–	–	–
有限责任公司	15 752	210 245	182 703	46 613	54 884	36 156
股份有限公司	1 810	16 262	15 726	2 386	5 614	3 865
私营企业	9 118	140 023	111 344	33 766	23 863	15 568
港、澳、台商投资企业	60	302	295	73	150	168
外商投资企业	30	19	19	4	20	7
二、按国民经济行业分组						
土木工程建筑业	39 613	659 083	561 903	145 514	129 463	80 560
房　　屋	29 223	358 376	304 002	75 905	96 636	59 066
矿　　山	493	3 247	2 596	2 125	882	537
铁路公路隧道桥梁	2 932	126 584	103 488	34 392	14 641	9 422
堤坝电站码头	2 272	6 249	54 519	10 314	6 277	3 606
其他土木工程	4 693	109 627	97 298	22 778	11 027	7 929
线路管道设备安装业	3 474	51 274	39 907	12 546	14 783	13 242
线路管道安装业	1 620	33 196	23 248	9 531	7 524	7 759
设备安装业	1 854	18 078	16 659	3 015	7 259	5 483
装修装饰业	2 409	10 775	9 059	4 381	3 214	2 993
三、按企业资质等级分组(原标准)						
一　　级	6 504	147 598	115 225	32 210	28 155	18 788
二　　级	8 174	145 520	126 488	39 064	33 754	22 194
三　　级	20 511	296 292	259 150	61 450	55 419	33 376
四　　级	9 588	122 561	102 110	27 556	26 396	18 773
其　　他	719	9 161	7 896	2 161	3 113	3 025
四、按企业资质等级分组(新标准)						
施工总承包	36 840	564 339	474 228	129 044	121 822	75 554
一　　级	5 049	102 010	82 425	23 958	22 385	14 423
二　　级	7 610	113 599	92 776	32 890	29 812	18 518
三　　级	24 181	348 730	299 027	72 196	69 625	42 613
专业承包	7 956	148 455	129 461	30 580	22 912	18 896
一　　级	810	33 702	26 086	6 972	3 055	2 336
二　　级	2 961	40 462	37 285	7 648	6 213	5 815
三　　级	4 136	73 421	65 510	15 786	13 224	10 415

11－3　续表4　　(2002年)　　单位:万元

	企业总产值	#对内销售	期末拖欠工程款	#竣工拖欠
总　　计	908 815	10 070	182 389	109 689
#国有及国有控股	453 325	7 078	94 075	57 997
一、按登记注册类型分组				
内资企业	908 097	10 070	181 780	109 210
国有企业	334 642	5 523	74 657	48 832
集体企业	68 645	20	10 993	7 545
股份合作企业	5 104	–	1 755	1 325
联营企业	–	–	–	–
有限责任公司	335 631	4 527	69 893	37 556
股份有限公司	49 604	–	1 221	860
私营企业	114 471	–	23 261	13 092
港、澳、台商投资企业	666	–	595	465
外商投资企业	52	–	14	14
二、按国民经济行业分组				
土木工程建筑业	766 420	10 058	167 087	97 672
房　　屋	482 453	749	119 104	62 872
矿　　山	9 898	–	–	–
铁路公路隧道桥梁	150 436	8 913	31 019	22 454
堤坝电站码头	34 361	–	1 394	1 039
其他土木工程	89 272	396	15 570	11 307
线路管道设备安装业	123 070	–	9 061	6 347
线路管道安装业	96 274	–	4 706	2 606
设备安装业	26 796	–	4 355	3 741
装修装饰业	19 325	12	6 241	5 670
三、按企业资质等级分组(原标准)				
一　级	256 555	5 523	67 302	39 913
二　级	264 589	4 271	45 373	23 748
三　级	249 592	179	46 651	32 627
四　级	116 743	97	18 666	10 683
其　他	21 336	–	4 397	2 718
四、按企业资质等级分组(新标准)				
施工总承包	740 313	9 981	156 536	86 268
一　级	224 332	5 523	55 209	28 992
二　级	212 977	4 271	41 827	20 552
三　级	303 004	187	59 500	36 724
专业承包	161 454	89	24 470	22 272
一　级	2 286	–	6 855	6 455
二　级	40 132	–	8 859	8 569
三　级	96 327	89	7 616	6 108

11-4 建筑企业财务状况

(2002年) 单位:万元

	年末资产						
	流动资产小计	#存货	#在建工程	长期投资	固定资产小计	固定资产原价	#生产经营用
总计	**683 547**	**203 921**	**66 312**	**62 540**	**335 220**	**428 596**	**323 795**
#国有及国有控股	312 540	77 390	22 575	37 456	170 090	225 279	161 638
一、按登记注册类型分组							
内资企业	683 042	203 661	66 106	62 540	335 130	428 439	323 640
国有企业	214 793	44 630	17 093	7 670	139 086	183 598	126 651
集体企业	50 110	13 918	7 783	1 627	26 204	33 231	27 484
股份合作企业	5 021	1 579	917	9	3 755	4 398	3 274
联营企业	-	-	-	-	-	-	-
有限责任公司	281 646	98 985	32 241	42 413	85 029	106 188	84 584
股份有限公司	25 696	9 963	1 060	3 881	15 666	20 053	19 259
私营企业	105 776	34 586	7 012	6 940	65 390	80 971	62 388
港、澳、台商投资企业	477	260	206	-	86	143	141
外商投资企业	28	-	-	-	4	14	14
二、按国民经济行业分组							
土木工程建筑业	589 571	181 399	63 977	48 789	287 715	367 034	276 526
房屋	413 859	127 052	52 851	42 488	168 096	207 466	143 262
矿山	5 691	500	-	80	5 680	7 362	5 981
铁路公路隧道桥梁	107 364	43 455	8 875	1 745	60 380	77 724	63 417
堤坝电站码头	12 199	289	432	1 520	16 694	22 030	17 474
其他土木工程	50 458	9 103	1 819	2 956	36 865	52 452	46 392
线路管道设备安装业	74 722	15 917	1 905	13 000	38 549	50 881	39 934
线路管道安装业	61 028	11 969	1 130	10 446	29 691	39 119	33 350
设备安装业	13 694	3 948	775	2 554	8 858	11 762	6 584
装修装饰业	19 254	6 605	430	751	8 956	10 681	7 335
三、按企业资质等级分组(原标准)							
一级	197 175	40 218	18 693	4 638	87 228	121 001	71 518
二级	196 721	74 711	22 193	12 849	71 569	95 441	79 694
三级	186 296	54 145	15 774	13 717	102 804	126 861	102 981
四级	85 272	31 278	9 310	5 819	68 173	78 897	64 798
其他	18 083	3 569	342	25 517	5 446	6 396	4 804
四、按企业资质等级分组(新标准)							
施工总承包	562 476	178 978	62 187	48 418	264 118	331 747	247 962
一级	156 654	37 181	18 569	28 825	60 000	81 568	52 560
二级	184 042	76 870	24 344	8 090	80 652	98 333	73 434
三级	221 780	64 927	19 274	11 503	123 466	151 846	121 968
专业承包	114 899	23 420	3 223	13 309	63 014	86 893	70 652
一级	26 217	1 809	124	344	9 460	17 504	10 473
二级	26 968	6 201	450	3 523	13 513	19 923	15 259
三级	56 509	15 095	2 629	9 442	39 863	49 220	44 691

11－4　续表1　　(2002年)　　单位:万元

	年末资产				
	累计折旧	#本年折旧	无形及递延资产小计	#无形资产	资产合计
总　　计	101 093	17 866	17 838	16 704	1 101 164
#国有及国有控股	59 951	8 433	4 006	3 389	525 133
一、按登记注册类型分组					
内资企业	101 026	17 854	17 838	16 704	1 100 569
国有企业	48 657	7 218	1 762	1 458	364 018
集体企业	7 544	1 187	1 546	1 537	79 864
股份合作企业	643	136	90	64	8 877
联营企业	–	–	–	–	–
有限责任公司	23 725	5 515	11 955	11 699	421 609
股份有限公司	4 856	142	795	550	46 313
私营企业	15 601	3 656	1 690	1 396	179 888
港、澳、台商投资企业	57	11	–	–	563
外商投资企业	10	1	–	–	32
二、按国民经济行业分组					
土木工程建筑业	85 957	15 846	16 334	15 653	944 420
房　　屋	44 394	7 558	11 840	11 461	637 680
矿　　山	1 703	454	–	–	11 457
铁路公路隧道桥梁	17 619	4 624	2 527	2 510	172 019
堤坝电站码头	5 350	790	1 652	1 430	32 089
其他土木工程	16 891	2 420	315	252	91 175
线路管道设备安装业	13 409	1 551	1 096	836	127 371
线路管道安装业	10 414	1 189	1 080	821	102 247
设备安装业	2 995	362	16	15	25 124
装修装饰业	1 727	469	408	215	29 373
三、按企业资质等级分组(原标准)					
一　　级	36 882	5 362	635	571	290 509
二　　级	24 739	4 072	10 025	9 636	291 314
三　　级	26 764	5 064	2 829	2 727	306 499
四　　级	11 488	3 037	3 811	3 474	163 256
其　　他	1 220	331	538	296	49 586
四、按企业资质等级分组(新标准)					
施工总承包	74 241	13 705	14 565	14 175	891 503
一　　级	24 564	3 950	676	571	246 988
二　　级	19 947	3 945	8 889	8 762	282 077
三　　级	29 730	5 810	5 000	4 842	362 438
专业承包	24 848	3 740	2 967	2 234	194 281
一　　级	8 048	1 110	25	–	36 046
二　　级	6 411	1 011	249	220	44 262
三　　级	10 321	1 586	2 693	2 014	108 590

11－4 续表2 (2002年) 单位:万元

	负债及所有者权益				
	流动负债小计	长期负债小计	负 债 小 计	所有者权益合 计	#实收资本合 计
总 计	**621 833**	**23 190**	**645 023**	**456 141**	**422 282**
#国有及国有控股	319 968	17 138	337 106	188 027	176 171
一、按登记注册类型分组					
内资企业	621 472	23 183	644 655	455 914	421 962
国有企业	228 681	13 477	242 158	121 860	116 313
集体企业	36 139	809	36 948	42 916	37 188
股份合作企业	4 302	330	4 632	4 245	4 165
联营企业	–	–	–	–	–
有限责任公司	255 129	6 936	262 065	159 544	156 886
股份有限公司	26 557	38	26 595	19 718	15 045
私营企业	70 664	1 593	72 257	107 631	92 365
港、澳、台商投资企业	328	7	335	228	203
外商投资企业	33	–	33	1	117
二、按国民经济行业分组					
土木工程建筑业	542 196	20 082	562 278	382 142	361 275
房 屋	388 392	11 486	399 878	237 802	240 666
矿 山	6 291	4 105	10 396	1 061	1 496
铁路公路隧道桥梁	90 683	1 303	91 986	80 033	59 443
堤坝电站码头	8 837	409	9 246	22 843	19 260
其他土木工程	47 993	2 779	50 772	40 403	40 410
线路管道设备安装业	69 709	2 544	72 253	55 118	43 506
线路管道安装业	57 618	1 550	59 168	43 079	31 943
设备安装业	12 091	994	13 085	12 039	11 563
装修装饰业	9 928	564	10 492	18 881	17 501
三、按企业资质等级分组(原标准)					
一 级	213 292	8 937	222 229	68 280	67 356
二 级	187 310	6 258	193 568	97 746	101 352
三 级	146 578	4 932	151 510	154 989	137 721
四 级	61 943	2 481	64 424	98 832	80 291
其 他	12 710	582	13 292	36 294	35 556
四、按企业资质等级分组(新标准)					
施工总承包	524 078	18 616	542 694	348 809	313 239
一 级	169 921	7 276	177 197	69 791	66 742
二 级	184 147	5 862	190 009	92 068	81 867
三 级	170 010	5 478	175 488	186 950	164 630
专业承包	91 467	2 990	94 457	99 824	90 309
一 级	19 455	1 037	20 492	15 554	16 569
二 级	19 124	1 283	20 407	23 855	23 350
三 级	48 014	670	48 684	59 906	49 890

11-4 续表3 (2002年) 单位:万元

	收入及分配					
	工程结算收入	工程结算成本	工程结算税金及附加	工程结算利润	其他业务收入	其他业务利润
总计	**760 698**	**672 400**	**23 816**	**64 482**	**40 500**	**7 535**
#国有及国有控股	373 416	333 438	11 260	28 718	18 714	3 179
一、按登记注册类型分组						
内资企业	760 088	671 908	23 805	64 375	40 500	7 535
国有企业	294 343	263 824	8 744	21 755	15 977	2 597
集体企业	61 130	52 901	2 100	6 129	882	275
股份合作企业	5 328	4 756	213	359	-	-7
联营企业	-	-	-	-	-	-
有限责任公司	278 636	246 710	8 858	23 068	18 879	3 658
股份有限公司	20 740	17 066	647	3 027	5	4
私营企业	99 911	86 651	3 243	10 017	4 757	1 008
港、澳、台商投资企业	558	450	9	99	-	-
外商投资企业	52	42	2	8	-	-
二、按国民经济行业分组						
土木工程建筑业	663 360	591 558	21 279	50 523	31 134	5 174
房屋	430 847	390 395	14 222	26 230	19 349	2 377
矿山	4 057	3 639	118	300	5 996	1 229
铁路公路隧道桥梁	118 393	104 000	3 490	10 903	2 762	550
堤坝电站码头	33 963	29 883	984	3 096	226	88
其他土木工程	76 100	63 641	2 465	9 994	2 801	930
线路管道设备安装业	79 059	65 570	1 967	11 522	8 474	2 196
线路管道安装业	57 295	48 643	1 404	7 248	5 893	1 291
设备安装业	21 764	16 927	563	4 274	2 581	905
装修装饰业	18 279	15 272	570	2 437	892	165
三、按企业资质等级分组(原标准)						
一级	234 655	211 804	7 195	15 656	8 101	242
二级	181 389	158 884	5 208	17 297	12 243	2 870
三级	226 082	198 039	7 556	20 487	16 890	3 503
四级	103 168	89 667	3 409	10 092	1 872	556
其他	15 404	14 006	448	950	1 394	364
四、按企业资质等级分组(新标准)						
施工总承包	646 891	577 966	20 356	48 569	31 711	4 776
一级	210 358	190 033	6 516	13 809	7 182	247
二级	168 923	148 975	4 934	15 014	11 349	2 018
三级	267 610	238 958	8 906	19 746	13 180	2 511
专业承包	107 472	89 074	3 248	15 150	7 954	2 654
一级	15 545	14 046	407	1 092	7	-12
二级	31 030	24 858	876	5 296	2 337	1 200
三级	57 188	46 797	1 848	8 453	5 610	1 466

11-4 续表4 (2002年) 单位:万元

	收入及分配					
	管理费用	#税　金	#财　产保险费	#劳动、待业保险费	财务费用	#利息支出
总　　计	**50 001**	**1 266**	**327**	**5 728**	**7 173**	**7 062**
#国有及国有控股	26 099	644	203	4 332	3 648	3 185
一、按登记注册类型分组						
内资企业	49 895	1 265	326	5 723	7 171	7 060
国有企业	20 708	562	196	3 648	3 117	2 647
集体企业	3 871	86	45	166	217	141
股份合作企业	267	2	-	10	30	4
联营企业	-	-	-	-	-	-
有限责任公司	14 988	419	64	1 814	2 247	2 801
股份有限公司	2 458	3	-	-	61	59
私营企业	7 603	193	21	85	1 499	1 408
港、澳、台商投资企业	97	1	1	5	2	2
外商投资企业	9	-	-	-	-	-
二、按国民经济行业分组						
土木工程建筑业	38 734	1 069	301	5 349	6 882	6 758
房　　屋	20 112	751	110	3 557	4 785	4 769
矿　　山	1 311	9	-	235	147	148
铁路公路隧道桥梁	5 641	114	111	604	1 510	1 434
堤坝电站码头	2 702	49	4	88	70	69
其他土木工程	8 968	146	76	865	370	338
线路管道设备安装业	9 084	85	19	354	110	133
线路管道安装业	5 011	47	14	195	63	84
设备安装业	4 073	38	5	159	47	49
装修装饰业	2 183	112	7	25	181	171
三、按企业资质等级分组(原标准)						
一　　级	13 504	425	171	3 370	2 294	2 320
二　　级	13 605	230	29	1 181	2 038	2 621
三　　级	15 142	381	72	939	1 596	995
四　　级	6 671	182	53	204	1 156	1 053
其　　他	1 079	48	2	34	89	73
四、按企业资质等级分组(新标准)						
施工总承包	35 405	977	283	5 275	6 331	6 281
一　　级	11 514	358	167	2 675	1 387	1 377
二　　级	9 684	213	20	1 741	3 393	3 634
三　　级	14 207	406	96	859	1 551	1 270
专业承包	14 060	261	43	426	631	584
一　　级	878	7	4	65	166	159
二　　级	5 234	125	15	35	230	218
三　　级	7 778	125	24	326	188	167

11－4 续表5 (2002年) 单位:万元

	损益及分配			
	营业利润	利润总额(亏损为－)	#应交所得税	#应付利润
总计	14 843	12 204	4 586	5 063
#国有及国有控股	2 150	1 633	1 184	1 427
一、按登记注册类型分组				
内资企业	14 844	12 205	4 586	5 063
国有企业	547	29	831	908
集体企业	2 316	2 271	405	604
股份合作企业	55	32	8	4
联营企业	–	–	–	–
有限责任公司	9 491	7 678	2 515	2 168
股份有限公司	512	505	64	107
私营企业	1 923	1 690	763	1 272
港、澳、台商投资企业	–	–	–	–
外商投资企业	－1	－1	–	–
二、按国民经济行业分组				
土木工程建筑业	10 081	7 987	3 557	4 305
房屋	3 710	3 659	2 118	2 680
矿山	71	4	1	1
铁路公路隧道桥梁	4 302	3 026	632	1 047
堤坝电站码头	412	443	254	286
其他土木工程	1 586	855	552	291
线路管道设备安装业	4 524	3 796	894	563
线路管道安装业	3 465	2 719	697	481
设备安装业	1 059	1 257	197	82
装修装饰业	238	241	135	195
三、按企业资质等级分组(原标准)				
一级	100	－102	531	276
二级	4 524	2 633	881	1 005
三级	7 252	6 898	2 240	2 474
四级	2 821	2 686	838	1 241
其他	146	89	96	67
四、按企业资质等级分组(新标准)				
施工总承包	11 609	9 714	3 693	4 326
一级	1 155	844	456	145
二级	3 955	3 111	1 015	1 742
三级	6 499	5 759	2 222	2 439
专业承包	3 113	3 419	823	666
一级	36	84	76	131
二级	1 032	1 223	227	180
三级	2 043	2 110	520	353

11－4　续表 6　（2002 年）　单位：万元

	工资福利费				增加值	亏损企业个数	亏损额
	本年应付工资总额	#主营业务应付工资总额	本年应付福利费总额	#主营业务应付福利费总额			
总　计	**114 815**	**109 186**	**12 991**	**11 715**	**234 296**	**133**	**7 245**
#国有及国有控股	51 095	48 544	6 133	5 478	107 444	42	4 093
一、按登记注册类型分组							
内资企业	114 672	109 066	12 980	11 713	234 038	131	7 243
国有企业	38 788	36 502	5 016	4 518	82 964	31	3 738
集体企业	11 179	10 572	1 188	999	21 373	6	87
股份合作企业	802	793	84	82	1 611	－	－
联营企业	－	－	－	－	－	－	－
有限责任公司	41 229	39 565	4 655	4 280	83 567	37	1 975
股份有限公司	6 702	6 517	286	285	10 621	2	312
私营企业	15 972	15 117	1 751	1 549	33 902	55	1 131
港、澳、台商投资企业	131	108	11	2	235	1	1
外商投资企业	12	12	－	－	23	1	1
二、按国民经济行业分组							
土木工程建筑业	95 828	91 336	10 959	9 807	195 262	79	6 357
房　屋	64 784	61 548	6 543	5 809	119 672	46	4 855
矿　山	432	400	60	60	1 576	－	－
铁路公路隧道桥梁	12 262	12 014	1 915	1 797	33 546	9	424
堤坝电站码头	3 723	3 331	459	428	8 766	9	572
其他土木工程	14 627	14 043	1 982	1 713	31 702	15	506
线路管道设备安装业	16 293	15 329	1 775	1 679	32 671	20	639
线路管道安装业	8 426	7 530	674	588	18 277	6	60
设备安装业	7 867	7 799	1 101	1 091	14 394	14	579
装修装饰业	2 694	2 521	257	229	6 363	34	249
三、按企业资质等级分组(原标准)							
一　级	27 402	26 061	3 775	3 606	61 675	4	1 323
二　级	30 389	29 517	3 258	3 023	60 528	15	2 526
三　级	37 834	35 269	3 796	3 324	73 017	65	2 318
四　级	16 970	16 422	1 951	1 575	35 047	34	811
其　他	2 220	1 917	211	187	4 029	15	267
四、按企业资质等级分组(新标准)							
施工总承包	90 649	86 452	10 204	9 418	184 752	58	4 839
一　级	23 8169	22 963	3 317	3 206	53 477	2	140
二　级	23 459	22 510	2 778	2 702	51 059	4	1 684
三　级	43 371	40 979	4 109	3 510	80 216	52	3 015
专业承包	22 337	21 007	2 432	2 045	45 877	67	1 234
一　级	2 347	2 207	285	275	5 163	1	151
二　级	6 946	6 652	1 083	869	14 864	14	194
三　级	12 924	12 028	1 057	894	25 350	52	889

11-5 按施工产值和增加值排序的前20家建筑施工企业

(2002年)

企业名称	位次	施工产值(万元)	企业名称	位次	增加值(万元)
宁夏公路工程局	1	51 396	宁夏电力建设工程公司	1	18 780
宁夏第一建筑公司	2	45 204	宁夏公路工程局	2	9 424
宁夏电力建设工程公司	3	44 227	宁夏天能集团股份有限公司	3	7 554
宁夏二建集团有限责任公司	4	30 353	宁夏第一建筑公司	4	7 156
宁夏第五建筑公司	5	20 113	宁夏二建集团有限责任公司	5	6 156
银川市第一建筑工程有限责任公司	6	19 397	宁夏中宁红宝实业有限责任公司	6	5 656
宁夏长庆石油建设工程有限公司	7	16 788	宁夏正丰建筑工程有限公司	7	4 517
宁夏正丰建筑工程有限公司	8	14 607	宁夏第五建筑工程公司	8	4 471
宁夏天能集团股份有限公司	9	14 139	宁夏煤炭基本建设公司	9	3 961
宁夏煤炭基本建设公司	10	13 698	宁夏大坝电厂检修安装工程公司	10	3 551
银川第二市政工程有限责任公司	11	11 999	银川市郊区第二建筑有限公司	11	3 493
银川第一市政工程有限责任公司	12	11 824	银川三建工程有限责任公司	12	3 329
宁夏第四建筑公司	13	11 511	宁夏长庆石油建设工程有限公司	13	2 922
宁夏三建工程有限责任公司	14	11 161	银川第二市政工程有限责任公司	14	2 808
宁夏金龙集团公路工程公司	15	11 069	宁夏石油化工建设公司	15	2 686
银川市郊区第二建筑有限公司	16	10 005	宁夏固原龙源电力有限责任公司	16	2 644
石嘴山市欣达工程有限公司	17	9 470	宁夏河滨明珠电铁(集团)设备安装检修工程公司	17	2 627
宁夏中宁红宝实业有限责任公司	18	9 422	石嘴山市欣达工程有限公司	18	2 610
宁夏住宅建设工程有限公司	19	8 777	宁夏水利水电工程局	19	2 604
宁夏新月建筑公司	20	8 594	银川市第一建筑工程有限责任公司	20	2 554

11－6 按资产总额和利润总额排序的前20家建筑施工企业

（2002年）

企业名称	位次	资产总额（万元）	企业名称	位次	利润总额（万元）
宁夏第一建筑公司	1	51 761	宁夏固原龙源电力有限责任公司	1	1 047
宁夏二建集团有限责任公司	2	44 068	石嘴山市欣达工程有限公司	2	993
宁夏公路工程局	3	37 793	银川第二市政工程有限责任公司	3	942
宁夏天能集团股份有限公司	4	36 278	宁夏天能集团股份有限公司	4	676
宁夏电力建设工程公司	5	30 913	宁夏河滨明珠电铁（集团）设备安装检修工程公司	5	646
宁夏煤炭基本建设公司	6	27 274	宁夏电力建设工程公司	6	548
宁夏建设集团有限责任公司	7	26 512	宁夏长庆石油建设工程有限公司	7	517
宁夏中宁红宝实业有限责任公司	8	26 000	宁夏美利纸业集团建筑安装有限责任公司	8	515
银川三建工程有限责任公司	9	25 780	宁夏黄河水电有限公司	9	503
宁夏第三建筑公司	10	23 767	宁夏中宁红宝实业有限责任公司	10	502
银川市郊区第二建筑有限公司	11	22 449	宁夏元光电力有限公司	11	468
宁夏第五建筑公司	12	21 656	银川第一市政工程有限责任公司	12	430
银川第二市政工程有限责任公司	13	21 513	宁夏铁发集团铁路综合工程有限公司	13	416
宁夏长庆石油建设工程有限公司	14	20 848	宁夏化工厂安装检修厂	14	390
宁夏金龙集团公路工程总公司	15	18 560	宁夏嘉隆公路工程有限公司	15	370
银川第一市政工程有限责任公司	16	17 450	宁夏正丰建筑工程有限公司	16	332
宁夏伊斯兰地质工程公司	17	12 062	同心县水利综合开发公司	17	280
银川长城建筑工程有限责任公司	18	10 240	银川市祥元电力有限公司	18	255
宁夏石油化工建设公司	19	10 163	中卫县宏伟建筑安装工程有限责任公司	19	252
宁夏正丰建筑工程有限公司	20	10 030	灵武市第五建筑安装工程公司	20	249

11－7 建筑业企业概况

年 份	总 计	#国有及国有控股	#集体经济	附营施工单位
单位数(个)				
1990	142	67	75	–
1991	200	101	99	–
1992	208	111	97	–
1993	235	105	130	–
1994	279	119	153	7
1995	278	111	156	11
1996	427	141	227	59
1997	409	141	192	76
1998	433	159	174	100
1999	493	168	166	159
2000	529	179	142	208
2001	486	151	107	228
2002	454	131	59	–
从业人员(人)				
1990	54 064	38 644	15 420	–
1991	64 700	45 100	19 600	–
1992	69 400	48 100	21 300	–
1993	61 200	41 500	19 700	–
1994	57 000	37 600	19 400	–
1995	93 422	64 116	29 306	–
1996	80 145	44 220	30 135	5 790
1997	94 271	47 588	29 011	17 672
1998	80 652	40 666	25 278	14 708
1999	84 207	42 065	21 577	20 565
2000	83 980	41 543	16 350	26 087
2001	92 042	39 465	15 219	37 358
2002	96 795	39 786	10 897	–
总产值(万元)				
1990	71 583	52 612	18 971	–
1991	93 190	65 214	27 976	–
1992	134 831	92 986	41 845	–
1993	168 761	116 315	52 446	–
1994	198 264	143 448	51 747	3 069
1995	211 506	150 806	56 325	4 375
1996	264 126	162 808	84 748	16 570
1997	337 322	204 938	94 858	37 526
1998	393 603	226 323	92 242	75 038
1999	482 827	263 198	100 333	119 296
2000	562 352	316 320	76 941	169 091
2001	703 722	361 756	80 259	261 707
2002	840 041	403 340	72 018	–

11－8　建筑企业主要经济指标

指　　标	单　位	1995年	1996年	1997年	1998年	1999年	2000年	2001年	2002年
建筑业企业个数	个	278	427	409	433	493	529	486	454
#亏损企业个数	个	71	131	119	121	149	160	135	133
期末从业人员	人	99 732	80 145	94 271	80 652	84 207	83 980	92 042	96 795
自有机械设备台数	台	19 523	26 939	30 568	33 609	36 879	38 383	45 135	45 496
自有机械设备净价	万元	36 034	42 560	50 536	63 561	72 925	92 108	113 624	162 441
自有机械设备总功率	千瓦	340 200	417 130	483 410	564 350	665 770	668 310	766 745	721 132
建筑业总产值	万元	211 506	264 126	337 322	393 603	482 827	562 352	703 722	840 041
建筑工程	万元	168 027	218 184	268 662	332 124	399 753	482 922	592 216	706 890
安装工程	万元	40 036	40 874	61 494	55 527	76 562	71 276	96 293	122 983
其他产值	万元	3 443	5 068	7 166	5 952	6 512	8 154	15 213	10 168
竣工产值	万元	138 743	204 250	283 147	316 960	388 113	427 058	608 038	691 341
建筑业增加值	万元	64 952	93 705	117 897	120 438	145 826	174 013	204 231	234 296
#固定资产本年折旧	万元	5 024	6 209	7 427	9 108	10 113	12 075	16 020	17 866
主营业务应付工资	万元	33 717	46 553	61 192	63 808	74 074	82 199	102 928	109 186
主营业务应付福利费	万元	3 969	5 261	6 921	7 075	7 940	7 690	11 410	11 715
工程结算税金及附加	万元	5 585	7 643	9 031	9 655	12 618	14 882	20 354	23 816
管理费用中的税金	万元	640	1 317	771	1 040	1 629	1 394	961	266
工程结算利润	万元	16 963	23 819	28 317	29 867	38 854	55 775	55 547	64 482
施工面积	万平方米	302.9	356.0	386.4	469.3	568.3	563.2	701.8	834.7
竣工面积	万平方米	171.8	224.4	235.8	302.5	351.7	340.7	447.3	430.9
利润总额	万元	358	－1 500	185	－622	5 528	13 524	13 696	12 204
税金总额	万元	6 908	10 105	11 210	11 836	16 135	18 833	24 939	25 082
劳动生产率									
按总产值计算	元/人	22 048	26 312	31 605	34 145	38 739	44 864	52 335	56 967
按增加值计算	元/人	6 412	9 335	11 046	10 448	11 699	13 883	15 189	15 889
技术装备率	元/人	3 756	5 310	5 361	7 881	8 660	10 968	12 345	16 782
动力装备率	千瓦/人	3.6	5.2	5.1	7.0	7.9	8.0	8.3	7.5
房屋建筑面积竣工率	%	56.7	63.0	61.0	64.5	61.9	60.5	63.7	51.6
竣工工程优良品率	%	12.4	11.5	14.4	17.9	19.7	15.6	22.3	－
产值利润率	%	0.2	－0.6	0.1	－0.2	1.1	2.4	1.9	1.5

11－9　建筑企业分行业主要经济指标

（2002 年）

项　　目	单　位	合　计	土木工程建筑业	#房屋建筑业	#矿山建筑业	#铁路、隧道、公路、桥梁建筑业	线路、管道和设备安装业	#设备安装业	建筑装修装饰业
建筑业企业个数	个	454	310	196	3	34	77	38	67
#亏损企业个数	个	133	79	46	－	9	20	14	34
期末从业人员	人	96 795	80 560	59 066	537	9 422	13 242	5 483	2 993
自有机械设备台数	台	45 496	39 613	29 223	493	2 932	3 474	10 775	2 409
自有机械设备净价	万元	162 441	145 514	75 905	2 125	34 392	12 546	3 015	4 381
自有机械设备总功率	千瓦	721 132	659 083	358 376	3 247	126 584	51 274	18 078	10 775
建筑业总产值	万元	840 041	730 470	470 584	3 981	140 721	90 746	25 730	18 825
建筑工程	万元	706 890	667 321	450 721	2 830	136 186	21 471	2 365	18 098
安装工程	万元	122 983	57680	15 489	1 007	3 981	64 776	19 317	527
其他产值	万元	10 168	5 469	4 347	81	551	4 499	4 048	200
竣工产值	万元	691 341	584 752	352 998	2 714	139 090	86 878	24 579	19 711
建筑业增加值	万元	234 296	195 262	119 627	1 576	33 546	32 671	14 394	6 363
#固定资产折旧	万元	17 866	15 846	7 558	454	4 624	1 551	362	469
主营业务应付工资	万元	109 186	91 336	61 548	400	12 014	15 329	7 799	2 521
主营业务应付福利费	万元	11 715	9 807	5 809	60	1 797	1 679	1 091	229
工程结算税金及附加	万元	23 816	21 279	14 222	118	3 490	1 967	563	570
管理费用中的税金	万元	1 266	1 069	751	9	114	85	38	112
工程结算利润	万元	64 482	50 523	26 230	300	10 903	11 522	4 274	2 437
施工面积	万平方米	834.67	832.56	810.67	3.80	9.94	2.11	1.91	
竣工面积	万平方米	430.92	429.56	414.74	2.05	8.11	1.36	1.18	
利润总额	万元	12 204	7 987	3 659	4	3 026	3 976	1 257	241
税金总额	万元	25 082	22 348	14 973	127	3 604	2 052	601	682
劳动生产率									
按总产值计算	元/人	56 967	56 423	48 697	44 422	96 114	61 385	35 446	58 572
按增加值计算	元/人	15 889	15 082	12 384	17 868	22 912	22 100	19 829	19 798
技术装备率	元/人	16 782	18 063	12 851	39 572	36 502	9 474	5 499	14 637
动力装备率	千瓦/人	7.5	8.2	6.1	6.0	13.4	3.9	3.3	3.6
房屋建筑面积竣工率	%	51.6	51.6	51.2	54.0	81.6	64.3	61.4	
产值利润率	%	1.5	1.1	0.8	0.1	2.2	4.4	4.9	1.3

11－10 建筑企业工程质量情况

年 份	单位工程施工个数（个）	#投标承包个数	单位工程竣工个数（个）	#优良品	单位工程优良品率（%）	房屋建筑竣工面积（万平方米）	#优良品	房屋建筑竣工面积优良品率（%）
1991	3 435	－	2 648	303	11.4	136.4	22.6	16.6
1992	3 655	－	2 739	311	11.4	167.2	31.7	19.0
1993	3 832	－	2 824	622	22.0	295.3	133.8	45.3
1994	8 842	－	2 838	395	13.9	179.1	29.7	16.6
1995	3 530	－	2 666	331	12.4	171.8	32.9	19.2
1996	4 653	1 208	3 606	413	11.5	224.4	51.3	22.9
1997	4 903	1 135	3 952	570	14.4	235.8	65.0	27.6
1998	3 824	1 331	2 929	524	17.9	302.5	89.1	29.5
1999	4 473	1 607	3 530	697	19.7	351.7	114.4	32.5
2000	5 233	1 926	4 255	663	15.6	340.7	138.5	40.7
2001	5 045	2 349	4 014	894	22.3	447.3	167.5	37.4
2002	5 962	2 829	4 546	－	－	430.9		

11－11 建筑企业技术装备情况

年 份	自有机械设备年末总台数（台）	自有机械设备净值（万元）	自有机械设备年末总功率（千瓦）	技 术装备率（元/人）	动 力装备率（千瓦/人）
1991	17 449	13 371	242 800	2 067	3.75
1992	21 238	16 444	287 000	2 369	4.14
1993	13 732	15 285	230 600	2 498	3.77
1994	17 368	25 914	283 100	4 546	4.97
1995	19 523	36 034	340 200	3 756	3.55
1996	26 939	42 560	417 130	5 310	5.20
1997	30 568	50 536	483 410	5 361	5.13
1998	33 069	63 561	564 350	7 881	7.00
1999	36 879	72 925	665 770	8 660	7.91
2000	38 383	92 108	668 310	10 968	7.96
2001	45 135	113 624	766 745	12 345	8.33
2002	45 496	162 441	721 132	16 782	7.45

11－12 各市县建筑施工企业个数和总产值

(2002 年)

地区	施工企业个数（个）	国有	集体	从业人员（人）	国有	集体	总产值（万元）	国有	集体
全区总计	**454**	**131**	**59**	**96 795**	**39 786**	**10 897**	**840 041**	**403 340**	**72 018**
银川市	**237**	**66**	**12**	**48 858**	**24 557**	**1 782**	**521 984**	**296 498**	**14 671**
银川市	214	56	7	44 659	22 941	820	487 869	281 026	4 394
永宁县	4	1	－	731	56	－	3 961	327	－
贺兰县	7	5	－	1 082	556	－	7 533	5 853	－
灵武市	12	4	5	2 386	1 004	962	22 621	9 292	10 277
石嘴山市	**57**	**20**	**9**	**9 675**	**4 626**	**1 357**	**84 875**	**35 727**	**9 133**
石嘴山市	42	12	6	7 815	3 977	1 014	72 804	30 816	5 503
平罗县	9	5	3	951	428	343	8 022	3 532	3 630
陶乐县	2	1	－	291	63	－	1 026	527	－
惠农县	4	2	－	618	158	－	3 023	852	－
吴忠市	**104**	**29**	**28**	**22 747**	**7 244**	**5 753**	**167 502**	**46 986**	**40 898**
利通区	34	10	8	5 532	3 848	597	54 437	25 197	12 626
青铜峡市	23	6	2	5 907	788	1 119	30 335	6 150	4 819
中卫县	11	4	2	4 333	1 640	766	18 649	8 535	3 772
中宁县	18	7	7	3 078	661	871	25 715	4 267	7 903
盐池县	10	－	3	1 492	－	302	27 238	－	3 487
同心县	8	2	6	2 405	307	2 098	11 128	2 837	8 291
固原市	**56**	**16**	**10**	**15 515**	**3 359**	**2 005**	**65 680**	**24 129**	**7 316**
原州区	17	6	1	8 103	2 412	150	36 498	14 430	1 620
海原县	5	1	1	721	86	160	3 168	477	640
西吉县	7	2	3	1 574	224	930	9 050	4 697	3 204
隆德县	15	3	3	2 753	314	366	8 890	1 509	1 042
泾源县	7	1	1	949	68	119	3 332	308	260
彭阳县	5	3	1	1 415	255	280	4 742	2 708	550

11－13　各市县国有建筑安装企业情况

（2002年）

地　区	企业个数（个）	期末职工人数（人）	建筑业总产值（万元）	建筑业增加值（万元）	竣工产值（万元）	房屋竣工面积（平方米）	固定资产原值（万元）
全区总计	**131**	**39 786**	**403 340**	**107 444**	**323 798**	**1 230 877**	**225 279**
银川市	**66**	**24 557**	**296 498**	**75 383**	**229 239**	**812 187**	**153 933**
银川市	56	22 941	281 026	71 767	215 077	761 569	135 215
永宁县	1	56	327	168	327	542	855
贺兰县	5	556	5 853	1 388	5 023	37 439	5 414
灵武市	4	1 004	9 292	2 060	8 812	12 637	12 449
石嘴山市	**20**	**4 626**	**35 727**	**10 750**	**33 140**	**161 342**	**23 884**
石嘴山市	12	3 977	30 816	9 107	28 373	159 074	17 090
平罗县	5	428	3 532	1 281	3 532	2 268	5 406
陶乐县	1	63	527	158	559	－	699
惠农县	2	158	852	204	676	－	689
吴忠市	**29**	**7 244**	**46 986**	**15 544**	**43 715**	**140 136**	**33 439**
利通区	10	3 848	25 197	8 994	23 072	26 840	21 118
青铜峡市	6	788	6 150	1 725	10 120	32 542	3 721
中卫县	4	1 640	8 535	3 236	3 619	54 948	2 862
中宁县	7	661	4 267	1 204	4 159	25 806	4 606
盐池县	－	－	－	－	－	－	－
同心县	2	307	2 837	385	2 745	－	1 132
固原市	**16**	**3 359**	**24 129**	**5 767**	**17 704**	**117 212**	**14 023**
原州区	6	2 412	14 430	3 233	9 723	114 353	6 831
海原县	1	86	477	355	477	－	463
西吉县	2	224	4 697	229	2 420	－	1 805
隆德县	3	314	1 509	721	1 469	2 859	2 404
泾源县	1	68	308	146	335	－	905
彭阳县	3	255	2 708	1 083	3 280	－	1 615

11－14　各市县集体建筑安装企业情况

（2002年）

地　区	企业个数（个）	期末职工人数（人）	建筑业总产值（万元）	建筑业增加值（万元）	竣工产值（万元）	房屋竣工面积（平方米）	固定资产原值（万元）
全区总计	**59**	**10 897**	**72 018**	**22 984**	**59 885**	**761 722**	**37 629**
银川市	**12**	**1 782**	**14 671**	**4 932**	**11 200**	**119 800**	**10 074**
银川市	7	820	4 394	1 354	3 728	45 887	2 163
永宁县	–	–	–	–	–	–	–
贺兰县	–	–	–	–	–	–	–
灵武市	5	962	10 277	3 578	7 472	73 913	7 911
石嘴山市	**9**	**1 357**	**9 133**	**4 496**	**8 821**	**58 381**	**3 771**
石嘴山市	6	1 014	5 503	3 236	5 191	18 779	2 001
平罗县	3	343	3 630	1 260	3 630	39 602	1 770
陶乐县	–	–	–	–	–	–	–
惠农县	–	–	–	–	–	–	–
吴忠市	**28**	**5 753**	**40 898**	**11 381**	**33 515**	**476 696**	**19 170**
利通区	8	597	12 626	1 836	8 637	246 819	4 236
青铜峡市	2	1 119	4 819	3 841	3 900	–	763
中卫县	2	766	3 772	983	2 347	18 720	1 267
中宁县	7	871	7 903	1 668	7 524	64 392	3 289
盐池县	3	302	3 487	982	3 026	67 989	2 965
同心县	6	2 098	8 291	2 071	8 081	78 776	6 650
固原市	**10**	**2 005**	**7 316**	**2 175**	**6 349**	**106 845**	**4 614**
原州区	1	150	1 620	364	1 274	22 720	469
海原县	1	160	640	255	640	4 800	620
西吉县	3	930	3 204	876	2 865	54 957	1 898
隆德县	3	366	1 042	459	940	6 105	742
泾源县	1	119	260	95	80	9 263	205
彭阳县	1	280	550	126	550	9 000	680

主要统计指标解释

一、价值量指标

【建筑业总产值（自行完成施工产值）】 它是以货币表现的建筑安装企业在一定时间内生产的建筑业产品的总和。建筑业总产值统计的内容分三部分：

①建筑工程产值；

②设备安装工程产值；

③其它产值。

它计算的价格原则上按施工单位和建设单位结算价格计算。

【建筑业增加值】 是指建筑企业在报告期内以货币表现的建筑业生产经营活动的最终成果。有两种计算方法：一是生产法、二是分配法（收入法）

①生产法计算公式：

建筑业增加值＝建筑业总产出—建筑业中间投入

②分配法（收入法）计算公式：

建筑业增加值＝固定资产折旧＋劳动者报酬＋生产税净额＋营业盈余。

【竣工产值】 是指以货币表现的建筑业生产所形成的成品的价值。它包括的范围应是报告期内竣工的单位工程从开工到竣工的全部自行完成的价值。如一个单位工程跨年度应包括上年完成的产值。

二、实物量指标

【单项工程】 是指有独立设计文件，建成后能独立发挥效益或生产设计规定产品的车间（联合企业分厂）生产线或独立工程等。

【单位工程】 是指单项工程的组成部分，通常是按照不同性质的工程内容能否独立施工划分的，一个单项工程可以划分为若干个单位工程。它又分为①施工单位工程；②新开工单位工程；③竣工单位工程。

【房屋建筑面积】 是指房屋全部平面面积的总和。它一般通过房屋施工和竣工面积来具体体现。

【房屋施工面积】 是指报告期内施过工的全部房屋建筑面积，它包括本期新开工的面积、上期跨入本期继续施工的房屋面积、上期停缓建在本期恢复施工的房屋面积、本期竣工的房屋面积以及本期施工后又停缓建的房屋面积。

【房屋新开工面积】 是指在报告期内新开工的各个房屋的建筑面积之和。

【房屋竣工面积】 是指在报告期内房屋建筑按照设计要求已全部完工，达到了使用条件经检查验收鉴定合格的房屋建筑面积。

三、财务指标

【资本金】 是指企业在工商行政管理部门登记的注册资金。企业筹集的资本金按其投资主体--般分为国家资本金、法人资本金、个人资本金以及外商资本金等。

【流动资产】 是指可以在一年或者超过一年的一个营业周期内变现或者耗用的资产，包括现金及各种存款，短期投资，应收及预付款项、存货等。

【固定资产】 是指使用期限超过一年的房屋及建筑物、机器、机械、运输工具以及其他与生产经营有关的设备、器具、工具等。

【资产】 是企业拥有或控制的能以货币计量的经济资源，包括各种财产、债权和其他权利。

【负债】 是企业所承担的能以货币计量、将以资产或劳务偿付的债务。负债一般按其偿还期长短分为流动负债和长期负债。

【所有者权益】 是企业投资人对企业净资产的所有权，企业净资产等于企业全部资产减去全部负债后的余额。其中包括实收资本、资本公积、盈余公积和未分配利润四部分。

十二、运输、邮电

12－1 主要年份主要交通运输工具和线路里程

年 份	普通载货汽车（辆）	载客汽车（辆）	铁路		铁路通车里程（公里）	公路通车里程（公里）	民航通航里程（公里）
			机车（台）	客车（辆）			
1952	96	－	－	－	－	1 202	－
1957	268	21	－	－	－	2 241	－
1958	978	29	24	－	361	2 686	1 300
1965	1 368	85	73	－	409	3 201	1 300
1970	2 731	506	99	9	409	3 591	1 300
1975	5 296	1 224	90	11	421	3 916	1 300
1977	6 527	1 603	100	10	421	4 973	1 300
1978	7 991	1 920	100	8	421	6 848	1 300
1980	8 867	2 345	104	11	421	6 848	1 300
1981	9 327	2 763	97	37	421	6 847	1 300
1982	9 854	2 718	89	38	421	6 869	1 300
1983	9 746	3 119	89	41	421	6 867	1 300
1984	10 624	3 808	86	42	421	6 983	1 300
1985	12 754	5 149	92	41	421	7 016	1 300
1986	14 221	5 806	109	51	421	7 181	1 620
1987	15 365	6 419	121	51	421	7 704	1 620
1988	16 486	7 222	112	53	421	8 106	1 620
1989	18 231	8 144	130	108	421	8 106	1 620
1990	20 471	8 744	128	131	421	8 200	1 400
1991	21 955	9 510	128	145	421	8 200	1 400
1992	23 970	11 262	153	140	421	8 200	1 816
1993	26 315	12 864	156	152	446	8 301	5 663
1994	29 379	14 277	160	160	453	8 324	7 463
1995	30 788	16 419	203	171	769	8 554	8 683
1996	35 590	19 464	206	223	769	8 738	11 597
1997	32 771	23 990	206	279	773	9 048	8 683
1998	35 791	27 951	227	293	776	9 487	11 460
1999	40 220	33 628	203	275	780	10 015	9 883
2000	43 496	37 629	208	315	780	10 171	16 823
2001	45 227	41 079	208	307	780	10 899	21 242
2002	43 051	48 874	195	343	780	11 245	27 336

注：1965 年前载客汽车未包括小客车。

12-2 运输线路长度

单位:公里

年 份	铁路营业里程	#电气化里程	公 路	等级路	等外路	民 航
1978	437.7	–	5 227	–	–	1 300
1979	437.7	–	6 848	5 503	1 345	1 300
1980	437.7	–	6 848	5 503	1 345	1 300
1981	437.7	–	6 848	5 446	1 402	1 300
1982	437.7	–	6 869	5 482	1 387	1 300
1983	426.9	–	6 867	5 480	1 387	1 300
1984	426.9	–	6 983	5 609	1 374	1 300
1985	426.9	–	7 016	5 642	1 374	1 300
1986	426.9	–	7 181	5 857	1 324	1 620
1987	426.9	–	7 704	6 434	1 270	1 620
1988	426.9	–	8 106	7 083	1 023	1 620
1989	427.0	–	8 106	7 083	1 023	1 620
1990	427.0	–	8 200	7 400	800	1 400
1991	427.0	–	8 200	7 556	644	1 400
1992	427.0	–	8 200	7 565	635	1 816
1993	451.7	–	8 301	7 666	635	5 663
1994	457.6	–	8 324	7 689	635	7 463
1995	792.6	437.1	8 554	7 922	632	8 683
1996	792.6	439.1	8 738	8 106	632	11 597
1997	789.8	436.3	9 048	8 426	622	8 683
1998	789.8	718.8	9 487	8 876	611	11 460
1999	789.8	718.8	10 015	9 460	555	9 883
2000	790.2	716.9	10 171	9 649	522	16 823
2001	790.2	716.9	10 899	10 723	176	21 242
2002	790.2	716.9	11 245	11 081	164	27 336

注:铁路营业里程为银川铁路分局管辖长度。

12－3 主要年份客货运输量

年 份	客运量（万人）	#铁 路	#公 路	#航 空	货运量（万吨）	#铁 路	#公 路	#航 空
1952	4.6	–	4.3	–	19.8	–	12.2	–
1957	39.1	–	39.1	–	96.3	–	88.0	–
1958	52.4	–	52.4	–	201.8	–	191.8	–
1965	142.8	74.8	68.0	–	640.0	376.6	257.1	–
1970	226.6	103.5	123.1	…	878.9	499.0	374.4	–
1975	364.5	128.0	236.3	0.2	1 439.3	958.5	476.7	–
1977	384.5	123.0	261.3	0.2	1 849.0	1 142.7	701.4	–
1978	466.1	144.4	321.4	0.3	2 175.0	1 298.0	847.0	–
1980	645.9	176.0	469.6	0.3	2 302.0	1 374.0	719.0	–
1981	764.8	155.0	609.5	0.3	1 827.0	1 245.0	476.0	–
1982	911.2	159.0	751.8	0.4	1 955.9	1 280.0	566.9	–
1983	976.3	174.0	802.0	0.3	2 476.0	1 359.0	999.0	–
1984	1 178.5	197.0	981.0	0.5	3 283.6	1 337.0	1 834.6	–
1985	1 349.0	217.0	1 131.6	0.4	3 610.0	1 478.0	1 912.0	–
1986	1 746.3	234.0	1 530.0	0.3	3 928.0	1 442.0	2 377.0	–
1987	2 298.7	246.6	2 050.4	1.7	3 820.0	1 457.0	2 203.0	–
1988	2 933.0	267.0	2 665.0	1.0	3 702.0	1 450.0	2 078.0	–
1989	2 966.0	237.0	2 727.0	2.0	3 837.0	1 511.0	2 167.0	–
1990	2 838.0	181.0	2 655.0	2.0	3 851.0	1 512.0	2 178.0	–
1991	3 402.0	184.0	3 215.0	3.0	3 987.0	1 467.0	2 316.0	–
1992	3 647.0	198.0	3 447.0	2.0	4 321.0	1 502.0	2 695.0	0.02
1993	3 694.0	209.0	3 481.0	4.0	4 418.0	1 471.0	2 868.0	0.02
1994	4 804.0	208.0	3 870.0	6.0	4 489.0	1 502.0	2 880.0	0.03
1995	4 565.0	195.0	4 357.0	13.0	5 220.0	1 605.0	3 519.0	0.04
1996	5 195.0	162.0	5 024.0	9.0	5 522.0	1 662.0	3 749.0	0.06
1997	5 286.0	180.0	5 098.0	8.0	5 617.0	1 681.0	3 811.0	0.05
1998	4 816.0	200.0	4 606.0	9.6	6 048.0	1 876.0	3 950.0	0.06
1999	5 108.0	238.0	4 860.0	9.9	6 283.0	1 900.0	4 168.0	0.07
2000	5 537.0	271.0	5 252.0	14.4	6 880.0	2 105.3	4 531.0	0.06
2001	5 823.0	282.0	5 525.0	15.8	7 287.0	2 300.0	4 694.0	0.06
2002	6 125.4	278.0	5 832.0	15.4	7 544.9	2 367.2	4 894.0	0.12

注：1998年后公路数据为抽样调查数。

12－4　主要年份客货周转量

年　份	旅客周转量（万人公里）	#铁　路	#公　路	#航　空	货物周转量（万吨公里）	#铁　路	#公　路
1952	1 482	–	1 402	–	3 806	–	888
1957	6 774	–	6 774	–	6 052	–	3 694
1958	5 991	–	5 991	–	7 827	–	6 756
1965	17 820	13 100	4 720	–	326 605	318 579	7 894
1970	25 051	17 800	7 251	–	413 251	402 684	10 441
1975	35 621	20 140	15 481	–	427 026	409 170	17 787
1977	43 148	25 796	17 352	–	459 808	436 035	23 704
1978	44 223	23 208	21 015	–	562 221	534 901	27 302
1980	61 200	27 737	33 463	–	458 925	430 286	20 693
1981	66 693	30 385	36 308	–	413 295	387 690	18 994
1982	74 681	29 649	45 032	–	445 073	414 420	24 563
1983	85 104	33 943	51 161	–	712 404	678 975	27 509
1984	102 322	40 410	61 912	–	582 391	508 589	65 387
1985	121 000	45 392	75 608	–	619 679	519 235	79 644
1986	150 660	50 663	99 997	–	622 042	505 987	90 150
1987	178 401	55 049	123 352	–	642 698	517 104	99 881
1988	223 418	62 303	161 115	–	654 770	529 081	101 031
1989	223 973	57 126	166 847	–	737 856	598 251	115 410
1990	192 033	46 810	145 223	–	747 893	598 005	125 898
1991	217 382	49 463	167 919	–	699 568	549 786	127 663
1992	237 953	53 892	182 691	1 370	737 072	574 826	140 888
1993	240 722	55 532	182 136	3 054	780 544	620 387	151 852
1994	263 766	57 575	200 041	6 149	888 827	718 298	160 572
1995	279 190	55 559	215 721	7 910	1 150 029	938 271	201 549
1996	320 515	53 913	256 079	10 523	1 375 426	1 104 316	259 340
1997	363 616	94 515	259 639	9 462	1 563 229	1 203 105	346 872
1998	416 190	142 160	262 525	11 505	1 785 410	1 286 639	477 229
1999	521 496	224 045	286 044	11 407	2 010 692	1 440 983	521 786
2000	575 597	244 662	313 768	17 167	2 218 627	1 594 496	568 601
2001	551 500	202 100	333 700	15 600	2 442 700	1 789 300	584 900
2002	568 049	196 539	355 306	16 204	2 623 417	1 932 317	614 562

12－5　主要年份邮电业务总量

年　份	邮电业务总　量（万元）	函　件（万件）	报刊期发　数（万份）	电话机总　数（万部）	长途电话（万次）
1952	75.3	104.1	－	0.02	6.5
1957	197.4	324.2	－	0.15	11.9
1958	287.8	380.9	14.5	0.23	18.6
1965	586.2	639.1	19.2	0.70	41.5
1970	690.9	863.7	9.8	0.76	37.6
1975	979.0	990.7	33.5	1.05	68.0
1977	1 065.9	1 046.7	36.2	1.23	65.3
1978	1 165.0	1 168.7	45.0	1.30	77.0
1980	1 279.4	1 474.5	68.4	1.60	88.1
1981	1 270.6	1 430.0	74.9	1.67	84.8
1982	1 319.8	1 434.7	85.2	1.94	92.3
1983	1 453.9	1 412.0	95.2	2.09	107.8
1984	1 581.2	1 539.7	121.0	2.60	122.8
1985	1 908.2	1 792.0	125.1	2.80	150.8
1986	2 149.6	2 000.8	116.7	3.36	167.3
1987	2 422.6	2 150.3	136.0	3.69	170.4
1988	3 055.1	2 217.1	112.5	4.13	240.0
1989	3 663.7	2 123.0	87.0	4.60	291.0
1990	4 357.7	2 054.3	85.4	5.11	353.5
1991	5 278.5	2 028.1	85.0	5.89	448.7
1992	6 668.9	1 955.6	113.0	7.04	670.6
1993	10 262.0	2 283.5	89.4	9.78	1 275.4
1994	14 817.1	2 225.9	82.4	14.95	1 894.0
1995	22 859.6	2 270.9	70.3	21.64	2 708.3
1996	33 940.5	2 278.1	63.8	29.44	3 687.7
1997	45 611.7	1 867.7	60.8	35.26	4 857.0
1998	66 577.0	1 714.9	52.3	43.35	5 990.4
1999	91 988.9	1 780.5	48.3	53.32	6 961.3
2000	143 401.0	2 021.0	61.7	70.01	8 772.0
2001	163 400.0	2 631.0	48.5	113.07	8 123.0
2002	218 810.4	3 052.0	45.0	158.14	5 052.4

注：1.邮电业务总量2000年以前按1990年不变价计算，2001年起按信息产业部新的不变价格计算。

12-6 各市县邮电业务总量及邮电通信能力指标

(2002年)

地　区	邮电业务总　量(万元)	函　件(万件)	报纸、杂志期发数(万份)	局用交换机总容量(门)	年末市内电　话(户)
全区总计	**218 810.0**	**3 052**	**45.0**	**1 148 034**	**632 132**
银川市	**1 610.2**	**1 592**	**18.2**	**551 608**	**343 178**
银川市	1 488.1	1 473	15.1	452 586	301 295
永宁县	20.0	19	1.0	27 168	14 340
贺兰县	35.8	35	0.8	25 192	12 018
灵武市	66.3	65	1.3	46 662	15 525
石嘴山市	**770.7**	**762**	**8.7**	**218 976**	**127 567**
石嘴山市	736.9	731	5.9	144 932	97 771
平罗县	23.1	21	2.1	56 560	22 676
陶乐县	5.3	5	0.3	6 412	2 967
惠农县	5.4	5	0.4	11 072	4 153
吴忠市	**379.5**	**368**	**11.5**	**266 412**	**107 728**
利通区	104.8	102	2.8	89 668	43 122
青铜峡市	54.6	52	2.6	51 376	16 155
中卫县	113.2	111	2.2	52 862	22 664
中宁县	31.0	29	2.0	36 853	10 610
盐池县	48.1	47	1.1	15 419	7 384
同心县	27.8	27	0.8	20 234	7 793
固原市	**336.6**	**330**	**6.6**	**111 038**	**53 659**
原州区	248.7	246	2.7	48 672	29 494
海原县	13.6	13	0.6	16 808	5 700
西吉县	27.0	26	1.0	17 804	7 874
隆德县	17.8	17	0.8	11 648	4 452
泾源县	8.4	8	0.4	6 256	2 440
彭阳县	21.1	20	1.1	9 850	3 699
其　它	**127 652.0**	–	–	–	–

主要统计指标解释

【货运量】 指一定时期（年、季、月）内，以重量单位（吨）计算的由各种运输工具实际完成运输过程的货物数量。货运量包括：铁路货运量、公路货运量、水运货运量、民航货运量和管道运输量。凡属国有、集体单位运输企业和由运输部门组织非运输部门和运输工具所完成的货运量，以及个体运输者完成的货运量，都应计入货运总量。

【货物周转量】 指一定时期（年、季、月）内，由各种运输工具实际完成运送过程的，以综合运量和运距的复合单位（吨公里）计算的货物总运输量。它是反映货物运输量的另一个指标。货物周转量中包括铁路、公路、水运、航空、管道等各种运输工具完成的货物周转量。计算公式为：

$$\text{货物周转量（吨公里）}=\sum\left[\frac{\text{货运量}}{\text{（吨）}}\times\frac{\text{该批货物的运送距离}}{\text{（公里）}}\right]$$

【客运量】 指分别按各类运输方式计算的实际运送的旅客人数。包括：铁路客运量、公路客运量、水运客运量、空运客运量。

【旅客周转量】 指由各种运输方式在一定时期（年、季、月）内实际运送的每位旅客乘车（船、民用飞机）里程的综合数，计算单位是“人公里”。计算公式为：

$$\text{旅客周转量}=\sum\left(\text{实际运送的每一位旅客}\times\text{该旅客出发与到达港站间距离}\right)$$

【平均运距】 是指在一定时期内实际运送的货物或旅客的平均距离。计算单位为“公里”。计算公式为：

$$\text{货物平均运距（公里）}=\frac{\text{货物周转量（吨公里）}}{\text{货运量（吨）}}$$

$$\text{旅客平均运距（公里）}=\frac{\text{旅客周转量（人公里）}}{\text{客运量（人）}}$$

【民用汽车】 由公安交通监理部门所掌管的领有本地区民用车辆牌照的普通载货汽车、专用载货汽车、载客汽车、其他专用汽车、特种汽车等。不包括拖拉机、摩托车、其他机动车等。

【营运汽车】 指领有公安交通监理部门核发的车辆牌照、并经当地工商行政管理机关核准，领取营业执照，参加营业性运输的载客和载货汽车，包括使用权属于公路运输企业的租入、借入、代管的营运汽车。计算单位为“辆”。

【铁路通车里程】 亦称通车长度，是指每条线路第一线可以运行列车的实际长度，即全部正线第一线的建筑长度。单线线路的通车长度为该线的实际建筑长度。复线及其以上线路的通车长度按第一线（下行线）的实际建筑长度计算。第二线及其以上线路、站线及段管线、岔线、特别用途线不计算通车长度。

【运输弹性系数】 是指运输增长速度与经济增长速度之比，用以研究不同历史时期运输业发展与国民经济发展之间的比例关系、变化特征及其规律。

$$\text{运输弹性系数}=\frac{\text{运输增长速度}}{\text{经济增长速度}}$$

【运输方式】 主要分为五大类，包括铁路运输、公路运输、水上运输、航空运输、管道运输。

【运输结构】 是指在运输业中，各种运输方式的组合形式。主要包括三个方面的内容：1. 运输线路运输工具等运输设备结构。2. 运输的技术结构。3. 旅客、货物运输的生产结构。

【邮电业务总量】 是以货币表示的邮电部门为社会提供通信服务的总数量。邮电业务总量是以各类业务的实物量分别乘以相应的不变单价，求出各类业务的货币量相加求得（出租代维及其他业务收入直接相加）。其计算公式为：

$$\text{邮电业务总量}=\sum\left(\text{各类邮电业务量}\times\text{不变单价}+\text{出租代维及其他业务收入}\right)$$

【市话交换机总容量】 指市内电话交换机设备的全部容量，包括现用、备用、未使用、损坏停用四部分设备的容量。市内电话局内的查询台、查号台、障碍台、报时台、火警台等特种业务容量均不包括在内。

十三、批发零售贸易和餐饮业

13－1　批发贸易业机构、网点、人员数

（2002年）　　　　单位:个、人

项　　目	合计			
	法人单位	活动单位	网　点	人　员
总　计	771	25	7 761	27 786
(一)按登记注册类型分组				
内资企业	770	25	1 470	15 814
国有企业	191	17	516	7 429
集体企业	142	3	340	1 977
股份合作企业	9	－	38	96
联营企业	－	－	－	－
其它联营企业	－	－	－	－
有限责任公司	70	1	140	2 186
国有独资企业	3	－	7	280
其它有限责任公司	67	1	133	1 906
股份有限公司	1	4	27	333
私营企业	357	－	409	3 793
私营独资企业	74	－	77	558
私营合伙企业	5	－	5	32
私营有限责任公司	277	－	322	3 182
私营股份有限公司	1	－	5	21
港、澳、台商投资企业	－	－	－	－
合资经营企业	－	－	－	－
外商投资企业	1	－	1	10
中外合资经营企业	1	－	1	10
(二)按经济组织类型分组				
独资企业	407	20	933	9 964
国有企业	191	17	516	7 429
集体企业	142	3	340	1 977
私营独资企业	74	－	77	558
合作、合伙企业	14	－	43	128
股份合作企业	9	－	38	96
其它联营企业	－	－	－	－
私营合伙企业	5	－	5	32
股份有限公司	2	4	32	354
股份有限公司(内资)	1	4	27	333
私营股份有限公司	1	－	5	21

13－1 续表 (2002年) 单位:个、人

项目	合计			
	法人单位	活动单位	网点	人员
有限责任公司	348	1	463	5 378
国有独资公司	3	－	7	280
私营有限责任公司	277	－	322	3 182
港、澳、台合资经营企业	－	－	－	－
中外合资经营企业	1	－	1	10
其它有限责任公司	67	1	133	1 906
(三)按国民经济行业分组				
食品、饮料、烟草批发业	145	11	2 853	9 787
棉、麻、土畜产品批发业	21	－	49	195
纺织品、服装和鞋帽批发业	9	－	1 657	3 800
日用百货批发业	28	－	1 541	3 041
日用杂品批发业	8	－	11	253
五金、交电、化工批发业	33	－	38	491
药品及医疗机械批发业	20	－	114	829
能源批发业	71	9	177	2 073
化工材料批发业	18	－	19	237
木材批发业	14	－	17	165
建筑材料批发业	52	1	68	540
矿产品批发业	7	1	9	141
金属材料批发业	62	－	79	869
机械、电子设备批发业	97	1	104	1 180
汽车、摩托车及零配件批发业	31	－	36	447
再生物资回收批发业	17	－	35	484
工艺美术品批发业	1	－	1	65
图书报刊批发业	4	－	9	114
农业生产资料批发业	124	2	378	1 949
其他类未包括的批发业	9	－	566	1 126
(四)按企业规模分组				
限额以上企业	62	8	219	4 496
限额以下企业	709	17	1 252	11 328
个体	－	－	6 290	11 962

13－2 零售贸易业机构、网点、人员数

（2002年）　　单位：个、人

项目	合计			
	法人单位	活动单位	网点	人员
总计	**1 055**	**62**	**44 131**	**85 488**
（一）按登记注册类型分组				
内资企业	1 053	62	2 077	24 298
国有企业	203	40	654	7 844
集体企业	166	4	416	2 383
股份合作企业	2	－	2	38
联营企业	1	－	1	6
其他联营企业	1	－	1	6
有限责任公司	98	7	213	5 500
国有独资企业	2	－	15	732
其它有限责任公司	96	7	198	4 768
股份有限公司	2	9	84	1 512
私营企业	581	2	707	7 015
私营独资企业	170	1	187	1 508
私营合伙企业	7	－	7	35
私营有限责任公司	402	1	511	5 458
私营股份有限公司	2	－	2	14
港、澳、台商投资企业	－	－	－	－
合资经营企业	－	－	－	－
外商投资企业	2	－	2	46
中外合资经营企业	2	－	2	46
外资企业	－	－	－	－
（二）按经济组织类型分组				
独资企业	539	45	1 257	11 735
国有企业	203	40	654	7 844
集体企业	166	4	416	2 383
私营独资企业	170	1	187	1 508
外资企业	－	－	－	－
合作、合伙企业	10	－	10	79
股份合作企业	2	－	2	38
其他联营企业	1	－	1	6
私营合伙企业	7	－	7	35

13－2 续表 (2002年) 单位:个、人

项　目	合计			
	法人单位	活动单位	网点	人员
股份有限公司	4	9	86	1 526
股份有限公司(内资)	2	9	84	1 512
私营股份有限公司	2	–	2	14
有限责任公司	502	8	726	11 004
国有独资公司	2	–	15	732
私营有限责任公司	402	1	511	5 458
港、澳、台合资经营企业	–	–	–	–
中外合资经营企业	2	–	2	46
其它有限责任公司	96	7	198	4 768
(三)按国民经济行业分组				
食品、饮料、烟草零售业	147	25	16 565	28 488
#粮油食品零售业	90	21	3 121	6 393
副食品零售业	32	4	10 524	15 973
日用百货零售业	199	6	9 813	21 035
#百货零售业	143	4	6 940	15 893
文化体育用品零售业	25	1	976	1 784
纺织品、服装和鞋帽零售业	49	–	11 164	16 446
日用杂品零售业	29	–	35	309
五金、交电、化工零售业	273	4	2 588	7 238
药品及医疗机械零售业	38	3	197	1 618
图书、报刊零售业	29	2	88	661
其它零售业	291	22	3 681	9 693
#家具零售业	12	–	579	1 304
汽车、摩托车及零配件零售业	79	–	88	754
计算机及软件、办公设备零售业	48	–	52	588
(四)按企业规模分组				
限额以上企业	54	10	348	9 904
限额以下企业	1 001	52	1 731	14 440
个　体	–	–	42 052	61 144

13－3 餐饮业机构、网点、人员数

（2002年） 单位：个、人

项目	合计			
	法人单位	活动单位	网点	人员
总计	**212**	**83**	**12 267**	**39 373**
（一）按登记注册类型分组				
内资企业	212	82	322	12 329
国有企业	23	30	63	3 004
集体企业	25	12	46	1 004
股份合作企业	–	–	–	–
联营企业	–	–	–	–
国有联营企业	–	–	–	–
有限责任公司	16	23	43	2 596
其它有限责任公司	16	23	43	2 596
股份有限公司	–	–	–	–
私营企业	148	17	170	5 725
私营独资企业	79	7	89	2 297
私营合伙企业	3	–	3	130
私营有限责任公司	65	10	77	3 208
私营股份有限公司	1	–	1	90
港、澳、台商投资企业	–	–	–	–
合资经营企业	–	–	–	–
合作经营企业	–	–	–	–
港、澳、台商独资经营企业	–	–	–	–
外商投资企业	–	1	1	40
中外合资经营企业	–	–	–	–
外资企业	–	1	1	40
（二）按经济组织类型分组				
独资企业	127	50	199	6 345

13－3 续表 (2002年) 单位：个、人

项目	合计			
	法人单位	活动单位	网点	人员
国有企业	23	30	63	3 004
集体企业	25	12	46	1 004
私营独资企业	79	7	89	2 297
港、澳、台合资经营企业	–	–	–	–
外资企业	–	1	1	40
合作、合伙企业	3	–	3	130
股份合作企业	–	–	–	–
国有联营企业	–	–	–	–
私营合伙企业	3	–	3	130
港、澳、台合资合作经营企业	–	–	–	–
股份有限公司	1	–	1	90
股份有限公司(内资)	–	–	–	–
私营股份有限公司	1	–	1	90
有限责任公司	81	33	120	5 804
私营有限责任公司	65	10	77	3 208
港、澳、台合资经营企业	–	–	–	–
中外合资经营企业	–	–	–	–
其它有限责任公司	16	23	43	2 596
(三)按国民经济行业分组				
正餐	200	83	8 866	31 327
快餐	8	–	2 439	5 842
其他餐饮业	4	–	962	2 204
(四)按企业规模分组				
限额以上企业	21	67	94	7 125
限额以下企业	191	16	229	5 244
个体	–	–	11 944	27 004

13－4 限额以上批发零售贸易业商品购进、销售、库存总额

（2002 年）　　单位:万元

	购进总额	#进口	销售总额	批发	#出口	零售	年末库存总额
总　　计	**605 622.7**	**21 039.0**	**639 863.5**	**397 618.2**	**11 925.2**	**242 245.3**	**108 393.6**
# 国有及国有控股	315 060.5	20 856.7	323 972.2	242 341.2	10 659.0	81 631.0	74 658.8
按登记注册类型分组							
内资企业	604 517.7	21 039.0	638 690.5	397 538.2	11 925.2	241 152.3	108 301.6
国有企业	315 060.5	20 856.7	323 972.2	242 341.2	10 659.0	81 631.0	74 658.8
集体企业	11 279.9	–	15 233.5	13 506.5	–	1 727.0	4 652.4
股份合作企业	–	–	–	–	–	–	–
有限责任公司	147 786.7	182.3	157 168.5	88 142.5	1 266.2	69 026.0	20 091.0
国有独资企业	31 730.5	–	32 197.5	12 814.7	–	19 382.8	5 586.1
其它有限责任公司	116 056.2	182.3	124 971.0	75 327.8	1 266.2	49 643.2	14 504.9
股份有限公司	94 629.2	–	104 951.1	29 065.9	–	75 885.2	3 610.2
私营企业	35 761.4	–	37 365.2	24 482.1	–	12 883.1	5 289.2
私营有限责任公司	3 156.1	–	3 934.7	1 725.3	–	2 209.4	760.1
私营股份有限公司	32 605.3	–	33 430.5	22 756.8	–	10 673.7	4 529.1
外商投资企业	1 105.0	–	1 173.0	80.0	–	1 093.0	92.0
中外合资经营企业	1 105.0	–	1 173.0	80.0	–	1 093.0	92.0
按国民经济行业分组							
食品、饮料、烟草批发业	161 206.8	–	177 341.9	175 466.6	–	1 875.3	40 534.0
# 粮油、食用油批发业	12 719.4	–	15 778.7	15 224.2	–	554.5	28 689.0
烟草及其制品批发业	128 355.9	–	139 406.0	139 395.0	–	11.0	9 839.4
棉、麻、土畜产品批发业	–	–	–	–	–	–	–
纺织品、服装和鞋帽批发业	–	–	–	–	–	–	–
日用百货批发业	6 315.3	–	6 536.3	6 536.3	–	–	4 989.6
日用杂品批发业	2 658.0	–	2 973.0	2 973.0	–	–	–
五金、交电、化工批发业	11 732.9	–	10 468.5	10 468.5	–	–	1 007.3
药品及医疗机械批发业	15 727.4	–	17 388.8	14 075.9	–	3 312.9	4 354.6
能源批发业	62 940.8	–	50 277.5	34 577.7	–	15 699.8	4 118.9
# 石油及制品批发业	62 940.8	–	50 277.5	34 577.7	–	15 699.8	4 118.9

13-4 续表 (2002年) 单位:万元

	购进总额	#进口	销售总额	批发	#出口	零售	年末库存总额
化工材料批发业	-	-	-	-	-	-	-
矿产品批发业	36 397.3	20 921	30 636.9	30 636.9	11 925.2	-	7 591.5
金属材料批发业	-	-	-	-	-	-	-
机械、电子设备批发业	6 942.2	118.0	7 399.3	7 399.3	-	-	309.5
汽车、摩托车及零配件批发业	14 831.8	-	15 477.3	14 356.7	-	1 120.6	3 326.9
# 汽车批发业	11 797.7	-	12 349.0	11 443.0	-	906.0	2 354.2
再生物资回收批发业	6 787.8	-	7 300.5	7 300.5	-	-	169.6
工艺美术品批发业	8 130.9	-	8 853.6	8 853.6	-	-	924.8
图书报刊批发业	8 551.0	-	8 982.0	8 924.0	-	58.0	1 337.0
农业生产资料批发业	28 756.9	-	32 049.4	31 456.2	-	593.2	4 571.4
其他类未包括的批发业	3 360.1	-	3 342.2	3 342.2	-	-	17.8
食品、饮料、烟草零售业	27 255.3	-	27 658.8	1 109.2	-	26 549.6	3 690.5
# 粮油食品零售业	2 306.0	-	2 152.0	-	-	2 152.0	154.0
副食品零售业	24 949.3	-	25 506.8	1 109.2	-	24 397.6	3 536.5
日用百货零售业	82 751.7	-	99 494.8	3 927.6	-	95 567.2	11 805.9
# 百货零售业	82 751.7	-	99 494.8	3 927.6	-	95 567.2	11 805.9
文化体育用品零售业	-	-	-	-	-	-	-
纺织品、服装和鞋帽零售业	-	-	-	-	-	-	-
日用杂品零售业	-	-	-	-	-	-	-
五金、交电、化工零售业	15 470.8	-	10 866.8	235.8	-	10 631.0	2 973.8
药品及医疗机械零售业	31 391.6	-	36 492.5	8 162.2	-	28 330.3	7 116.3
图书、报刊零售业	6 616.5	-	6 095.4	1.8	-	6 093.6	1 940.8
其它零售业	67 797.6	-	80 228.0	27 814.2	-	52 413.8	7 613.4
# 家具零售业	780.5	-	941.8	-	-	941.8	499.9
汽车、摩托车及零配件零售业	12 937.1	-	19 843.8	5 964.6	-	13 879.2	1 868.9
计算机及软件、办公设备零售业	3 976.2	-	4 647.7	2 256.8	-	2 390.9	89.7

13－5 限额以下批发零售贸易业商品销售总额

（2002 年）　　单位：万元

	销售总额	批　发	零　售
总　　计	**743 598.3**	**316 121.2**	**427 477.1**
按国民经济行业分组			
食品、饮料、烟草批发业	59 393.6	52 880.4	6 513.2
* 粮油、食用油批发业	1 106.0	–	1 106.0
烟草及其制品批发业	–	–	–
棉、麻、土畜产品批发业	2 634.6	2 543.8	90.8
纺织品、服装和鞋帽批发业	3 584.0	2 971.7	612.3
日用百货批发业	10 692.2	9 325.3	1 366.9
日用杂品批发业	2 614.5	2 404.1	210.4
五金、交电、化工批发业	11 897.2	10 453.2	1 444.0
药品及医疗机械批发业	8 554.0	5 534.4	3 019.6
能源批发业	35 161.5	28 406.4	6 755.1
* 石油及制品批发业	2 890.3	144.9	2 745.4
煤炭及制品批发业	–	–	–
化工材料批发业	10 879.7	9 897.8	981.9
木材批发业	5 898.1	5 531.1	367.0
建筑材料批发业	28 080.5	25 681.2	2 399.3
矿产品批发业	1 753.3	1 722.0	31.3
金属材料批发业	34 314.1	32 087.2	2 226.9
机械、电子设备批发业	46 103.8	41 752.9	4 350.9
汽车、摩托车及零配件批发业	18 925.9	17 213.4	1 712.5

注：分行业数为小型商业企业数，合计数含个体，分行业合计不等于本表总计。

13－5 续表　　(2002年)　　单位:万元

	销售总额	批　发	零　售
#汽车批发业	3 938.0	3 938.0	－
再生物资回收批发业	10 012.2	9 749.0	263.2
工艺美术品批发业	－	－	－
图书报刊批发业	1 486.1	1 098.1	388.0
农业生产资料批发业	38 193.6	33 337.1	4 856.5
其他类未包括的批发业	5 715.3	4 815.3	900.0
食品、饮料、烟草零售业	27 580.1	5 428.6	22 151.5
#粮油食品零售业	16 915.5	3 690.7	13 224.8
副食品零售业	4 553.0	268.0	4 285.0
日用百货零售业	28 403.3	2 304.8	26 098.5
#百货零售业	19 772.2	1 896.5	17 875.7
文化体育用品零售业	5 070.4	64.5	5 005.9
纺织品、服装和鞋帽零售业	8 035.3	1 102.9	6 932.4
日用杂品零售业	4 966.2	351.0	4 615.2
五金、交电、化工零售业	47 834.7	1 268.0	46 566.7
药品及医疗机械零售业	4 670.9	845.0	3 825.9
图书、报刊零售业	6 447.1	260.7	6 186.4
其它零售业	70 747.2	7 155.8	63 591.4
#家具零售业	3 249.2	400.0	2 849.2
汽车、摩托车及零配件零售业	17 614.3	1 255.3	16 359.0
计算机及软件、办公设备零售业	13 100.5	－	13 100.5

13－6 限额以上批发零售贸易、餐饮企业财务状况

（2002年）　　单位：万元

	资产合计	固定资产	流动资产	负债合计	所有者权益	商品销售收入净额	利润总额
一、批发零售贸易企业总计	**446 949.2**	**130 733.1**	**238 560.0**	**312 149.8**	**134 799.4**	**545 794.3**	**10 711.1**
# 国有及国有控股	368 347.9	114 528.6	189 506.6	251 006.9	117 341.0	437 566.9	9 874.7
按登记注册类型分组							
1.批发企业	274 335.2	67 451.9	172 570.7	222 635.9	51 699.3	381 105.2	4 121.8
内资企业	274 335.2	67 451.9	172 570.7	222 635.9	51 699.3	381 105.2	4 121.8
国有企业	140 541.9	25 899.6	111 522.4	119 526.9	21 015.0	184 823.7	4 718.6
集体企业	18 727.8	923.4	16 004.6	17 679.0	1 048.8	10 260.9	－33.0
股份合作企业	－	－	－	－	－	－	－
有限责任公司	39 125.4	5 526.7	25 419.1	27 581.1	11 544.3	74 966.4	831.8
国有独资企业	8 386.1	1 325.9	6 319.2	6 129.3	2 256.8	13 454.5	343.6
其它有限责任公司	30 739.3	4 200.8	19 099.9	21 451.8	9 287.5	61 511.9	488.2
股份有限公司	67 068.8	34 183.5	14 092.5	51 513.7	15 555.1	92 378.5	－1 334.7
私营企业	8 871.3	918.7	5 532.1	6 335.2	2 536.1	18 675.7	－60.9
私营有限责任公司	8 871.3	918.7	5 532.1	6 335.2	2 536.1	18 675.7	－60.9
私营股份有限公司	－	－	－	－	－	－	－
2.零售企业	172 614.0	63 281.2	65 989.3	89 513.9	83 100.1	164 689.1	6 589.3
内资企业	172 179.0	63 139.3	65 731.9	89 249.6	82 929.4	163 668.4	6 590.4
国有企业	48 260.0	21 974.6	25 181.0	38 834.5	9 425.5	55 782.0	1 137.4
集体企业	522.8	21.6	364.0	159.9	362.9	770.5	23.4
股份合作企业	－	－	－	－	－	－	－
有限责任公司	49 874.7	27 068.6	16 412.3	25 669.1	24 205.6	50 269.1	1 652.3
国有独资企业	12 622.1	9 711.9	2 783.2	8 528.1	4 094.0	14 954.6	205.0
其它有限责任公司	37 252.6	17 356.7	13 629.1	17 141.0	20 111.6	35 314.5	1 447.3
股份有限公司	59 891.9	9 334.0	16 365.6	11 912.2	47 979.7	45 616.3	4 069.5
私营企业	13 629.6	4 740.5	7 409.0	12 673.9	955.7	11 230.5	－292.2

13-6 续表1　　(2002年)　　单位:万元

	资产合计	固定资产	流动资产	负债合计	所有者权益	商品销售收入净额	利润总额
私营独资企业	1 901.2	89.3	1 422.9	1 431.8	469.4	3 363.7	-76.9
私营有限责任公司	11 728.4	4 651.2	5 986.1	11 242.1	486.3	7 866.8	-215.3
外商投资企业	435.0	141.9	257.4	264.3	170.7	1 020.7	-1.1
中外合资经营企业	435.0	141.9	257.4	264.3	170.7	1 020.7	-1.1
按国民经济行业分组							
食品、饮料、烟草批发业	81 286.2	20 416.5	58 277.3	58 566.7	22 719.5	145 960.3	6 471.4
* 粮油、食用油批发业	47 407.6	10 710	35 559.1	45 509.3	1 898.3	15 469.2	-1 346.9
烟草及其制品批发业	21 844.1	6 785.4	16 663.5	7 063.6	14 780.5	111 480.4	7 586.2
日用百货批发业	10 908.8	1 943.0	6 611.9	14 022.1	-3 113.3	5 586.6	-1 045.1
日用杂品批发业	2 301.6	105.4	1 603.2	2 301.6	-	3 365.7	142.0
五金、交电、化工批发业	5 915.4	372.5	5 495.8	4 715.2	1 200.2	8 947.5	113.3
药品及医疗机械批发业	15 645.0	2 550.8	12 257.9	12 939.1	2 705.9	14 549.2	40.7
能源批发业	76 911.4	37 097.0	19 128.4	58 662.2	18 249.2	106 520.1	-1 454.7
* 石油及制品批发业	76 911.4	37 097.0	19 128.4	58 662.2	18 249.2	106 520.1	-1 454.7
矿产品批发业	27 739.4	581.4	27 110.0	24 578.4	3 161.0	27 689.9	142.2
金属材料批发业	-	-	-	-	-	-	-
机械、电子设备批发业	2 157.8	296.2	1 649.7	1 822.1	335.7	3 645.1	19.5
汽车、摩托车及零配件批发业	14 514.3	1 194.1	8 734.3	9 773.0	4 741.3	13 281.7	-339.2
* 汽车批发业	12 485.2	727.6	7 196.4	7 894.7	4 590.5	10 607.9	252.9
再生物资回收批发业	1 847.2	265.0	1 539.2	1 419.4	427.8	6 895.6	-18.9
工艺美术品批发业	6 321.1	187.3	6 036.9	7 896.1	-1 575.0	8 853.6	9.2
图书报刊批发业	5 204.8	860.4	4 260.5	4 245.8	959.0	6 195.5	134.9
农业生产资料批发业	23 317.8	1 569.8	19 618.9	21 472.5	1 845.3	26 200.5	-13.6
其他类未包括的批发业	264.4	12.5	246.7	221.7	42.7	3 413.9	-79.9
食品、饮料、烟草零售业	10 252.8	5 484.8	3 443.9	4 084.8	6 168.0	17 111.5	-428.3
副食品零售业	10 252.8	5 484.8	3 443.9	4 084.8	6 168.0	17 111.5	-428.3
日用百货零售业	105 589.6	35 536.9	30 225.9	38 101.9	67 487.7	81 775.1	5 707.2

13－6 续表2 (2002年) 单位:万元

	资产合计	固定资产	流动资产	负债合计	所有者权益	商品销售收入净额	利润总额
* 百货零售业	105 589.6	35 536.9	30 225.9	38 101.9	67 487.7	81 775.1	5 707.2
纺织品、服装和鞋帽零售业	–	–	–	–	–	–	–
五金、交电、化工零售业	12 041.8	9 447.0	1 948.2	12 912.6	－870.8	3 061.4	889.7
药品及医疗机械零售业	22 323.3	5 445.9	16 842.0	17 864.9	4 458.4	31 266.9	386.9
图书、报刊零售业	5 314.1	2 794.9	2 504.2	3 289.5	2 024.6	5 294.8	21.5
其它零售业	17 092.4	4 571.7	11 025.1	13 260.2	3 832.2	26 179.4	12.3
家具零售业	3 396.2	1 594.2	1 063.9	3 231.9	164.3	913.3	－207.5
汽车、摩托车及零配件零售业	8 073.5	1 149.2	6 923.7	6 145.3	1 928.2	16 960.6	109.5
计算机及软件、办公设备零售业	1 380.6	448.8	320.4	910.9	469.7	4 066.0	67.3
二、餐饮企业总计	**12 122.1**	**9 650.2**	**2 122.3**	**9 252.9**	**2 869.2**	**1 704.9**	**－353.9**
* 国有及国有控股	3 571.3	2 422.0	948.6	3 097.1	474.2	553.7	－66.6
按登记注册类型分组	–	–	–	–	–	–	–
内资企业	12 122.1	9 650.2	2 122.3	9 252.9	2 869.2	1 704.9	－353.9
国有企业	589.3	549.5	51.8	505.9	83.4	113.2	－86.0
集体企业	804.5	681.0	123.5	784.5	20.0	117.4	4.2
有限责任公司	3 165.9	2 813.7	210.7	3 071.1	94.8	381.0	－33.9
其它有限责任公司	3 165.9	2 813.7	210.7	3 071.1	94.8	381.0	－33.9
股份有限公司	–	–	–	–	–	–	–
私营企业	7 562.4	5 606.0	1 736.3	4 891.4	2 671.0	1 093.3	－238.2
私营独资企业	344.0	238.0	95.0	87.9	256.1	82.0	－6.2
私营合伙企业	294.8	1.8	296.6	298.1	－3.3	18.0	－4.2
私营有限责任公司	6 923.6	5 366.2	1 344.7	4 505.4	2 418.2	993.3	－227.8
按国民经济行业分组							
正　　餐	12 122.1	9 650.2	2 122.3	9 252.9	2 869.2	1 704.9	－353.9
快　　餐	–	–	–	–	–	–	–

13－7 餐饮业销售情况

(2002年)　　单位:万元

	营业总收入	商品零售额	食品类	饮料类	烟酒类	其他商品类
总　　计	**172 271.2**	**167 163.8**	**46 697.5**	**2 859.2**	**9 467.9**	**243.0**
一、限额以上	**37 358.1**	**36 678.3**	**27 382.9**	**1 993.1**	**7 113.6**	**188.7**
1.按登记注册类型分组						
内资企业	37 155.1	36 475.3	27 239.9	1 978.1	7 068.6	188.7
国有企业	10 094.0	10 035.4	7 901.3	394.0	1 647.0	93.1
集体企业	1 978.8	1 978.8	1 622.4	72.7	257.4	26.3
有限责任公司	9 842.6	9 656.7	6 902.6	569.4	2 153.5	31.2
其他有限责任公司	9 842.6	9 656.7	6 902.6	569.4	2 153.5	31.2
股份有限公司	-	-	-	-	-	-
私营企业	15 239.7	14 804.4	10 813.6	942.0	3 010.7	38.1
私营独资企业	3 601.9	3 380.7	2 248.3	372.6	756.3	3.5
私营合伙企业	99.9	99.9	99.9	-	-	-
私营有限责任公司	11 537.9	11 323.8	8 465.4	569.4	2 254.4	34.6
私营股份有限公司	-	-	-	-	-	-
港、澳、台商投资企业	-	-	-	-	-	-
合资经营企业	-	-	-	-	-	-
合作经营企业	-	-	-	-	-	-
独资经营企业	-	-	-	-	-	-
投资股份有限公司	-	-	-	-	-	-
外商投资企业	203.0	203.0	143.0	15.0	45.0	-
外资企业	203.0	203.0	143.0	15.0	45.0	-
2.按国民经济行业分组						
正　　餐	36 971.4	36 291.6	26 998.4	1 990.9	7 113.6	188.7
快　　餐	386.7	386.7	384.5	2.2	-	-
二、限额以下	**134 913.1**	**130 485.5**	**19 314.6**	**866.1**	**2 354.3**	**54.3**

13－8 社会消费品零售总额

单位:万元

	1978年	1980年	1985年	1990年	1995年	2000年	2001年	2002年
社会消费品零售总额	**50 421**	**67 442**	**131 489**	**253 039**	**562 503**	**902 255**	**988 640**	**1 087 770**
按销售地区分								
市的零售额	27 515	35 073	73 374	151 760	346 793	588 883	647 779	722 184
县的零售额	11 219	13 418	33 582	67 380	136 264	166 596	181 140	195 269
县以下的零售额	11 687	18 951	24 533	33 899	79 446	146 776	159 721	170 317
按经济类型分								
国有经济	31 216	44 186	64 278	119 322	221 808	232 092	219 726	195 585
集体经济	18 584	21 346	42 256	59 073	81 812	58 062	57 805	58 045
私营经济	–	–	–	–	11 873	69 469	90 203	111 957
个体经济	–	171	14 804	43 645	139 852	283 441	315 932	349 832
联营经济	–	–	145	–	–	–	–	–
股份制经济	–	–	–	–	783	54 505	108 435	173 386
其他经济	621	1 739	10 006	30 999	106 375	204 686	196 539	198 965
按行业分								
批发、零售贸易业	42 826	55 358	104 624	186 189	372 517	539 794	597 360	658 291
餐 饮 业	1 521	2 131	4 763	12 136	39 722	109 075	138 187	171 104
制 造 业	1 730	4 084	8 415	16 302	32 640	36 610	36 905	38 512
其 他	3 723	4 130	3 681	7 413	12 000	18 051	23 441	25 817
农民对非农民居民零售额	621	1 739	10 006	30 999	105 624	198 725	192 747	194 046

13－9　主要年份社会消费品零售总额

年　份	社会消费品零售总额（万元）	市	县	县以下	构成（%）总额＝100 市	县	县以下
1798	50 421	27 515	11 219	11 687	54.57	22.25	23.18
1979	57 433	30 554	11 946	14 933	53.20	20.80	26.00
1980	67 442	35 073	13 418	18 951	52.00	19.90	28.10
1981	74 010	32 377	22 008	19 625	43.74	29.74	26.52
1982	84 093	36 764	26 847	20 482	43.72	31.92	24.36
1983	93 388	41 185	30 246	21 957	44.10	32.39	23.51
1984	108 596	55 275	30 263	23 058	50.90	27.87	21.23
1985	131 489	73 374	33 582	24 533	55.80	25.54	18.66
1986	151 208	85 496	39 433	26 279	56.54	26.08	17.38
1987	171 737	98 276	43 776	29 685	57.22	25.49	17.29
1988	220 957	123 358	60 080	37 519	55.83	27.19	16.98
1989	237 855	138 605	64 634	34 616	58.27	27.18	14.55
1990	253 039	151 760	67 380	33 899	59.97	26.63	13.40
1991	281 468	160 586	73 440	47 442	57.05	26.09	16.86
1992	321 706	189 940	81 380	50 386	59.04	25.30	15.66
1993	385 091	213 286	92 200	79 605	55.39	23.94	20.67
1994	470 578	287 171	118 329	65 078	61.03	25.14	13.83
1995	562 503	346 793	136 264	79 446	61.65	24.22	14.13
1996	657 064	423 184	121 602	112 278	64.40	18.51	17.09
1997	711 549	455 106	140 221	116 222	63.96	19.71	16.33
1998	771 723	496 976	143 394	131 353	64.40	18.58	17.02
1999	827 053	536 327	152 822	137 904	64.85	18.48	16.67
2000	902 255	588 883	166 596	146 776	65.27	18.46	16.27
2001	988 640	647 779	181 140	159 721	65.52	18.32	16.16
2002	1 087 770	722 184	195 269	170 317	66.39	17.95	15.66

13－9 续表

年份	分行业社会消费品零售总额(万元)					构成(%)总额＝100				
	批发贸易业	餐饮业	其他行业	*制造业	*农业生产者	批发贸易业	餐饮业	其他行业	*制造业	*农业生产者
1798	42 826	1 521	6 074	1 730	621	84.93	3.02	12.05	3.43	1.23
1979	47 975	1 743	7 715	2 525	1 068	83.53	3.04	13.43	4.40	1.86
1980	55 358	2 131	9 953	4 084	1 739	82.08	3.16	14.76	6.06	2.58
1981	58 914	2 245	12 851	7 189	2 212	79.60	3.03	17.37	9.71	2.99
1982	67 719	2 747	13 627	7 394	3 293	80.53	3.27	16.20	8.79	3.92
1983	74 966	3 108	15 314	7 580	5 084	80.27	3.33	16.40	8.12	5.44
1984	85 434	3 949	19 213	9 172	7 257	78.67	3.64	17.69	8.45	6.68
1985	104 624	4 763	22 102	8 415	10 006	79.57	3.62	16.81	6.40	7.61
1986	116 482	5 442	29 284	10 823	13 441	77.03	3.60	19.37	7.16	8.89
1987	126 003	8 113	37 621	14 486	16 953	73.37	4.72	21.91	8.43	9.87
1988	168 420	10 225	42 312	15 172	20 108	76.22	4.63	19.15	6.87	9.10
1989	178 889	10 841	48 125	15 784	25 031	75.21	4.56	20.23	6.64	10.52
1990	186 189	12 136	54 714	16 302	30 999	73.58	4.80	21.62	6.44	12.25
1991	205 762	14 320	61 386	16 810	36 046	73.10	5.09	21.81	5.97	12.81
1992	228 499	17 709	75 498	21 743	43 724	71.03	5.50	23.47	6.76	13.59
1993	266 300	19 370	99 421	30 552	57 349	69.15	5.03	25.82	7.93	14.89
1994	310 044	30 374	130 160	28 826	86 330	65.89	6.45	27.66	6.13	18.35
1995	372 517	39 722	150 264	32 640	105 624	66.23	7.06	26.71	5.80	18.78
1996	414 359	49 654	193 051	45 849	128 697	63.06	7.56	29.38	6.98	19.59
1997	448 204	54 531	208 814	42 651	157 523	62.99	7.66	29.35	5.99	22.14
1998	466 838	69 882	235 003	42 277	181 105	60.49	9.06	30.45	5.48	23.47
1999	478 475	93 908	254 670	37 724	199 013	57.85	11.36	30.79	4.56	24.06
2000	539 794	109 075	253 386	36 610	198 725	59.83	12.09	28.08	4.06	22.03
2001	597 360	138 187	253 093	36 905	192 747	60.42	13.98	25.60	3.73	19.50
2002	658 291	171 104	258 375	38 512	194 046	60.52	15.73	23.75	3.54	17.84

13－10 城乡集市贸易情况

项　　目	1990年	1995年	2000年	2001年	2002年
集市数(个)	216	289	362	354	350
城　　市	166	207	112	118	138
乡　　村	50	82	250	236	212
集贸成交额(万元)	61 269	259 346	604 650	623 144	653 061
城　　市	39 247	133 304	344 352	353 3710	336 632
乡　　村	22 022	126 042	260 298	269 434	316 429
按类分					
粮食类	2 769	11 179	13 944	21 505	24 747
油脂油料类	1 423	8 009	21 844	23 525	43 617
棉烟麻类	120	241	1 154	537	915
肉食禽蛋类	12 190	47 474	84 873	87 498	92 359
水产品类	2 819	7 321	15 812	16 538	20 444
蔬菜类	11 038	45 224	81 241	79 749	68 719
干鲜果类	8 790	21 871	61 473	61 448	98 507
大牲畜类	1 663	8 734	7 728	7 783	8 037
其　　他	20 457	109 293	316 581	324 561	295 716

13－11　各市县社会消费品零售总额

（2002年）　　　　单位：万元

地　区	社会消费品零售总额	国有经济	集体经济	私营经济	个体经济	股份制经济	其他经济	#农民对非农业居民零售
银川市	**537 865**	**104 588**	**27 102**	**51 437**	**170 245**	**145 145**	**39 348**	**37 420**
银川市	462 468	89 809	24 909	43 707	137 390	144 055	22 598	20 670
永宁县	25 068	2 981	909	3 986	10 442	–	6 750	6 750
贺兰县	20 316	3 072	129	1 174	11 651	1 090	3 200	3 200
灵武市	30 013	8 726	1 155	2 570	10 762	–	6 800	6 800
石嘴山市	**195 671**	**16 102**	**9 497**	**39 276**	**75 029**	**17 234**	**38 533**	**38 533**
石嘴山市	131 594	11 515	7 987	27 630	49 497	9 035	25 930	25 930
平罗县	45 471	1 990	593	10 287	16 675	8 199	7 727	7 727
陶乐县	3 605	1 451	33	293	1 540	–	288	288
惠农县	15 001	1 146	884	1 066	7 317	–	4 588	4 588
吴忠市	**255 397**	**46 563**	**14 888**	**25 311**	**100 801**	**11 007**	**56 827**	**53 836**
利通区	103 389	8 102	5 014	13 341	39 817	10 498	26 617	26 617
青铜峡市	39 279	8 670	6 657	2 117	15 560	–	6 275	6 275
中卫县	56 578	9 813	1 183	4 329	24 712	–	16 541	13 550
中宁县	30 068	11 119	493	4 415	10 287	30	3 724	3 724
盐池县	11 517	3 951	155	483	4 226	479	2 223	2 223
同心县	14 566	4 908	1 386	626	6 199	–	1 447	1 447
固原市	**98 837**	**28 332**	**6 558**	**4 933**	**39 757**	**–**	**19 257**	**19 257**
原州区	46 925	8 630	1 912	2 266	21 766	–	12 351	12 351
海原县	12 430	5 303	392	644	4 931	–	1 160	1 160
西吉县	15 222	5 305	690	–	5 196	–	4 031	4 031
隆德县	9 000	3 836	1 274	1 550	1 840	–	500	500
泾源县	6 308	2 031	421	473	2 826	–	557	557
彭阳县	8 952	3 227	1 869	–	3 198	–	658	658

13－12 各市县主要年份社会消费品零售总额

单位:万元

地　区	1958年	1978年	1980年	1985年	1990年	1995年	2000年	2001年	2002年
全区总计	**13 735**	**50 421**	**67 442**	**131 489**	**253 039**	**571 929**	**902 255**	**988 640**	**1 087 770**
银川市	**5 041**	**18 314**	**24 996**	**53 504**	**113 096**	**261 248**	**443 135**	**483 298**	**537 865**
银川市	3 690	13 357	17 621	38 997	87 846	217 785	377 992	412 182	462 468
永宁县	448	1 381	1 771	4 184	6 525	13 756	20 673	23 932	250 68
贺兰县	521	1 348	1 893	4 187	7 081	11 726	16 739	18 597	20 316
灵武市	382	2 228	3 711	6 136	11 644	17 981	27 731	28 587	30 013
石嘴山市	**2 217**	**10 764**	**13 673**	**23 356**	**47 302**	**103 019**	**156 784**	**175 248**	**195 671**
石嘴山市	1 289	7 686	9 600	16 117	30 499	73 906	102 422	116 761	131 594
平罗县	813	2 873	3 800	6 703	13 062	22 719	39 939	42 364	45 471
陶乐县	115	205	273	536	1 047	1 846	2 956	3 278	3 605
惠农县	–	–	–	–	2 694	4 548	11 467	12 845	15 001
吴忠市	**4 208**	**14 139**	**17 804**	**36 639**	**66 487**	**151 845**	**218 024**	**239 887**	**255 397**
利通区	1 103	3 548	4 331	13 097	21 124	62 492	86 259	97 338	103 389
青铜峡市	560	2 924	3 521	5 780	12 291	21 920	35 184	37 710	39 279
中卫县	1 153	2 908	3 823	6 341	13 450	30 004	46 507	52 386	56 578
中宁县	782	2 186	2 614	5 077	8 721	18 113	26 457	28 882	30 068
盐池县	267	1 224	1 617	2 851	4 987	9 303	9 594	10 073	11 517
同心县	343	1 349	1 898	3 493	5 914	10 013	14 023	13 498	14 566
固原市	**2 269**	**7 204**	**10 969**	**17 990**	**26 154**	**55 817**	**84 312**	**90 207**	**98 837**
原州区	1 020	3 419	5 350	6 821	10 480	25 206	42 332	43 864	46 925
海原县	425	1 029	1 933	2 660	3 187	6 348	9 507	11 032	12 430
西吉县	386	1 384	2 031	3 765	5 092	9 208	12 409	13 183	15 222
隆德县	263	979	1 129	1 762	3 055	4 815	7 532	8 500	9 000
泾源县	175	393	526	1 105	1 695	4 260	4 394	5 444	6 308
彭阳县	–	–	–	1 877	2 645	5 980	8 138	8 184	8 952

13－13　各市县限额以上批发、零售贸易商品购、销、存总额

单位:万元

地　区	购进总额	销售总额	批　发	零　售	库存总额
全区总计	**605 622.7**	**639 863.5**	**397 618.2**	**242 245.3**	**108 393.6**
银川市	**401 322.7**	**435 454.0**	**251 962.0**	**183 492.0**	**65 668.7**
银川市	373 861.1	405 356.3	228 496.3	176 860.0	56 569.0
永宁县	10 321.1	10 925.6	9 925.4	1 000.2	6 300.5
贺兰县	8 088.2	8 851.0	7 377.6	1 473.4	692.8
灵武市	9 052.3	10 321.1	6 162.7	4 158.4	2 106.4
石嘴山市	**67 573.5**	**64 042.1**	**41 181.1**	**22 861.0**	**20 751.6**
石嘴山市	43 497.1	42 230.7	28 143.3	14 087.4	17 677.3
平罗县	22 097.9	20 005.8	11 232.2	8 773.6	3 018.9
陶乐县	–	–	–	–	–
惠农县	1 978.5	1 805.6	1 805.6	–	55.4
吴忠市	**94 479.5**	**97 707.4**	**67 363.6**	**30 343.8**	**17 766.2**
利通区	21 093.5	29 999.2	17 818.0	12 181.2	4 255.8
青铜峡市	13 825.6	15 008.9	14 266.7	742.2	1 231.9
中卫县	20 305.1	22 445.5	15 658.7	6 786.8	9 423.5
中宁县	29 350.9	19 929.9	11 778.3	8 151.6	2 172.4
盐池县	1 192.6	1 367.6	1 367.6	–	272.0
同心县	8 711.8	8 956.3	6 474.3	2 482.0	410.6
固原市	**42 247.0**	**42 660.0**	**37 111.5**	**5 548.5**	**4 207.1**
原州区	27 004.3	24 913.0	20 652.9	4 260.1	1 964.6
海原县	2 344.8	2 543.9	1 266.5	1 277.4	63.7
西吉县	4 864.9	5 230.1	5 219.1	11.0	404.8
隆德县	2 660.0	2 663.0	2 663.0	–	1 320.0
泾源县	–	–	–	–	–
彭阳县	5 373.0	7 310.0	7 310.0	–	454.0

主要统计指标解释

【批发零售贸易业、餐饮业机构】 指各种经济类型独立核算法人批发零售贸易企业、餐饮业企业的单位个数。机构应同时具备以下条件：(1) 依法成立，有自己的名称、组织机构和场所，能够独立承担民事责任；(2) 独立拥有和使用资产，承担负债，有权与其他单位签订合同；(3) 独立核算盈亏，并能够编制资产负债表。

【批发零售贸易业、餐饮业网点】 指各种经济类型独立核算法人批发零售贸易企业、餐饮业设立的从事商品批发贸易，零售贸易业务的自然单位数和从事餐饮活动的自然单位数，以及各行业附设的从事商品批发贸易、零售贸易业务的自然单位数和从事餐饮活动的自然单位数。网点应具备独立固定的营业场所，配备一定的业务人员，不论机构大小、不论是否单独核算，均按自然点计算，即有一个点就算一个网点。

【批发零售贸易业商品购进总额】 指从本企业以外的单位和个人购进（包括从国外直接进口）作为转卖或加工后转卖的商品金额，由从生产者购进额，从批发零售贸易业购进额，进口额和其他项目组成，反映批发零售贸易企业从国内、国外市场上购进商品的总量。

【批发零售贸易业商品销售总额】 指对本企业以外的单位和个人出售（包括对国外直接出口）的商品金额，由对生产经营单位批发额，对批发零售贸易业批发额、出口额和对居民和社会集团的零售额项目组成，反映批发零售贸易企业在国内市场上销售商品以及出口商品的总量。

商品销售总额包括：

(1) 售给城乡居民和社会集团消费用的商品；

(2) 售给工业、农业、建筑业、运输邮电业、批发零售贸易业、餐饮业、服务业、公用事业等作为生产、经营使用的商品；

(3) 售给批发零售贸易业作为转卖或加工后转卖的商品；

(4) 对国（境）外直接出口的商品。

【对农民的农业生产资料销售】 指售给农民作为农业生产用的生产资料。包括：

(1) 售给农村集体、农业生产组织和农民农业生产用的各种农业机械、中小农具、农药械、肥料、农药、种子、饲料、种畜、种禽用的药品和医疗器材、塑料薄膜等农业生产资料以及农业生产用的燃料、元钉、铁丝、工具、建筑材料、运输工具和电料、器材等；

(2) 售给农村兽医站的各种药品和医疗器材；

(3) 由国家财政购买无偿供应农民的各种农业生产资料。

【期末库存】 指批发零售贸易企业已取得所有权的全部商品。这个指标反映批发零售贸易企业的商品库存情况，对市场商品供应的保证程度，期末库存包括：

(1) 存放在本单位（如门市部、批发站、采购站、经营处）的仓库、货场、货柜和货架中的商品；

(2) 挑选、整理、包装中的商品；

(3) 已记入购进而尚未运到本单位的商品，即发货单位或银行承兑凭证已到而货未到的商品；

(4) 寄放他处的商品，如因购货方拒绝付款而暂时存放在购货方的商品；

(5) 委托其他单位代销（未作销售或调出）尚未售出的商品；

(6) 代其他单位购进尚未交付的商品。

【社会消费品零售总额】 指各种经济类型的批发零售贸易业、餐饮业、制造业和其他行业对城乡居民和社会集团的消费品零售额和农民对非农业居民零售额的总和。

十四、对外经济贸易和旅游业

14－1 主要年份进出口贸易总额

年 份	按人民币计算（万元）				按美元计算（万美元）			
	进出口总额	出口总额	进口总额	差额（出超－入超）	进出口总额	出口总额	进口总额	差额（出超－入超）
1958	1 055	670	385	285	704	447	257	190
1965	1 777	1 556	221	1 335	1 184	1 037	147	890
1970	1 551	1 304	247	1 057	1 034	869	165	704
1975	4 048	3 136	912	2 224	2 699	2 091	608	1 483
1977	3 324	3 029	295	2 734	2 216	2 019	197	1 822
1978	4 587	3 406	1 181	2 225	2 962	2 271	691	1 580
1980	7 041	6 523	518	6 005	4 674	4 352	322	4 030
1981	8 105	7 447	658	6 789	4 767	4 380	387	3 993
1982	8 956	8 190	766	7 424	4 665	4 266	399	3 867
1983	9 437	7 389	1 958	5 431	3 739	2 956	783	2 173
1984	11 594	8 758	2 836	5 922	4 141	3 128	1 013	2 115
1985	17 362	10 930	6 432	4 498	5 426	3 416	2 010	1 406
1986	25 892	18 416	7 476	10 940	7 465	5 338	2 127	3 211
1987	32 403	23 475	8 928	14 547	8 710	6 310	2 400	3 910
1988	39 893	30 582	9 311	21 271	10 724	8 221	2 503	5 718
1989	29 511	23 471	6 040	17 461	7 848	6 248	1 600	4 648
1990	40 547	36 652	3 895	32 757	8 491	7 679	812	6 867
1991	54 208	47 501	6 707	40 794	10 286	9 029	1 257	7 772
1992	69 886	61 116	8 770	52 346	12 894	11 276	1 618	9 658
1993	83 044	64 375	18 669	45 706	14 350	11 124	3 226	7 898
1994	153 367	125 829	27 538	98 291	17 823	14 636	3 187	11 449
1995	231 651	200 015	31 636	168 379	27 810	24 012	3 798	20 214
1996	194 345	167 753	26 592	141 161	23 438	20 231	3 207	17 024
1997	251 269	208 980	42 289	166 691	30 303	25 203	5 100	20 103
1998	259 826	234 282	25 544	208 738	31 309	28 231	3 078	25 153
1999	263 236	205 008	58 228	146 780	31 799	24 765	7 034	17 731
2000	366 656	270 998	95 658	175 340	44 292	32 736	11 556	21 180
2001	441 035	291 259	149 776	141 483	53 277	35 184	18 093	17 091
2002	366 538	271 545	94 993	176 552	44 285	32 808	11 477	21 331

注：1999 年起进出口数据为海关口径。

14－2 进出口商品贸易方式和企业性质总值

单位:万美元

项目	2001年			2002年		
	进出口	出口	进口	进出口	出口	进口
总额	**53 277**	**35 184**	**18 093**	**44 285**	**32 808**	**11 477**
按贸易方式分						
一般贸易	43 865	28 841	15 024	30 248	22 860	7 388
来料加工装配贸易	81	38	43	68	37	31
进料加工贸易	9 259	6 305	2 954	12 651	9 849	2 82
外资企业投资进口货物	52	－	52	1 239	－	1 239
其他	20	－	20	79	62	17
按企业性质分						
国有企业	44 927	28 551	16 376	31 939	23 913	8 026
外商投资企业	7 442	5 903	1 539	9 343	6 157	3 186
集体、私营及其他	908	730	178	3 003	2 738	265

14－3 主要出口商品数量

(2002年)

项目	单位	数量	项目	单位	数量
金属镁	吨	20 085	活性碳	吨	16 814
钼及制品	吨	64	轮胎	万条	82
无毛绒	吨	314	羊毛衫	百件	44 063
硅铁	吨	54 132	四环素	吨	1 210
碳化硅及磨料	吨	29 192	柠檬酸	吨	215
双氰胺	吨	8 140	枸杞	吨	348
轴承	百套	1 248	碳化钙	吨	29 541
铝及制品	吨	41 149	化肥	吨	12 807

14－4　进出口商品分国别(地区)总值

单位:万美元

国　别	2001年			2002年		
	进出口	出　口	进　口	进出口	出　口	进　口
总　额	**53 277**	**35 184**	**18 093**	**44 285**	**32 808**	**11 477**
亚　洲	**22 054**	**17 349**	**4 705**	**22 146**	**18 640**	**3 506**
香　港	1 046	706	340	1 826	1 805	21
印　度	694	681	13	1 655	973	682
以色列	3 689	3 393	296	150	150	－
日　本	7 949	5 421	2 528	6 667	5 709	958
韩　国	3 101	2 990	111	3 118	3 037	81
台　湾	485	412	73	1 133	827	306
非　洲	**9 441**	**1 104**	**8 337**	**2 325**	**1 510**	**815**
刚　果	3 077	－	3 077	－	－	－
尼日利亚	4 883	94	4 789	484	100	384
欧　洲	**10 060**	**7 581**	**2 479**	**8 889**	**6 604**	**2 285**
比利时	275	232	43	436	328	108
英　国	2 481	2 070	411	1 231	856	375
德　国	1 660	919	741	1 688	1 134	554
意大利	978	892	86	2 321	1 849	472
荷　兰	1 628	847	781	1 451	1 369	82
奥地利	1 440	1 440	－	7	7	－
拉丁美洲	**816**	**802**	**14**	**1 116**	**810**	**306**
北美洲	**9 685**	**8 124**	**1 561**	**6 855**	**4 975**	**1 880**
加拿大	883	416	467	452	367	85
美　国	8 802	7 708	1 094	6 403	4 608	1 795
大洋洲	**1 221**	**224**	**997**	**2 954**	**269**	**2 685**
澳大利亚	1 172	175	997	2 930	244	2 686

14－5 三资企业协议投资额

项　　目	1990年		1995年		1998年		2000年		2002年	
	合同个数（个）	客方协议投资额（万美元）	合同个数（个）	客方协议投资额（万美元）	合同个数（个）	客方协议投资额（万美元）	合同个数（个）	客方协议投资额（万美元）	合同个数（个）	客方协议投资额（万美元）
总　　计	**4**	**102**	**42**	**2 878**	**36**	**5 203**	**32**	**9 927**	**29**	**8 215**
一、按投资方式分										
独资经营	–	–	9	901	13	327	11	7 204	8	972
合资经营	3	82	31	1 850	18	2 199	17	1 712	14	3 441
合作经营	1	20	2	127	5	2 677	4	1 011	7	3 802
二、按国民经济部门分										
农、林、牧、渔业	–	–	3	150	5	2 088	4	339	3	1 220
工　　业	4	102	32	1 843	24	2 804	25	8 591	21	5 799
建 筑 业	–	–	2	646	1	12	1	800	2	232
房地产公用服务业	–	–	2	92	4	262	1	182	–	–
交通运输、邮电业	–	–	–	–	–	–	1	15	–	–
其他行业	–	–	3	147	2	37	–	–	3	964
三、按国别（地区）分										
＊香　　港	4	102	24	1 476	12	3 760	13	2 688	9	1 405
韩　　国	–	–	–	–	2	40	1	42	3	87
日　　本	–	–	5	671	1	155	1	37	1	179
美　　国	–	–	4	290	1	600	6	1 356	2	670
新 加 坡	–	–	3	186	1	7	2	1 820	2	596
台　　湾	–	–	1	121	6	131	2	1 212	3	122
加 拿 大	–	–	1	15	2	79	2	80	1	660

14－6 主要年份利用外资情况

项目	1985年	1990年	1995年	1998年	1999年	2000年	2001年	2002年
一、签订利用外资协议项目(个)	**3**	**5**	**53**	**43**	**46**	**42**	**43**	**39**
1.对外借款	－	1	11	3	4	4	－	4
2.外商直接投资	1	4	42	36	29	32	35	29
3.外商其他投资	2	－	－	4	13	6	8	6
二、签订利用外资协议额(万美元)	**344**	**268**	**5 202**	**15 870**	**9 911**	**11 067**	**13 014**	**14 717**
1.对外借款	－	166	2 324	10 400	3 623	815	－	6 491
2.外商直接投资	150	102	2 878	5 203	6 228	9 927	13 001	8 215
3.外商其他投资	194	－	－	267	60	325	13	11
三、实际利用外资额(万美元)	**99**	**1 077**	**6 715**	**5 674**	**4 041**	**9 091**	**5 086**	**3 166**
1.对外借款	74	974	3 510	5 153	3 097	7 497	3 393	955
2.外商直接投资	25	103	3 205	495	920	1 283	1 680	2 200
3.外商其他投资	－	－	－	26	24	311	13	11

14－7 借用国外资金情况

(2002年)　　单位:万美元

项目	上年末结转余额	新增借款本金	偿还本金	本期借款余额	偿付利息
合计	**21 355**	**4 683**	**1 170**	**25 030**	**508**
一、外国政府贷款	**11 840**	**2 911**	**299**	**14 465**	**283**
统借自还	11 840	2 911	299	14 465	283
二、国际金融组织贷款	**6 339**	**1 180**	**271**	**7 248**	**136**
统借自还	6 339	1 180	271	7 248	136
三、外国银行商业贷款	**619**	**－**	**－**	**619**	**－**
四、出口信贷	**1 814**	**161**	**270**	**1 854**	**89**
五、企业对外直接融资	**743**	**431**	**330**	**844**	**－**

注：本表数据为国家外汇管理局宁夏分局外债监测数。

14－8 主要年份外贸商品出口额

单位:万元

项目	1978年	1980年	1985年	1990年	1995年	2000年	2001年	2002年
出口总额	**3 406**	**6 528**	**10 930**	**36 652**	**200 015**	**270 998**	**292 259**	**271 545**
按商品类别分								
农副产品	2 400	2 914	1 951	8 102	41 816	9 674	8 796	10 326
轻纺产品	444	1 508	1 847	6 985	52 444	47 864	35 580	41 490
工矿产品	562	2 106	7 132	21 565	105 755	213 460	246 883	219 729

14－9 主要年份接待海外旅游者人数

单位:人次

项目	1990年	1991年	1993年	1995年	1996年	2000年	2001年	2002年
旅游人数总计	**1 950**	**2 895**	**2 905**	**3 655**	**4 218**	**7 807**	**8 668**	**6 018**
外国人	**1 348**	**1 933**	**1 917**	**2 881**	**3 386**	**5 792**	**5 668**	**4 117**
#日本	801	998	811	1 379	1 594	1 896	1 906	1 716
美国	82	263	143	187	301	392	533	461
加拿大	10	19	43	50	94	151	233	170
英国	38	72	98	84	62	353	314	212
法国	18	21	41	80	149	180	158	154
德国	87	128	150	126	202	298	572	222
意大利	24	29	33	82	57	59	134	57
独联体	8	20	7	6	8	104	193	10
澳大利亚	30	41	40	46	44	115	158	83
新西兰	2	10	17	28	4	10	16	8
港澳和台湾同胞	**602**	**962**	**988**	**774**	**832**	**2 015**	**3 000**	**1 901**

14－10 主要年份旅游外汇收入情况

单位:外汇券万元

项目	1990年	1991年	1993年	1995年	1996年	2000年	2001年	2002年
合计	**175.0**	**275.5**	**375.0**	**938.0**	**942.1**	**2 252.0**	**2 262.0**	**1 336.0**
商品性外汇收入	**43.1**	**109.8**	**67.8**	**323.0**	**158.9**	**341.0**	**458.0**	**282.0**
商品销售外汇收入	31.0	90.5	36.9	135.0	72.0	144.0	277.0	199.0
饮食销售外汇收入	12.1	19.3	30.9	188.0	86.9	197.0	181.0	83.0
劳务性外汇收入	**131.9**	**165.7**	**307.2**	**615.0**	**783.2**	**1 911.0**	**1 804.0**	**1 054.0**
长途交通费	53.8	55.1	117.1	143.0	334.5	1 009.0	735.0	385.0
宿费	20.7	26.3	54.3	276.0	172.6	410.0	339.0	194.0
其他	57.4	84.3	135.8	196.0	276.1	492.0	730.0	475.0

主要统计指标解释

【进出口总额】 指实际进出我国国境的货物总金额。包括来料加工装配进出口货物，补偿贸易进出口、代售国外商品的进口，在国外寄售商品和样品、展览品、转口的进出口商品。进口订货统计、进口交货统计，我国规定出口货物按离岸价格统计，进口货物按到岸价格统计。

【出口】 海关按经营单位统计的本地区出口总值，扣除来料加工装配贸易，境外驻本地区外交机构的出口总值、本地区出口商品退货总值和本地区代理外地区出口、加上外地区代理本地区出口后的总额。

【进口】 海关按经营单位统计的本地区进口总值，扣除来料加工装配贸易、境外驻本地区外交机构的进口总值、本地区进口商品退货总值和本地区代理外地区进口、加上外地区代理本地区进口后的总值。

【利用外资】 指我国各级政府、部门、企业和其他经济组织通过对外借款、吸收外商直接投资及用其他方式筹措的境外现汇、设备、技术等。

【对外借款】 是我国利用外资的主要部分。包括我国通过外国政府贷款，国际金融组织贷款，外国银行商业贷款，出口信贷以及对外发行债券，股票等方式，从境外筹措的资金。

【外商直接投资】 指外国企业和经济组织或个人，按我国有关政策、法规，用现汇、实物、技术等在我国境内开办外商独资企业，与我国境内的企业或经济组织共同举办中外合资经营企业、合作经营企业或合作开发资源的投资以及政府有关部门批准的项目投资总额内，企业从境外借入的资金。

【外商其他投资】 指除对外借款和外商直接投资以外的，用其他方式吸收的投资，包括：补偿贸易、加工装配、国际租赁业务。

【旅游人数】 指来我区参观、访问、旅行、探亲、访友、休养、考察、参加会议和从事经济、科技、文化、教育、体育、宗教等活动的外国人、华侨、港澳和台湾同胞的人数。

【旅游外汇收入】 指为来我国旅游的外国人、华侨、港澳和台湾同胞提供商品和劳务而获得的外汇收入。包括供应商品、饮食和提供住宿、交通、邮电、文化娱乐、导游等各项服务所得到的全部外汇收入。

十五、教育、科学、文化

15－1　主要年份各类学校基本情况

指　　标	单位	1978年	1980年	1985年	1990年	1995年	2000年	2001年	2002年
一、高等学校	所	**5**	**4**	**7**	**7**	**7**	**5**	**8**	**12**
# 地　方	所	–	–	6	6	6	4	7	11
教职工数	人	1 523	1 896	3 068	3 579	3 434	3 996	4 437	4 623
# 专任教师	人	652	787	1 352	1 609	1 763	1 894	2 393	2 659
毕业生数	人	623	356	1 530	2 213	2 717	3 054	3 177	3 379
招生数	人	1 234	1 277	2 371	2 324	2 910	7 107	8 891	9 434
在校学生数	人	2 890	4 156	6 425	7 992	10 686	17 163	23 154	29 301
二、中等职业技术教育									
中等专业学校	所	14	20	22	26	26	25	25	13
技工学校	所	–	–	24	33	37	20	17	17
职(农)业学校	所	–	–	29	32	36	29	28	26
教职工数	人	923	1 744	3 450	5 173	6 267	6 150	5 669	5 570
# 专任教师数	人	446	801	1 440	2 420	3 552	3 532	3 783	3 272
毕业生数	人	1 863	2 571	5 342	10 328	13 303	11 867	11 783	11 116
招生数	人	2 780	3 450	12 220	12 278	13 977	15 731	12 352	14 677
在校学生数	人	5 198	8 420	25 574	33 021	34 883	41 719	41 130	43 194
三、普通中学	所	**667**	**508**	**436**	**450**	**436**	**433**	**448**	**449**
教职工数	人	11 856	14 101	16 359	20 635	22 431	23 782	24 072	24 486
# 专任教师数	人	8 759	10 437	12 270	16 182	18 052	20 145	20 102	20 736
毕业生数	人	75 977	63 800	66 427	85 054	79 245	89 091	91 789	95 612
招生数	人	103 214	79 100	79 046	93 667	96 885	119 559	122 578	127 254
在校学生数	人	232 929	223 700	237 917	284 440	272 305	318 308	334 786	358 477
四、义务教育									
小　学	所	5 318	5 107	4 359	4 242	3 843	3 267	3 011	2 912
教职工数	人	23 429	25 532	25 407	29 685	33 305	36 586	36 143	35 634
# 专任教师数	人	21 559	22 657	22 593	27 165	30 745	34 694	34 267	34 228
毕业生数	人	82 305	75 000	68 214	87 189	89 490	104 758	104 222	101 970
招生数	人	128 425	123 100	117 855	99 938	114 619	119 419	121 790	130 005
在校学生数	人	612 983	583 700	654 208	667 359	617 547	657 352	651 082	663 542
五、特殊教育	所	**–**	**–**	**1**	**1**	**5**	**3**	**6**	**6**
# 在校学生数	人	–	–	56	202	595	414	1 397	1 458

15-2 主要年份各级各类学校数

单位:所

年份	普通高等学校	中等学校	中等专业学校	中等技术学校	中等师范学校	普通中学	农业中学、职业中学	小学	幼儿园	盲聋哑学校
1950	–	16	7	3	4	9	–	695	–	–
1955	–	18	5	3	2	13	–	843	5	–
1957	–	33	6	3	3	27	–	1 617	10	–
1958	3	125	11	5	6	58	56	2 968	28	–
1960	3	117	32	22	10	60	25	2 349	56	–
1965	1	166	4	2	2	56	106	7 501	30	–
1970	1	323	4	2	2	319	–	3 380	–	–
1975	3	414	8	5	3	406	–	6 394	81	–
1978	5	681	14	10	4	667	–	5 318	92	–
1980	4	528	20	16	4	508	–	5 107	134	–
1981	7	493	22	18	4	470	1	4 632	98	–
1982	7	468	22	18	4	444	2	4 519	101	–
1983	7	461	18	15	3	437	6	4 436	110	–
1984	8	468	18	15	3	425	25	4 280	169	–
1985	7	487	22	19	3	436	29	4 359	157	1
1986	7	489	23	19	4	437	29	4 307	186	1
1987	7	494	26	22	4	435	33	4 320	184	1
1988	7	498	27	22	5	440	31	4 226	213	1
1989	7	501	26	22	4	445	30	4 215	272	1
1990	7	508	26	22	4	450	32	4 242	213	1
1991	7	510	26	22	4	449	35	4 021	224	5
1992	7	511	26	22	4	444	41	3 940	283	5
1993	7	508	26	22	4	446	36	3 872	188	5
1994	7	498	26	22	4	438	34	3 821	218	5
1995	7	498	26	22	4	436	36	3 843	337	5
1996	7	495	25	21	4	438	32	3 852	232	6
1997	5	504	25	21	4	442	37	3 838	165	5
1998	5	483	25	21	4	430	28	3 580	275	6
1999	5	492	25	21	4	432	35	3 460	261	5
2000	5	487	25	21	4	433	29	3 267	340	3
2001	8	501	25	23	2	448	28	3 011	124	6
2002	12	488	13	12	1	449	26	2 912	139	6

15-3 主要年份各级各类学校教职工数

单位:人

年 份	普通高等学校	中等专业学校	普通中学	小 学	幼儿园	盲聋哑学校
1950	-	125	143	1 804	-	-
1955	-	197	328	2 455	28	-
1957	-	337	618	4 193	64	-
1958	129	523	894	6 089	159	-
1960	485	1 507	1 276	8 193	330	-
1965	597	251	1 693	13 733	308	-
1970	719	240	3 124	12 901	-	-
1975	1 266	609	7 002	22 191	746	-
1978	1 523	923	11 856	23 429	650	-
1980	1 896	1 744	14 101	25 532	836	-
1981	1 956	1 940	14 647	25 186	1 074	-
1982	2 200	2 046	15 180	25 825	1 093	-
1983	2 472	1 845	15 456	26 314	1 646	-
1984	2 837	1 906	15 562	25 453	2 169	-
1985	3 068	2 227	16 359	25 407	2 016	25
1986	3 267	2 468	17 168	26 519	2 280	34
1987	3 407	2 770	18 206	26 986	2 359	44
1988	3 439	2 893	19 177	27 643	2 625	48
1989	3 498	2 948	20 184	28 928	2 978	54
1990	3 579	3 023	20 635	29 685	2 839	64
1991	3 586	2 996	21 070	29 983	3 619	94
1992	3 645	3 037	21 752	30 790	3 563	100
1993	3 624	3 071	23 149	31 659	4 338	107
1994	3 409	2 899	22 105	32 477	3 918	510
1995	3 434	3 075	22 431	33 305	3 849	265
1996	3 926	3 014	22 710	33 848	3 766	654
1997	3 929	3 066	22 899	34 649	4 168	122
1998	3 864	3 017	23 142	35 039	3 572	121
1999	3 962	3 043	23 510	36 018	3 550	115
2000	3 996	3 000	23 782	36 586	3 820	120
2001	4 437	3 030	24 072	36 143	3 282	148
2002	4 623	2 849	24 486	35 634	3 464	149

15－4 主要年份各级各类学校在校学生数

单位:人

年份	普通高等学校	中等学校	中等专业学校			普通中学	农业中学职业中学	小学	幼儿园	盲聋哑学校
				中等技术学校	中等师范学校					
1950	－	2 227	1 207	350	857	1 200	－	45 058	－	－
1955	－	5 842	1 524	954	570	4 318	－	76 219	225	－
1957	－	13 024	2 707	1 440	1 267	10 317	－	140 638	609	－
1958	329	22 438	4 069	2 492	1 577	15 414	2 955	250 333	1 624	－
1960	1 259	31 388	9 909	6 661	3 248	19 792	1 687	284 970	2 906	－
1965	982	26 680	1 107	664	443	20 047	5 526	347 246	2 523	－
1970	－	45 919	－	－	－	45 919	－	300 589	－	－
1975	1 759	126 495	4 212	1 657	2 555	122 283	－	596 170	6 360	－
1978	2 890	238 127	5 198	1 921	3 277	232 929	－	612 983	6 224	－
1980	4 156	232 120	8 174	4 353	3 821	223 700	246	583 700	11 046	－
1981	5 161	215 071	7 755	4 489	3 266	206 700	616	555 300	14 151	－
1982	4 528	208 594	7 002	3 817	3 185	200 800	792	553 913	15 538	－
1983	5 083	215 254	6 391	3 587	2 804	206 300	2 563	575 200	19 400	－
1984	5 607	234 392	7 960	4 166	3 794	219 966	6 466	619 837	30 900	－
1985	6 425	257 762	8 947	5 338	3 609	237 917	10 898	654 208	32 191	56
1986	7 186	280 787	10 242	6 521	3 721	258 600	11 945	681 715	32 193	104
1987	7 317	296 351	11 119	7 265	3 854	273 152	12 080	693 613	35 077	135
1988	7 673	301 163	11 628	7 619	4 009	276 727	12 808	698 943	34 328	178
1989	7 878	300 303	11 525	7 714	3 811	276 784	11 994	684 833	39 646	201
1990	7 992	307 697	11 634	7 738	3 896	284 440	11 623	667 359	45 115	202
1991	7 898	315 887	11 457	7 599	3 858	291 246	13 184	661 352	53 883	335
1992	8 475	311 918	11 354	7 650	3 695	287 839	12 725	652 064	65 374	564
1993	9 604	291 038	12 469	8 789	3 680	267 718	10 851	628 009	77 536	370
1994	10 502	292 191	12 355	8 370	3 985	269 316	10 520	614 804	77 004	771
1995	10 686	294 356	12 463	8 352	4 111	272 305	9 588	617 547	83 444	595
1996	10 484	299 877	12 758	8 599	4 159	278 158	8 961	627 920	78 662	654
1997	11 058	310 187	13 698	9 326	4 378	283 458	13 031	645 823	74 399	822
1998	11 312	316 137	14 812	10 340	4 472	286 489	14 836	652 552	84 434	471
1999	13 121	327 356	16 370	11 903	4 467	294 520	16 466	658 157	83 374	416
2000	17 163	351 170	19 880	16 442	3 438	318 308	12 982	657 352	93 117	414
2001	23 154	369 090	22 913	20 297	2 616	334 786	11 391	651 082	86 788	1 397
2002	29 301	396 611	25 721	23 472	2 249	358 477	12 413	663 542	104 000	1 458

15-5 主要年份各级各类学校招生数

单位:人

年份	普通高等学校	中等学校	中等专业学校	中等技术学校	中等师范学校	普通中学	农业中学职业中学	小学	盲聋哑学校
1950	-	1 054	624	244	380	430	-	8 561	-
1955	-	2 766	709	504	205	2 057	-	15 905	-
1957	-	5 480	681	232	449	4 799	-	37 181	-
1958	329	13 828	2 349	1 699	650	8 606	2 873	127 048	-
1960	501	15 412	5 977	4 287	1 690	8 565	870	85 668	-
1965	310	11 566	611	456	155	7 577	3 928	96 252	-
1970	-	26 384	-	-	-	26 384	-	98 614	-
1975	661	73 761	2 340	880	1 460	71 421	-	131 820	-
1978	1 234	105 994	2 780	1 140	1 640	103 214	-	128 425	-
1980	1 277	82 550	3 450	1 700	1 750	79 100	-	123 100	-
1981	1 353	74 488	2 788	1 272	1 516	71 100	600	118 100	-
1982	1 286	73 708	2 042	1 272	770	71 300	366	118 500	-
1983	1 450	76 934	2 521	1 436	1 085	72 500	1 913	121 500	-
1984	1 796	79 008	2 863	1 829	1 034	72 002	4 143	127 477	-
1985	2 371	88 568	3 854	2 681	1 173	79 046	5 668	117 855	56
1986	2 306	91 581	3 755	2 512	1 243	82 900	4 926	117 700	45
1987	2 334	95 250	4 121	2 797	1 324	86 522	4 607	108 327	31
1988	2 434	99 513	4 021	2 857	1 164	90 016	5 476	111 418	42
1989	2 295	101 438	4 190	2 532	1 658	92 623	4 625	108 074	32
1990	2 324	101 878	3 891	2 417	1 474	93 667	4 320	99 938	-
1991	2 326	103 864	3 857	2 572	1 285	94 437	5 840	108 405	148
1992	2 722	103 293	4 090	2 627	1 463	93 156	6 047	101 874	272
1993	3 378	106 913	5 246	3 696	1 550	96 585	5 082	100 390	93
1994	3 107	102 916	4 437	2 911	1 526	93 317	5 162	109 312	166
1995	2 910	106 184	4 512	2 884	1 628	96 885	4 787	114 619	34
1996	3 090	105 774	4 600	2 937	1 663	97 064	4 110	116 516	45
1997	3 344	110 883	4 854	3 161	1 684	99 794	6 235	120 627	217
1998	3 547	115 016	5 135	3 544	1 591	102 830	7 051	118 279	104
1999	4 487	118 837	6 003	4 306	1 697	106 005	6 829	116 583	74
2000	7 107	133 307	7 973	7 467	506	119 559	5 775	119 419	101
2001	8 891	133 260	6 549	5 732	817	122 578	4 133	121 790	288
2002	9 434	140 353	7 583	7 186	397	127 254	5 516	130 005	229

15－6　主要年份各级各类学校毕业生数

年　份	普通高等学校	中等学校	中等专业学校	中等技术学校	中等师范学校	普通中学	农业中学职业中学	小　学
1950	－	263	124	9	115	139	－	1 532
1955	－	1 514	683	445	238	831	－	2 897
1957	－	1 410	369	252	117	1 041	－	6 496
1958	－	2 641	946	588	358	1 550	145	8 622
1960	－	4 554	1 337	571	766	2 930	287	11 576
1965	371	4 045	245	245	－	3 785	15	12 806
1970	－	13 305	－	－	－	13 305	－	33 783
1975	513	38 520	1 506	249	1 257	37 014	－	59 457
1978	623	77 840	1 863	805	1 058	75 977	－	82 305
1980	356	66 371	2 571	1 579	992	63 800	－	75 000
1981	341	71 385	3 205	1 134	2 071	68 180	－	72 900
1982	1 896	66 203	2 763	1 924	839	62 984	456	67 900
1983	875	68 063	3 112	1 653	1 459	64 572	379	67 300
1984	1 249	60 141	1 276	1 236	40	58 238	627	64 000
1985	1 530	70 349	2 802	1 492	1 310	66 425	1 122	68 214
1986	1 548	77 500	2 386	1 279	1 107	72 900	2 214	68 200
1987	2 172	84 800	3 130	1 997	1 133	78 461	3 209	73 296
1988	2 066	91 571	3 485	2 460	1 025	84 541	3 545	77 833
1989	2 032	92 029	4 228	2 376	1 852	84 291	3 510	87 306
1990	2 213	92 727	3 696	2 311	1 385	85 054	3 977	87 189
1991	2 386	93 896	3 898	2 585	1 313	85 948	4 050	89 756
1992	2 101	96 024	4 174	2 556	1 618	91 850	5 519	88 366
1993	2 212	101 646	3 930	2 408	1 522	91 995	5 721	96 929
1994	2 398	89 190	3 400	2 179	1 221	81 373	4 417	90 801
1995	2 717	87 579	4 177	2 668	1 509	79 245	4 157	89 490
1996	3 277	88 425	4 432	2 833	1 599	81 353	2 640	87 470
1997	2 721	91 860	4 013	2 518	1 495	85 323	2 524	91 895
1998	3 052	93 886	4 006	2 513	1 493	87 030	2 850	94 010
1999	2 680	95 408	4 459	2 761	1 698	86 927	4 022	99 380
2000	3 054	96 876	4 390	2 858	1 532	89 091	3 395	104 758
2001	3 177	99 897	4 627	3 886	741	91 789	3 481	104 222
2002	3 379	103 818	4 741	4 448	293	95 612	3 465	101 970

15－7 高等学校基本情况

（2002年） 单位:所、人

各类学校	学校数	毕业生数	招生数	在校学生数	教职员工数	#专任教师
总计	**12**	**3 379**	**9 434**	**29 301**	**4 623**	**2 659**
综合大学	1	2 064	4 632	15 940	2 336	1 301
农业院校	–	–	–	–	–	–
医药院校	1	275	1 007	3 301	532	224
师范院校	1	344	947	2 495	292	192
民族院校	1	596	1 525	5 292	620	351
职业技术学院	8	100	1 323	2 273	843	591

15－8 高等学校分科学生数

（2002年） 单位:所、人

学科	毕业生数	招生数	在校学生数
总计	**3 379**	**9 434**	**29 301**
哲学	–	88	137
经济学	118	224	994
法学	284	548	2 179
教育学	186	1 081	2 406
文学	655	1 833	5 302
历史学	112	99	433
理学	575	980	3 670
工学	753	2 142	6 823
农学	162	295	1 060
医学	275	967	3 261
管理学	259	1 177	3 036

15－9 中等专业学校基本情况

（2002 年）　　单位：所、人

指标	学校数	毕业生数	招生数	在校学生数	教职员工数	#专任教师
总计	**13**	**4 741**	**7 583**	**25 721**	**2 818**	**1 474**
一、中等技术学校	**12**	**4 448**	**7 186**	**23 472**	**2 584**	**1 354**
工业	4	1 113	2 197	6 028	905	444
农业	3	707	634	3 648	482	251
林业	1	118	415	862	81	39
医药	－	445	1 223	4 605	394	190
财经	－	920	833	3 266	369	206
政法	1	427	1 030	3 003	167	102
体育	－	－	－	－	－	－
艺术	1	122	96	370	93	60
其他	2	596	758	1 690	93	62
二、中等师范学校	**1**	**293**	**397**	**2 249**	**234**	**120**

15－10 各级成人教育在校学生数

单位：人

指标	1980 年	1985 年	1990 年	1995 年	2000 年	2001 年	2002 年
总计	**24 664**	**106 180**	**140 123**	**340 625**	**305 173**	**257 855**	**42 152**
一、成人高等教育	**5 505**	**5 763**	**5 964**	**6 816**	**6 441**	**10 728**	**35 973**
广播电视大学	5 150	3 799	2 539	2 815	3 367	8 540	11 274
职工大学	19	638	1 339	2 454	3 074	2 118	－
其他	336	1 326	2 086	1 547	－	－	－
二、成人中等教育	**989**	**6 473**	**6 716**	**5 374**	**12 712**	**9 455**	**6 179**
中等专业学校	－	1 530	5 506	5 086	11 579	8 519	6 179
教师进修学校	405	644	241	288	383	－	－
成人中学	584	4 299	969	－	750	936	－
三、成人初等教育	**18 170**	**93 944**	**63 987**	**45 023**	**51 120**	**47 118**	**－**
#小学班	2 270	791	－	60	2 740	10 065	－
扫盲班	15 900	93 153	30 676	44 963	48 380	36 963	－
四、成人技术培训学校	**－**	**－**	**63 456**	**283 412**	**234 900**	**190 554**	**－**

15－11　学龄儿童入学率

年　　份	学龄儿童 （万人）	在校学龄儿童 （万人）	入学率 （%）
1978	50.61	46.15	91.19
1980	51.96	44.79	86.20
1981	53.07	43.79	82.51
1982	53.71	44.11	82.13
1983	54.68	44.97	82.24
1984	54.00	45.99	85.17
1985	52.62	48.13	91.48
1986	53.03	49.06	92.51
1987	53.00	49.47	98.34
1988	53.23	49.83	93.61
1989	53.41	50.19	93.97
1990	52.82	49.60	93.92
1991	52.59	49.31	93.80
1992	51.63	48.85	94.62
1993	50.93	48.52	95.18
1994	51.87	49.69	95.80
1995	52.44	50.45	96.21
1996	53.72	51.86	96.50
1997	56.10	54.25	96.70
1998	59.93	58.01	96.80
1999	60.06	58.26	97.00
2000	59.76	58.12	97.26
2001	59.27	57.40	96.84
2002	60.27	58.67	97.35

15－12　平均每万人口在校学生数

单位：人

指　　标	1978年	1980年	1985年	1990年	1995年	2000年	2001年	2002年
大学生	8	11	15	17	21	31	41	51
中等职业教育	15	23	48	50	43	36	41	45
普通中学	678	529	621	611	537	574	595	627
小　　学	1 746	1 582	1 579	1 433	1 225	1 186	1 156	1 161

15－13　平均每一专任教师负担学生数

单位：人

指　　标	1978年	1980年	1985年	1990年	1995年	2000年	2001年	2002年
大学生	4	5	5	5	6	9	10	11
中等职业教育	12	10	9	8	10	13	15	17
普通中学	27	21	19	18	15	16	17	17
小　　学	28	26	29	25	20	19	19	19

15-14 各类专业技术人员

单位：人

指　　标	1985年	1990年	1995年	2000年	2001年	2002年
总　　计	**68 787**	**117 317**	**126 679**	**140 063**	**141 818**	**143 217**
工程技术人员	11 470	19 524	20 291	22 283	23 734	23 254
农业技术人员	3 673	6 174	6 173	7 067	7 074	7 100
科学研究人员	1 091	991	830	722	730	687
卫生技术人员	11 168	14 758	16 645	19 830	20 409	19 896
教学人员	30 477	46 138	54 176	63 216	63 200	66 028
会计人员	5 999	9 323	7 074	7 768	8 004	7 974
统计人员	1 662	2 508	1 574	1 286	1 065	986
经济人员	1 442	13 078	10 053	8 827	8 328	8 186
新闻、出版人员	583	1 061	1 082	791	887	797
播音人员	-	58	64	114	157	136
翻译人员	55	96	67	64	67	58
体育人员	159	294	154	178	162	162
工艺美术人员	14	111	85	188	131	103
律师、公证人员	-	247	171	182	184	151
图书、档案资料人员	127	2 103	1 853	1 605	1 722	1 834
艺术人员	867	853	794	1 053	1 080	1 076
政工人员	-	-	5 593	4 889	4 884	4 789

15-15　地方国有企、事业单位分行业各类专业技术人员数

(2002年)　　单位:人

项　　目	总　计	农林牧渔业	采掘业	制造业	电力、煤气及水的生产和供应业	建筑业	地质勘察业、水利管理业	交通运输仓储及邮电通讯业	批发零售和贸易餐饮业
总　　计	**143 217**	**11 013**	**9 622**	**12 436**	**560**	**4 498**	**4 342**	**2 944**	**2 777**
工程技术人员	23 254	1 571	2 856	5 810	338	2 633	3 305	1 395	157
农业技术人员	7 100	6 569	34	44	1	3	133	4	10
科学研究人员	687	2	-	1	-	-	-	19	1
卫生技术人员	19 896	255	1 407	499	1	87	64	13	710
教学人员	66 028	693	2 294	733	1	48	52	98	4
会计人员	7 974	867	815	1 464	77	583	342	451	806
统计人员	986	61	109	379	10	48	12	68	58
经济人员	8 186	681	799	2 648	78	794	196	527	824
新闻、出版人员	797	2	5	-	-	-	-	3	-
播音人员	136	-	1	-	-	-	-	-	-
翻译人员	58	2	-	14	-	4	-	2	1
体育人员	162	-	-	-	-	-	-	-	-
工艺美术人员	103	-	2	5	-	-	-	-	3
律师、公证人员	151	16	1	12	-	1	-	2	1
图书、档案资料人员	1 834	24	58	99	6	16	35	28	8
艺术人员	1 076	-	9	-	-	-	-	1	-
政工人员	4 789	270	1 232	728	48	281	203	333	194

15-15 续表 (2002年) 单位:人

项目	金融保险业	房地产业	社会服务业	卫生、体育和社会福利业	教育、文化艺术及广播电影电视业	科学研究和综合技术服务业	其他行业
总计	425	546	1 823	17 938	68 088	2 545	3 660
工程技术人员	9	300	806	132	907	1 376	1 659
农业技术人员	–	1	30	59	22	145	45
科学研究人员	–	–	–	1	189	472	2
卫生技术人员	–	1	33	16 506	217	16	87
教学人员	–	2	12	47	61 984	37	23
会计人员	224	93	316	573	507	136	720
统计人员	3	9	60	48	32	8	81
经济人员	177	111	270	122	259	127	573
新闻、出版人员	1	–	14	3	723	29	17
播音人员	–	–	–	–	135	–	–
翻译人员	4	–	1	3	1	3	23
体育人员	–	–	–	135	26	1	–
工艺美术人员	–	1	1	12	76	1	2
律师、公证人员	–	–	88	8	1	–	21
图书、档案资料人员	3	7	49	54	1 306	73	68
艺术人员	–	–	–	1	1 062	1	2
政工人员	4	21	143	234	641	120	337

15－16　地方国有企、事业单位各类专业技术人员构成

项　　目	2001　年			2002　年		
	各类科技人员占总计比重（%）	平均每万人口中各类专业技术人员（人）	平均每万职工中各类专业技术人员（人）	各类科技人员占总计比重（%）	平均每万人口中各类专业技术人员（人）	平均每万职工中各类专业技术人员（人）
总　　计	**100**	**252**	**2 314**	**100**	**251**	**2 387**
工程技术人员	16.7	42	387	16.2	41	388
农业技术人员	5.0	13	115	5.0	12	118
科学研究人员	0.5	1	12	0.5	1	11
卫生技术人员	14.4	36	333	13.9	35	332
教学人员	44.6	112	1 031	46.1	116	1 100
会计人员	5.6	14	131	5.6	14	133
统计人员	0.8	2	17	0.7	2	16
经济人员	5.9	15	136	5.7	14	136
新闻、出版人员	0.6	2	14	0.6	1	13
播音人员	0.1	–	3	0.1	–	2
翻译人员	0.0	–	1	–	–	1
体育人员	0.1	–	3	0.1	–	3
工艺美术人员	0.1	–	2	0.1	–	2
律师、公证人员	0.1	–	3	0.1	–	3
图书、档案资料人员	1.2	3	28	1.3	3	31
艺术人员	0.8	2	18	0.8	2	18
政工人员	3.4	9	80	3.3	8	80

15－17 文化产业机构和人员数

项　　目	2001 年				2002 年			
	机构数（个）	#文化部门	人员数（人）	#文化部门	机构数（个）	#文化部门	人员数（人）	#文化部门
一、艺术产业	**34**	**34**	**1 400**	**1 400**	**32**	**32**	**1 284**	**1 284**
艺术表演团体	14	14	963	963	14	14	933	933
#歌剧、舞剧、歌舞剧								
戏曲、曲艺团体	4	4	365	365	7	7	444	444
艺术表演场所	16	16	258	258	14	14	221	221
#剧场、音乐厅（影剧院）	16	16	258	258	14	14	221	221
二、文物产业	**29**	**29**	**412**	**412**	**28**	**28**	**404**	**404**
#博物馆	5	5	146	146	5	5	145	145
文物商店	2	2	6	6	2	2	4	4
三、图书馆产业	**21**	**21**	**528**	**528**	**21**	**21**	**533**	**533**
四、群众文化产业	**317**	**299**	**1 122**	**1 087**	**328**	**328**	**1 100**	**1 100**
#文化馆	18	18	393	393	21	21	393	393
文化站	291	274	518	500	302	302	522	522
五、教育产业	**1**	**1**	**93**	**93**	**1**	**1**	**93**	**93**
六、其他文化产业	**1 927**	**37**	**4 953**	**300**	**1 069**	**30**	**2 579**	**482**
#艺术研究机构	2	2	35	35	2	2	31	31
七、娱乐业	**956**	**－**	**2 779**	**－**	**841**	**－**	**3 120**	**－**

15－18 图书、杂志、报纸出版情况

项　　目	单位	1978 年	1980 年	1985 年	1990 年	1995 年	2000 年	2001 年	2002 年
一、图　书									
图书种类	种	184	193	353	449	623	649	511	426
图书印数	万册	1 136	1 433	2 206	1 890	2 310	1 649	2 520	234
二、杂　志									
杂志种类	种		6	15	15	27	29	31	33
杂志印数	万册		51	70	71	97	169	172	206
三、报　纸									
报纸种类	种		1	10	9	14	19	19	14
报纸总印数	万份		2 279	3 855	4 561	4 699	6 136	6 807	7 672

15－19　各类独立科技机构、人员、经费

（2002 年）

项　　目	单位	县以上部门属研究与开发机构合计	自然科学和技术领域	社会与人文科学领域	县以上部门属科技信息和文献机构	县属研究与开发机构	非政府部门属研究与开发机构和综合技术服务业有 R&D 活动的事业单位	转制机构
机　构　数	个	25	19	6	4	－	5	22
职工总数	人	1 303	1 050	253	104	－	444	2 638
从事科技活动人员	人	805	586	219	102	－	310	1 057
科学家、工程师	人	600	420	180	68	－	211	587
经费收入总额	千元	61 603	49 212	12 391	5 656	－	11 087	195 454
政府拨款	千元	50 583	38 357	12 226	4 569	－	3 648	61 228
经费支出总额	千元	59 281	47 251	12 030	6 127	－	9 664	179 992
人员费用	千元	26 815	21 664	5 151	3 013	－	2 990	49 098
资产合计	千元	109 227	94 902	14 325	13 420	－	63 837	528 004
课　题　数	个	191	138	53	11	－	21	82
课题经费支出额	千元	16 380	14 767	1 613	1 087	－	3 516	22 455
R&D 课题经费支出	千元	10 775	9 162	1 613	－	－	2 063	14 056
课题投入人员	人/年	451	325	126	33	－	62	268
R&D 课题投入科学家工程师	人/年	245	144	101	－	－	26	44
专利申请受理	项	1	1	－	－	－	1	11
专利受权	项	－	－	－	－	－	1	5
科技论文	篇	413	186	227	19	－	21	99
科技专著	种	8	2	6	－	－	－	3

15－20 全区科技活动基本情况

项　　目	2001年	2002年
科技活动		
科技机构数(个)	489	540
#大中型工业企业	112	115
科技活动人员(人)	11 160	12 521
#科学家与工程师	7 097	8 382
科技活动经费筹集额(万元)	59 181	68 725
#政府资金	18 045	21 316
银行贷款	5 677	5 038
科技活动经费内部支出(万元)	55 676	62 548
#劳务费	16 448	17 432
#研究与发展经费支出	15 341	19 505
占国内生产总值比重(%)	0.51	0.59
专利申请受理量(件)	412	503
发　明	98	105
实用新型	175	226
外观设计	139	172
专利申请批准量(件)	231	215
发　明	15	22
实用新型	133	113
外观设计	83	80

15－21　广播电视事业发展情况

项　　目	单　位	1999年	2000年	2001年	2002年
广　　播					
广播电台	座	10	11	11	5
广播发射台和转播台	座	8	8	10	7
广播人口覆盖率	%	82.31	85.20	85.57	85.57
节目套数	套	13	14	20	22
平均每日播音时间	时:分	107:21	120:03	183:48	197:38
广播节目制作	小时	15 982	20 337	46 056	43 845
新　闻	小时	2 714	3 180	6 110	6 645
专　题	小时	3 149	4 206	12 601	12 675
教　育	小时	62	62	260	266
文　艺	小时	7 053	9 490	15 992	16 757
服务性	小时	2 962	3 439	8 093	7 502
电　　视					
电视台	座	6	7	13	5
电视发射台和转播台	座	184	43	20	7
卫星电视地球站	座	1	2	1	1
电视人口覆盖率	%	83	86	87.4	87.7
节目套数	套	7	8	23	27
平均每周播出时间	时:分	534:36	483:21	1 713:43	1 430:41
电视节目制作	小时	4 098	6 365	13 523	16 839
新　闻	小时	877	1 184	2 711	3 154
专　题	小时	531	770	2 971	3 082
教　育	小时	36	42	123	576
文　艺	小时	962	903	2 806	3 754
服务性	小时	1 650	3 466	4 912	6 273

15－22 交通事故情况

(2002年)

类别	发生数(起)	死亡人数(人)	受伤人数(人)	损失折款(万元)
总计	11 525	986	7 583	1 748.35
*重大事故	843	885	461	324.84
特大事故	25	94	83	69.08

15－23 火灾事故情况

(2002年)

项目	合计	按事故发生程度分		
		特大	重大	一般
发生(起)	3 324	－	1	3 323
死亡(人)	16	－	－	16
受伤(人)	35	－	－	35
损失折款(万元)	634	－	94	540
平均每起损失(元)	1 909	－	942 600	1 626

15－24 各市县各级各类学校数

(2002年) 单位:所

地区	普通高等学校	中等专业学校	#中等师范学校	职业中学	普通中学	#高级中学	小学	幼儿园
全区总计	**12**	**13**	**1**	**26**	**449**	**16**	**2 912**	**139**
银川市	**8**	**8**	**–**	**8**	**103**	**6**	**346**	**55**
银川市	8	8	–	5	50	5	116	38
永宁县	–	–	–	1	16	–	78	7
贺兰县	–	–	–	1	16	–	68	4
灵武市	–	–	–	1	21	1	84	6
石嘴山市	**2**	**2**	**–**	**6**	**71**	**5**	**209**	**49**
石嘴山市	2	2	–	6	35	3	28	37
平罗县	–	–	–	–	23	1	127	7
陶乐县	–	–	–	–	5	–	20	2
惠农县	–	–	–	–	8	1	34	3
吴忠市	**1**	**1**	**–**	**6**	**133**	**5**	**887**	**23**
利通区	1	–	–	–	23	–	79	2
青铜峡市	–	–	–	1	20	–	90	6
中卫县	–	–	–	2	27	2	89	7
中宁县	–	–	–	1	28	1	159	2
盐池县	–	–	–	1	15	1	100	4
同心县	–	1	–	1	20	1	370	2
固原市	**1**	**2**	**1**	**6**	**142**	**–**	**1 470**	**12**
原州区	1	2	1	1	34	–	313	4
海原县	–	–	–	1	27	–	320	2
西吉县	–	–	–	1	30	–	409	1
隆德县	–	–	–	1	22	–	188	1
泾源县	–	–	–	1	6	–	65	1
彭阳县	–	–	–	1	23	–	175	3

15－25　各市县各级各类学校在校学生数

（2002年）

单位：人

地　区	普通高等学校	中等专业学校	#师　范	职业中学	普通中学	#高　中	小　学	幼儿园
全区总计	**29 301**	**25 721**	**2 249**	**12 413**	**358 477**	**92 989**	**663 542**	**104 000**
银川市	**25 667**	**18 586**	**681**	**3 809**	**92 068**	**23 993**	**135 561**	**28 261**
银川市	25 667	18 586	681	3 509	48 491	14 423	70 533	15 634
永宁县	－	－	－	97	13 503	2 774	22 894	3 858
贺兰县	－	－	－	－	12 013	2 888	18 229	3 100
灵武市	－	－	－	203	18 061	3 908	23 905	5 669
石嘴山市	**678**	**2 087**	**－**	**856**	**45 085**	**14 359**	**65 283**	**14 026**
石嘴山市	678	2 087	－	856	25 394	8 721	29 337	7 803
平罗县	－	－	－	－	14 191	3 902	26 066	4 467
陶乐县	－	－	－	－	2 055	534	3 953	499
惠农县	－	－	－	－	3 445	1 202	5 927	1 257
吴忠市	**461**	**1 388**	**－**	**3 284**	**112 202**	**28 414**	**197 204**	**37 971**
利通区	461	830	－	－	18 572	5 000	31 621	6 215
青铜峡市	－	－	－	822	12 479	4 001	26 077	6 605
中卫县	－	－	－	86	27 543	6 453	33 229	6 842
中宁县	－	－	－	904	25 298	6 080	38 000	7 010
盐池县	－	－	－	178	12 682	3 307	17 561	2 467
同心县	－	558	－	1 294	15 628	3 573	50 716	5 832
固原市	**2 495**	**3 660**	**1 568**	**4 464**	**109 122**	**26 223**	**265 494**	**23 742**
原州区	2 495	3 660	1 568	709	32 797	8 779	68 508	5 772
海原县	－	－	－	378	16 907	3 370	60 963	4 852
西吉县	－	－	－	314	23 297	5 269	68 010	1 128
隆德县	－	－	－	2 005	16 186	4 148	28 148	6 921
泾源县	－	－	－	70	2 550	374	10 963	792
彭阳县	－	－	－	988	17 385	4 283	28 902	4 277

15－26 各市县主要年份普通中学在校学生数

单位:人

地区	1980年	1985年	1990年	1995年	2000年	2001年	2002年
全区总计	**223 747**	**237 917**	**284 440**	**272 305**	**318 308**	**334 786**	**358 477**
银川市	**59 887**	**60 013**	**66 154**	**65 217**	**76 968**	**84 674**	**92 068**
银川市	31 848	29 607	28 302	30 725	39 826	44 430	48 491
永宁县	7 759	10 164	11 402	10 474	10 784	12 223	13 503
贺兰县	11 342	9 962	11 068	9 217	10 720	11 155	12 013
灵武市	8 938	10 280	15 382	14 801	15 638	16 866	18 061
石嘴山市	**44 804**	**47 125**	**51 411**	**43 002**	**45 207**	**45 711**	**45 085**
石嘴山市	29 852	31 372	23 732	20 232	22 328	24 005	25 394
平罗县	13 602	14 402	19 064	16 485	17 236	15 769	14 191
陶乐县	1 350	1 350	1 827	1 545	1 745	1 986	2 055
惠农县	–	–	6 788	4 740	3 898	3 951	3 445
吴忠市	**65 564**	**75 814**	**93 051**	**93 592**	**105 231**	**107 444**	**112 202**
利通区	10 347	12 927	17 042	16 601	18 083	19 373	18 572
青铜峡市	11 865	13 230	16 090	18 183	16 701	13 897	12 479
中卫县	18 306	21 336	21 939	18 624	24 694	26 150	27 543
中宁县	14 737	14 822	16 840	17 430	20 991	21 410	25 298
盐池县	5 195	7 806	11 672	12 179	10 783	11 576	12 682
同心县	5 114	5 693	9 468	10 575	13 979	15 038	15 628
固原市	**53 492**	**54 965**	**73 824**	**70 494**	**90 857**	**96 957**	**109 122**
原州区	23 547	16 340	21 971	20 922	26 681	29 124	32 797
海原县	7 623	7 905	11 344	11 910	13 954	15 472	16 907
西吉县	10 110	10 771	14 848	14 205	19 818	20 330	23 297
隆德县	10 066	10 466	10 998	8 514	13 671	13 660	16 186
泾源县	2 146	2 475	2 282	2 025	1 889	2 182	2 550
彭阳县	–	7 008	12 381	12 918	14 844	16 189	17 385

15－27 各市县主要年份小学在校学生数

单位：人

地 区	1980 年	1985 年	1990 年	1995 年	2000 年	2001 年	2002 年
全区总计	**583 687**	**654 208**	**667 359**	**617 547**	**657 352**	**651 082**	**663 543**
银川市	**123 974**	**127 998**	**121 948**	**123 587**	**136 022**	**136 781**	**135 561**
银川市	48 231	44 562	46 707	52 477	68 750	70 087	70 533
永宁县	25 597	27 371	23 939	22 020	22 018	23 403	22 894
贺兰县	26 400	25 297	20 365	21 640	19 321	18 823	18 229
灵武市	23 746	30 768	30 937	27 450	25 933	24 468	23 905
石嘴山市	**87 064**	**91 342**	**79 244**	**66 517**	**64 363**	**64 180**	**65 283**
石嘴山市	48 964	48 594	32 677	31 357	30 234	29 808	29 337
平罗县	34 690	39 149	33 159	25 565	24 204	24 614	26 066
陶乐县	3 410	3 599	3 504	2 858	3 991	3 819	3 953
惠农县	－	－	9 904	6 734	5 934	5 939	5 927
吴忠市	**176463**	**203 430**	**202 010**	**181 580**	**190 350**	**184 096**	**197 204**
利通区	28 267	36 825	31 194	29 617	30 527	30 045	31 621
青铜峡市	29 662	33 510	33 096	22 657	25 394	24 345	26 077
中卫县	44 314	42 157	33 918	35 843	34 932	33 586	33 229
中宁县	30 624	30 504	30 162	27 219	30 167	29 114	38 000
盐池县	19 843	24 695	23 015	18 659	17 339	17 92	17 561
同心县	23 753	35 739	50 625	47 585	51 991	49 085	50 716
固原市	**196 186**	**231 438**	**264 094**	**245 866**	**266 617**	**266 025**	**265 494**
原州区	83 825	67 829	73 604	64 664	68 541	68 120	68 508
海原县	32 185	40 040	49 367	49 061	56 074	59 329	60 963
西吉县	41 681	51 382	61 231	58 277	68 486	67 447	68 010
隆德县	28 278	26 350	23 940	25 255	30 013	29 078	28 148
泾源县	10 217	11 971	12 820	11 616	11 187	11 148	10 963
彭阳县	－	33 866	43 132	36 993	32 316	30 903	28 902

15－28 各市县平均每万人口在校学生数

(2002年)　　单位:人

地　区	平均每万人口中				
	普通高等学校在校学生数	中等专业学校在校学生数	职业中学在校学生数	普通中学在校学生数	小学在校学生数
全区总计	**51**	**45**	**22**	**627**	**1 161**
银川市	**193**	**140**	**29**	**692**	**1 020**
银川市	380	275	52	718	1 044
永宁县	–	–	5	662	1 122
贺兰县	–	–	–	643	976
灵武市	–	–	8	686	908
石嘴山市	**10**	**30**	**12**	**644**	**932**
石嘴山市	20	63	26	764	883
平罗县	–	–	–	534	982
陶乐县	–	–	–	660	1 269
惠农县	–	–	–	482	829
吴忠市	**3**	**8**	**18**	**625**	**1 099**
利通区	15	26	–	587	1 000
青铜峡市	–	–	33	500	1 045
中卫县	–	–	3	812	979
中宁县	–	–	23	642	965
盐池县	–	–	12	820	1 136
同心县	–	16	38	459	1 491
固原市	**13**	**19**	**24**	**577**	**1 404**
原州区	48	71	14	632	1 321
海原县	–	–	10	453	1 633
西吉县	–	–	7	514	1 500
隆德县	–	–	93	747	1 299
泾源县	–	–	8	309	1 329
彭阳县	–	–	40	704	1 171

15－29 各市县小学毕业人数和毕业率

(2002年)　　单位:人

地　区	应届毕业班学生		
	学年初毕业班人数	年末考试合格实际毕业人数	毕业率(%)
全区总计	**102 987**	**101 970**	**99.01**
银川市	**16 830**	**24 362**	**144.75**
银川市	4 617	11 673	252.83
永宁县	4 093	4 142	101.20
贺兰县	3 247	3 373	103.88
灵武市	4 873	5 174	106.18
石嘴山市	**11 532**	**9 141**	**79.27**
石嘴山市	5 141	5 480	106.59
平罗县	4 573	2 453	53.64
陶乐县	682	481	70.53
惠农县	1 136	727	64.00
吴忠市	**27 046**	**29 290**	**108.30**
利通区	2 640	3 645	138.07
青铜峡市	4 635	2 279	49.17
中卫县	5 884	7 339	124.73
中宁县	5 363	6 567	122.45
盐池县	3 646	3 585	98.33
同心县	4 878	5 875	120.44
固原市	**40 151**	**39 177**	**97.57**
原州区	10 178	9 710	95.40
海原县	6 032	7 200	119.36
西吉县	10 009	9 224	92.16
隆德县	5 611	4 935	87.95
泾源县	1 571	1 360	86.57
彭阳县	6 750	6 748	99.97

15－30　各市县文化产业机构数和人数

（2002年）

地　区	艺术产业		图书馆产业		群众文化产业	
	机构数（个）	人　数（人）	机构数（个）	人　数（人）	机构数（个）	人　数（人）
全区总计	**32**	**1 284**	**21**	**533**	**328**	**1 100**
银川市	**9**	**284**	**5**	**123**	**56**	**170**
银川市	7	226	2	74	16	60
永宁县	–	–	1	13	12	25
贺兰县	–	–	1	18	12	31
灵武市	2	58	1	18	16	54
石嘴山市	**1**	**3**	**3**	**46**	**36**	**121**
石嘴山市	–	–	1	25	4	61
平罗县	–	–	1	17	16	33
陶乐县	–	–	1	4	6	13
惠农县	1	3	–	–	10	14
吴忠市	**6**	**172**	**6**	**159**	**112**	**401**
利通区	2	32	1	58	19	100
青铜峡市	2	88	1	29	22	94
中卫县	–	–	1	16	17	54
中宁县	2	52	1	13	19	28
盐池县	–	–	1	13	16	44
同心县	–	–	1	30	19	81
固原市	**7**	**174**	**6**	**101**	**123**	**349**
原州区	1	69	1	36	25	84
海原县	2	26	1	18	23	66
西吉县	2	61	1	14	27	80
隆德县	1	9	1	8	22	37
泾源县	–	–	1	10	9	39
彭阳县	1	9	1	15	17	43
区直单位	**9**	**651**	**1**	**104**	**1**	**59**

15－30 续表 (2002年)

地区	娱乐业		文物产业		其他文化产业	
	机构数（个）	人数（人）	机构数（个）	人数（人）	机构数（个）	人数（人）
全区总计	**841**	**3 120**	**28**	**404**	**1 069**	**2 579**
银川市	**321**	**913**	**4**	**84**	**455**	**983**
银川市	234	673	2	68	350	692
永宁县	32	112	–	–	28	51
贺兰县	24	57	1	2	33	47
灵武市	31	71	1	14	44	193
石嘴山市	**177**	**619**	**4**	**10**	**192**	**307**
石嘴山市	98	329	1	2	147	229
平罗县	17	84	1	5	16	32
陶乐县	27	131	1	2	7	14
惠农县	35	75	1	1	22	32
吴忠市	**208**	**590**	**8**	**63**	**266**	**429**
利通区	45	145	3	12	54	95
青铜峡市	41	157	1	14	76	132
中卫县	37	79	1	10	25	40
中宁县	36	95	1	6	56	96
盐池县	36	82	1	10	32	39
同心县	13	32	1	11	23	27
固原市	**104**	**497**	**8**	**96**	**74**	**151**
原州区	66	285	2	34	24	59
海原县	18	152	1	6	6	8
西吉县	5	10	2	40	21	40
隆德县	6	21	1	4	16	27
泾源县	–	–	1	3	–	7
彭阳县	9	29	1	9	7	10
区直单位	**31**	**501**	**4**	**151**	**82**	**709**

主要统计指标解释

【普通高等学校】 指按国家规定审批程序批准举办，通过全国统一招生考试，招收高级中等学校毕业生或具有同等学历者，实施高等教育，培养高等专门人才的学校。包括大学、专门学院、高等专科学校和短期职业大学。

【成人高等学校】 指按照国家规定的审批程序批准举办，招收高中毕业或同等学历者，利用多种形式对成人实施高等教育、培养相当普通高等学校专科或本科毕业水平的专门人才的学校。包括广播电视大学、职工高等学校、农民高等学院、干部管理学院、教育学院、独立函授学院以及普通高等学校举办的函授、夜大学等。

【小学学龄儿童入学率】 指调查范围内已人小学学习的儿童占校内外学龄儿童总数（包括弱智儿童在内，但不包括盲聋哑儿童）的比重。计算公式

小学学龄儿童入学率 = 已入学的小学学龄儿童数/校内外小学学龄儿童总数。

【专任教师】 指主要从事教育工作人员。包括临时（一年以内）调去帮助做其他工作的教学人员。不包括调离教学岗位，担任行政领导工作或其他工作的原教学人员；不包括兼任教师和代课教师。

【独立自然科学研究机构】 指具备下列三个条件：(1) 行政上独立的组织形式；(2) 财务上独立核算 (3) 有权与其他单位签定合同，并在银行设有户头的，从事自然科学技术研究的机构。

【优秀自然科学技术研究成果】 指自然科学技术研究成果中比较优秀的并经各级政府批准授奖的成果。分为国家级（发明奖、自然科学奖）省级（部级）、地（市）级、县级。如省级是指经省科委审核批准并由省政府授奖的成果，一般设一、二、三、四等奖，每年颁发一次。

【自然科学技术人员】 指已取得科学技术职称或大学中专的理、工、农、医科系毕业，以及国民经济各部门从工作实践中提拔，从事理工、农、医等自然科学技术的研究、教学、生产（事业）技术方面工作的专业人员和在机关、企业、事业单位中从事科学技术业务管理工作的专业人员。

【高级专业技术人员】 指专业技术人员中具有高级职称的人员，包括高级工程师、高级农艺师、正、副教授、正、副研究员、正、副主任医师，高级会计师、高级统计师、正、副编审、特、高级记者与播音员、正、副译审、国家级和高级教练员、高级经济师、正、副研究馆员、高级工艺美术师。

【中级专业技术人员】 指专业技术人员中具有中级职称的人员。包括工程师、农艺师、助理研究员、主治医师、讲师、会计师、统计师、编辑、记者、一级播音员、翻译、一级教练、经济师、馆员、工艺美术师。

【初级专业技术人员】 指专业技术人员中具有初级职称的人员。包括：助理工程师、助理会计师、助理统计师、助理编辑、助理记者、二级播音员、助理翻译、二级教练员、助理经济师、助理馆员、助理工艺美术师、技术员、医（护）士、会计员、统计员、三级播音员、三级教练员、经济员、管理员、工艺美术员。

【艺术表演团体】 指话剧、方言话剧、滑稽戏、儿童剧、歌剧、舞剧、乐团、合唱团、文工团、文宣队、乌兰牧骑、戏曲剧团、曲艺团、说唱团、杂技团、马戏团、木偶剧团、皮影团等专业艺术表演团体，不包括半工半艺、半农半艺和业余剧团以及电影制片厂附设的演员剧团。

【杂志、报纸】 指按规定经领导机关批准、由指定机关发给登记证的杂志和定期出版的报纸。杂志与报纸的划分是：单张、且在八开以上（含八开）者为报纸；装订成册、或虽未装订成册，但为十六开以下（含十六开）者为杂志。

杂志分为综合、哲学、社会科学、自然科学和技术、文化和教育、文学和艺术、少年儿童、画刊共七大类、报纸分为综合报和专业报二大类。

十六、体育、卫生、民政、司法及其它

16－1 体委系统职工人数

(2002年) 单位:人

人员分类	总计	行政机关	体育运动学校	业余体校	优秀运动队	训练基地	公共体育场所	其他
总计	**911**	**193**	**72**	**176**	**339**	**50**	**－**	**81**
运动员	205	－	－	－	205	－	－	－
专职教练员	173	－	31	115	27	－	－	－
科研人员	7	－	－	－	－	－	－	7
医务人员	6	－	2	－	4	－	－	－
管理人员	123	14	7	29	47	15	－	－
其他人员	276	82	9	32	55	35	－	63
公务员	97	97	－	－	－	－	－	－
文化教师	24	－	23	－	1	－	－	－

16－2 等级运动员和裁判员分项发展人数

(2002年) 单位:人

运动项目	等级运动员	健将级	一级	二级	三级	少年级	等级裁判员
总计	**188**	**8**	**6**	**174**	**－**	**－**	**234**
田径	51	－	－	51	－	－	28
游泳	8	－	－	8	－	－	－
举重	－	－	－	－	－	－	－
射击	6	2	3	1	－	－	4
射箭	9	－	－	9	－	－	3
围棋	－	－	－	－	－	－	1
自行车	5	5	－	－	－	－	5
篮球	36	－	3	33	－	－	67
排球	30	－	－	30	－	－	32
足球	25	－	－	25	－	－	4
乒乓球	10	－	－	10	－	－	1
门球	－	－	－	－	－	－	35
武术	2	1	－	1	－	－	10
摔跤	－	－	－	－	－	－	4
桥牌	－	－	－	－	－	－	4
中国象棋	6	－	－	6	－	－	12
沙滩排球	－	－	－	－	－	－	7
健美操	－	－	－	－	－	－	9

16－3 体育场地数

单位：个

项目	1985年	1990年	1995年	1996年	2000年	2001年	2002年
体育场	1	1	1	1	2	2	2
#乙级	1	1	1	1	2	2	2
体育馆	1	1	1	1	1	1	1
#丁级	1	1	1	1	1	1	1
游泳池	13	17	18	18	19	20	20
#市内游泳池	－	1	2	2	3	4	4
有固定看台灯光球场	16	17	24	24	24	24	24

16－4 运动员打破纪录情况

年份	打破亚洲纪录			打破全国纪录			打破区纪录		
	项数（项）	人数（人）	人次数（人次）	项数（项）	人数（人）	人次数（人次）	项数（项）	人数（人）	人次数（人次）
1990	－	－	－	1	1	1	30	47	50
1991	－	－	－	－	－	－	51	38	51
1992	－	－	－	－	－	－	40	51	49
1993	－	－	－	－	－	－	28	22	20
1994	－	－	－	－	－	－	14	11	14
1995	－	－	－	3	1	9	74	104	165
1996	－	－	－	1	1	1	20	19	38
1997	－	－	－	－	－	－	15	19	13
1998	－	－	－	－	－	－	7	9	7
1999	－	－	－	－	－	－	－	－	－
2000	－	－	－	－	－	－	6	6	6
2001	－	－	－	1	1	1	25	20	25
2002	－	－	－	－	－	－	29	58	65

16－5 主要年份卫生机构数

单位:个

年份	总 计	医院、卫生院	#医院	疗养院、所	门诊部、所	专科防治所、站	疫病预防控制中心	妇幼保健所、站	其他卫生机构
1950	156	6	–	–	134	–	–	2	14
1955	221	21	–	1	166	–	1	14	18
1957	327	23	–	1	266	–	8	18	11
1958	314	81	37	1	194	–	20	17	1
1960	587	37	37	1	501	3	24	17	3
1965	607	124	30	4	429	4	20	22	4
1970	519	334	–	–	160	2	21	–	2
1975	736	282	47	–	406	1	22	18	7
1978	825	306	61	–	470	1	22	19	7
1980	916	305	60	1	552	2	23	21	12
1981	985	306	62	1	614	3	23	21	17
1982	1 070	305	60	1	702	4	23	21	14
1983	1 061	309	63	2	688	4	23	21	14
1984	1 041	314	64	2	657	5	24	22	17
1985	1 057	303	69	2	685	6	24	21	16
1986	1 110	279	76	2	754	6	25	26	18
1987	1 098	205	76	2	812	6	27	27	18
1988	1 097	184	81	2	830	8	27	27	19
1989	1 097	184	82	2	829	8	27	27	20
1990	1 163	177	82	3	894	8	29	27	25
1991	1 127	154	86	3	879	10	29	26	26
1992	1 118	156	87	3	867	11	29	26	26
1993	1 035	161	90	3	781	11	31	26	22
1994	1 035	369	92	3	570	11	32	26	24
1995	1 026	368	91	2	564	11	31	26	24
1996	474	376	94	2	7	9	29	25	27
1997	480	375	93	2	13	9	29	25	27
1998	485	383	98	2	8	9	29	25	27
1999	482	382	97	2	7	9	29	25	28
2000	480	380	96	2	8	9	28	25	27
2001	485	387	102	2	6	9	28	25	28
2002	521	389	110	2	36	9	27	25	33

注:1996—2002年数据不包括诊所、医务室、社区服务站。

16-6 主要年份卫生机构床位数

单位:张

年份	总计	医院		门诊部(所)	其他卫生机构	每千人口医院床位数
		合计	#县及县以上医院			
1950	40	40	–	–	–	0.03
1955	332	282	–	–	50	0.17
1957	652	602	–	–	50	0.34
1958	1 377	1 136	1 071	160	81	0.61
1960	1 531	1 421	1 421	30	80	0.67
1965	4 155	2 823	2 554	1 072	260	1.28
1970	3 729	3 703	3 350	26	–	1.34
1975	6 549	5 921	4 286	616	12	1.81
1978	7 517	6 962	5 094	542	13	1.96
1980	7 866	7 184	5 419	604	78	1.92
1981	8 196	7 427	5 711	574	195	1.91
1982	8 498	7 678	5 986	637	183	1.95
1983	8 675	7 878	6 212	620	177	1.97
1984	9 198	8 306	6 576	672	220	2.04
1985	9 567	8 640	6 948	726	201	2.08
1986	9 693	9 166	7 389	285	242	2.16
1987	9 689	9 314	7 671	131	244	2.14
1988	10 135	9 755	8 331	138	242	2.19
1989	10 271	9 828	8 448	184	259	2.16
1990	10 556	10 045	8 741	226	285	2.16
1991	11 118	10 701	9 444	112	305	2.26
1992	11 609	11 140	9 852	178	291	2.31
1993	12 836	11 788	10 468	658	390	2.40
1994	13 285	12 307	10 849	502	476	2.40
1995	13 099	12 144	10 761	542	413	2.40
1996	12 746	10 868	10 844	100	1 778	2.10
1997	13 220	11 169	11 141	253	1 798	2.12
1998	13 653	11 504	11 504	109	2 040	2.14
1999	13 734	11 505	11 472	94	2 135	2.12
2000	13 825	13 229	11 574	117	479	2.35
2001	14 434	12 142	12 012	127	2 165	2.16
2002	14 782	13 768	11 957	48	966	2.09

16－7 各类医院机构、床位及人员数

(2002年)

指　　标	机构数（个）	床位数（张）	职工人数（人）	#卫生技术人员	#执业医师
医院总计	**110**	**11 957**	**16 583**	**13 412**	**4 740**
市	74	8 759	12 418	9 953	3 479
县	36	3 198	4 165	3 459	1 261
综合医院	84	10 368	14 214	11 482	4 034
中医医院	17	1 104	1 817	1 503	575
专科医院	7	435	497	389	121
其他病院	2	50	55	38	10

16－8　社会福利事业、企业单位和工作人员数

单位：个、人

项　　目	1990年		1995年		200年		2001年		2002年	
	单位	人数	单位	人数	单位	人数	单位	人数	单位	人数
全　区　总　计	**455**	**4 343**	**655**	**5 127**	**450**	**3 522**	**330**	**3 075**	**333**	**3 310**
一、社会福利事业单位	**264**	**568**	**310**	**821**	**197**	**582**	**191**	**619**	**190**	**593**
民政部门办	11	170	9	174	13	277	15	320	15	319
社会办	253	398	301	647	184	305	176	299	175	274
二、社会福利企业单位	**157**	**3 599**	**310**	**4 099**	**211**	**2 693**	**101**	**2 221**	**106**	**2 484**
民政部门办	22	1 217	34	1 143	7	345	10	214	11	219
＊假肢厂	1	76	1	41	1	41	1	41	1	35
安置农场	1	33	1	29	1	32	1	4	1	4
社会办	135	2 382	276	2 956	204	2 348	91	2 007	95	2 265
三、盲人按摩诊所										
四、烈士纪念建筑物管理单位	**6**	**25**	**4**	**35**	**7**	**31**	**7**	**32**	**7**	**32**
五、收容遣送站	**5**	**81**	**5**	**72**	**7**	**81**	**5**	**78**	**6**	**85**
六、殡葬事业单位	**23**	**70**	**26**	**100**	**28**	**135**	**26**	**125**	**24**	**116**

16－9　社会福利事业单位基本情况

项　　目	2001年				2002年			
	院　数（个）	工作人员（人）	床　位（张）	年末收养人　数（人）	院　数（个）	工作人员（人）	床　位（张）	年末收养人　数（人）
全　区　总　计	**189**	**613**	**3 444**	**2 391**	**190**	**594**	**3 708**	**2 550**
一、民政部门办社会福利事业单位	**15**	**306**	**1 017**	**820**	**15**	**319**	**1 376**	**1 057**
＊城市福利院	15	306	1 017	820	15	319	1 376	1 057
二、城乡集体办光荣院、敬老院	**174**	**307**	**2 427**	**1 571**	**175**	**275**	**2 332**	**1 493**
＊敬老院	174	307	2 427	1 571	175	275	2 332	1 493

16－10　主要年份享受救济人员情况

项　　目	1980年	1985年	1990年	1995年	2000年	2001年	2002年
农村困难户得到救济人次数(人次)	404 856	211 092	328 483	314 575	88 484	487 236	469 079
城镇贫困户得到救济人次数(人次)	2 907	8 254	4 652	5 487	1 792 410	1 246 887	141 004
精减退职老弱残职工得到救济人数(人次)	203	281	394	318	304	276	268

16－11　主要年份律师、公证、调解工作基本情况

项　　目	单位	1990年	1995年	2000年	2001年	2002年
一、律师工作						
律师事务所	个	32	52	62	60	60
律　　师	人	223	444	722	745	743
担任法律顾问的单位	处	515	627	767	766	834
民事代理	件	2 617	2 546	5 284	4 672	5 075
刑事辩护	件	2 050	1 732	2 368	2 003	2 159
非诉讼事件	件	270	1 792	1 489	2 377	2 091
涉外法律事务	件	－	2	－	1	－
解答法律询问	件	24 521	15 692	36 369	42 505	36 183
代写法律事务文书	件	6 165	7 624	10 687	15 660	9 842
二、公证工作						
公 证 处	个	26	28	30	30	29
公证人员	人	123	134	200	263	261
办理公证文书	件	11 087	21 984	66 123	40 079	48 744
三、人民调解工作						
专职司法助理员	人	347	370	444	466	400
人民调解委员会	个	3 648	3 780	3 604	3 590	3 607
调解人员	人	23 477	40 402	26 493	22 238	18 225
调解民间纠纷	件	18 506	17 435	19 846	19 562	16 748

16－12　工业企业“三废”排放及治理情况

项　　目	单位	1990 年	1995 年	2000 年	2001 年	2002 年
废　水						
工业废水排放总量	万吨	8 612	7 813	10 942	10 450	11 534
工业废水排放达标量	万吨	2 626	3 942	3 867	4 359	6 461
工业废水排放达标率	%	30	50.4	35.3	41.72	56.02
废　气						
工业废气排放量	万标立方米	6 116 451	9 316 196	14 446 272	13 115 612	16 309 071
工业二氧化硫排放量	吨	130 724	172 729	174 155	168 781	187 220
烟尘排放量	吨	113 434	93 881	125 537	107 929	103 266
工业粉尘排放量	吨	120 000	54 284	132 781	96 559	108 338
固体废物						
工业固体废物产出量	万吨	354	397	479	430	466
工业固体废物综合利用量	万吨	42	133	199	170	221
工业固体废物利用率	%	12	33.4	41.5	38.8	45.07
工业固体废物贮存量	万吨	4	149	215	233	185
工业固体废物处置量	万吨		122	297	40	80
工业固体废物排放量	万吨		8	13	4	8
“三废”综合利用产品产值	万元	682	5 750	17 926	7 009	30 679
污染治理						
当年安排污染治理项目数	个		178	112	86	70
污染治理项目本年完成投资额	万元	1 774	3 178	18 541	29 122	22 890

16－13 各市县全区卫生机构数

（2002年）　　单位:个

地 区	总 计	医 院	卫生院	疗养院、所	门诊部、所	专科防治所、站
全区总计	**521**	**110**	**279**	**2**	**36**	**9**
银川市	**133**	**43**	**41**	**2**	**15**	**2**
银川市	77	28	10	2	14	2
永宁县	16	4	9	–	–	–
贺兰县	14	2	8	–	1	–
灵武市	26	9	14	–	–	–
石嘴山市	**88**	**26**	**32**	**–**	**14**	**–**
银川市	30	17	1	–	5	–
平罗县	35	5	17	–	9	–
陶乐县	9	1	6	–	–	–
惠农县	14	3	8	–	–	–
吴忠市	**143**	**25**	**90**	**–**	**6**	**3**
利通区	25	3	17	–	1	–
青铜峡市	23	9	11	–	–	1
中卫县	24	5	15	–	1	1
中宁县	30	4	49	–	4	–
盐池县	24	2	15	–	–	1
同心县	17	2	13	–	–	–
固原市	**157**	**16**	**116**	**–**	**1**	**4**
原州区	41	8	24	–	–	3
海原县	29	2	24	–	–	1
西吉县	29	2	25	–	–	–
隆德县	24	2	20	–	–	–
泾源县	10	1	7	–	–	–
彭阳县	24	1	16	–	1	–

16－13 续表　　(2002年)　　单位:个

地 区	疾病预防控制中心	妇幼保健所、室	卫生监督所	采供血机构	其他卫生机构
全区总计	**27**	**25**	**2**	**4**	**27**
银川市	**8**	**6**	**1**	**1**	**14**
银川市	4	3	1	1	12
永宁县	1	1	–	–	–
贺兰县	1	1	–	–	1
灵武市	2	1	–	–	–
石嘴山市	**5**	**6**	**1**	**1**	**3**
石嘴山市	2	3	1	1	–
平罗县	1	1	–	–	2
陶乐县	1	1	–	–	–
惠农县	1	1	–	–	1
吴忠市	**7**	**6**	**–**	**1**	**5**
利通区	2	1	–	1	–
青铜峡市	1	1	–	–	–
中卫县	1	1	–	–	–
中宁县	1	1	–	–	1
盐池县	1	1	–	–	4
同心县	1	1	–	–	–
固原市	**7**	**7**	**–**	**1**	**5**
原州区	2	2	–	1	1
海原县	1	1	–	–	–
西吉县	1	1	–	–	–
隆德县	1	1	–	–	–
泾源县	1	1	–	–	–
彭阳县	1	1	–	–	4

16－14　各市县主要年份全区医院数

单位:个

地　　区	1990年	1995年	1998年	1999年	2000年	2001年	2002年
全区总计	**177**	**368**	**97**	**98**	**97**	**106**	**110**
银　川　市	**62**	**84**	**46**	**46**	**45**	**45**	**43**
银川市	31	37	30	29	28	28	28
永宁县	8	13	5	5	5	5	4
贺兰县	12	12	2	3	3	3	2
灵武市	11	22	9	9	9	9	9
石嘴山市	**25**	**54**	**24**	**25**	**24**	**25**	**26**
石嘴山市	13	17	17	17	16	17	17
平罗县	7	21	4	5	5	5	5
陶乐县	1	6	1	1	1	1	1
惠农县	4	10	2	2	2	2	3
吴　忠　市	**63**	**102**	**17**	**17**	**17**	**21**	**25**
利通区	15	18	2	2	2	2	3
青铜峡市	15	15	4	4	4	5	9
中卫县	7	18	4	4	4	5	5
中宁县	5	18	4	4	4	4	4
盐池县	17	17	2	2	2	3	2
同心县	4	16	1	1	1	2	2
固　原　市	**27**	**128**	**10**	**10**	**11**	**15**	**16**
原州区	7	28	4	3	4	6	8
海原县	8	26	1	1	1	2	2
西吉县	5	27	2	2	2	2	2
隆德县	3	21	1	1	1	2	2
泾源县	2	8	1	1	1	1	1
彭阳县	2	18	1	2	2	2	1

16－15 各市县全区卫生机构人员数

（2002年） 单位：人

地区	总计	卫生技术人员	#执业医师	#执业助理医师	#注册护士	每千人口执业医师数
全区总计	**24 204**	**19 792**	**7 384**	**1 686**	**6 390**	**1.29**
银川市	**9 963**	**7 966**	**2 808**	**568**	**3 000**	**2.11**
银川市	7 760	6 111	2 260	351	2 433	3.35
永宁县	680	562	146	68	178	0.55
贺兰县	385	330	99	52	96	0.49
灵武市	1 138	963	303	97	293	0.77
石嘴山市	**4 214**	**3 314**	**1 107**	**237**	**1 235**	**5.93**
石嘴山市	2 897	2 257	778	78	939	1.11
平罗县	925	721	236	108	212	0.71
陶乐县	104	89	30	11	21	0.11
惠农县	288	247	63	40	63	2.02
吴忠市	**5 767**	**4 813**	**1 794**	**378**	**1 307**	**1.00**
利通区	1 487	1 232	434	79	362	0.24
青铜峡市	1 354	1 073	292	75	295	0.92
中卫县	1 194	1 030	381	99	309	1.53
中宁县	768	657	296	63	160	0.87
盐池县	446	389	204	29	85	1.32
同心县	518	432	187	33	96	0.55
固原市	**4 260**	**3 699**	**1 675**	**503**	**848**	**0.89**
原州区	1 663	1 378	642	111	363	1.24
海原县	671	572	308	65	108	0.83
西吉县	776	706	265	186	136	0.58
隆德县	479	448	225	23	114	1.04
泾源县	237	211	70	40	46	0.85
彭阳县	434	384	165	78	81	0.67

注：不包括工业及其他部门门诊部所和私人开业。

16－16　各市县主要年份全区卫生技术人员数

单位:人

地　区	1985年	1990年	1995年	1998年	1999年	2000年	2001年	2002年
全区总计	**15 528**	**19 175**	**21 223**	**19 103**	**19 268**	**19 171**	**19 790**	**19 792**
银川市	**6 252**	**7 876**	**8 893**	**7 791**	**7 809**	**7 840**	**8 123**	**7 966**
银川市	4 693	6 061	6 942	5 940	5 895	5 961	6 189	6 111
永宁县	406	470	470	500	524	542	571	562
贺兰县	456	492	468	398	432	405	418	330
灵武市	697	853	1 013	953	958	932	945	963
石嘴山市	**3 189**	**3 748**	**4 083**	**3 226**	**3 216**	**3 172**	**3 252**	**3 314**
石嘴山市	2 370	2 766	2 977	2 186	2 178	2 102	2 221	2 257
平罗县	742	702	802	689	697	717	694	721
陶乐县	77	92	81	89	92	106	95	89
惠农县	－	188	223	262	249	247	242	247
吴忠市	**3 365**	**4 214**	**4 721**	**4 612**	**4 689**	**4 667**	**4 755**	**4 813**
利通区	846	1 000	1 169	1 094	1 123	1 151	1 182	1 232
青铜峡市	688	824	934	987	1 003	983	1 003	1 073
中卫县	714	849	934	979	967	981	1 019	1 030
中宁县	514	759	768	648	661	645	656	657
盐池县	328	414	450	447	472	441	435	389
同心县	285	368	466	457	463	466	460	432
固原市	**2 722**	**3 337**	**3 526**	**3 474**	**3 554**	**3 492**	**3 660**	**3 699**
原州区	1 125	1 373	1 328	1 242	1 287	1 287	1 386	1 378
海原县	404	487	483	536	554	577	583	572
西吉县	424	540	649	696	696	592	661	706
隆德县	373	465	485	415	408	424	425	448
泾源县	181	198	237	223	226	207	209	211
彭阳县	215	274	344	362	383	405	396	384

主要统计指标解释

【体育场】 指有400米跑道（中心含足球场）。有固定道牙，跑道6条以上，并有固定看台的室外田径场地。以看台容纳观众人数分：甲级25000人以上，乙级15000—25000人，丙级5000—15000人，丁级5000人以下。

【等级裁判员】 指经考核正式批准授予等级裁判员职称者，分为国际裁判、国家级、一级、二级、三级。

【等级运动员】 指经考核正式批准授予等级运动员称号的运动员，分为国际级运动健将、运动健将、一级、二级、三级、少年级。

【优秀运动队】 指各省、市、自治区体委、解放军、产业体协、运动技术学院和军事体育学校所属的各类运动队。不包括机关团体、厂矿等企业、事业单位所属的职工运动队。

【卫生机构】 指各个部门（军事部门除外）、各种性质的设有专职卫生技术人员的卫生事业机构。包括医院、疗养院（所）、门诊部（所）、专科防治所（站）、卫生防疫站、妇幼保健所（站）、药品检验所（室）、其他卫生机构、（包括急救站、中心血库、输血站、环境卫生监测站、生物制品研究所、精神病收容所、麻风村、卫生干部进修院（校）。

【医院】 指名称为医院、设有固定床位能收容病人住院并能为病人提供医疗、护理服务的医疗机构。包括县及县以上医院、农村乡卫生院、其他医院三部分，按所属性质分为卫生部门、工业及其他部门、集体所有制三类。其中县及县以上医院按业务性质分为综合医院和专科医院。

【卫生技术人员】 指卫生事业机构支付工资的全部固定职工和合同制职工中现任职务为卫生技术工作的人员。包括中医师、西医师、中西医结合高级医师、护师、中药师、西药师、检验师、其他技师、中医士、西医士、护士、助产士、中药剂士、西药剂士、检验士、其他技士、其他中医、护理员、中药剂员、西药剂员、检验员、其他初级卫生技术人员。

【医生】 指经卫生部门审查合格，从事医疗工作的专业人员，分为中医医生和西医医生。包括卫生技术人员中的中医师、西医师、中西医结合高级医师、中医士、西医士和其他中医。

【社会福利企业单位】 指以安置城镇有一定劳动能力的盲、聋、哑和肢体残疾人员就业为目的，享受国家减免税待遇的全民或集体所有制企业。包括民政部门管理和街道举办两类。

【城乡社会救济费】 社会救济是指国家或集体用于生活困难的人员的财物支出。本指标包括城镇社会救济费、乡村社会救济费、精减退职的老职工救济费。

【公证人员】 指在国家公证机关依法办理公证事务的司法人员。包括公证员、助理公证员和在公证处工作的其他人员。

【办理公证文书】 指公证处在一定时期内办理的公证文书件数。公证文书系按司法部规定或批准的格式制作。包括国内公证和涉外公证两部分。其中国内公证分为经济合同公证和民事法律关系公证两大类。

【废水排放总量】 废水包括生产废水和生活废水。生产废水指企业事业单位在生产、科研、医疗等工作中，向外环境排放的所有废水。

【工业废水达标量】 指全面达到国家排放标准的外排工业废水量（包括经过处理和未经处理的）。但不包括虽经处理仍未达到国家排放标准的工业废水。国家尚未正式颁布标准的，以地方制订的标准为准。

【工业粉尘回收量】 指经过各种回收处理装置回收的工业粉尘和尘泥量（包括干法和湿法）。

【工业固体废物综合利用量】 指已用作农业肥料、造田、生产建筑材料以及其他方式综合利用的工业固体废物量（不包括填埋和焚烧量）。

【污染事故】 指由于某种原因引起的、偶然的、突发性的向环境排放污染物，从而造成环境污染和损害，其直接经济损失在千元以上的事件。

十七、企业调查基本情况

17－1　企业集团主要经济指标

单位:万元

分组标志	集团数	年末资产总计		固定资产原价		累计折旧	
		2001年	2002年	2001年	2002年	2001年	2002年
总　　计	**18**	**2 408 252**	**2 523 084**	**1 085 806**	**1 405 559**	**348 249**	**412 647**
按母公司控股情况分							
国有绝对控股	16	2 032 354	2 104 674	1 001 130	1 271 693	330 088	389 707
国有相对控股	2	418 410	375 898	84 676	133 866	18 161	22 940
按企业规模分							
特大型	4	1 370 977	1 440 015	664 722	936 105	211 346	2 653 270
大　型	10	803 726	854 965	326 025	375 239	108 573	120 064
中　型	3	86 456	75 274	22 364	22 168	4 599	5 324
其　他	1	147 093	152 830	72 695	72 047	23 731	23 989
按主营行业分							
农、林、牧、渔业	1	147 093	152 830	72 695	72 047	23 731	23 989
工　业	12	2 074 432	2 195 983	944 670	1 269 498	308 951	372 611
建筑业	1	38 820	44 068	9 646	9 854	3 226	3 417
运输业	1	60 650	59 648	15 270	16 133	3 382	4 034
批发零售贸易餐饮业	1	61 451	54 929	36 431	31 992	7 742	7 306
其　他	2	25 806	15 626	7 094	6 035	1 217	1 290
按母公司登记注册类型分							
国有独资企业	11	1 468 641	1 528 035	799 853	1 056 016	257 263	311 201
其他有限责任公司	2	153 526	159 206	76 677	76 177	24 382	24 748
股份有限公司	4	578 800	639 167	147 725	203 359	48 177	54 386
中外合资企业	–	–	–	–	–	–	–
按母公司是否为国家重点企业分							
是国家重点企业	1	133 207	126 118	51 385	45 061	28 701	27 209
其　它	17	2 275 045	2 396 966	1 034 421	1 360 498	319 548	385 438

17－1　续表 1　　　　　　　　　　　　　　　　　　　　　　　　单位:万元

分组指标	本年折旧		累计对外投资		本年对外投资	
	2001年	2002年	2001年	2002年	2001年	2002年
总　计	**43 384**	**48 112**	**101 749**	**115 757**	**29 170**	**31 578**
按母公司控股情况分						
国有绝对控股	40 682	43 333	75 812	92 776	20 923	27 642
国有相对控股	2 702	4 779	25 937	22 981	8 247	3 936
按企业规模分						
特大型	39 202	32 440	27 682	31 949	10 676	3 266
大　型	10 175	11 711	49 014	70 599	16 942	27 588
中　型	1 148	1 023	25 053	13 209	1 552	724
其　他	2 859	2 938	－	－	－	－
按主营行业分						
农、林、牧、渔业	2 859	2 938	－	－	－	－
工　业	40 170	44 227	73 026	97 306	27 322	29 282
建筑业	365	360	572	572	－	－
运输业	923	874	10 108	6 522	1 552	724
批发零售贸易餐饮业	－1 158	－436	3 098	4 670	296	1 572
其　他	225	149	14 945	6 687	－	－
按母公司登记注册类型分						
国有独资企业	31 569	36 241	56 784	71 137	16 332	27 014
其他有限责任公司	2 973	3 046	2 504	2 504	－	－
股份有限公司	4 909	4 940	36 024	33 621	8 247	3 936
中外合资企业	－	－	－	－	－	－
按母公司是否为国家重点企业分						
是国家重点企业	1 677	－2 192	3 448	4 773	－	－
其它	41 707	50 304	98 301	110 984	29 170	31 578

17－1　续表 2　　单位:万元

分组指标	存货		流动资产年平均余额		年末负债合计	
	2001 年	2002 年	2001 年	2002 年	2001 年	2002 年
总　计	**308 028**	**357 240**	**1 132 663**	**1 244 537**	**1 432 166**	**1 507 426**
按母公司控股情况分						
国有绝对控股	271 985	316 227	978 421	1 068 251	1 199 698	1 229 944
国有相对控股	36 043	41 013	154 242	176 286	232 468	277 482
按企业规模分						
特大型	142 267	176 865	555 847	614 576	722 285	759 736
大　型	133 117	149 226	458 740	516 902	553 135	601 995
中　型	5 386	5 211	35 765	31 127	47 666	35 312
其　他	27 258	25 938	82 311	81 932	109 080	110 383
按主营行业分						
农、林、牧、渔业	27 258	25 938	82 311	81 932	109 080	110 383
工　业	259 799	310 033	962 518	1 039 162	1 176 107	1 266 635
建筑业	6 349	7 831	25 999	34 126	34 259	39 481
运输业	3 480	4 493	30 046	27 122	34 554	27 978
批发零售贸易餐饮业	9 236	8 227	26 070	58 190	65 054	55 615
其　他	1 906	718	5 719	4 005	13 112	7 334
按母公司登记注册类型分						
国有独资企业	136 610	164 952	587 215	671 361	852 546	867 430
其他有限责任公司	27 315	25 996	82 750	82 390	111 828	113 103
股份有限公司	81 330	97 449	32 205	359 711	387 665	453 677
中外合资企业	－	－	－	－	－	－
按母公司是否为国家重点企业分						
是国家重点企业	22 623	23 794	109 667	103 276	98 876	100 708
其　它	285 405	333 446	1 022 996	1 141 261	1 333 290	1 406 718

17－1 续表3 单位:万元

分组指标	流动负债		年末少数股东权益		年末股东(所有者)权益合计	
	2001年	2002年	2001年	2002年	2001年	2002年
总计	**978 501**	**1 173 883**	**216 978**	**230 289**	**759 108**	**785 369**
按母公司控股情况分						
国有绝对控股	820 073	975 225	136 481	145 192	696 175	729 538
国有相对控股	158 428	198 658	80 497	85 097	62 933	55 831
按企业规模分						
特大型	405 275	538 268	106 841	119 563	541 851	560 716
大型	455 979	520 376	110 137	110 726	140 454	142 244
中型	34 611	28 753	–	–	38 790	39 962
其他	82 636	86 468	–	–	38 013	42 447
按主营行业分						
农、林、牧、渔业	82 636	86 486	–	–	38 013	42 447
工业	773 809	974 815	216 978	230 289	681 347	699 059
建筑业	32 179	36 450	–	–	4 561	4 587
运输业	30 798	24 575	–	–	26 096	31 670
批发零售贸易餐饮业	55 266	47 379	–	–	－3 606	－686
其他	3 813	4 178	–	–	12 694	8 292
按母公司登记注册类型分						
国有独资企业	548 504	681 770	65 805	77 137	550 290	583 468
其他有限责任公司	83 357	87 149	–	–	41 698	46 103
股份有限公司	31 741	360 686	106 828	107 910	84 317	77 580
中外合资企业	–	–	–	–	–	–
按母公司是否为国家重点企业分						
是国家重点企业	86 993	88 877	26 331	22 813	8 000	2 597
其它	891 508	1 085 006	190 647	207 476	751 108	782 772

17－1 续表4 单位:万元

分组指标	股东(实收资本)		主营业务收入		#出口额	
	2001年	2002年	2001年	2002年	2001年	2002年
总计	**616 083**	**582 746**	**978 072**	**1 046 899**	**178 378**	**143 902**
按母公司控股情况分						
国有绝对控股	603 796	563 879	888 575	943 734	170 864	128 050
国有相对控股	12 287	18 867	89 497	103 165	7 514	15 852
按企业规模分						
特大型	467 424	444 844	533 429	584 690	121 392	84 541
大型	125 149	114 449	320 584	334 508	55 171	57 967
中型	23 510	23 453	37 317	37 302	－	－
其他	－	－	86 742	90 399	1 815	1 394
按主营行业分						
农、林、牧、渔业	－	－	86 742	90 399	1 815	1 394
工业	568 883	535 297	776 263	846 088	176 563	142 508
建筑业	5 940	5 930	25 468	29 288	－	－
运输业	13 339	17 844	35 752	36 233	－	－
批发零售贸易餐饮业	17 750	18 066	52 282	43 822	－	－
其他	10 171	5 609	1 565	1 069	－	－
按母公司登记注册类型分						
国有独资企业	447 370	499 652	594 793	734 162	46 219	68 948
其他有限责任公司	4 171	4 171	87 259	90 984	1 815	1 394
股份有限公司	44 840	33 923	164 933	174 516	43 458	45 888
中外合资企业	－	－	－	－	－	－
按母公司是否为国家重点企业分						
是国家重点企业	27 553	10 056	45 179	33 868	8 569	4 666
其它	588 530	572 690	932 893	1 013 031	169 809	139 236

17－1　续表5　　单位:万元

分组指标	主营业务成本		主营业务税金及附加		其他业务收入	
	2001年	2002年	2001年	2002年	2001年	2002年
总　计	**766 362**	**814 232**	**8 309**	**8 831**	**49 496**	**84 161**
按母公司控股情况分						
国有绝对控股	699 654	736 180	7 701	8 080	49 348	84 161
国有相对控股	66 708	78 052	608	751	148	－
按企业规模分						
特大型	424 082	457 967	2 709	2 780	35 908	73 235
大　型	250 301	266 476	2 061	2 071	8 908	7 742
中　型	25 541	21 528	816	760	9	439
其　他	66 438	68 261	2 723	3 220	4 671	2 745
按主营行业分						
农、林、牧、渔业	66 438	68 261	2 723	3 220	4 671	2 745
工　业	604 643	659 129	3 757	3 776	43 532	79 726
建筑业	23 949	27 356	833	944	187	239
运输业	24 418	21 136	773	727	9	302
批发零售贸易餐饮业	45 791	37 958	180	131	1 097	1 012
其　他	1 123	392	43	33	－	137
按母公司登记注册类型分						
国有独资企业	474 063	566 962	4 199	4 896	39 635	75 505
其他有限责任公司	66 454	68 273	2 751	3 251	4 671	2 745
股份有限公司	128 708	140 418	828	594	724	599
中外合资企业	－	－	－	－	－	－
按母公司是否为国家重点企业分						
是国家重点企业	35 698	30 492	184	－163	571	599
其　它	730 664	783 740	8 125	8 994	48 925	83 562

17－1　续表6　　单位:万元

分组指标	存货跌价损失和营业、管理、财务等		税　金		劳动待业保险费	
	2001年	2002年	2001年	2002年	2001年	2002年
总　　计	**196 669**	**225 220**	**9 684**	**10 846**	**20 496**	**23 375**
按母公司控股情况分						
国有绝对控股	183 478	204 844	9 516	10 585	20 450	23 128
国有相对控股	13 191	20 376	168	261	46	247
按企业规模分						
特大型	101 767	95 555	1 447	1 604	12 990	15 726
大　型	66 762	96 971	8 076	8 985	3 124	2 839
中　型	9 096	11 498	22	92	32	304
其　他	19 044	21 196	139	165	4 350	4 506
按主营行业分						
农、林、牧、渔业	19 044	21 196	139	165	4 350	4 506
工　业	157 006	181 965	9 273	10 304	15 335	17 660
建筑业	549	1 161	23	27	228	394
运输业	8 080	10 685	－	29	－	257
批发零售贸易餐饮业	10 974	9 400	227	258	551	511
其　他	1 016	813	22	63	32	47
按母公司登记注册类型分						
国有独资企业	134 947	134 998	3 552	3 465	14 308	17 253
其他有限责任公司	19 640	21 764	161	188	4 382	4 542
股份有限公司	27 440	60 073	5 783	7 069	937	552
中外合资企业	－	－	－	－	－	－
按母公司是否为国家重点企业分						
是国家重点企业	12 424	36 317	5 572	6 707	794	130
其　它	184 245	188 903	4 112	4 139	19 702	23 245

17－1　续表7　　单位:万元

分组指标	利息支出		投资收益		营业外收入	
	2001年	2002年	2001年	2002年	2001年	2002年
总　　计	**27 490**	**41 562**	**4 768**	**545**	**4 781**	**4 597**
按母公司控股情况分						
国有绝对控股	23 199	35 222	3 298	232	4 743	4 327
国有相对控股	4 291	6 340	840	313	38	270
按企业规模分						
特大型	5 805	17 252	1 329	324	2 712	1 800
大　型	18 154	20 896	3 004	694	1 464	1 865
中　型	522	350	447	－526	59	35
其　他	3 009	3 064	－12	53	546	897
按主营行业分						
农、林、牧、渔业	3 009	3 064	－12	53	546	897
工　业	21 326	35 590	4 286	971	3 941	3 268
建筑业	264	438	－13	－	4	－3
运输业	252	252	447	－526	47	35
批发零售贸易餐饮业	2 369	2 120	60	47	231	400
其　他	98	270	－	－	12	－
按母公司登记注册类型分						
国有独资企业	14 041	24 648	3 727	846	3 247	2 135
其他有限责任公司	3 089	3 140	－12	53	556	897
股份有限公司	8 838	12 248	880	－308	214	1 093
中外合资企业	－	－	－	－	－	－
按母公司是否为国家重点企业分						
是国家重点企业	4 036	5 154	40	－621	162	809
其它	23 454	36 408	4 728	1 166	4 619	3 789

17－1 续表8

单位:万元

分组指标	利润总额		应交所得税		应缴增值税	
	2001年	2002年	2001年	2002年	2001年	2002年
总计	**44 570**	**24 655**	**8 444**	**6 820**	**41 469**	**50 767**
按母公司控股情况分						
国有绝对控股	35 489	19 779	6 896	5 895	38 501	46 635
国有相对控股	9 081	4 876	1 548	925	2 968	4 132
按企业规模分						
特大型	35 680	30 494	4 944	2 154	26 590	31 167
大型	6 541	－9 831	2 763	3 707	12 679	17 393
中型	2 073	2 955	384	689	390	344
其他	276	1 037	353	270	1 810	1 863
按主营行业分						
农、林、牧、渔业	276	1 037	353	270	1 810	1 863
工业	45 732	23 368	7 640	5 759	39 213	47 596
建筑业	74	63	42	36	－	－
运输业	2 678	3 057	384	689	390	324
批发零售贸易餐饮业	－3 585	－2 768	25	66	56	964
其他	－605	－102	－	－	－	20
按母公司登记注册类型分						
国有独资企业	13 947	31 303	4 408	3 731	27 326	37 879
其他有限责任公司	163	1 009	353	270	1 810	1 863
股份有限公司	7 585	－10 137	1 249	2 591	6 416	9 184
中外合资企业	－	－	－	－	－	－
按母公司是否为国家重点企业分						
是国家重点企业	－2 593	－17 235	－361	1 253	2 897	4 689
其它	47 163	41 890	8 805	5 567	38 572	46 078

17－1 续表9 单位:万元

分组指标	固定资产投资完成额		研究开发费用		营业收入	
	2001年	2002年	2001年	2002年	2001年	2002年
总计	**119 405**	**123 742**	**6 859**	**6 999**	**1 027 568**	**1 131 060**
按母公司控股情况分						
国有绝对控股	71 203	98 245	5 629	4 669	937 923	1 027 895
国有相对控股	48 202	25 497	1 230	2 330	89 645	103 165
按企业规模分						
特大型	76 154	90 835	4 689	3 164	569 337	657 925
大型	35 294	19 253	2 170	3 835	329 492	342 250
中型	306	－	－	－	37 326	37 741
其他	7 651	13 654	－	－	91 413	93 144
按主营行业分						
农、林、牧、渔业	7 651	13 654	－	－	91 413	93 144
工业	111 448	110 088	6 859	6 999	819 795	925 814
建筑业	－	－	－	25 655	29 527	－
运输业	306	－	－	－	35 761	36 535
批发零售贸易餐饮业	－	－	－	－	53 379	44 834
其他	－	－	－	－	1 565	1 206
按母公司登记注册类型分						
国有独资企业	52 433	75 864	1 786	2 613	634 428	809 667
其他有限责任公司	7 651	13 654	－	－	91 930	93 729
股份有限公司	48 202	25 497	1 230	2 330	165 657	175 115
中外合资企业	－	－	－	－	－	－
按母公司是否为国家重点企业分						
是国家重点企业	－	－	－	－	45 750	34 467
其它	119 405	123 742	6 859	6 999	981 818	1 096 593

17－1 续表10 单位:万元

分组指标	年末股东(所有者)权益总计		从业人员的年末人数(人)		在岗职工(人)	
	2001年	2002年	2001年	2002年	2001年	2002年
总计	**976 086**	**1 015 658**	**125 396**	**127 156**	**122 438**	**124 721**
按母公司控股情况分						
国有绝对控股	832 656	874 730	117 431	118 816	114 485	116 389
国有相对控股	143 430	140 928	7 965	8 340	7 953	8 332
按企业规模分						
特大型	648 692	680 279	59 710	63 871	59 606	63 792
大型	250 591	252 970	28 789	28 151	27 534	27 023
中型	38 790	39 962	3 188	3 182	1 619	2 155
其他	38 013	42 447	33 709	31 952	33 679	31 751
按主营行业分						
农、林、牧、渔业	38 013	42 447	33 709	31 952	33 679	31 751
工业	898 325	929 348	83 386	87 207	82 744	86 636
建筑业	4 561	4 587	1 979	1 999	1 979	1 999
运输业	26 096	31 670	2 776	2 824	1 207	1 797
批发零售贸易餐饮业	－3 603	－686	3 134	2 816	2 417	2 180
其他	12 694	8 292	412	358	412	358
按母公司登记注册类型分						
国有独资企业	616 095	660 605	72 108	75 013	69 192	72 787
其他有限责任公司	41 698	46 103	33 953	32 182	33 923	31 981
股份有限公司	191 145	185 490	15 525	16 057	15 513	16 049
中外合资企业	－	－	－	－	－	－
按母公司是否为国家重点企业分						
是国家重点企业	34 331	25 410	5 834	5 624	5 834	5 624
其它	941 755	990 248	119 562	121 532	116 604	119 097

17－1 续表11

分组指标	其他从业人员人数(人)		从业人员劳动报酬(万元)	
	2001年	2002年	2001年	2002年
总计	2 958	2 435	125 667	133 961
按母公司控股情况分				
国有绝对控股	2 949	2 427	116 971	124 876
国有相对控股	12	8	8 696	9 085
按企业规模分				
特大型	104	79	76 291	80 413
大型	1 255	1 128	29 100	31 227
中型	1 569	1 027	3 942	3 913
其他	30	21	16 334	18 408
按主营行业分				
农、林、牧、渔业	30	201	16 334	18 408
工业	642	571	101 092	107 187
建筑业	–	–	2 089	2 312
运输业	1 569	1 027	3 582	3 611
批发零售贸易餐饮业	717	636	2 210	2 141
其他	–	–	360	302
按母公司登记注册类型分				
国有独资企业	2 916	2 226	83 584	92 912
其他有限责任公司	30	201	16 486	18 552
股份有限公司	12	8	16 029	16 733
中外合资企业	–	–	–	–
按母公司是否为国家重点企业分				
是国家重点企业	–	–	5 466	5 531
其它	2 958	2 435	120 201	128 430

17－1 续表12 单位:万元

分组指标	在岗职工劳动报酬		其它从业人员劳动报酬	
	2001年	2002年	2001年	2002年
总计	**123 492**	**132 107**	**2 175**	**1 854**
按母公司控股情况分				
国有绝对控股	114 802	123 026	2 169	1 850
国有相对控股	8 690	9 081	6	4
按企业规模分				
特大型	76 223	80 355	68	58
大型	28 239	30 349	861	878
中型	2 722	3 204	1 220	709
其他	16 308	18 199	26	209
按主营行业分				
农、林、牧、渔业	16 308	18 199	26	209
工业	100 338	106 679	754	508
建筑业	2 089	2 312	－	－
运输业	2 362	2 902	1 220	709
批发零售贸易餐饮业	2 035	1 713	175	428
其他	360	302	－	－
按母公司登记注册类型分				
国有独资企业	81 441	91 271	2 143	1 641
其他有限责任公司	16 460	18 343	26	209
股份有限公司	16 023	16 729	6	4
中外合资企业	－	－	－	－
按母公司是否为国家重点企业分				
是国家重点企业	5 466	5 531	－	－
其它	118 026	126 576	2 175	1 854

17－2　建立现代企业制度试点企业主要经济指标

（2002年）　　单位：万元

分组标志	企业数	注册资本金				
		合计	国家资本	集体资本	法人资本	个人资本
总　计	**52**	**1 045 629**	**680 255**	**9 982**	**228 491**	**88 067**
按控股情况分						
国有绝对控股	29	858 551	623 584	195	210 026	20 761
国有相对控股	5	58 076	22 120	208	4 174	31 574
集体绝对控股	1	1 030	－	971	－	59
其　他	17	127 972	34 551	8 608	14 291	35 673
按企业规模分						
特大型	7	576 599	393 106	－	176 993	6 500
大　型	31	436 627	263 804	8 803	51 301	73 885
中　型	7	12 405	6 314	971	122	4 998
小　型	6	4 398	1 431	208	75	2 684
其　他	1	15 600	15 600	－	－	－
按主营行业分						
农、林、牧、渔业	1	15 600	15 600	－	－	－
工　业	48	100 963	652 134	9 982	227 516	81 164
建筑业	1	5 939	5 500	－	－	439
批零贸餐业	1	10 289	2 850	－	975	6 464
其　他	1	4 171	4 171	－	－	－
按登记注册类型分						
国有企业	6	343 635	170 614	－	173 021	－
国有独资企业	9	370 532	370 532	－	－	－
其他有限责任公司	20	66 487	20 931	1 166	24 176	20 214
股份有限公司	13	182 326	80 946	8 816	24 711	67 853
中外合资企业	4	82 649	37 232	－	6 583	－

17-2 续表1 单位:万元

分组标志	年末资产总计		固定资产原价		累计折旧	
	2001年	2002年	2001年	2002年	2001年	2002年
总计	**4 166 236**	**4 449 994**	**2 872 942**	**3 292 677**	**1 007 139**	**1 209 803**
按控股情况分						
国有绝对控股	3 380 470	3 496 221	2 521 694	2 828 048	895 253	1 074 382
国有相对控股	392 263	456 471	112 806	170 753	24 814	31 802
集体绝对控股	5 145	2 918	2 308	2 488	717	804
其他	388 358	494 384	236 134	291 388	86 355	102 815
按企业规模分						
特大型	2 332 397	2 431 191	2 034 430	2 311 010	726 311	885 570
大型	1 597 500	1 776 292	705 864	848 660	234 482	274 733
中型	70 969	68 764	49 585	49 428	17 716	19 603
小型	18 277	20 917	10 368	11 532	4 899	5 908
其他	147 093	152 830	72 695	72 047	23 731	23 989
按主营行业分						
农、林、牧、渔业	147 093	152 830	72 695	72 047	23 731	23 989
工业	3 915 706	4 186 828	2 774 417	3 194 375	977 363	1 178 884
建筑业	38 820	44 068	9 646	9 854	3 226	3 417
批零贸餐业	58 184	59 892	12 02	12 271	2 168	2 754
其他	6 433	6 379	3 982	4 130	651	759
按登记注册类型分						
国有企业	1 392 596	1 449 687	1 171 408	1 328 978	421 007	520 926
国有独资企业	1 348 845	1 339 734	1 044 352	1 169 699	346 668	408 016
其他有限责任公司	293 339	326 417	179 675	191 829	63 674	72 044
股份有限公司	940 032	1 149 535	357 112	474 706	136 059	163 564
中外合资企业	191 424	184 621	120 395	127 465	39 731	45 253

17－2 续表2 单位:万元

分组标志	本年折旧		累计对外投资		本年对外投资	
	2001年	2002年	2001年	2002年	2001年	2002年
总计	**163 789**	**168 709**	**185 477**	**200 630**	**44 872**	**39 600**
按控股情况分						
国有绝对控股	142 067	141 688	141 254	156 021	28 096	31 156
国有相对控股	5 210	7 115	41 037	42 242	17 447	8 097
集体绝对控股	81	87	–	–	–	–
其他	16 431	19 819	3 186	2 367	－671	347
按企业规模分						
特大型	120 561	113 672	79 534	74 564	10 241	2 710
大型	36 927	49 189	102 719	122 506	34 631	36 545
中型	2 536	1 898	2 504	2 504	–	–
小型	906	1 012	720	1 056	–	345
其他	2 859	2 938	–	–	–	–
按主营行业分						
农、林、牧、渔业	2 859	2 938	–	–	–	–
工业	159 932	164 656	167 301	178 293	35 672	35 439
建筑业	365	360	572	572	–	–
批零贸餐业	519	647	15 100	19 261	9 200	4 161
其他	114	108	2 504	2 504	–	–
按登记注册类型分						
国有企业	76 268	74 310	84 339	57 867	4 591	655
国有独资企业	48 916	49 164	23 652	25 131	5 650	2 082
其他有限责任公司	12 009	13 826	3 525	2 910	－932	345
股份有限公司	19 843	26 895	73 600	114 115	35 302	36 066
中外合资企业	6 753	4 514	361	607	261	452

17－2 续表3 单位:万元

<table>
<tr><th rowspan="2">分组标志</th><th colspan="2">存货</th><th colspan="2">流动资产年平均余额</th><th colspan="2">年末负债合计</th></tr>
<tr><th>2001年</th><th>2002年</th><th>2001年</th><th>2002年</th><th>2001年</th><th>2002年</th></tr>
<tr><td>**总计**</td><td>**402 393**</td><td>**440 220**</td><td>**1 612 498**</td><td>**1 694 735**</td><td>**2 316 246**</td><td>**2 522 619**</td></tr>
<tr><td>**按控股情况分**</td><td></td><td></td><td></td><td></td><td></td><td></td></tr>
<tr><td>国有绝对控股</td><td>308 125</td><td>343 377</td><td>1 244 988</td><td>1 335 456</td><td>1 884 863</td><td>1 968 644</td></tr>
<tr><td>国有相对控股</td><td>40 884</td><td>43 852</td><td>178 537</td><td>174 743</td><td>194 823</td><td>257 968</td></tr>
<tr><td>集体绝对控股</td><td>338</td><td>285</td><td>2 788</td><td>1 564</td><td>4 754</td><td>3 520</td></tr>
<tr><td>其他</td><td>53 046</td><td>52 706</td><td>186 185</td><td>182 972</td><td>231 806</td><td>292 487</td></tr>
<tr><td>**按企业规模分**</td><td></td><td></td><td></td><td></td><td></td><td></td></tr>
<tr><td>特大型</td><td>130 478</td><td>160 748</td><td>663 574</td><td>727 801</td><td>1 273 571</td><td>1 307 769</td></tr>
<tr><td>大型</td><td>231 312</td><td>239 052</td><td>830 798</td><td>848 752</td><td>861 659</td><td>1 029 581</td></tr>
<tr><td>中型</td><td>9 491</td><td>10 821</td><td>24 864</td><td>22 951</td><td>59 660</td><td>60 433</td></tr>
<tr><td>小型</td><td>3 854</td><td>3 661</td><td>10 951</td><td>13 299</td><td>12 276</td><td>14 453</td></tr>
<tr><td>其他</td><td>27 258</td><td>25 938</td><td>82 311</td><td>81 932</td><td>109 080</td><td>110 383</td></tr>
<tr><td>**按主营行业分**</td><td></td><td></td><td></td><td></td><td></td><td></td></tr>
<tr><td>农、林、牧、渔业</td><td>27 258</td><td>25 938</td><td>82 311</td><td>81 932</td><td>109 080</td><td>110 383</td></tr>
<tr><td>工业</td><td>364 052</td><td>400 470</td><td>1 486 057</td><td>1 560 208</td><td>2 157 473</td><td>2 358 123</td></tr>
<tr><td>建筑业</td><td>6 349</td><td>7 831</td><td>25 999</td><td>34 126</td><td>34 259</td><td>39 481</td></tr>
<tr><td>批零贸餐业</td><td>4 677</td><td>5 923</td><td>17 692</td><td>18 011</td><td>12 686</td><td>11 912</td></tr>
<tr><td>其他</td><td>57</td><td>58</td><td>439</td><td>458</td><td>2 748</td><td>2 720</td></tr>
<tr><td>**按登记注册类型分**</td><td></td><td></td><td></td><td></td><td></td><td></td></tr>
<tr><td>国有企业</td><td>83 415</td><td>88 549</td><td>433 672</td><td>477 787</td><td>772 946</td><td>811 119</td></tr>
<tr><td>国有独资企业</td><td>88 315</td><td>111 087</td><td>483 369</td><td>4 551 710</td><td>734 398</td><td>729 319</td></tr>
<tr><td>其他有限责任公司</td><td>46 969</td><td>51 298</td><td>139 772</td><td>148 468</td><td>216 818</td><td>244 547</td></tr>
<tr><td>股份有限公司</td><td>146 330</td><td>154 550</td><td>447 903</td><td>521 069</td><td>482 401</td><td>618 580</td></tr>
<tr><td>中外合资企业</td><td>37 364</td><td>34 736</td><td>107 781</td><td>92 241</td><td>109 683</td><td>119 054</td></tr>
</table>

17－2 续表4

单位:万元

分组标志	流动负债		年末股东(所有者)权益合计		股本(实收资本)	
	2001年	2002年	2001年	2002年	2001年	2002年
总计	**1 374 443**	**1 662 188**	**1 849 990**	**1 927 375**	**1 242 835**	**1 209 498**
按控股情况分						
国有绝对控股	1 085 695	1 256 892	1 495 607	1 527 577	1 066 955	1 022 314
国有相对控股	140 425	198 719	197 440	198 503	58 076	58 076
集体绝对控股	4 521	3 400	391	－602	1 030	1 030
其他	143 802	203 177	156 552	201 897	116 774	128 078
按企业规模分						
特大型	543 872	655 059	1 058 826	1 123 422	760 051	744 810
大型	695 359	865 914	735 841	746 711	450 756	432 422
中型	41 976	42 883	11 309	8 331	12 037	12 077
小型	10 600	11 846	6 001	6 464	4 391	4 589
其他	82 636	86 486	38 013	42 447	15 600	15 600
按主营行业分						
农、林、牧、渔业	82 636	86 486	38 013	42 447	15 600	15 600
工业	1 246 221	1 526 677	1 758 233	1 828 705	1 206 835	1 173 508
建筑业	32 179	36 450	4 561	4 587	5 940	5 930
批零贸餐业	12 686	11 912	45 498	47 980	10 289	10 289
其他	721	663	3 685	3 656	4 171	4 171
按登记注册类型分						
国有企业	259 427	289 509	619 650	638 568	448 439	343 821
国有独资企业	484 790	581 330	614 447	610 415	476 527	535 969
其他有限责任公司	144 732	186 693	76 521	81 870	63 820	64 589
股份有限公司	398 033	502 675	457 631	530 955	172 477	182 420
中外合资企业	87 461	101 981	81 741	65 567	81 572	82 699

17－2　续表5　　　　单位:万元

分组标志	主营业务收入		出口额		主营业务成本	
	2001年	2002年	2001年	2002年	2001年	2002年
总　　计	**1 830 557**	**1 945 019**	**218 275**	**200 853**	**1 533 082**	**1 631 774**
按控股情况分						
国有绝对控股	1 497 709	1 517 785	162 998	124 667	1 257 715	1 291 938
国有相对控股	127 344	149 422	11 180	17 789	103 203	119 478
集体绝对控股	1 753	1 258	－	－	1 347	992
其　他	203 751	276 554	44 097	58 397	170 817	219 366
按企业规模分						
特大型	1 022 933	1 031 099	121 789	84 541	868 633	895 627
大　型	685 387	787 249	94 671	114 918	569 542	638 378
中　型	27 227	27 588	－	－	23 197	23 515
小　型	8 268	8 684	－	－	5 362	5 993
其　他	86 742	90 399	1 815	1 394	66 348	68 261
按主营行业分						
农、林、牧、渔业	86 742	90 399	1 815	1 394	66 348	68 261
工　业	1 683 047	1 779 131	216 460	199 459	1 413 591	1 496 563
建筑业	25 468	29 288	－	－	23 949	27 356
批零贸餐业	34 783	45 616	－	－	29 178	39 582
其　他	517	585	－	－	16	12
按登记注册类型分						
国有企业	607 845	583 980	87 081	27 842	526 269	534 970
国有独资企业	5477 528	593 368	22 565	17 052	448 844	473 670
其他有限责任公司	164 219	217 753	21 708	29 474	134 022	176 089
股份有限公司	409 524	435 717	55 515	89 072	338 377	360 566
中外合资企业	114 201	101 441	31 406	37 413	85 570	86 479

17－2 续表 6 单位:万元

分组标志	主营业务税金及附加		其他业务收入		存货跌价损失和营业、管理、财务等	
	2001 年	2002 年	2001 年	2002 年	2001 年	2002 年
总　计	**28 198**	**27 986**	**49 869**	**103 523**	**277 370**	**273 177**
按控股情况分						
国有绝对控股	23 031	23 008	46 453	99 182	233 186	217 034
国有相对控股	504	648	919	793	11 487	20 661
集体绝对控股	23	15	–	–	90	63
其　他	4 640	4 315	2 497	3 548	32 607	35 419
按企业规模分						
特大型	5 064	5 169	29 653	87 132	145 039	125 363
大　型	20 224	19 418	14 459	12 441	104 287	117 787
中　型	129	113	1 025	1 141	6 784	6 565
小　型	58	66	61	64	2 216	2 266
其　他	2 723	3 220	4 671	2 745	19 044	21 196
按主营行业分						
农、林、牧、渔业	2 723	3 220	4 671	2 745	19 044	21 196
工　业	24 480	23 601	44 501	99 928	254 551	246 359
建筑业	833	944	187	239	549	1 161
批零贸餐业	134	190	510	611	2 630	3 893
其　他	28	31	–	–	596	568
按登记注册类型分						
国有企业	3 434	3 290	16 999	8.90	58 730	54 635
国有独资企业	18 130	18 447	24 559	55 261	128 730	113 477
其他有限责任公司	1 724	1 867	5 538	5 580	26 269	30 695
股份有限公司	1 213	1 079	1 440	31 993	43 436	56 834
中外合资企业	3 697	3 303	1 333	2 099	20 205	17 536

17－2　续表 7　　　　单位:万元

分组标志	税金		劳动待业保险费		利息支出	
	2001 年	2002 年	2001 年	2002 年	2001 年	2002 年
总　　计	**18 642**	**19 230**	**25 885**	**28 242**	**60 802**	**75 544**
按控股情况分						
国有绝对控股	17 03	16 748	24 338	26 807	53 260	62 960
国有相对控股	231	352	272	256	2 824	5 045
集体绝对控股	11	19	9	7	19	11
其　他	1 368	2 111	1 266	1 172	4 699	7 528
按企业规模分						
特大型	14 457	13 349	15 468	18 207	32 083	39 692
大　型	3 819	5 466	5 427	4 744	23 726	30 626
中　型	203	222	565	717	1 686	1 818
小　型	25	28	75	68	298	344
其　他	138	165	4 350	4 506	3 009	3 064
按主营行业分						
农、林、牧、渔业	138	165	4 350	4 506	3 009	3 064
工　业	18 363	18 910	21 108	23 123	57 442	71 962
建筑业	23	27	228	394	264	438
批零贸餐业	96	105	167	183	7	4
其　他	22	23	32	36	80	76
按登记注册类型分						
国有企业	7 631	9 004	3 505	3 772	27 166	31 970
国有独资企业	8 531	7 003	17 419	19 703	14 489	17 325
其他有限责任公司	1 288	2 063	1 642	2 206	4 908	5 999
股份有限公司	823	817	2 423	2 163	10 734	15 964
中外合资企业	370	343	896	398	3 505	4 286

17－2 续表8 单位:万元

分组标志	投资收益		营业外收入		利润总额	
	2001年	2002年	2001年	2002年	2001年	2002年
总计	**10 878**	**21 171**	**7 739**	**3 542**	**45 109**	**40 949**
按控股情况分						
国有绝对控股	8 834	18 572	7 028	2 232	35 808	22 909
国有相对控股	1 312	866	128	250	10 008	2 106
集体绝对控股	－	－	－	63	43	－69
其他	732	1 733	583	997	－750	16 003
按企业规模分						
特大型	2 485	14 882	4 543	－136	46 354	35 725
大型	8 404	6 235	2 539	2 605	－246	6 708
中型	1	－	96	170	－1 736	－2 715
小型	－	1	15	6	461	194
其他	－12	53	546	897	276	1 037
按主营行业分						
农、林、牧、渔业	－12	53	546	897	276	1 037
工业	9 957	19 450	7 167	2 644	40 810	35 807
建筑业	－13	－	4	－3	74	63
批零贸餐业	946	1 668	12	4	4 062	4 070
其他	－	－	10	－	－113	－28
按登记注册类型分						
国有企业	4 097	6 349	1 124	1 219	31 884	7 540
国有独资企业	1 181	308	4 315	266	－10 556	－565
其他有限责任公司	17	33	1 059	398	3 527	8 650
股份有限公司	5 559	14 462	673	1 321	27 509	21 317
中外合资企业	24	19	568	338	－7 255	4 007

17－2　续表9

单位:万元

分组标志	应交所得税		应交增值税		固定资产投资完成额	
	2001年	2002年	2001年	2002年	2001年	2002年
总　　计	**11 185**	**10 283**	**99 062**	**98 246**	**356 062**	**441 661**
按控股情况分						
国有绝对控股	7 086	5 370	83 199	82 886	274 999	396 301
国有相对控股	1 505	1 222	5 320	6 324	52 549	24 742
集体绝对控股	13	–	59	18	–	–
其　他	2 581	3 691	10 484	9 018	28 514	20 618
按企业规模分						
特大型	4 930	3 681	68 548	69 217	265 938	386 409
大　型	5 589	6 186	27 012	25 649	81 739	41 168
中　型	15	6	1 038	799	706	403
小　型	298	140	654	718	28	27
其　他	353	270	1 810	1 863	7 651	13 654
按主营行业分						
农、林、牧、渔业	353	270	1 810	1 863	7 651	13 654
工　业	10 299	9 551	96 304	95 259	348 411	428 007
建筑业	42	38	–	–	–	–
批零贸餐业	491	426	948	1 124	–	–
其　他	–	–	–	–	–	–
按登记注册类型分						
国有企业	3 291	1 385	42 759	43 949	196 550	304 126
国有独资企业	1 455	1 592	31 091	27 914	61 370	79 595
其他有限责任公司	1 401	2 377	7 473	7 628	10 678	13 391
股份有限公司	4 636	4 578	13 286	14 922	82 062	38 413
中外合资企业	402	351	4 453	3 833	5 402	6 136

17－2 续表10 单位:万元

分组标志	研究开发费用		营业收入	
	2001年	2002年	2001年	2002年
总计	**11 681**	**8 569**	**1 880 426**	**2 048 542**
按控股情况分				
国有绝对控股	5 947	5 201	1 544 162	1 616 967
国有相对控股	1 720	2 219	128 263	150 215
集体绝对控股	17	14	1 753	1 258
其他	3 977	1 135	206 248	280 102
按企业规模分				
特大型	4 696	3 214	1 052 586	1 118 231
大型	6 894	5 288	699 846	799 690
中型	71	41	28 252	28 729
小型	20	26	8 329	8 748
其他	–	–	91 413	93 144
按主营行业分				
农、林、牧、渔业	–	–	91 413	93 144
工业	11 681	8 569	1 727 548	1 879 059
建筑业	–	–	25 655	29 527
批零贸餐业	–	–	35 293	46 227
其他	–	–	517	585
按登记注册类型分				
国有企业	4 058	2 369	624 844	592 570
国有独资企业	396	706	572 087	648 629
其他有限责任公司	856	1 189	169 757	223 333
股份有限公司	4 735	2 956	410 964	467 710
中外合资企业	1 636	1 349	102 774	116 300

17－2 续表 11　　单位:人

分 组 标 志	从业人员年末人数		在 岗 职 工		其他从业人员	
	2001 年	2002 年	2001 年	2002 年	2001 年	2002 年
总　　计	**160 820**	**161 186**	**155 909**	**158 227**	**4 911**	**2 959**
按控股情况分						
国有绝对控股	136 419	134 702	131 567	131 795	4 852	2 907
国有相对控股	8 519	8 604	8 509	8 604	10	–
集体绝对控股	395	382	395	382	–	–
其　他	15 487	17 498	15 438	17 446	49	52
按企业规模分						
特大型	71 777	73 940	69 466	73 896	2 311	44
大　型	49 829	50 046	47 282	47 465	2 547	2 581
中　型	4 087	3 766	4 084	3 657	3	109
小　型	1 418	1 482	1 398	1 458	20	24
其　他	33 709	31 952	33 679	31 751	30	201
按主营行业分						
农、林、牧、渔业	33 709	31 952	33 679	31 751	30	201
工　业	124 162	126 280	119 281	123 522	4 881	2 758
建筑业	1 979	1 999	1 979	1 999	–	–
批零贸餐业	726	725	726	725	–	–
其　他	244	230	244	230	–	–
按登记注册类型分						
国有企业	24 051	23 435	20 692	22 063	3 359	1 372
国有独资企业	87 011	87 895	86 967	97 592	44	303
其他有限责任公司	16 051	16 621	15 905	16 497	146	124
股份有限公司	27 137	27 034	26 039	26 056	1 098	978
中外合资企业	6 570	6 201	6 306	6 019	264	182

17－2　续表 12　　　　单位:万元

分组标志	从业人员劳动报酬		在岗职工劳动报酬		其他从业人员劳动报酬	
	2001 年	2002 年	2001 年	2002 年	2001 年	2002 年
总　　计	**175 411**	**192 486**	**171 435**	**189 973**	**3 976**	**2 513**
按控股情况分						
国有绝对控股	148 230	162 945	144 312	160 489	3 918	2 456
国有相对控股	9 258	9 580	9 253	9 580	5	–
集体绝对控股	460	550	460	550	–	–
其　他	17 463	19 411	17 410	19 354	53	57
按企业规模分						
特大型	104 022	113 353	102 342	113 222	1 680	131
大　型	49 959	55 452	47 742	53 364	2 217	2 088
中　型	3 865	3 897	3 864	3 865	1	32
小　型	1 231	1 376	1 179	1 323	52	53
其　他	16 334	18 408	16 308	18 199	26	209
按主营行业分						
农、林、牧、渔业	16 334	18 408	16 308	18 199	26	209
工　业	155 851	170 307	151 901	168 003	3 950	2 304
建筑业	2 089	2 312	2 089	2 312	–	–
批零贸餐业	985	1 315	985	1 315	–	–
其　他	152	144	152	144	–	–
按登记注册类型分						
国有企业	45 133	49 089	42 814	48 205	2 319	884
国有独资企业	73 545	85 018	73 511	84 782	34	236
其他有限责任公司	16 953	17 789	16 600	17 654	353	135
股份有限公司	32 328	31 717	31 301	30 653	1 027	1 064
中外合资企业	7 452	8 873	7 209	8 679	243	194

17-3 全区企业家信心指数

(2002年)

	一季度	二季度	三季度	四季度
全　　区	**118.44**	**108.95**	**121.06**	**122.77**
按行业门类分				
工　业	117.95	112.66	120.15	127.05
建筑业	112.49	113.60	128.29	127.28
交通运输、仓储和邮政业	153.14	82.43	114.45	107.79
批发零售贸易、餐饮业	108.65	91.34	94.97	97.82
房地产业	152.94	158.82	152.94	152.94
社会服务业	137.50	125.00	162.50	157.14
信息传输、计算机服务和软件业	80.15	80.15	100.15	80.15
住宿和餐饮业	92.31	108.33	150.00	133.33
按企业登记注册类型分				
国有企业	115.26	101.17	117.10	117.71
集体企业	100.00	83.33	80.00	81.82
股份合作企业	118.18	120.00	150.00	120.00
有限责任公司	119.71	115.38	126.71	133.60
股份有限公司	132.65	125.58	111.54	119.19
外商及港、澳、台投资企业	123.08	122.19	129.88	132.37
按企业规模分				
大　　型	144.12	121.09	140.72	141.25
中　　型	120.83	112.71	118.97	126.96
小　　型	101.00	97.94	112.77	109.57
乡镇企业	128.57	128.57	140.00	128.57
上市公司	110.22	110.87	95.70	86.91

17-4 企业综合生产经营景气指数

(2002年)

	一季度	二季度	三季度	四季度
全　　区	**106.15**	**118.39**	**123.18**	**123.31**
按行业门类分				
工　业	104.42	120.61	123.16	123.25
建筑业	87.78	125.27	115.76	124.91
交通运输、仓储和邮政业	139.81	89.10	120.00	126.48
批发零售贸易、餐饮业	108.57	103.66	111.97	109.02
房地产业	135.29	164.71	158.82	158.82
社会服务业	100.00	100.00	137.50	100.00
信息传输、计算机服务和软件业	102.08	113.59	100.15	100.15
住宿和餐饮业	107.69	125.00	170.00	144.44
按企业登记注册类型分				
国有企业	102.51	115.79	120.49	118.12
集体企业	91.67	91.67	80.00	81.82
股份合作企业	127.27	120.00	150.00	120.00
有限责任公司	110.27	121.99	128.42	132.63
股份有限公司	114.94	117.41	118.61	140.96
外商及港、澳、台投资企业	123.08	125.60	153.85	140.71
按企业规模分				
大　型	131.82	136.13	144.39	152.11
中　型	111.67	121.19	121.55	126.09
小　型	90.00	105.15	115.96	105.32
乡镇企业	128.57	128.57	120.00	142.86
上市公司	93.15	118.56	129.15	142.24

17－5 工业企业景气指数

(2002年)

	一季度	二季度	三季度	四季度
综合生产经营状况	**104.42**	**120.61**	**123.16**	**123.25**
生产成本	81.31	91.01	86.38	75.35
生产总量	106.57	126.92	128.17	117.58
产品订货	81.33	90.49	95.55	97.57
产品销售	98.50	119.52	125.95	111.85
产品销售价格	81.49	96.11	88.25	95.58
产成品库存	102.51	102.40	95.91	104.07
盈利(亏损)变化	74.35	103.11	104.26	111.74
流动资金	58.38	55.30	57.32	66.33
货款拖欠	98.38	94.96	107.19	117.70
劳动力需求	81.72	92.42	99.37	89.82
固定资产投资	97.72	114.90	118.53	115.00
科技创新	110.53	119.23	130.20	117.51
主要原材料及能源供应	125.63	122.49	119.16	123.72

17－6 建筑业企业景气指数

(2002年)

	一季度	二季度	三季度	四季度
综合生产经营状况	**87.78**	**125.27**	**115.76**	**124.91**
工程合同数	70.48	136.76	120.28	86.94
建筑工程量	47.15	166.67	161.46	98.72
新开工工程量	76.17	151.11	136.18	75.76
施工产值	61.59	166.67	146.67	107.56
竣工产值	40.98	106.52	122.55	159.49
工程结算收入	47.64	135.28	135.00	158.17
建筑材料购进价格	96.04	74.04	97.72	102.00
工程结算成本	102.96	54.44	92.37	70.23
盈利(亏损)变化	80.14	127.00	111.31	132.98
流动资金	30.62	20.00	33.75	26.67
货款拖欠	106.62	38.32	65.94	51.32
劳动力需求	77.28	161.74	146.05	71.94
固定资产投资	88.98	120.61	119.31	82.09

17－7 交通运输、仓储和邮政业企业景气指数

(2002年)

	一季度	二季度	三季度	四季度
综合生产经营状况	**139.81**	**89.10**	**120.00**	**126.48**
业务需求量	140.00	107.60	119.81	147.79
业务收入	133.33	107.60	105.55	141.12
业务收费价格	100.19	99.81	100.00	86.67
营业成本	73.52	60.19	106.86	53.52
盈利(亏损)变化	146.48	102.62	101.31	93.52
流动资金	61.31	53.33	73.14	59.81
货款拖欠	146.48	94.45	114.45	127.79
劳动力需求	79.07	92.21	92.21	118.69
固定资产投资	101.12	109.10	139.81	109.10

17－8 批发和零售业企业景气指数

(2002年)

	一季度	二季度	三季度	四季度
综合生产经营状况	**108.57**	**103.66**	**111.97**	**109.02**
商品购进	112.86	98.00	94.47	115.58
商品购进价格	90.72	87.92	100.78	96.61
商品销售	102.50	101.27	90.33	121.44
商品销售价格	94.16	86.46	95.61	86.84
商品库存	117.76	85.06	98.90	110.60
经营费用	105.23	92.94	90.33	74.22
盈利(亏损)变化	78.59	82.86	90.55	109.13
流动资金	83.57	78.02	71.43	79.42
货款拖欠	120.64	97.35	114.20	116.55
劳动力需求	85.98	85.71	87.04	83.47
固定资产投资	73.76	112.03	101.31	108.70

17－9 房地产业企业景气指数

(2002年)

	一季度	二季度	三季度	四季度
综合生产经营状况	**135.29**	**164.71**	**158.82**	**158.82**
土地开发面积	100.00	147.06	123.53	117.65
完成投资	129.41	152.94	170.59	141.18
新开工面积	117.65	123.53	123.53	135.29
房屋竣工面积	105.88	105.88	129.41	129.41
商品房预售面积	141.18	135.29	129.41	135.29
商品房销售面积	141.18	129.41	141.18	141.18
商品房销售价格	135.29	111.76	111.76	105.88
空置商品房面积	147.06	170.59	188.24	123.53
盈利(亏损)变化	141.18	117.65	129.41	141.18
流动资金	94.12	88.24	88.24	94.12
货款拖欠	105.88	141.18	117.65	135.29
劳动力需求	111.76	135.29	135.29	70.59
固定资产投资	123.53	123.53	129.41	100.00

17－10 社会服务业企业景气指数

(2002年)

	一季度	二季度	三季度	四季度
综合生产经营状况	**100.0**	**100.0**	**137.5**	**100.0**
业务需求量	87.5	112.5	150.0	57.1
客房出租	100.0	100.0	100.0	100.0
旅游客源	100.0	140.0	140.0	–
业务收费价格	87.5	100.0	125.0	85.7
营业收入	75.0	125.0	137.5	28.6
营业成本	125.0	100.0	112.5	114.3
盈利(亏损)变化	75.0	125.0	137.5	71.4
流动资金	50.0	62.5	37.5	42.9
货款拖欠	100.0	100.0	75.0	100.0
劳动力需求	112.5	137.5	150.0	71.4
固定资产投资	137.5	150.0	125.0	128.6

17－11　信息传输、计算机服务和软件业企业景气指数

（2002年）

	一季度	二季度	三季度	四季度
综合生产经营状况	**102.08**	**113.59**	**100.15**	**100.15**
产品销售	139.93	131.44	156.56	170.00
销售价格	96.96	60.07	63.51	83.51
营业收入	138.39	117.03	140.07	173.51
营业成本	76.65	62.97	62.97	52.97
盈利(亏损)变化	86.63	64.88	90.07	125.12
流动资金	78.47	65.03	85.03	75.03
货款拖欠	70.07	66.49	38.56	91.61
劳动力需求	83.51	118.47	98.47	60.00
固定资产投资	149.76	145.05	116.56	112.88

17－12　住宿和餐饮业企业景气指数

（2002年）

	一季度	二季度	三季度	四季度
综合生产经营状况	**107.69**	**125.00**	**170.00**	**144.44**
产品销售	115.38	116.67	160.00	111.11
竞争能力	100.00	100.00	100.00	100.00
客房出租	71.43	83.33	116.67	100.00
业务收费价格	100.00	75.00	80.00	77.78
营业收入	107.69	100.00	150.00	100.00
营业成本	100	108.33	80.00	100.00
盈利(亏损)变化	123.08	133.33	140.00	111.11
流动资金	76.92	66.67	110.00	111.11
货款拖欠	92.31	75.00	80.00	88.89
劳动力需求	115.38	116.67	110.00	88.89
固定资产投资	107.69	150.00	140.00	100.00

主要统计指标解释

【企业集团】 是以一个实力雄厚的大型企业为核心，以产权联结为主要纽带，并以产品、技术、经济、契约等多种纽带，把多个企业、事业单位联结在一起，具有多层次的以母子公司为主体的多法人经济联合体。本资料反映的是我区22家企业集团的经营情况。

【现代企业制度】 就是产权清晰、权责明确、政企分开、科学管理的具有社会主义特色的企业制度。现代企业制度的核心内容：一是完善的企业法人制度，二是严格的有限责任制度，三是科学的企业领导体制与组织制度。建立完善的企业法人制度的关键是确立企业法人财产权，使企业真正成为独立享有民事权利、承担民事责任的法人实体。严格的有限责任制度包含两个方面的内容：一是出资者以其出资额为限，对企业债务承担有限责任；二是企业以其全部法人财产为限，对债务承担有限责任。科学的企业领导体制与组织制度是指企业建立既相互独立、相互制约，又相互协调的权力机构、决策机构、执行机构和监督机构，成为企业进入市场、独立经营的有效组织保障。

【企业景气调查】 是为适应社会主义市场经济发展的需要，借鉴市场经济国家的经验而建立的，进行事前统计的一项统计调查制度。企业景气调查方法是对经济发展的周期波动进行监测和预测的一个重要而又行之有效的统计调查方法；它通过对样本企业的经营决策者定期进行问卷调查，并根据他们对企业经营状况及宏观经济形势的判断和预期来编制景气指数，从而准确，及时地反映宏观经济运行和企业经营状况；预测经济发展的变动趋势。

【景气指数】 又称为景气度，是对企业景气调查中各项定性指标的调查结果，经一定的技术加工处理后形成的综合性数量指标。景气指数的数值范围在0-200之间，100为景气指数的临界值；当景气指数大于100时，表明经济状况趋于上升或改善，处于景气状态；当景气指数小于100时，表明经济状况趋于下降或恶化，处于不景气状态。

中国统计出版社最新资料书简目

中国统计年鉴—2003
中国统计摘要—2003
2003 中国发展报告
中国城市统计年鉴—2002
中国农村统计年鉴—2003
中国劳动统计年鉴—2003
中国人口统计年鉴—2003
中国工业经济统计年鉴—2003
中国市场统计年鉴—2003
2002 中国城市发展报告
中国建筑业统计年鉴—2002
中国价格及城镇居民家庭收支调查统计年鉴—2003
国际统计年鉴—2003
中国对外经济贸易统计年鉴—2002
中国基本单位统计年鉴—2002
中国民政统计年鉴—2003
中国高技术产业统计年鉴—2003
中国第二次全国基本单位普查资料汇编
中国房地产行业名录
2000 人口普查分县资料

北京统计年鉴—2003
天津统计年鉴—2003
河北经济年鉴—2003
山西统计年鉴—2003
内蒙古统计年鉴—2003
辽宁统计年鉴—2003
吉林统计年鉴—2003
黑龙江统计年鉴—2003
上海统计年鉴—2003
江苏统计年鉴—2003
浙江统计年鉴—2003
安徽统计年鉴—2003
福建统计年鉴—2003
江西统计年鉴—2003
山东统计年鉴—2003
河南统计年鉴—2003
湖北统计年鉴—2003
湖南统计年鉴—2003
广东统计年鉴—2003
广西统计年鉴—2003
海南统计年鉴—2003
重庆统计年鉴—2003
四川统计年鉴—2003
贵州统计年鉴—2003

云南统计年鉴—2003
西藏统计年鉴—2003
陕西统计年鉴—2003
甘肃年鉴—2003
青海统计年鉴—2003
宁夏统计年鉴—2003
新疆统计年鉴—2003
新疆生产建设兵团统计年鉴—2003
石家庄统计年鉴—2003
唐山统计年鉴—2003
邯郸统计年鉴—2003
太原统计年鉴—2003
运城统计年鉴—2003
大同统计年鉴—2003
呼和浩特经济统计年鉴—2003
鄂尔多斯市统计年鉴—2003
包头统计年鉴—2003
赤峰统计年鉴—2003
沈阳年鉴—2003
大连统计年鉴—2003
鞍山统计年鉴—2003
长春统计年鉴—2003
吉林市社会经济统计年鉴—2003
四平统计年鉴—2003
延吉统计年鉴—2003
哈尔滨统计年鉴—2003
齐齐哈尔经济统计年鉴—2003
牡丹江统计年鉴—2003
大庆统计年鉴—2003
黑龙江垦区统计年鉴—2003
上海浦东新区统计年鉴—2003
南京统计年鉴—2003
连云港统计年鉴—2003
苏州统计年鉴—2003
无锡统计年鉴—2003
常州统计年鉴—2003
徐州统计年鉴—2003
南通统计年鉴—2003
盐城统计年鉴—2003
镇江统计年鉴—2003
杭州统计年鉴—2003
宁波统计年鉴—2003
绍兴统计年鉴—2003
台州统计年鉴—2003
舟山统计年鉴—2003
温州统计年鉴—2003

金华统计年鉴—2003
嘉兴统计年鉴—2003
湖州统计年鉴—2003
丽水统计年鉴—2003
合肥统计年鉴—2003
福州年鉴—2003
厦门经济特区年鉴—2003
福州经济技术开发区年鉴—2003
南昌经济社会统计年鉴—2003
九江经济统计年鉴—2003
济南统计年鉴—2003
青岛统计年鉴—2003
泰安统计年鉴—2003
淄博统计年鉴—2003
潍坊统计年鉴—2003
郑州统计年鉴—2003
洛阳统计年鉴—2003
三门峡统计年鉴—2003
平顶山统计年鉴—2003
南阳经济统计年鉴—2003
武汉统计年鉴—2003
宜昌统计年鉴—2003
十堰统计年鉴—2003
荆州统计年鉴—2003
广州统计年鉴—2003
东莞统计年鉴—2003
惠州统计年鉴—2003
深圳统计年鉴—2003
南宁统计年鉴—2003
桂林经济社会统计年鉴—2003
柳州经济统计年鉴—2003
柳州地区统计年鉴—2003
河池地区经济社会统计年鉴—2003
海口统计年鉴—2003
成都统计年鉴—2003
攀枝花统计年鉴—2003
广安统计年鉴—2003
贵阳统计年鉴—2003
昆明统计年鉴—2003
西安统计年鉴—2003
兰州年鉴—2003
西宁统计年鉴—2003
银川统计年鉴—2003
乌鲁木齐统计年鉴—2003
巴音郭楞统计年鉴—2003
吐鲁番统计年鉴—2003
